中国衍生品市场与风险管理

张 翔　李正强 ◎ 编著

CHINA'S DERIVATIVES
MARKETS AND
RISK MANAGEMENT

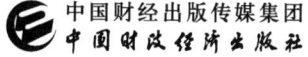

·北京·

图书在版编目（CIP）数据

中国衍生品市场与风险管理／张翔，李正强编著
．--北京：中国财政经济出版社，2024.8
ISBN 978-7-5223-3206-2

Ⅰ.①中… Ⅱ.①张… ②李… Ⅲ.①金融衍生产品
-金融市场-风险管理-研究-中国 Ⅳ.①F832.55

中国国家版本馆 CIP 数据核字（2024）第111641号

责任编辑：贾延平	责任校对：胡永立
封面设计：陈宇琰	责任印制：党 辉

中国衍生品市场与风险管理
ZHONGGUO YANSHENGPIN SHICHANG YU FENGXIAN GUANLI

中国财政经济出版社 出版

URL：http://www.cfeph.cn
E-mail：cfeph@cfeph.cn

（版权所有　翻印必究）

社址：北京市海淀区阜成路甲28号　邮政编码：100142
营销中心电话：010-88191522　编辑部门电话：010-88190957
天猫网店：中国财政经济出版社旗舰店
网址：https://zgczjjcbs.tmall.com
中煤（北京）印务有限公司印刷　各地新华书店经销
成品尺寸：170mm×240mm　16开　23.5印张　345 000字
2024年8月第1版　2024年8月北京第1次印刷
定价：70.00元
ISBN 978-7-5223-3206-2
（图书出现印装问题，本社负责调换，电话：010-88190548）
本社质量投诉电话：010-88190744
打击盗版举报热线：010-88191661　QQ：2242791300

前　言

1990年，中国郑州粮食批发市场的成立开启了中国探索发展期货市场的大门。30多年弹指一挥间。在一批又一批勇于开拓、敢为人先的期货人的不懈坚持和探索中，我国期货市场从无到有、从小到大、从乱到治，从大宗商品到金融衍生品，从场内到场外，进入了既有期货合约又有期权合约、既有境内参与者又有境外参与者的多元开放时代，走出了一条独具特色的发展之路，在全球期货市场的地位显著提升。我国期货市场的发展，既是我国资本市场"三十而立"的重大成就，也是当前新一轮改革开放的重大成果。

改革开放使中国发展成为世界第二大经济体，在中国经济向高质量发展阶段迈进的今天，中国期货市场的发展，也进入了新的历史方位。当前，全球政治经济格局发生深刻变化，大国博弈显著加剧，世界进入动荡变革期，今后一个时期，我们可能要面对更多逆风逆水的外部环境。同时，国内发展环境也在经历变化，正处于转变发展方式、优化经济结构、转换增长动力的攻关期。国内外环境的深刻变化既给我们带来了一系列新机遇，也带来了一系列新挑战。加大期货、期权产品供给和制度供给，为实体经济提供更多风险管理和套期保值工具，掌握商品市场定价主动权，满足经济社会避险需求，对我国这样一个经济大国来说意义非凡。

可以说，上海、郑州、大连，从南到北，期货市场价格信号的跳动，反映了关系国计民生的大宗商品的供需状况，折射出中国乃至世界经济未来发展的走向和脉络。期货市场的价格发现、风险管理的市场功能被越来越多的实体企业认可并运用。提供"中国价格"信号，构建中国期货市场价格体系，打造具有国际影响力的大宗商品定价中心，加大期货市场对外开放，助力构建全球财富管理新格局，助力国强民富，是新时代我国期货市场的新使命、新担当。

习近平总书记在党的二十大报告中指出，加快构建中国话语和中国叙事体系，讲好中国故事、传播好中国声音，展现可信、可爱、可敬的中国形象。

经过30多年的发展，中国衍生品市场已经走过跌宕起伏、艰难探索的发展初期，少了彷徨，多了自信；少了青涩，多了成熟。习近平总书记也多次强调，教材是育人育才的重要依托，教材建设是铸魂工程。教材是学校教育教学的基本依据，是解决"培养什么人、怎样培养人、为谁培养人"这一根本问题的重要载体，是贯彻党的教育方针、实现教育目标不可替代的重要抓手。当前，世界正经历百年未有之大变局，面对更加不确定性的未来，如何加快期货衍生品市场以及后备专业人才建设，满足各类经济主体风险管理需求，成为期货人必须回答的课题。

本教材以习近平新时代中国特色社会主义思想为指引系统梳理了中国多元化、多层次、开放型的衍生品市场，介绍了中国大宗商品和金融衍生品市场，分析了衍生品的创新及衍生品交易可能产生的风险、损失以及风险管理方法，并增加了"期货服务实体经济""'三农'与乡村振兴""金融产品创新"等专题。总之，本教材以年代"简笔画"形式勾勒出中国衍生品市场的发展简史，使我们对中国衍生品市场有了比较清晰的认识。相信中国衍生品市场将越发展越好。

特别感谢李钟、于延超、武佳薇、谢亚、乔小鹏、鄢颖、张小雪、薛建良、喻琼琳、王世杰、杨阳、李华、肖斯锐、吴增明和李泽海以及王伟军、李强、毕向群、毕美家、葛书院、程昕晔、周铭山、李东平、何相生、陈邦华和丁笠对本书作出的贡献。徐平一、张宇轩、杨旖璇、高萍参与了本书的编撰工作。在此，对所有参加编写工作的领导、专家及业内同仁一并致谢。

张翔　李正强

2024 年 6 月

目 录

第1章 导论 … (1)
    引 言 … (1)
    1.1 中国衍生品市场的整体框架 … (2)
        1.1.1 中国的场内交易市场 … (2)
        1.1.2 中国的场外交易市场 … (7)
        1.1.3 期货结算机构 … (14)
        1.1.4 中国期货市场监管架构 … (15)
    1.2 远期合约 … (16)
    1.3 期货合约 … (17)
    1.4 期权合约 … (18)
    1.5 交易者类型 … (21)
    1.6 对冲者 … (23)
        1.6.1 利用白糖期货进行对冲 … (23)
        1.6.2 利用期权进行对冲 … (23)
        1.6.3 期货对冲与期权对冲的比较 … (24)
    1.7 投机者 … (24)
        1.7.1 利用期货进行投机 … (25)
        1.7.2 利用期权进行投机 … (25)
        1.7.3 期货投机与期权投机的比较 … (26)
    1.8 套利者 … (27)
    本章小结 … (28)

第 2 章　中国期货市场 …………………………………………（29）
　　引　言 ……………………………………………………………（29）
　　2.1　期货合约的规格 ……………………………………………（30）
　　　　2.1.1　交易资产 ……………………………………………（31）
　　　　2.1.2　交易单位 ……………………………………………（32）
　　　　2.1.3　交割地点 ……………………………………………（33）
　　　　2.1.4　交割时间 ……………………………………………（33）
　　　　2.1.5　报价单位 ……………………………………………（34）
　　2.2　期货市场的运行机制 ………………………………………（34）
　　　　2.2.1　每日结算与保证金 …………………………………（34）
　　　　2.2.2　平仓 …………………………………………………（36）
　　　　2.2.3　竞价交易与价格变动限额 …………………………（36）
　　　　2.2.4　期货价格收敛 ………………………………………（37）
　　　　2.2.5　限仓制度 ……………………………………………（38）
　　　　2.2.6　清算机制 ……………………………………………（38）
　　2.3　交割 …………………………………………………………（40）
　　　　2.3.1　实物交割 ……………………………………………（41）
　　　　2.3.2　现金交割 ……………………………………………（41）
　　2.4　交易类型 ……………………………………………………（42）
　　　　2.4.1　交易所经纪人类型 …………………………………（42）
　　　　2.4.2　交易指令类型 ………………………………………（42）
　　2.5　远期合约与期货合约的比较 ………………………………（43）
　　2.6　期货价格形成机制 …………………………………………（44）
　　　　2.6.1　投资资产与消费资产 ………………………………（44）
　　　　2.6.2　期货定价方法与假定条件 …………………………（45）
　　　　2.6.3　期货定价模型 ………………………………………（46）
　　　　2.6.4　商品期货价格 ………………………………………（49）
　　　　2.6.5　我国大宗商品期货市场定价因子 …………………（50）

目 录

2.7 我国大宗商品期货市场的异质性波动 ……………………… (56)
  2.7.1 大宗商品期货收益波动率分解 ………………………… (57)
  2.7.2 大宗商品期货异质波动率分解 ………………………… (58)
  2.7.3 数据选取和估计 ………………………………………… (59)
  2.7.4 实证结果分析 …………………………………………… (62)
2.8 制度与法规——《期货和衍生品法》………………………… (68)
  2.8.1 《期货和衍生品法》颁布背景 ………………………… (68)
  2.8.2 《期货和衍生品法》颁布意义 ………………………… (68)
  2.8.3 违规交易 ………………………………………………… (69)
  2.8.4 业界解读 ………………………………………………… (70)
2.9 会计和税收 …………………………………………………… (72)
  2.9.1 会计 ……………………………………………………… (72)
  2.9.2 税收 ……………………………………………………… (73)
本章小结 ……………………………………………………………… (74)

第3章 中国期权市场 …………………………………………… (76)

引 言 ………………………………………………………………… (76)
3.1 期权类型 ……………………………………………………… (77)
  3.1.1 看涨期权 ………………………………………………… (77)
  3.1.2 看跌期权 ………………………………………………… (78)
  3.1.3 提前行使期权 …………………………………………… (78)
3.2 期权头寸 ……………………………………………………… (79)
3.3 标的资产 ……………………………………………………… (84)
  3.3.1 股票期权 ………………………………………………… (84)
  3.3.2 利率期权 ………………………………………………… (84)
  3.3.3 外汇期权 ………………………………………………… (85)
  3.3.4 股票指数期权 …………………………………………… (85)
  3.3.5 黄金期权 ………………………………………………… (85)
  3.3.6 期货期权 ………………………………………………… (86)

3.4 交易中的关键词 …………………………………………………（86）
　　3.4.1 做市商 …………………………………………………（86）
　　3.4.2 冲销指令 ………………………………………………（87）
3.5 交易费用 …………………………………………………………（87）
3.6 保证金 ……………………………………………………………（88）
　　3.6.1 承约裸露期权 …………………………………………（88）
　　3.6.2 上期所铜期货期权保证金标准 ………………………（89）
3.7 监管制度 …………………………………………………………（90）
3.8 税收 ………………………………………………………………（92）
3.9 场外期权市场 ……………………………………………………（93）
3.10 期权风险管理工具 ……………………………………………（95）
　　3.10.1 期权的风险管理参数——Greeks …………………（95）
　　3.10.2 利用Greeks测评期权组合 …………………………（99）
本章小结 ………………………………………………………………（104）

第4章　中国场外衍生品市场 ………………………………………（105）

引　言 …………………………………………………………………（105）
4.1 场外衍生品 ………………………………………………………（106）
　　4.1.1 场外期权 ………………………………………………（107）
　　4.1.2 场外互换 ………………………………………………（108）
　　4.1.3 信用衍生产品 …………………………………………（109）
4.2 交易报告库（TR）的国际经验与发展 …………………………（109）
　　4.2.1 全球场外衍生品市场概况 ……………………………（110）
　　4.2.2 全球场外衍生品市场改革 ……………………………（113）
　　4.2.3 全球交易报告库（TR）概况 …………………………（114）
　　4.2.4 我国交易报告库（TR）发展现状 ……………………（114）
　　4.2.5 全球交易报告库（TR）发展趋势 ……………………（117）
4.3 商品类场外衍生品的应用 ………………………………………（120）
　　4.3.1 场外期权 ………………………………………………（120）

         4.3.2 商品互换 ……………………………………………… (124)
         4.3.3 清算与中央对手方 …………………………………… (125)
         4.3.4 国际市场的发展 ……………………………………… (127)
   4.4 金融类场外衍生品市场发展 ………………………………… (129)
         4.4.1 金融衍生品与中金所 ………………………………… (129)
         4.4.2 利率互换 ……………………………………………… (132)
         4.4.3 货币互换 ……………………………………………… (134)
         4.4.4 信用衍生品 …………………………………………… (135)
         4.4.5 权益类结构化产品 …………………………………… (137)
         4.4.6 场外衍生品展望 ……………………………………… (139)
   本章小结 ……………………………………………………………… (141)

第5章 中国衍生品市场的共性与个性 …………………………… (143)
   引 言 ………………………………………………………………… (143)
   5.1 中国衍生品市场与全球衍生品市场的共性 ………………… (144)
         5.1.1 中国衍生品市场与全球衍生品市场的发展规律 …… (144)
         5.1.2 中国衍生品市场与全球衍生品市场的表现 ………… (148)
         5.1.3 中国衍生品市场与全球衍生品市场的金融化程度
               ………………………………………………………… (151)
   5.2 中国衍生品市场的个性 ……………………………………… (154)
         5.2.1 中国衍生品市场的高质量发展 ……………………… (154)
         5.2.2 中国衍生品市场服务实体经济 ……………………… (169)
         5.2.3 中国衍生品市场的价格发现功能与宏观经济影响
               ………………………………………………………… (180)
         5.2.4 中国衍生品市场的系统性风险防控 ………………… (185)
         5.2.5 中国金融衍生品和大宗商品衍生品的个性 ………… (187)
   本章小结 ……………………………………………………………… (190)

第 6 章　商品与能源衍生品 …………………………………（192）

　　引　言 ……………………………………………………………（192）

　　6.1　大宗商品 …………………………………………………（193）

　　　　6.1.1　农副产品 …………………………………………（194）

　　　　6.1.2　金属 ………………………………………………（195）

　　　　6.1.3　能源产品 …………………………………………（195）

　　6.2　大宗商品市场的基础概念与理论 ………………………（196）

　　　　6.2.1　商品期货价差 ……………………………………（196）

　　　　6.2.2　价差对期货市场的重要性 ………………………（198）

　　　　6.2.3　价差与库存管理 …………………………………（198）

　　　　6.2.4　现货溢价理论 ……………………………………（199）

　　6.3　能源产品现状与展望 ……………………………………（200）

　　　　6.3.1　某交易所动力煤期货及其运用案例 ……………（200）

　　　　6.3.2　原油期货合约要素 ………………………………（205）

　　　　6.3.3　上海国际能源交易中心 …………………………（210）

　　　　6.3.4　我国能源产品展望 ………………………………（211）

　　6.4　大宗商品与国家战略 ……………………………………（213）

　　　　6.4.1　能源战略 …………………………………………（214）

　　　　6.4.2　农产品安全 ………………………………………（217）

　　6.5　大宗商品产业的案例分析 ………………………………（219）

　　　　6.5.1　锰硅合金期货助力大小企业共赢 ………………（219）

　　　　6.5.2　非标标的期货促进老牌焦煤企业转型升级 ……（220）

　　　　6.5.3　欧洲能源危机及其启示 …………………………（222）

　　本章小结 …………………………………………………………（224）

第 7 章　金融衍生品 ……………………………………………（225）

　　引　言 ……………………………………………………………（225）

　　7.1　金融衍生品概述 …………………………………………（226）

7.1.1 由金融衍生品的定义可以看出，它们具有四个
显著特性 ·· (226)
7.1.2 金融衍生品的分类方法 ···························· (227)
7.2 股指期货分析与策略 ·· (228)
7.2.1 指数分析 ··· (228)
7.2.2 基差与价差 ·· (230)
7.2.3 交易策略与应用 ···································· (231)
7.3 国债期货分析与策略 ·· (235)
7.3.1 国债的利差 ·· (235)
7.3.2 交易策略与应用 ···································· (236)
7.4 中国金融期货交易所 ·· (239)
7.4.1 中国金融期货交易所概述 ························ (239)
7.4.2 组织结构 ··· (239)
7.4.3 发展历程 ··· (240)
7.5 我国场内金融衍生品及其交易规则 ························· (242)
本章小结 ··· (247)

第8章 服务实体经济 ··· (249)
引　言 ··· (249)
8.1 价格发现 ··· (250)
8.2 套期保值 ··· (251)
8.2.1 套期保值的基本概念 ······························ (251)
8.2.2 套期保值与点价 ···································· (252)
8.3 企业全周期风险管理 ·· (254)
8.4 期货市场与贸易商 ··· (255)
8.4.1 期货市场促进大宗商品贸易商转型升级 ······· (255)
8.4.2 国际市场上大宗商品贸易商的稳健发展 ······· (257)
8.4.3 多方努力保驾大宗商品贸易商行稳致远 ······· (258)
8.5 中国期货市场国际化 ·· (260)

8.6 实体企业利用期货工具的案例分析 …………………………（262）
　　8.6.1 通过商品期货指数精确预测物价形势 ………………（262）
　　8.6.2 某铜业公司"点价套保"降低利润波动 ………………（266）
　　8.6.3 钢企运用期货稳价订单对冲锁价销售订单的
　　　　　风险 …………………………………………………（268）
　　8.6.4 "商储无忧"项目 ……………………………………（269）
　　8.6.5 中间产品期货 ………………………………………（272）
　　8.6.6 甲醇期货产品 ………………………………………（279）
本章小结 …………………………………………………………（285）

第9章 "三农"与乡村振兴 …………………………………（287）

引 言 ……………………………………………………………（287）
9.1 中国农业经济的地缘特点与历史进程 ……………………（288）
9.2 精准扶贫与乡村振兴 ………………………………………（290）
9.3 "保险+期货"模式 …………………………………………（294）
　　9.3.1 "保险+期货"政策背景 ……………………………（294）
　　9.3.2 "保险+期货"运作模式 ……………………………（295）
　　9.3.3 "保险+期货"案例 …………………………………（296）
9.4 衍生品在乡村振兴中的具体运用 …………………………（297）
　　9.4.1 龙头合作社配套出资，有力保障猪饲料成本 ………（297）
　　9.4.2 收入保险打造现代农业风险管理新模式 ……………（304）
本章小结 …………………………………………………………（312）

第10章 产品创新 ………………………………………………（313）

引 言 ……………………………………………………………（313）
10.1 碳金融 ………………………………………………………（314）
　　10.1.1 中国碳排放权交易 …………………………………（314）
　　10.1.2 碳金融及境内外衍生品交易所助力"双碳"
　　　　　　目标实现 ……………………………………………（316）

目录

- 10.1.3 广州期货交易所的发展历程与交易品种 …… (318)
- 10.2 天气指数产品 …………………………………………… (323)
  - 10.2.1 天气指数期货国内外发展概述与天气期货产品 … (323)
  - 10.2.2 天气风险和天气指数期货上市意义及对市场的影响 ………………………………………………… (326)
- 10.3 期货资管产品 …………………………………………… (328)
  - 10.3.1 中国期货资管市场 ………………………………… (328)
  - 10.3.2 期货资管与服务实体经济 ………………………… (329)
- 10.4 产品创新案例 …………………………………………… (330)
  - 10.4.1 碳排放权配额回购及碳排放权远期 ……………… (330)
  - 10.4.2 马拉维天气衍生品 ………………………………… (331)
  - 10.4.3 天然橡胶"保险+期货"项目 …………………… (333)
  - 10.4.4 生猪养殖业"保险+期货"项目 ………………… (334)
  - 10.4.5 某期货公司内蒙古玉米价格保险案例 …………… (334)
  - 10.4.6 期货公司护航实体经济 …………………………… (335)
  - 10.4.7 "雪球"产品 ……………………………………… (337)
- 本章小结 ……………………………………………………… (338)

第11章 衍生品重大金融损失与借鉴 (340)

- 引言 …………………………………………………………… (340)
- 11.1 衍生品交易给企业带来重大损失的案例 …………… (341)
  - 11.1.1 衍生品给金融机构带来的重大损失 ……………… (341)
  - 11.1.2 衍生品给非金融机构带来的重大损失 …………… (343)
- 11.2 给金融机构带来的教训和启示 ………………………… (345)
  - 11.2.1 严格管理交易员 …………………………………… (345)
  - 11.2.2 确保前台、中台以及后台职责的分离 …………… (346)
  - 11.2.3 不可盲目地相信模型 ……………………………… (346)
  - 11.2.4 以保守的方式记录起始盈利 ……………………… (346)
  - 11.2.5 不要向客户出售不适宜的产品 …………………… (347)

11.2.6　小心那些轻而易举获得的盈利 …………………………（347）
11.2.7　不要忽略流动性风险 …………………………………（348）
11.2.8　在所有人都做同样交易时应加倍小心 ………………（349）
11.2.9　不能过多地用短期资金来满足长期需要 ……………（350）
11.2.10　市场透明度至关重要 …………………………………（351）
11.2.11　管理奖励制度 …………………………………………（351）
11.2.12　永远不能忽略风险管理 ………………………………（352）
11.3　给非金融机构带来的教训和启示 …………………………（352）
11.3.1　理解你的交易 ……………………………………………（352）
11.3.2　确保对冲者不变成投机者 ………………………………（353）
11.3.3　要警惕将资金部变成盈利中心 …………………………（353）
本章小结 ………………………………………………………………（354）

主要参考文献 ……………………………………………………（355）

01 第1章
导 论

✧ 学习目标

1. 了解中国衍生品交易市场的框架与发展现状。
2. 了解衍生金融工具的合约类型以及参与者。
3. 结合案例分析在不同条件下使用衍生品的收益。

引 言

20世纪80年代以来，西方国家纷纷放松金融管制，出现了金融体系自由化的趋势。近年来，计算机和电信技术的发展促使金融衍生工具市场迅速发展起来。世界金融市场发展史证明，完善和发达的金融衍生工具市场，能够促进金融市场运作效率的提高，构架起一个国家完善的金融市场体系，推动其成为世界性的经济与金融中心。

新中国期货市场是在政府的直接推动下开始运行的。1973年，陈云同志亲自指挥部署参与境外期货交易。改革开放以后，1985年，时任国家主席李先念到美国芝加哥的期货交易所访问，详细询问了期货市场的机制与作用。1988年，时任国务院总理李鹏在政府工作报告中明确提出要探索期货交易。1990年10月12日，中国郑州粮食批发市场开业，标志着新中国期货市场正式诞生。郑州粮食批发市场以现货交易为基础，同时引入期货交易机制，先后推出了小麦、绿豆、芝麻、大豆、玉米等多个期货交易品种。于是全国多个城市开始争相效仿，建立期货交易机构，一年多时间，国内的期货交易所就达到50多家，期货经纪公司达到300多家，银行、证券公司、信托公司创办的期货兼营机构更是高达 2000 多家。2006 年 9 月 8 日，中国金融期货交易所在上海挂牌成立，拉开了我国金融衍生品市场发展的大幕。黄金期货于 2008 年 1 月 9 日在上海期货交易所鸣锣上市，使期货市场品种体系进一步健全。

本章简要介绍了中国衍生产品市场的整体框架，分别介绍了其中涉及的远期、期货和期权合约，概括讨论了市场中的主要参与者。

1.1 中国衍生品市场的整体框架

1.1.1 中国的场内交易市场

从交易的组织形式看，中国衍生品市场可以分为集中交易的场内市场和场外市场。

集中交易的场内市场，是指由衍生品交易所组织的集中交易市场，有固定的交易场所和交易活动时间，交易的是经批准的标准化合约。投资者通过期货经纪机构在衍生品交易所进行衍生品买卖。

衍生品交易所实行公平、公开、公正的原则，交易价格由交易双方公开竞价确定，实行"价格优先、时间优先"的竞价成交原则。

竞价一般有集合竞价和连续竞价两种方式：集合竞价[①]指在每日开盘时，交易所对开市前（我国是每日上午 8：55—9：00）接受的全部有效委托进行的一次性撮合处理过程。连续竞价是在开市后的正常交易时间不断

[①] 以郑商所为例，开展夜盘交易的品种，其开盘集合竞价在夜盘交易时段开市前 5 分钟内进行，如夜盘交易时段不交易，则集合竞价顺延至日盘开市前 5 分钟内进行。无夜盘交易的品种，其开盘集合竞价在日盘交易时段开市前 5 分钟内进行。集合竞价中，前 4 分钟为期货合约买、卖指令申报时间，后 1 分钟为集合竞价撮合时间，开市时产生开盘价。交易系统自动控制集合竞价申报的开始和结束，并在计算机终端上显示。集合竞价采用最大成交量原则，即以此价格成交能够得到最大成交量。开盘集合竞价中未成交的申报单自动参与开市后竞价交易。

竞价成交的过程。衍生品交易所有会员制和公司制两种形式，大多数国家通常实行公司制。

目前，我国一共有 5 家期货交易所，分别是上海期货交易所、郑州商品交易所、大连商品交易所、中国金融期货交易所以及广州期货交易所，不同期货交易所的交易品种有所不同，交易标准也各有差异。上海期货交易所、郑州商品交易所和大连商品交易所实行会员制，中国金融期货交易所和广州期货交易所实行公司制。

1.1.1.1 郑州商品交易所

郑州商品交易所（以下简称"郑商所"）成立于 1990 年 10 月，是国务院批准成立的首家期货市场试点单位。郑商所实行会员制。会员大会是郑商所权力机构，由全体会员组成。理事会是会员大会常设机构，下设咨询顾问、品种、交易、监查、自律管理（调解）、财务与审计、技术和风险管理 8 个专门委员会。截至 2023 年 4 月 24 日，郑商所有会员 164 家；指定交割仓（厂）库、车船板服务机构 381 家；指定保证金存管银行 15 家。目前，郑商所上市交易普通小麦、优质强筋小麦、早籼稻、晚籼稻、粳稻、棉花、棉纱、油菜籽、菜籽油、菜籽粕、白糖、苹果、红枣、动力煤、甲醇、精对苯二甲酸（PTA）、玻璃、硅铁、锰硅、尿素、纯碱、短纤、花生、烧碱、对二甲苯等 25 个期货品种和白糖、棉花、精对苯二甲酸（PTA）、甲醇、菜籽粕、菜籽油、动力煤、花生、烧碱、对二甲苯、短纤、纯碱、硅铁、锰硅、尿素、苹果等 16 个期权品种，覆盖了粮、棉、油、糖、果和能源、化工、纺织、冶金、建材等多个国民经济重要领域。2022 年，郑商所累计成交量为 24.0 亿手，占全国市场份额的 35.42%，成交金额为 96.9 万亿元。截至 2022 年 9 月，郑商所油脂油料、聚酯等产业中，以期货价格为基准加升贴水已逐渐成为现货贸易的重要定价模式，棉花、白糖等品种的期货价格为国家宏观调控提供了重要价格参考。

1995 年 6 月，郑商所加入了国际期权市场协会，2012 年 10 月加入世界交易所联合会（World Federation of Exchange，WFE），2019 年 3 月加入国际期货业协会（Futures Industry Association，FIA）。同时，郑商所与美国芝加哥期权交易所、芝加哥商业交易所、印度多种商品交易所、香港交易及结算所有限公司、墨西哥衍生品交易所、泰国农产品期货交易所、加拿大多伦多蒙特利尔交易所集团、德意志交易所、莫斯科交易所、马来西亚交易所等多家期货交易所签订了友好合作协议，定期交换市场信息，进一步扩大了郑商所在国际上的影响力。2018年11月，郑商所PTA引入境外交易者参与交易。2023年1月，郑商所的菜籽油、菜籽粕、花生期货及期权作为境内特定品种正式引入境外交易者参与交易，标志着我国油脂油料期货市场实现了一体化对外开放。

1.1.1.2 大连商品交易所

大连商品交易所（以下简称"大商所"）经国务院批准成立于1993年2月28日，并于同年11月18日开始营业，由中国证监会监督管理。大商所目前已上市玉米、玉米淀粉、粳米、黄大豆1号、黄大豆2号、豆粕、豆油、棕榈油、鸡蛋、生猪、纤维板、胶合板、线型低密度聚乙烯、聚氯乙烯、聚丙烯、乙二醇、苯乙烯、焦炭、焦煤、铁矿石、液化石油气共计21个期货品种和豆粕、玉米、棕榈油、铁矿石、液化石油气、聚丙烯、聚氯乙烯、线型低密度聚乙烯、黄大豆1号、黄大豆2号、豆油、乙二醇、苯乙烯共计13个期权品种，并推出了17个期货品种和13个期权品种的夜盘交易。

目前，大商所是全球最大的农产品、塑料、煤炭、铁矿石期货市场，已上市了全球首个实物交割的铁矿石期货、国内首个活体交割畜牧品种——生猪期货。大商所共有会员单位160家，有效客户207万户，交割库527个，指定保证金存管银行16家。2022年，大商所实现成交量23亿手，成交额124万亿元，日均持仓量1217万手。其中，成交量位居全球衍生品交易所第9位，持仓量居国内交易所首位，是全球重要的农产品及塑料、煤炭、铁矿石期货市场。2023年4月，大商所乙二醇期权和苯乙烯期权获中国证监会同意注册，大商所化工板块实现了期货期权工具全覆盖。

1.1.1.3 上海期货交易所

上海期货交易所（以下简称"上期所"）成立于1999年，是受中国证监会集中统一监管的期货交易所。目前，上期所（含上期能源）已上市铜、铝、锌、铅、锡、镍、国际铜、氧化铝、黄金、白银、螺纹钢、线材、热轧卷板、不锈钢、原油、燃料油、低硫燃料油、石油沥青、天然橡胶、20号胶、合成橡胶、纸浆、集运指数（欧线）等23个期货品种及铜、天然橡胶、黄金、铝、锌、原油、螺纹钢、白银、合成橡胶等9个期权品种，涵盖金属、能源、化工、服务等领域。其中，原油、低硫燃料油、20号胶、国际铜、集运指数（欧线）等5个期货品种和原油期权直接对境外投资者开放。上期综合业务平台已推出买方挂牌、卖方挂牌、定向挂牌、仓单线上质押融资等功能，交易品种基本覆盖上期所期货品种序列。

上期所挂牌交易的产品中，原油期货是我国首个国际化期货品种，对我国期货市场对外开放具有标志性意义（本书第6章将详细讲述原油期货）。铜期权是我国首个工业品期权，为企业提供了更加精细化的风险管理工具。铜期货已成为世界影响力最大的三大铜期货市场之一，并与铝、锌、铅、镍、锡期货形成了完备的有色金属品种系列，能较好地满足实体行业需求。上期所首创的保税交割和连续交易，为我国期货市场对外开放和国际化打下了基础，促进了相关品种国内外价格的及时联动，为投资者实时进行风险管理提供了便利。

1.1.1.4 中国金融期货交易所

中国金融期货交易所（以下简称"中金所"）由上海期货交易所、郑州商品交易所、大连商品交易所、上海证券交易所和深圳证券交易所共同发起，于2006年9月8日在上海正式挂牌成立。成立中金所，发展金融期货，对于深化金融市场改革，完善金融市场体系，发挥金融市场功能，适应经济新常态，具有重要的战略意义。目前，中金所已上市沪深300、中证500、中证1000、上证50共4种股指期货产品，沪深30、中证1000、上证50共3种股指期权产品，以及2年期国债、5年期国债、10年期国债、30年期国债共4种国债期货产品。

中金所以服务实体经济需要、服务多层次资本市场体系建设为宗旨，通过向市场提供安全、高效、完善的金融衍生产品及服务，促进金融风险合理转移与配置，提升金融市场效率，促进社会经济繁荣。中金所的主要职能包括组织安排金融期货等金融衍生品上市交易、结算和交割，制定业务管理规则，实施自律管理，发布市场交易信息，提供技术、场所、设施服务，以及中国证监会许可的其他职能。

中金所按照"高标准、稳起步"的原则，积极推动金融期货新品种的上市，努力完善权益、利率、外汇三条产品线，满足参与者多样化风险管理需求。采取全电子化交易方式，以高效安全的技术系统为强大后盾，在借鉴国内外交易所先进技术成果和设计理念的基础上，建立了一个结构合理、功能完善、运行稳定的金融期货交易运行平台。

中金所实行会员分级结算制度，会员分为结算会员和交易会员。结算会员按照业务范围分为交易结算会员、全面结算会员和特别结算会员。实行会员分级结算制度，形成多层次风险控制体系，保障市场安全运行。

中金所建立了投资者适当性、跨市场协调监管、异常交易监控等一系列制度，始终维护金融市场正常秩序，维护市场公开、公平、公正，维护投资者特别是中小投资者合法权益，牢牢守住不发生系统性风险的底线。

1.1.1.5　广州期货交易所

2021年1月22日中国证监会批准设立广州期货交易所（以下简称"广期所"）。2021年4月19日，广州期货交易所举行揭牌仪式。广期所的定位是创新型期货交易所，其设立将为粤港澳大湾区内企业、"一带一路"建设企业提供更多的风险管理工具，不断强化金融服务实体经济的能力，同时有助于粤港澳大湾区构建资本市场高地，加速推进国际金融枢纽建设，提高全球金融影响力。与现有交易所不同的是，广期所是我国首家混合所有制交易所，上海期货交易所、郑州商品交易所、大连商品交易所、中国金融期货交易所、香港交易所，以及中国平安保险（集团）股份有限公司、广东珠江投资控股集团有限公司、广州金融控股集团有限公司等广东企业作为股东参与广期所的建设发展。

截至2023年9月，广期所已上市交易碳酸锂、工业硅期货和期权合约。另外，包括碳排放权、电力等事关国民经济基础领域和能源价格改革的重大战略品种，中证商品指数、能源化工、饲料养殖、钢厂利润等商品指数类创新型品种，工业硅、多晶硅、锂、稀土、铂、钯等与绿色低碳发展密切相关的产业特色品种，咖啡、高粱、籼米等具有粤港澳大湾区与"一带一路"特点的区域特色品种，以及国际市场产品互挂类品种等 16 个期货品种已明确交由广期所研发上市。

我国各期货交易所成立时间见表 1-1。

表 1-1　　　　　　　我国各期货交易所成立时间

成立时间	交易所名称	所属类型
1990 年 10 月 12 日	郑州商品交易所	期货、期权类交易所
1990 年 11 月 26 日	上海期货交易所	
1993 年 2 月 28 日	大连商品交易所	
2006 年 9 月 8 日	中国金融期货交易所	
2021 年 1 月 22 日	广州期货交易所	

1.1.2　中国的场外交易市场

场外交易市场是相对于交易所的场内市场而言的，是在场内交易所之外进行衍生品买卖的市场。传统的场内市场和场外市场在物理概念上的区分为：交易所市场的交易是集中在交易大厅内进行的。场外市场（Over-The-Counter，OTC），又被称为"柜台市场"或"店头市场"，是分散在各个券商柜台的市场，无集中交易场所和统一的交易制度。但是，随着信息技术的发展，衍生品交易的方式逐渐演变为通过网络系统将订单汇集起来，再由电子交易系统处理，场内市场和场外市场的物理界限逐渐变得模糊。

目前，场内市场和场外市场的概念演变为风险分层管理的概念，即不同层次市场按照上市品种的风险大小，通过对上市或挂牌条件、信息披露制度、交易结算制度、衍生品产品设计以及投资者约束条件等做出差异化安排，实现资本市场交易产品的风险纵向分层。

中国衍生品场外市场在探索中逐步发展，在服务实体经济发展方面发挥了较大作用,各交易所分别推出了自己的场外业务。以郑商所为例①,2018 年 3 月 30 日,郑商所综合业务平台正式上线,首批业务包括仓单交易和基差贸易两项期现业务。仓单业务是郑商所的独特优势之一,既是对场内仓单业务的有效拓展延伸,也是郑商所进一步提升服务实体经济能力的体现。2018 年 8 月底,郑商所综合业务平台上线了场外期权协商交易指令清算模式,为郑商所"保险+期货"项目场外期权部分提供线上备案与结算服务,提升了"保险+期货"试点项目实施效率和效果,也为郑商所发展场外衍生品业务积累了客户资源,实现了业务场景的探索。2019 年 3 月,郑商所作为国内首家商品交易所创新引入商业银行参与仓单交易,推出仓单交易买断式回购。2020 年 12 月底,结合线下基差贸易中存在的痛点,郑商所综合业务平台推出基差贸易联动点价功能,提升了基差贸易交易效率,满足了实体企业更丰富的风险管理需求,进一步推动场内场外协同、期货现货结合。2021 年 1 月底,为规范郑商所综合业务平台开展场外期权交易合同签订备案业务,郑商所发布《郑州商品交易所场外期权业务指引》,为涉及"保险+期货"试点项目的场外期权参与者提供了交易合同签订备案、权利金划转、保证金存管、平仓、行权或者放弃等服务,也为其他场外期权参与者提供了交易合同签订备案的服务。2021 年 2 月 1 日,郑商所扩充基差贸易交易品种至 15 个;3 月 4 日,扩充仓单交易可交易品种至 15 个,进一步扩大了综合业务平台的服务范围,增强了场内场外市场间的联动。为更好地满足实体企业和市场参与者个性化的风险管理需求,8 月 18 日,郑商所发布《郑州商品交易所商品互换业务指引(试行)》和《郑州商品交易所综合业务平台撮合商管理办法(试行)》。9 月 3 日,郑商所推出商品互换业务,与场内市场工具共同构成互通共融、互促共进的风险管理生态圈,进一步推动了场外衍生品业务的发展。2021 年 9 月 9 日,郑商所携手中华棉花集团有限公司在场外平台正式上线中华棉仓单购销专区(以下简称"中华棉专区")。自此,郑商所场外业务开始了"平台+"创新建设,同时提供综合型延伸服务模式。中华棉专区采用"基差报价、期货点价"的交

---

① 郑州商品交易所场外业务,https://otc.czce.com.cn/#/about/introduce。

易模式，实现了期货现货融合、场内场外互通、上游下游联动，形成了"市场牵龙头、龙头带产业、产业连农户"的市场服务格局。2021年12月底，为解决实体企业痛点、难点和堵点问题，助力产业客户管理风险、稳健经营，郑商所综合业务平台上线白糖基差贸易泛糖专区，这是推动期现货融合、场内外互通、上下游联动的又一创新尝试。为保障泛糖专区业务规范开展，郑商所制定了《郑州商品交易所综合业务平台白糖基差贸易泛糖专区业务指引（试行）》，自2021年12月27日起施行。2022年5月，为满足市场需要，丰富完善基差贸易模式，推动期现货融合、场内外互通，郑商所对《郑州商品交易所基差贸易业务指引》进行了修订，业务指引自2022年5月30日起施行。

同时，期货公司也以风险管理子公司为抓手，不断推进场外业务。例如，在服务中小企业、进行大宗商品价格风险管理方面发挥自身专业能力，逐步探索形成基差贸易、仓单服务、场外期权、含权贸易、互换等多种业务模式，积极为中小企业提供个性化的风险管理服务，期货及衍生品已成为很多企业转移风险、保供稳价不可或缺的工具①。

1.1.2.1 基差贸易案例

基差贸易是期货风险管理公司服务实体企业最直接的方式之一，风险管理公司以确定价格或点价（即以期货价格为计价基础来确定双方买卖现货商品价格）、均价等方式提供报价并与客户进行现货交易，其实质上是风险管理公司作为贸易商，与现货上下游供需方签订购销合同进行贸易的一种服务方式。这种方式不仅缓解了企业的资金压力，还满足了企业上游高价销售和下游低价采购的需求。从A期货公司的风险管理公司与棉花上游企业进行基差贸易的案例来看，每年9月至12月籽棉上市时，棉花加工企业因集中采购原料，资金普遍紧张，如何让存货周转起来并保证进出款项的流动性格外重要。风险管理公司与当地轧花厂以"先点价后交货"或

---

① 资料来源："期货风险管理公司积极探索多种业务模式为中小企业提供风险管理服务"，原载于《期货日报》2021年6月3日。

"先交货后点价"的方式约定棉花价格，同时严格明确产成品质量要求、交货时间等条件。在合同约定期内，轧花厂分批向风险管理公司交货，风险管理公司验货后，按交货量支付约定货款的 80%，有效缓解了轧花厂的资金压力。风险管理公司在收到棉花现货后向郑州商品交易所提交注册仓单申请。仓单注册生成后，双方按照轧花厂的点价价格进行结算，风险管理公司支付剩余货款。这样，轧花厂无须等到价格合适时再销售货物，能有效缓解库存压力、资金压力，也无须担忧自主套保时因价格上涨导致的资金压力，提高了棉花种植户回收资金的效率。

1.1.2.2 仓单服务案例

仓单服务是风险管理公司以商品现货仓单串换、仓单质押、约定购回等方式为客户提供的一种服务方式。它帮助客户解决了因提货地点带来的物流成本增加、仓单品质不符合生产要求和习惯等个性化需求矛盾，盘活了中小企业库存，并为其提供了短期融资，解决了中小企业短期资金紧缺问题。从 B 公司在疫情期间服务新疆棉花企业的案例来看，2020 年疫情期间，不少企业出现库存高企、流动性不足等问题，而中小企业获得贷款的渠道更为有限，B 公司及时与新疆某棉花企业开展了仓单约定购回业务。在棉花集中上市时，风险管理公司获得企业棉花仓单并按约定价格全额付款，等到销售情况转好时，企业再按照约定价格购回棉花仓单，这样既解决了企业短期资金周转不灵的难题，又帮助企业扩大了经营规模，提高了经营业务灵活性，同时还有效防止了棉花企业拖欠棉农货款的老大难问题的发生。

1.1.2.3 仓储物流中心降低贸易成本案例

仓储和物流是现货贸易的核心环节。通过开展仓储运输业务，期货风险管理公司能够将期现货和场外衍生品业务更好地结合起来，打造"期现+期权+储运"的供应链金融服务创新模式，成为帮助实体企业管理生产经营风险的重要抓手。例如，中证寰球在与宁夏某硅锰合金企业开展基差贸易的同时，通过旗下子公司中证寰球仓储物流有限公司在宁夏设立了硅锰专业仓库。仓库建成后，利用仓库优越的地理位置、较高的仓储能力和保障管理能力，产区聚集了全国硅锰产能的 30%，当地硅锰合金小企业的集群程度显著提高。

1.1.2.4　场外期权风险管理策略及案例

期权即选择权，是买方向卖方支付一定的权利金后拥有的在某一特定日期或该日之前的任何时间以约定价格购进或售出标的资产的权利，但不负有必须买进或卖出的义务。对于期权买方来说，期权近似于价格保险，在支付"保费"（权利金）后买方即获得"被保险"的权利，其风险可控，最大亏损就是权利金。相对于成立期货套保团队直接入场交易而言，实体企业通过直接买入期权套保的成本更低，操作更为简单。在同样的行情下，期权可以采用不同的策略来管理风险。因此，对于现金流比较紧张的企业，期权交易更为灵活和适用。相对于场内期权合约而言，场外期权的合约标的、期限、规模、损益结构等均可由交易双方约定，具备更大的灵活性。风险管理公司通过向产业客户提供场外期权，利用场内期货、期权等工具可以完成场外期权头寸的动态对冲，将客户的风险释放到场内市场，从而起到管理风险、传导价格信号的作用。例如，南华资本与某交易中心合作推出了一款基于某集团产能预售业务的风险管理产品。该产品以参与该交易中心产能预售业务的近一万个客户为目标客户，支持客户在持有交易中心产能预售订单的同时参与场外期权交易，并根据客户需求量身定制产品，让企业实现了"遇涨不涨、遇跌不跌"的保价效果。

1.1.2.5　"保险+期货"案例

"保险+期货"是风险管理公司的场外期权工具与保险公司的农业保险产品有机结合形成的创新型金融产品，能够有效解决农业领域的农产品价格风险管理问题。保险公司与农户或涉农企业签署保险合同，在评估客户特定农业品种的实际经营情况后，约定在核定的产量水平上向其提供保底收购价（即不低于该价格卖出），从而保障了农户、涉农企业在该产量水平的最低收入。同时，保险公司通过向风险管理公司买入看跌期权的方式，将保险合同承担的或有赔付义务转嫁给风险管理公司，由风险管理公司通过动态对冲的方式将风险转移到场内市场。在此模式中，保险公司和风险管理公司分别发挥了其专业特长，为农业生产经营主体提供了完整的农产品销售收入保障解决方案。例如，2020年，受非洲猪瘟以及生猪饲料价格大幅波动影响，生猪养殖户收入存在较大不确定性。大有期货公司牵头联合4家期货公司共同开展了湖南省邵阳县等6个生猪主产县的生猪饲料价格"保险+期货"项目，该项目的参保养殖户达479户、生猪560827头，实际赔付金额达2350.97万元。

1.1.2.6　含权贸易风险管理案例

含权贸易是风险管理公司的场外期权业务与现货贸易业务相结合的一种创新业务模式，其本质为将期权灵活的非线性损益结构嵌入现货贸易合同条款，满足客户不同场景的现货购销需求。同时，风险管理公司再将其嵌入的期权动态对冲，将风险释放到场内市场。含权贸易结构可以为客户提供在给定条件下按照给定价格条款销售或购买现货的服务，大大拓展了传统贸易合同一口价、盘面点价、均价等简单的价格结算逻辑，将期权的灵活性通过贸易的方式提供给客户，为产业客户购、销、存的精细化管理提供了直接解决方案。例如，永安瑞萌在浙江海盐推出了线材含权贸易的业务，业务双方一手远期定价，一手开展期权交易，实现"期货+期权"两种工具、"场内+场外"两个市场相结合。通过签订全年锁价合同，在线材行情上涨的情况下，永安瑞萌帮助企业节约原材料成本超过200万元。含权贸易不仅有效提高了企业所在产业链的资源配置效率，也推动了传统产业链的整体转型升级。

1.1.2.7　场外互换案例

场外互换是近年来风险管理公司积极探索的另一种场外衍生品工具。商品互换交易的是两笔现金流，其与期货具有同样的线性损益结构，但企业无须参与实物交割环节，互换交易的标的、规模、期限、现金流结构（如期间与期末支付的约定）、保证金占用等合约条款设计与期货合约相比有很高的灵活性，可满足客户横跨不同合约、品种、市场的风险管理需求，形成了对场内期货工具的良好补充。互换产品的参与门槛相对较低，对于资金压力较大和专业风险管理人才缺失的企业来说，互换提供了一条利用期货和衍生品市场进行风险管理的新途径。例如，2019 年以来，某铜材料企业与新湖瑞丰以上期所的铜期货合约价格为标的开展了商品价格单边互换交易。对于价格上涨时采购成本增加的风险，双方约定企业在期初按标的铜期货合约的价格向新湖瑞丰支付一笔现金，合约到期时新湖瑞丰再以约定的结算价格向企业支付一笔现金。企业通过该模式提前锁定了铜采购成本，从而规避了现货市场采购价格波动带来的成本风险。对于价格下跌时库存贬值的风险，双方约定新湖瑞丰在期初按标的铜期货合约的价格向企业支付一笔现金，合约到期时企业以约定的结算价格向新湖瑞丰支付一笔现金。通过该模式企业在下跌行情出现时可提前锁定库存价值，企业现货端库存得到稳定增值。

1.1.2.8 定制一揽子服务案例

针对企业多种风险管理需求，风险管理公司积极探索为企业定制包括仓单服务、"基差点价+含权贸易"、场外期权、库存管理等一揽子综合服务方案，不仅有效解决了企业资金流动性问题，保障了企业持续稳定经营，同时也有效规避了原材料价格上涨风险，保证了企业利润的稳定，增加了整体库存收益，企业的多种风险管理需求通过风险管理公司定制的一揽子综合服务得到了充分满足。例如，在服务云南某中型民营冶炼厂的过程中，国泰君安风险管理公司为企业定制了一揽子服务方案。具体包括：（1）通过仓单约定购回业务解决了客户的资金问题。企业在生产阶段将仓单销售给风险管理公司，释放资金，解决了企业流动性问题，满足了企业的正常经营。等到下游进行采购时，企业再逐步根据约定将仓单购回并销售给下游。（2）通过基差点价业务保障货值，实现了较低的回购价格。企业向风险管理公司销售锡锭并约定购回价格，2020 年 7 月，在锡价上涨后企业委托风险管理公司对回购标的卖出保值，8 月，锡锭价格下跌，企业点价回购其中部分锡锭。（3）通过后点价业务规避原材料价格上涨风险，实现了产成品的高价销售,稳定加工利润。2020年8月,企业向风险管理公司销售锡锭,并约定以沪锡对应合约点价,同时确定了回购价格。11月,价格上涨后企业完成点价,由风险管理公司进行结算,确定最终采购价格并完成整个采购业务流程。(4)通过库存管理业务实现库存保值、增值,增厚企业收益。2020年10月,由于消费持续性变好,锡锭现货升水。企业在11月中旬前有相应库存但无销售计划,风险管理公司将企业库存以相应期货合约价格加上1000元/吨的基差销售,并在期货上建立多头进行保值。当期货合约到交割期时,风险管理公司又买入交割对应企业库存量的锡锭,并通过自身客户资源,实现仓单串换,补回需要的库存,实现了库存保值、增值。

1.1.3 期货结算机构

期货结算机构是负责交易所期货交易的结算、保证金管理和风险控制的机构。期货结算机构有两种组织形式。期货结算机构可以是独立的公司法人机构,可以由期货交易所和实力较强的金融机构共同出资组建,还可以是交易所的内部机构。我国的期货结算机构是交易所的内部机构。这样的形式有利于期货交易所对整个市场进行及时有效的监管。

首先,期货结算机构是衍生品市场中重要的中央对手方,对相关的衍生品交易进行履约担保。对于所有期货和期权合约交易者而言,期货结算机构起到了第三方的作用,它是每个卖方的买方,又是每个买方的卖方,因此,期货和期权合约买卖双方无须向交易对方负责,只须对结算机构的结算会员负责。期货结算机构作为期货交易的中介,可以大大减少交易者的信息不对称风险,确保交易如约进行。其次,期货结算机构每一交易日结束后,期货结算机构要对会员的盈亏进行计算。最后,期货结算机构负责收取和管理保证金,以控制市场风险。当市场价格不利变动导致亏损,使会员保证金不能达到规定水平时,结算机构会向会员发出追加保证金的通知。会员收到通知后必须在下一交易日补齐保证金,否则结算机构有权对其持仓进行强行平仓。

1.1.4 中国期货市场监管架构

回溯期货市场发展史,我国期货市场监管演进经历了由"多头分散"到"集中统一"的发展历程。期货市场发展初期主要由相关行业部委和地方政府分头进行监管。1993年11月,国务院授权中国证监会作为期货市场的行政管理部门,1998年明确中国证监会对期货市场进行垂直管理和集中统一监管。2000年12月,中国期货业协会成立,形成了中国证监会行政监管、交易所一线监管和中期协自律监管相结合的监管制度。

中国期货业协会作为行业自律管理组织,近年来充分发挥"自律、服务、传导"职能,在推动期货及衍生品行业创新发展,提升服务实体经济能力方面起到了积极作用。2007年成立的中国期货保证金监控中心(2015年更名为中国期货市场监控中心)实现了期货市场数据大集中,从而确立了中国证监会、地方证监局、中国期货业协会、期货交易所和中国期货市场监控中心"五位一体"的期货监管工作机制。中国证监会负责监管协调机制统一领导、统筹协调和监督检查。中国证监会及各地证监局对期货公司及其分支机构进行监督管理。期货交易所、中国期货业协会依照有关法律、行政法规和本机构的章程、规则对期货公司实行自律管理。中国期货市场监控中心对客户的保证金实施监控。"五位一体"按照"统一领导、共享资源、各司其职、各负其责、密切协作、合力监管"的原则开展工作,目的是形成一个分工明确、协调有序、运转顺畅、反应快速、监管有效的工作网络。

设立中国期货市场监控中心是我国期货市场监管体系的一项重大创新安排,具有鲜明的中国特色,在全球范围具有独创性。多年来,中国期货市场监控中心在防范市场风险、保护投资者合法权益、服务监管等方面作出了重要贡献,为维护期货市场平稳健康发展发挥了重要作用。

1.2 远期合约

远期合约是在 20 世纪 80 年代初兴起的一种保值工具,它是一种交易双方约定在未来的某个时刻,以合约协议的价格买入或者卖出一定数量的某种标的资产的合约。远期合约通常在两个交易者之间签署,不在规范的交易所内交易。合约中约定了标的物、执行价格、交割日期等内容,每一份远期合约因合约双方的需求不同而有所不同。远期合约中约定未来买入标的资产的一方称为"多头";而承诺未来卖出标的资产的一方称为"空头"。合约中指定的标的资产买卖价格称为"交割价格"。在签订合约时,所选择的交割价格应该使合约的价值为零,即无须成本就可以处于合约的多头或者空头状态。常见的远期合约主要有远期利率协议、远期外汇协议以及远期外汇综合协议等。

一般来讲,在合约到期时,对于远期合约的多头来讲,每一单位合约的收益为:$S_T - K$。

这里的 K 为合约的交割价格(Delivery Price),S_T 为标的资产在合约到期时的市场价格,合约中的多头必须以 K 价格买入价值为 S_T 的标的资产。同样,对于远期合约的空头来讲,合约为其带来的收益为:$K - S_T$。

买卖双方的收益均可正可负。

原则上,计算远期价格是用交易时的即期价格加上持有成本(Carry Cost)。根据标的资产的情况,持有成本要考虑的因素包括仓储、保险和运输等,即远期价格等于标的资产即期价格或现金价格加上持有成本的总和。

尽管在金融市场中的交易与在商品市场中的交易有相似之处,但它们之间也存在很大的差别。例如,如果远期的石油价格很高,则在即期市场上买进一油轮的石油并在将来卖掉的行为也是很有吸引力的。一般来说,商品市场对供求波动更为敏感。如农作物产量会受气候和自然灾害的影响,商品消费会受技术进步、生产加工过程以及政治事件的影响。事实上,许多商品市场上使用的交易工具可以在生产者与消费者之间直接进行交易，而不是为其提供套期保值与投机交易的机会。

1.3 期货合约

期货合约，是指由期货交易所统一制定的、规定在将来某一特定的时间和地点交割一定数量和质量商品的标准化合约。期货合约是期货交易的对象，期货交易参与者正是通过在期货交易所买卖期货合约，转移价格风险、获取风险收益的。期货合约是在现货合同和现货远期合约的基础上发展起来的，但其与现货合同和远期合约最本质的区别在于期货合约条款是标准化的。在期货市场交易的期货合约，其标的物的数量、质量等级和交割等级及替代品升贴水标准、交割地点、交割月份等条款都是标准化的，使期货合约具有普遍性特征。期货合约中，只有期货价格是唯一变量，在交易所以公开竞价方式产生。

双方在将来必须进行交割的指定日期称为"最后交易日"或者"交割日"。双方约定的未来交易时所使用的价格为期货价格。双方在协议到期时所要买卖的资产为标的资产。如果投资者是期货合约的买方，或者通过买入期货合约在市场中取得一个头寸，这就是多头头寸或者说在期货市场中做多。相反，如果投资者在期货市场中卖出期货合约，则称为空头头寸或者说在期货上做空。

期货交易的参与者分为两种，一种是套期保值者，另一种是投机者。套期保值者通过在期货市场中买卖期货合约，转移价格风险，稳定现货经营；投机者通过买卖合约，承担价格风险，从而获取风险收益。

我国上市的商品期货主要有农产品（包括软商品）、金属、工业品、能源化工等类型的期货品种，如小麦、稻谷、大豆、玉米、豆粕、白糖、棉花、铜、铝、铅、锌、镍、锡、黄金、白银、苯乙烯、橡胶、纸浆、苹果、红枣、花生、生猪、PTA、甲醇、玻璃、动力煤、工业硅等；正在筹备上市的新品种还有集装箱类期货、天然气期货等。

在金融期货里，已上市的主要有股指期货和国债期货，外汇期货正在研发。我国的股指期货有沪深 300、上证 50、中证 500 和中证 1000 股指期货合约，国债期货有 2 年期、5 年期、10 年期合约。

1.4　期权合约

期权合约是一种赋予持有人（购买者）在某一特定日期或者该日期之前的任何时间以固定价格买进或者出售一定数量某种资产的权力，但不负有必须买进或卖出的义务。它既可以在场内交易所中交易，也可以在场外交易。

期权交易源于 18 世纪后期的美国和欧洲市场，受制度不健全等因素影响，期权交易的发展一直受到抑制。19 世纪 20 年代早期，看跌期权和看涨期权自营商都是职业期权交易者，他们在交易过程中，并不会连续不断地提出报价，而是当价格变化明显有利于他们时才提出报价。这样的期权交易不具有普遍性，不便于转让，市场的流动性受到了很大限制，这种交易体制也因此受挫。

直到 1973 年 4 月 26 日芝加哥期权交易所（Chicago Board of Trade，CBOE）成立，进行统一化和标准化的期权合约买卖，上述情况才得到改善。期权合约的有关条款，包括合约量、到期日、敲定价等都逐渐标准化。起初，只推出 16 只股票的看涨期权，很快，这个数字就成倍地增加。不久，股票的看跌期权也挂牌交易。迄今，全美所有交易所内有 2500 多只股票和 60 余种股票指数开设了相应的期权交易。之后，美国商品期货交易委员会放松了对期权交易的限制，有意识地推出商品期权交易和金融期权交易。因为期权合约是标准化的，其可以方便地在交易所里转让给第三人，并且交易过程也非常简单，最后的履约也能得到交易所担保，所以不仅提高了交易效率，也降低了交易成本。1983 年 1 月，芝加哥商业交易所推出了标普 500 股票指数期权，纽约期货交易所也推出了纽约股票交易所股票指数期货期权交易。随着股票指数期货期权交易的成功，各交易所将期权交易迅速扩展至其他金融期货。自期权交易出现至今，期权交易所已经遍布全世界，其中芝加哥期权交易所是世界上最大的期权交易所。20世纪80年代至90年代，期权柜台交易市场（或称场外交易）得到了长足的发展。柜台期权交易是指在交易所外进行的期权交易。期权柜台交易中的期权卖方一般是银行，而期权买方一般是银行的客户。银行根据客户的需要，设计出相关品种，因而柜台交易的品种在到期期限、执行价格、合约数量等方面具有较大的灵活性。

外汇期权出现的时间较晚，目前，最主要的货币期权交易所是费城股票交易所（Philadelphia Stock Exchange，PHLX），它提供澳大利亚元、英镑、加拿大元、欧元、日元、瑞士法郎这几种货币的欧式期权和美式期权合约。外汇期权交易中大部分的交易是柜台交易，中国银行部分分行已经开办的"期权宝"业务，采用的是期权柜台交易方式。

在我国，期权的发展起步较晚，在正式推出期权产品之前，上海证券交易所推出了 50ETF 和以上汽集团、中国平安为标的的个股期权模拟系统，同时要求客户到期权经营机构参加期权考试，方可参与期权交易。

2015 年 2 月 9 日，上证 50ETF 期权于上海证券交易所上市，是国内首只场内期权品种。这不仅宣告了中国期权时代的到来，也意味着我国已拥有全套主流金融衍生品。

2017 年 3 月 31 日，豆粕期权作为国内首只期货期权在大连商品交易所上市。

2017 年 4 月 19 日，白糖期权在郑州商品交易所上市交易。

2018 年 9 月 25 日，铜期权在上海期货交易所上市交易。

2019 年 1 月 28 日，玉米期权在大连商品交易所上市交易，棉花期权在郑州商品交易所上市交易。

2019 年 1 月 29 日，天然橡胶期权在上海期货交易所上市交易。

2019 年 12 月 9 日，铁矿石期权在大连商品交易所上市交易。

2019 年 12 月 16 日，PTA 期权、甲醇期权在郑州商品交易所正式挂牌交易。

2019年12月20日，黄金期权在上海期货交易所上市交易。

2020年1月16日，菜籽粕期权在郑州商品交易所正式挂牌交易。

2019年12月23日，上交所、深交所上市沪深300ETF期权，中金所上市沪深300股指期权。

2020年1月2日，外汇交易中心推出挂钩LPR利率的利率期权业务试点交易。

2020年3月23日，银行间市场正式推出利率期权业务。此次推出的利率期权产品挂钩LPR利率，包括利率互换期权和利率上下限期权。

2021年6月18日，棕榈油期权在大连商品交易所上市交易。

2021年6月21日，原油期货期权在上海国际能源交易中心挂牌交易。

2021年7月19日，沪深300股指期权在中国金融期货交易所上市交易。

2022年7月22日，中证1000股指期权在中国金融期货交易所正式挂牌交易。中证1000指数由市值排名在沪深300指数、中证500指数成份股之后的，A股中市值相对靠前且流动性较好的1000只股票组成，是综合反映A股市场较小市值公司股票价格表现的宽基跨市场指数，与沪深300和中证500等指数形成互补。中证1000股指期货和期权覆盖面较广，推出后有助于中证1000指数对应的中小盘股票的价值发现，将会吸引更多投资者入市，股票市场规模有望迎来大扩容，也会为量化对冲等策略提供风险对冲工具。

2022年8月26日，郑商所菜籽油期权，花生期权上市交易。

2022年9月19日，中证500ETF期权合约在上海证券交易所上市交易。中证500指数由全部A股中剔除沪深300指数成份股及总市值排名前300名的股票后，总市值排名靠前的500只股票组成，同时涵盖高业绩增速的成长行业与偏向价值的周期行业，整体呈现中盘特征，行业分布相对分散，容易通过选股产生超额收益。中证500ETF期权上市后，会在一定程度上增加对冲型交易策略的产品容量，有望边际降低中性策略对冲成本。

2023年以来，中国期货市场创新发展提速，衍生品新品种加快推出。仅7个多月的时间就推出了30年期国债期货、氧化铝期货、科创50ETF期权、乙二醇期权、苯乙烯期权、碳酸锂期货及期权、合成橡胶期货及期权、集运指数期货、烧碱期权和对二甲苯、短纤、纯碱、锰硅、硅铁、尿素、苹果期权等 10 多个衍生品新品种。其中，郑商所挂牌的期权品种有烧碱（期货及期权同时上市）、对二甲苯、短纤、纯碱、锰硅、硅铁、尿素及苹果。2023 年 7 月 24 日，在广期所上市的碳酸锂期货和期权，服务新能源产业，护航绿色产业健康发展。集运指数（欧线）期货于 2023 年 8 月 18 日在上期所能源挂牌交易，采用"服务型指数、国际平台、人民币计价、现金交割"的设计方案，是国内首个航运期货品种，首个服务类期货品种，首个在商品期货交易所上市的指数类现金交割的期货品种。

由于期权交易的方式、方向、标的物等不同，因此可以从不同角度对期权进行分类，比如按照买方行权方向的不同，可以分为看涨期权和看跌期权；按照行权时间规定的不同可以分为欧式期权、美式期权以及百慕大期权。

关于期权的具体内容会在本书第 3 章详细介绍。

1.5　交易者类型

衍生产品市场繁荣发展的主要原因是，市场上存在许多不同类型的交易者，而且市场具有极强的流动性。当一个投资者想承约某个交易的一方时，通常可以很容易地找到想承约交易的另一方。

交易者主要有三种类型：对冲者、投机者和套利者。对冲者利用衍生品合约来降低风险，是衍生品市场产生与发展的原动力；投机者对衍生品市场的走向作出判断并进行交易，其看似是市场波动和风险的重要来源，但事实上，适度的投机活动为市场其他参与者提供了流动性；套利者采用两个或两个以上的交易锁定盈利，套利行为能够推动标的资产现货价格与衍生品价格向更为合理的相对关系转变，因而对提高市场效率有着重要作用。在一个成熟的衍生品市场上，这三种类型的交易者缺一不可。

从衍生品市场参与主体看，国内外市场都为买方和卖方，买方包含对公基金、商业银行、资管公司等，他们是整个衍生品市场的价格承担者，也是市场需求驱动端。卖方主要是证券公司或投资银行，根据买方客户的需求来加工或定制衍生品,帮助买方实现风险对冲,或建立投机头寸。卖方通过动态复制衍生品的收益锁定价差,从而获得收益,模式是卖出相应的金融衍生产品,并获得风险对冲的回报。

近年来,对冲基金已经成为衍生产品市场的重要参与者,他们运用衍生产品进行对冲、投机,以及套利。对冲基金与共同基金类似:基金管理者将客户的资金进行投资,但是,对冲基金的资金主要来源于机构与高净值客户,对冲基金不能进行公开融资。共同基金受监管条约的限制:基金份额随时可以兑现,必须公布投资方针,限制使用杠杆效应。而对冲基金通常不受这些条例的制约,从而可以使用较为复杂的、非传统的并具有独到见解的投资策略。对冲基金的收费与基金的表现挂钩:一般收费都较高,收费标准通常是管理资产的1%~2%再加上盈利的20%。目前,采用对冲基金方式进行投资已经十分普遍,全球有高达2万亿美元的资金投资在对冲基金上。基金式基金(Funds of Funds)是在对冲基金的组合上进行投资。

对冲基金经理在使用投资策略时,通常会运用各种金融工具和衍生产品,以设定投机和套利头寸。在制定这些策略之后,对冲基金经理需要进行一系列精密的操作。首先,他们必须对基金所面临的各种风险进行全面评估,涉及市场风险、信用风险、流动性风险等方面的考虑。其次,对冲基金经理需要明确哪些风险是可以接受的,哪些风险需要进行对冲,需要综合考虑基金的投资目标、风险偏好以及市场环境等因素。随后,对冲基金经理将设计相应的交易策略,这些策略通常会涉及多种衍生产品和金融工具的组合运用,以对冲那些无法接受的风险。

对冲基金经理常运用多种类型的对冲策略来实现投资组合的风险管理和收益增强。其中,股票多空对冲策略是同时买入被市场低估的股票和卖出被市场高估的股票,从而有效降低市场波动对投资组合的影响。可转债套利策略涉及建立可转换债券的多头头寸和标的股票的空头头寸,通过动态管理这些头寸实现风险对冲和收益优化的目的。受压(高风险)债券策略则是通过购入濒临破产企业的债券来获取高收益,其中伴随着较高的信用风险。全球宏观交易策略是基于对全球宏观经济走势的预期进行投资,这需要对全球宏观经济数据和事件有敏锐的洞察力。兼并套利策略是在兼并和收购消息公布后进行交易，旨在通过把握并购交易的机会获取盈利，但也伴随着交易执行风险和市场风险。综上所述，对冲基金经理在制定和执行投资策略时需要全面考量各种风险因素，并灵活运用多种对冲策略来实现投资组合的风险管理和收益最大化。

1.6 对冲者

对冲的目的是降低风险。下面将举例说明如何利用期货和期权合约来降低风险。

1.6.1 利用白糖期货进行对冲

某饮料厂1月份签订了6月份交货的饮料合同，生产周期为1个月，需购进原材料白糖10吨，合同签订时原材料白糖价格为5700元/吨。该厂认为该价格较低，欲以此价格为原材料成本价，但该厂又不愿意1月份买进原材料，愿意5月份再买进原材料生产饮料。但担心5月份白糖价格上升，于是该厂在期货市场进行买入套期保值。

假定现货、期货市场价格相同，1月份白糖期、现货价格均为5700元/吨，该厂买入白糖6月份合约；5月份该厂买入白糖现货，并卖出白糖期货，期、现货价格均为6000元/吨；现货上涨了300元/吨，正好用期货盈利的300元/吨弥补，从而采购价格稳定在5700元/吨，实现了风险对冲。

1.6.2 利用期权进行对冲

假设某白糖生产商持有100吨白糖现货，现货价格为6500元/吨。白糖生产商担心未来两个月内白糖价格下跌，希望进行买入保护。该白糖生产商购买了 10 份（每份 10 吨）未来两个月后到期的白糖看跌期权合约，期权的执行价格为 6200 元/吨。持有这一期权可使投资者以 6200 元/吨的价格卖出 100 吨白糖。如果每份期权合约的费用为 200 元，对冲的总费用为 $200 \times 10 \times 10 = 20000$ 元。

这一策略的费用为 20000 元，它可以保证卖出白糖的价格在期权期限内至少为 6200 元/吨。如果市场价格低于 6200 元/吨，白糖生产商行使期权，这时卖出白糖现货的收入为 620000 元。将期权费用考虑在内，实际收入 600000 元。如果白糖的现货价格高于 6200 元/吨，期权不会被行使。但是拥有白糖并卖出的实际收入总是高于 620000 元（将期权费用考虑在内，实际收入高于 600000 元）。

1.6.3 期货对冲与期权对冲的比较

采用期货对冲与采用期权对冲有如下区别：以期货合约中和风险的形式是通过设定买入和卖出标的资产的价格来对冲；而期权产品则提供了价格保险。当价格向不利方向变化时，期权产品为投资者提供了保护，但同时又能使投资者在价格向有利方向变化时盈利。与期货不同，拥有期权需要付费。

1.7 投机者

对冲者想办法避免风险，投机者却愿意承担风险。一旦预测价格将上涨，投机者就会买进；一旦预测价格将下降，投机者就会卖出，待价格与自己预料的方向变化一致时，再抓住机会进行对冲，获取价差收益。期货投机者在交易中通常为博取价差收益而主动承担相应的价格风险，其属于价格风险偏好者。

1.7.1 利用期货进行投机

假设一个投机者 5 月份时认为白糖价格在未来两个月内会上涨,他有两种投机策略可选择:一种是在即期市场购买白糖现货,另一种是承约白糖期货合约的多头头寸。

首先分析第一种策略,即在现货市场购买白糖现货进行投机。假设当前白糖的现货价格为 6000 元/吨,投机者决定购买 100 吨白糖,这需要他支付 $100 \times 6000 = 600000$ 元的资金。如果在两个月后,白糖价格上涨至 6200 元/吨,那么投机者将以 6200 元/吨的价格卖出现货白糖。投机者总收入为 $100 \times 6200 = 620000$ 元。因此,投机者净利润为 $620000 - 600000 = 20000$ 元。

其次分析第二种策略,即持有白糖期货多头合约进行投机。假设 5 月份的白糖期货价格为 6000 元/吨。投机者决定在 5 月份持有 10 份白糖期货合约多头,每份合约为 10 吨,总计为 100 吨。根据期货市场的规定,他需要支付的保证金总额为 $10 \times 6100 \times 10 \times 5\% = 30500$ 元。假设在两个月后,白糖期货的价格上涨至 6200 元/吨。这时投机者会以 6200 元/吨的价格平仓多头合约。投机者总收入为 $10 \times 10 \times (6200 - 6000) = 20000$ 元。

在比较这两种策略时,我们可以发现:

在现货市场购买白糖现货的投机策略需要投入更多的资金(600000元),在期货市场承约白糖期货合约的投机策略需要支付的保证金较少(30500 元)。这体现出期货交易中的杠杆效应,即投资者只需要支出少量资金就可以建立一个很大的投机头寸。

1.7.2 利用期权进行投机

投机者也可以利用期权进行投机。假设现在是 10 月份,一个投机者认为白糖价格在今后两个月内要上涨。白糖现货价格为 6000 元/吨,执行价格为 6200 元/吨、每份合约 10 吨、期限为两个月的看涨期权的当前价格为 200 元(见表 1-2)。

表 1-2　　　　　　　　期权投机与现货投机策略的盈亏比较

投资策略	12 月份的白糖价格	
	6500 元/吨	5900 元/吨
买入 100 吨现货白糖（盈亏）	50000 元	-10000 元
买入 10 份看涨期权（盈亏）	300000 元	-600000 元

表 1-2 说明了投资者可以选择的两种投机方式：一种方式是现在买进 100 吨白糖现货，另一种方式是现在买入 3000 份看涨期权合约。假设投资者的猜测是正确的：白糖的价格在 12 月份上涨到 6500 元/吨，第一种投资方法带来的盈利为 $100 \times (6500 - 6000) = 50000$ 元。

这时第二种方法盈利会更多。执行价格为 6200 元/吨的看涨期权的收益为 300 元/吨（因为持有这一期权投资者可以按 6200 元/吨的价格买入价值为 6500 元/吨的产品）。在第二种策略下，持有 3000 份期权的总收益为 $3000 \times 300 = 900000$ 元。将最初的费用扣除后，净盈利为 $900000 - 3000 \times 200 = 300000$ 元。因此，买入期权的投机策略盈利是买入现货盈利的 6 倍。

然而，期权策略也会触发更大的损失：假设现货价格在 12 月份降至 5900 元/吨，买入现货的投机策略损失为 $100 \times (5900 - 6000) = -10000$ 元。当现货价格低于行权价格时，看涨期权不会被行权，已支付期权费的损失为 $-3000 \times 200 = -600000$ 元。

1.7.3　期货投机与期权投机的比较

与期货交易类似，期权交易也给投资者提供了杠杆效应。对于一项投资，使用期权会放大最终的经济效果：收益可能会更大，亏损时也可能会使投资者丧失最初的全部投资。二者的区别在于：期货投机的损失与收益都很大，但期权投机的损失不会超过期权费。

1.8 套利者

套利者也是衍生品市场的重要参与者。套利交易也称为价差交易，指的是在买入或卖出某种电子交易合约的同时，卖出或买入相关的另一种合约。与期货投机相比，期货价差套利的风险较低，在本质上是期货市场上针对价差的一种投机行为。由于期货价差套利是利用期货市场中某些期货合约价格失真的机会，并预测价格失真最终会消失，从而获取套利利润。因此，在客观上，期货价差套利有助于将扭曲的期货市场价格重新恢复到正常水平，促进期货市场的健康发展。期货价差套利行为有助于不同期货合约价格之间的合理价差关系的形成。期货价差套利的交易获利来自不合理价差的发现和利益，套利者会时刻注意市场动向。如果发现相关期货合约的价差存在异常，就会通过套利交易获取利润。在客观上会对相关期货合约价格产生影响，促进价差趋于合理。期货价差套利行为还有助于提高市场流动性。因为套利行为扩大了期货市场的交易量，承担了价格变动的风险，提高了期货交易的活跃程度，并且有助于其他交易者的正常进出和套期保值操作的顺利实现，有效降低了市场风险，促进交易的流畅化和价格的合理化。

下面举一个简单的例子来说明套利是如何进行的。

香港市场美元兑人民币是 $1:6.34$，伦敦市场是 $1:6.36$，一个套利者可以在香港市场买入美元，在伦敦市场卖出，无风险盈利为 0.02 元人民币。但这种套利机会并不会持续存在。假设市场是完全的且不存在交易费用，在供需关系作用下，套利者的行为将使两个市场的美元兑人民币汇率趋于一致。

实际上，正是因为有套利者的存在，才使大多数金融市场的报价只会存在很小的套利机会。本书讨论的大部分内容都建立在无套利假设之上。

本章小结

20世纪80年代末期以来，中国衍生品市场经历了从无到有、由小到大的发展过程，逐步成为全球金融市场中不容忽视的一员。这一历程反映出衍生品市场在提高金融市场效率、服务实体经济发展、增强市场深度与广度等方面所发挥的重要作用。随着中国经济的快速增长和金融市场的逐渐成熟，衍生品市场应运而生，为市场参与者提供了丰富的风险管理工具，有效地增加了市场的流动性，促进了资本市场的稳健发展。衍生品市场的参与主体主要包括对冲者、投机者和套利者，每一类参与者都在市场中扮演着独特而重要的角色。对冲者通过衍生品合约进行风险管理，规避不利的价格波动；投机者则试图通过预测市场走向来获取利润；而套利者通过发现市场间或市场内的价格差异进行无风险或低风险套利，以促进价格的一致性，提高市场效率。这些市场参与者的互动，共同维护了衍生品市场的流动性和稳定性，对促进金融市场的整体健康发展发挥了积极作用。

中国衍生品市场的未来发展潜力巨大，但也面临挑战，如何平衡创新与风险，如何完善监管体系，如何提升市场参与者的专业能力，以及如何提高市场的国际竞争力等问题，都需要我们思考并解决。为了应对这些挑战，需要监管机构持续优化监管框架，加强市场透明度，鼓励市场创新，引入更多的衍生品品种和交易机制。同时，市场参与者需提高自身的专业知识和风险管理能力，以适应市场变化和参与国际竞争。此外，中国衍生品市场的国际化进程也需加速，应通过与国际市场的互联互通，引入国际投资者，提升市场的国际竞争力。展望未来，随着金融市场的进一步深化改革和对外开放，中国衍生品市场将在服务实体经济、促进金融稳定、深化金融创新等方面发挥更大的作用，为中国经济的持续健康发展提供更加坚实的金融支撑。政府、监管机构、市场参与者、学术研究机构等多方面的共同努力，将推动中国衍生品市场向更加开放、透明、高效和安全的方向发展，为全球金融市场的多元化和稳健性贡献中国智慧和力量。

第 2 章
中国期货市场

✦ 学习目标

1. 了解我国期货市场的主要运行机制。
2. 掌握期货合约的规格和交割方式。
3. 掌握期货合约与远期合约的区别和联系。
4. 掌握期货价格形成机制及我国大宗商品期货市场定价因子。
5. 了解我国大宗商品期货市场上异质性风险对期货收益的影响。
6. 了解我国期货市场的制度法规和会计税收原则。

引 言

期货市场作为现代金融体系的重要组成部分,在调节经济、稳定市场、促进产业发展等方面具有不可替代的作用。我国期货市场经过多年的发展,已形成了相对完善的运行机制和法规体系,为投资者提供了多样化的投资渠道和风险管理工具。掌握期货市场的具体运作机制,对投资者理解市场规则、把握市场机会、防范风险具有重要意义。

本章共分为 9 个小节,2.1 和 2.2 小节详细介绍了期货合约的规格及期货市场的运行机制。2.3 和 2.4 小节分别介绍了期货合约的交割方式和交易类型。2.5 小节分析了远期合约和期货合约的区别和联系。2.6 小节阐述了期货价格形成机制及我国大宗商品期货市场定价因子。2.7 小节介绍了我国大宗商品期货市场的异质性波动情况。最后,2.8 和 2.9 小节对我国期货市场的制度法规和会计税收原则进行了简要介绍。上述内容为读者提供了深入了解期货市场的框架和基础,相信读者通过本章的学习能够更好地把握期货市场的运行规律,为未来的投资活动提供有力的支持和指导。本章所涉及的有关规则条款内容,会随情况变化而有所调整,不作为交易依据。最新规定可查阅交易所相关网站或最新发文等。

2.1 期货合约的规格

期货合约是一种由交易所设计,经国家监管机构审批上市的标准化合约,合约的买方同意在一段时间后按照特定价格买入某种资产,而卖方也同意按照这一价格卖出。买卖双方需在指定的日期进行货物交接及货款划转,这一日期称为"交割日",交易的资产称为"标的"。在期货市场上,投资者买入期货合约的行为称为"多头头寸"或"在期货上做多",即在市场上取得一个头寸。相对应的是,投资者卖出期货合约的行为称为"空头头寸"或"在期货上做空"。

期货合约是在现货合同和现货远期合约的基础上发展起来的,但它们本质的区别在于期货合约条款是标准化的。在期货市场交易的期货合约,其标的物的数量、质量等级、交割等级及替代品升贴水标准、交割地点、交割月份等条款都是标准化的,使期货合约具有普遍性特征。我们以上海期货交易所黄金期货标准合约为例(见表2-1)。

表2-1 上海期货交易所黄金期货标准合约

项目	内容
交易品种	黄金
交易单位	1000 克/手
报价单位	元(人民币)/克
最小变动价位	0.01 元/克
每日价格最大波动限制	不超过上一交易日结算价 ±5%
合约交割月份	1—12 月

续表

项目	内容
交易时间	上午9：00—11：30，下午1：30—3：00
最后交易日	合约交割月份的15日（遇法定假日顺延）
交割日期	最后交易日后连续5个工作日
交割品级	金含量不小于99.95%的国产金锭及经交易所认可的伦敦金银市场协会（LBMA）认定的合格供货商或精炼厂生产的标准金锭
交割地点	交易所指定交割金库
交割方式	实物交割
交易代码	AU
上市交易所	上海期货交易所

交易所设计一份期货合约时，必须详细注明协议中的具体条款，包括资产品种、合约规模、交割地点、交割时间、报价方式、价格和头寸的限额等。有时交易所也会在协议中附加交割资产的备选方案，包括标的资产的等级或其他交割时间、交割地点等。通常情况下由期货的空头方（即同意卖出标的资产）在交易所提供的备选方案中作出选择。当协议的空头方准备交割时，要向交易所递交交割意向通知书，通知书里需注明所选择的交割资产等级和交割地点。

2.1.1 交易资产

期货市场中，可交易的标的有农产品、金属、能源、金融工具等。

（1）农产品期货。国内推出农产品期货的交易所包括郑州商品交易所和大连商品交易所。其中，郑州商品交易所上市的品种有小麦、稻谷、棉花、棉纱、白糖、菜籽油、菜籽粕、苹果、红枣、花生等。大连商品交易所上市交易的品种有玉米、黄大豆、豆粕、鸡蛋等。

（2）金属期货。现在的金属期货主要分为两类，分别是以铜、铝、锌、镍为代表的有色金属以及黄金、白银等贵金属两类。在我国，金属期货主要在上海期货交易所进行交易。上海期货交易所上市的交易品种有黄金、白银、铜、铝、锌、铅、螺纹钢等。

（3）能源化工期货。我国期货市场上主要的化工品种有 PTA、甲醇、纯碱、尿素、玻璃、塑料等，主要的能源品种有原油、汽油、取暖油、动力煤、焦煤、焦炭等。

（4）金融工具期货。以金融工具作为标的物的期货具体有外汇期货、利率期货以及股指期货。

利率期货：利率期货是交易对象的中长短期可交割金融凭证，以附有利率的有价证券为标准的一种金融期货。它实际上是交易市场上的固定到期日和标准交易额进行交易的短期投资，是货币市场和资本市场工具的远期合约。同其他期货一样，利率期货也是在法律的约束下，通过市场公开竞价，买卖双方商定在未来规定日期按约定利率进行一定数额的有价证券的交割。这些有价证券的市场价格深受市场利率波动的影响，若利率上升，其市价会下降；如利率下跌，则其市价会上涨。

股指期货：股指期货是双方约定在未来的某个特定日期，可以按照事先确定的股价指数的大小，进行标的指数的买卖，到期后通过现金结算差价来进行交割的金融期货。

外汇期货：外汇期货交易是指在约定的日期，按照已经确定的汇率，用美元买卖一定数量的另一种货币。外汇期货交易与合约现货交易有共同点，也有不同点。合约现货外汇交易是通过银行或外汇交易公司来进行的，外汇期货交易是在专门的期货市场进行的。目前，我国尚无外汇期货上市。

2.1.2 交易单位

交易单位是指在期货交易所交易的每手期货合约代表的标的商品的数量。例如，大连商品交易所豆粕期货合约的交易单位为 10 吨/手，乙二醇期货合约的交易单位为 10 吨/手，铁矿石期货合约的交易单位为 100 吨/手。期货交易时只能以交易单位的整数倍进行买卖。确定期货合约交易单位的大小，主要应当考虑合约标的资产的市场规模、交易者的资金规模、期货交易所会员结构以及该商品现货交易习惯等因素。合约规模规定了每手合约中交割资产的数量，交易所要做的一个重要决定就是确定合约的规模。

如果合约规模太大，许多希望对冲较小头寸的投资者或希望持有较小头寸的投机者就不可能通过交易所进行交易。由于每个合约都有交易成本，合约规模过小就会使交易成本过高。

2.1.3 交割地点

交割地点是指承办实物交割的仓库。事先确定好的实物交割地点是标准化期货合约的一个重要组成部分。在一个标准化的期货合约中，通常会设有两个以上的交割地点。交割地点的选择和确定原则，是便利买卖双方进行实物转移。不过，在期货交易中，只有在合约到期后需要进行实物交割时，交割地点才具有实际经济意义。例如，大连商品交易所规定，玉米期货合约应在中粮贸易有限公司、维维食品饮料股份有限公司、浙江省农村发展集团有限公司等企业下属的 17 家分库中交割，且交割仓库将根据市场发展需要不定期调整。目前，国内交割地点除有交割仓库和交割厂库外，郑州商品交易所在一些品种上还采用车船板交割方式。车船板交割方式是卖方在交易所指定交割计价点将货物装至买方汽车板、火车板或者轮船板，以完成货物交收的实物交割方式。交割计价点是由交易所指定的用于计算车船板交割中买卖双方各自应当承担交割费用的地点。

2.1.4 交割时间

期货买卖双方签领交割通知的下一个交易日为交割日。就期货合约而言，交割日是指必须进行商品交割的日期。商品期货交易中，个人投资者无权将持仓保持到最后交割日，若不能自行平仓，其持仓将被交易所强行平掉；只有向交易所申请套期保值资格并批准的现货企业，才可将持仓一直保持到最后交割日，并进入交割程序。例如，大连商品交易所焦炭期货合约的最后交易日为合约月份第 10 个交易日，最后交割日为最后交易日后第 3 个交易日；鸡蛋期货合约的最后交易日为合约月份倒数第 4 个交易日，最后交割日为最后交易日后第 3 个交易日。郑州商品交易所车船板交割结算流程较为灵活，允许买卖双方对一些事项进行协商确认，其货物交收及货款划转需要更长时间。

2.1.5 报价单位

报价单位是指在公开竞价过程中对期货合约报价所使用的单位。例如，郑州商品交易所干制红枣、花生仁、甲醇、涤纶短纤等期货合约报价单位为元（人民币）/吨；大连商品交易所黄大豆1号、胶合板、鸡蛋期货合约的报价单位分别为元（人民币）/吨、元（人民币）/张、元（人民币）/500千克；中国金融期货交易所股指期货的报价单位则均为指数点。

2.2 期货市场的运行机制

2.2.1 每日结算与保证金

为了保障交易的顺利进行以及投资者双方的权益，在进行期货交易时，交易所设定了保证金账户作为交易双方的履约保障。在期货市场上，交易者只需按期货合约价格的一定比率缴纳少量资金作为履行期货合约的财力担保，便可参与期货合约的买卖，这种资金就是期货保证金。在每个交易日结束时，保证金账户的金额数量都会得到调整，从而反映投资者的盈亏，这种做法叫每日结算。期货市场保证金制度这种独特的杠杆机制使投资者只需用少量的资本就可以参与市场，大大降低了投资者的交易成本，增加了他们获利的机会，但也增加了交易者的风险，假设市场的走势与投资者的预期方向相反，他将很快失去资金。这种杠杆机制吸引了大量拥有市场信息资源优势的投资者，他们更愿意在期货市场上进行交易，增加交易头寸，这样金融市场的信息一般会优先进入市场，所以期货价格就会比现货价格先动，使期货价格能更快地对市场上最新信息的影响作出反应，增加整个市场的流动性。

中国期货市场交易中的保证金分别是交易保证金和结算准备金。

交易保证金是会员单位或客户在期货交易中因持有期货合约而实际支付的保证金。它又分为初始保证金和追加保证金两类。

初始保证金是交易者新开仓时所需交纳的资金，它是根据交易额和保证金比率确定的，即：

$$初始保证金 = 交易金额 \times 保证金比率$$

中国现行的最低保证金比率为交易金额的 5%，国际上一般在 3% 到 8% 之间。例如，大连商品交易所的大豆保证金比率为 5%，如果某客户以 3000 元/吨的价格买入 5 手大豆期货合约（每手 10 吨），那么，他必须向交易所支付 $3000 \times 5 \times 10 \times 5\% = 7500$ 元的初始保证金。

交易者在持仓过程中会因市场行情的不断变化而产生浮动盈亏（结算价与成交价之差），导致保证金账户中实际可用来弥补亏损和提供担保的资金随之增减。浮动盈利将增加保证金账户余额，浮动亏损将减少保证金账户余额。保证金账户中必须维持的最低余额称为"维持保证金"。

$$维持保证金 = 结算价 \times 持仓量 \times 保证金比率 \times k$$

（k 为常数，称为维持保证金比率，在我国通常为 0.75）

当保证金账面余额低于维持保证金时，交易者必须在规定时间内补充的保证金，以使保证金账户的余额大于等于"结算价×持仓量×保证金比率"，否则交易所或代理机构有权在下一交易日强行平仓。这部分需要新补充的保证金就称为"追加保证金"。仍按上例，假设客户以 3000 元/吨的价格买入 50 吨大豆后的第三天，大豆结算价下跌至 2900 元/吨，导致客户产生浮动亏损 $(3000-2900) \times 50 = 5000$ 元，客户保证金账户余额为 $7500 - 5000 = 2500$ 元。由于这一余额小于维持保证金 $3000 \times 50 \times 5\% \times 0.75 = 5625$ 元，客户需将保证金补足至 7500 元，需补充的 $7500 - 2500 = 5000$ 元保证金就是追加保证金。这就意味着，即使大豆价格跌至 2000 元/吨，保证金账户也始终要维持在 7500 元，即初始保证金。

结算准备金是指会员为了交易结算在交易所专用结算账户中预先准备

的资金，是未被合约占用的保证金。结算准备金的最低余额由交易所决定。一般由会员单位按固定标准向交易所缴纳，为交易结算预先准备的资金。

2.2.2 平仓

平仓是指期货交易者买入或卖出与其所持期货合约的品种代码、数量及交割月份相同但交易方向相反的期货合约，了结头寸的行为。在期货市场上，绝大多数期货交易不会进行实物交割，原因是大多数投资人在合约规定的交割期到来之前会选择平仓。

平仓分为对冲与强制两种，对冲平仓是期货交易者在同一期货交易所内通过买入卖出相同交割月份的期货合约，用以了结先前卖出或买入的期货合约。强制平仓是指仓位持有者以外的第三人（期货交易所或期货经纪公司）强行了结仓位持有者的仓位，又称"被斩仓"或"被砍仓"。在交易过程中，期货交易所按规定采取强制平仓措施从而发生的平仓亏损，由会员或客户承担。实现的平仓盈利，如属于期货交易所因会员或客户违规而强制平仓的，由期货交易所计入营业外收入处理，不再划给违规的会员或客户；如因国家政策变化及连续涨停板、跌停板而强制平仓的，则应划给会员或客户。

2.2.3 竞价交易与价格变动限额

在现货交易中，由于每个交易者可支配的交易对手和定价信息数量有限，交易会出现诸如"价格扭曲"的问题，从而导致不合理地偏离均衡价格。而在期货交易中，交易双方都可以在依法设立的交易所进行公平交易，他们的报价完全基于个人寻找合适的交易对手进行公平交易的市场信息。同时，由于期货市场的信息比现货市场更广泛，交易双方可以及时了解最近的买卖价格和市场交易量，他们可以撤回和修改他们的预期价格。正是这种竞争性的市场机制，确保了期货报价能反映更多关于多头和空头需求的信息，从而促进定价机制的运行。

期货合约价格每天的变动限额是由交易所规定的，交易日期货合约的成交价格不能高于或低于该合约上一交易日结算价的一定幅度。达到该幅度则暂停该合约的交易。设定每日价格变动限额的目的是防止过多投机活动使价格巨幅波动。然而，标的商品价格迅速上升或下降时，这些限制将会成为人为造成的交易障碍。价格变动限额是否对期货市场有利仍是一个有争议的话题。

2.2.4 期货价格收敛

期货价格收敛也称为"价格聚合"，是指越是临近期货合约交割日，期货价格越是趋近于现货价格。在远月期间，价格由于受时间价值的影响和制约，离期货合约到期的时间远，其价格往往越高；而在期货合约临近到期时，期货价格就越来越接近其现货价格。这个过程，实质上就是期货基差趋向于最小化的过程，也可以说是期货价格逼近现货价格、二者逐渐收敛的过程。为了说明原因，我们可假设，在交割期内期货的价格高于即期价格，此时，交易员存在明显的套利机会，他会执行以下操作：

A：卖出一单位期货合约（持有空头）；
B：买入期货合约对应的资产；
C：进行交割。

当交易员执行完以上操作后，能够从中获利，所获利益等于期货价格和即期价格的差价。但当市场中存在无数个这样的交易员，执行无数次这样的交易时，期货价格就会下降，收敛至即期价格；反之，当期货价格低于即期价格时，交易员会执行买入期货合约（持有空头）的交易，最终使期货价格上升并收敛至即期价格。

与现货市场不同，期货市场是双向的，允许做多和做空交易。做空是一种机制，当投资者认为市场即将下跌时，可以在市场上卖出期货合约参与当前市场，然后在市场价格下跌时以较低的价格买回期货合约，从差价中获利。空头机制的存在，让持有熊市消息的投资者也能获利，从而吸引了更多的人参与期货交易。期货价格不仅反映了正面信息，也反映了熊市消息的反馈，使期货价格更加真实、准确、有预见性，提高价格形成的效率。

2.2.5 限仓制度

期货头寸是指期货投资者持有的仓位,持有的多单称为"多头",空单称为"空头",多头与空头的差值,称为"净头寸"。头寸限额是指交易所对投资者规定的所能持有某一期货合约数量的最大限度,也可以理解为交易者在一项金融工具上被允许持有的最大头寸,通常按净多头或净空头计,以金额表示。头寸限额的目的是防止投机者对市场造成不良的影响,是从市场份额分配方面对市场风险进行管理。

在我国,中国金融期货交易所股指期货合约的每日价格最大波动限制均为上一个交易日结算价的±10%,各交易品种持仓限额根据交易所有关规定执行,交易所可以根据市场风险状况调整持仓限额标准。《大连商品交易所风险管理办法》规定,大商所实行价格涨跌停板制度和限仓制度。各品种期货合约交割月份以前的月份涨跌停板幅度为上一交易日结算价的4%,交割月份的涨跌停板幅度为上一交易日结算价的6%。根据不同期货品种的具体情况分别确定每个品种每个月份期货合约的限仓数额,某一月份期货合约在其交易过程中的不同阶段分别适用于不同的限仓数额,进入交割月份的期货合约限仓数额从严控制。例如,黄大豆1号在交割月前一个月第15个交易日起对非期货公司会员、境外特殊非经纪参与者限仓5000手,对客户限仓2500手。

2.2.6 清算机制

中央对手方(Central Counter-Party,CCP)一般指独立的清算公司,是为期货交易提供清算和结算服务,承担交易各方之间的交易对手信用风险的金融机构。如果清算为交易所的一个部门,则以交易所为中央对手方。设置一个合格的中央对手方,使之成为所有市场参与者的对手方的机制称为"中央对手方机制"。中央对手方机制的优点是重新分配对手方风险,防止多边净额结算失败,降低结算参与人的风险,提高结算效率和资金使用效率,通过同时扮演买卖双方的交易对手(即充当原买方的卖方和原卖方的买方）保证交易顺利执行并提高市场的流动性。中央对手方并不会在市场上主动寻找交易对手，而是通过场外合约与清算型合约的更替，转化为法定的交易中介，因此，中央对手方不会承担交易风险。从这一性质来看，中央对手方与做市商有相似之处，但不同之处在于中央对手方能够永远确保敞口处于对冲状态，而做市商的风险对冲需要在市场上执行方向相反的交易，具有较大的不确定性。因为中央对手方将结算失败的风险集中在自身，并能够隔离市场参与者失败的影响，所以还需要对其进行适当管理。《中华人民共和国期货和衍生品法》规定，期货结算机构作为中央对手方，是结算参与人共同对手方，进行净额结算，为期货交易提供集中履约保障。目前，我国证券期货行业符合法律规定的中央对手方包括上海期货交易所、郑州商品交易所、大连商品交易所、中国金融期货交易所等。

在场外市场上，不能通过中央对手方结算的产品由买家和卖家直接进行交易清算，称为"双边交易清算机制"。在非标准化双边清算模式下，以合约的完全定制为基础，这种交易和清算模式本身存在很大的局限性，交易双方每次都必须对合约细节进行谈判商议，耗费在细节谈判上成本极其高昂。此外，高定制化使衍生品较难在市场上找到接手盘和对冲盘，难以完成合约的提前退出。因此，标准化双边清算模式得以发展，在这种模式下，交易商 A 和 B 之间签署一项覆盖双方之间所有交易的协议。这一协议通常包含信用支持附件（Credit Support Annex，CSA），信用支持附件要求 A 或 B（或双方）提供抵押品，这一抵押品的功能类似交易所清算中心或中央对手方对会员要求的保证金。在这一模式下，国际掉期及衍生工具协会（International Swaps and Derivatives Association，ISDA）主协议最为普及，ISDA 协议制度对合约的标准化作用提高了市场效率，降低了场外市场的信用风险，为标准化双边清算模式发展提供了条件[①]。

[①] 国际掉期及衍生工具协会（ISDA）成立于 1985 年，致力于提升全球衍生品市场的效率和安全性，目前有来自 71 个国家的逾 900 个机构会员。为满足市场参与者关于订立国际场外金融衍生品统一交易标准、秩序与协议的迫切需要，ISDA 制定并完善了一系列标准协议文本及其附属文件，称为 "ISDA 协议"，包括 ISDA 主协议（ISDA Master Agreement）、附件（Schedule）、信用支持附件（CSA）、交易确认书（Transaction Confirmations）及各类产品定义。

做市商制度的出现是双边清算模式发展的主要推动力，从根本上改变了过往交易风险仅有交易双方承担的性质。在双边交易关系下，要在真正意义上规避信用风险，必须在寻找交易对手时进行信用级别筛选，以避免信用不对称问题。尽管市场中存在大量的经纪商为客户提供交易搜索、匹配服务，但仍需花费大量的时间。为了解决这一问题，当时的 OTC 衍生品市场中产生了大量的做市商。这些做市商一般由大型投行或商业银行构成，他们通过自身强大的资本实力以及良好的信用度，为市场提供匿名交易服务。在做市商制度下，大部分的交易者只需与做市商进行交易，做市商在完成交易后再在市场上寻找相反方向的交易者对冲敞口风险。

这样一来，交易者无须再担心其交易对手的信用问题，只需通过经纪商寻找提供合适报价的做市商即可，即交易者得以将 OTC 衍生品交易的信用风险转移给做市商，这样整个市场的效率和安全性大大提高。在 ISDA 协议诞生以前，虽然做市商制度早已存在，但由于市场上几乎找不到两张相同的合约，做市商很难完全对冲敞口风险，风险管理的难度极高，导致其资金利用率很低，无法为市场提供充足的流动性。随着 ISDA 协议成为市场主流，做市商赚取信用利差的风险大大降低，OTC 衍生品市场中的交易商数量大大增加，而标准化双边清算模式也得以确立起来。

2.3 交割

前文我们提到过，开仓后的期货合约绝大多数不会进入实物交割流程，大多数合约都会被平仓。尽管如此，期货合约仍然存在最后交割的可能性，期货价格也由此决定，所以我们有必要理解交割过程。

交割的时间段一般根据现货市场特点，在推出新品种合约时由期货交易所设计，不同期货合约品种的交割时间段不同。一般情况下，具体交割时间由期货的空头方来决定，期货的空头方决定交割资产时会向交易所清算中心递交交割意向书。交割意向书会指明交割产品的数量；当标的是商品时,还要指明交割地点以及交割产品的级别。期货的空头方在建仓时的交易对手不一定就是接受交割的投资者,因为期货合约的多头方可以提前与其他投资者进行平仓。交易所通常会将交割产品意向书转给持有多头时间最久的投资者,而持有多头的一方必须接受交割通知。但是如果交割通知是可转让的(Transferable),多头投资方也可以找到另一个持有多头的投资者来接受交割通知。

期货合约中有 3 个关键日期,分别为最后交易日、第一交割通知日、最后交割通知日。最后交易日(Last Trading Day)通常是拟进入交割程序的合约最后平仓的日期;第一交割通知日(First Notice Day)是可以向交易所递交交割意向的第一天;最后交割通知日(Last Notice Day)是可以向交易所递交交割意向的最后一天。为了避免接受交割的风险,持有多头的投资者应该在第一交割通知日之前将期货平仓。

2.3.1 实物交割

期货合约的多空双方在合约到期时,可以根据交易所制定的规则和程序,通过期货合约标的资产的所有权转移,将期货合约进行平仓。商品期货一般采用实物交割的方式。实物交割是促使期货价格和现货价格趋向一致的制度保证。在我国,目前,商品期货在交割时只能进行实物交割,不允许进行现金交割。

2.3.2 现金交割

金融期货的结算一般使用现金形式,这是因为直接交割标的资产非常不方便或不可能。例如,对于标的资产为沪深 300 指数的期货,交割标的资产会包括交割一个 300 种股票的组合。当合约以现金结算时,所有未平仓的合约都在某个预先指定的时间平仓,最后的结算价格等于标的资产在这一天开盘时或收盘时的即期价格。中国金融期货交易所交易的沪深 300 股指期货合约,事先约定的日期为合约到期月份的第三个星期五,最终结算价为最后交易日标的指数最后两小时的算术平均价。

2.4 交易类型

我们可以将持有期货头寸的人划分为套期保值者、投机者和套利者。套期保值者为规避现货价格波动所带来的风险，在期货市场上进行套期保值，目的在于减少风险暴露程度；投机者在期货市场上以获取买卖价差收益为目的，他们承担了套期保值者力图回避和转移的风险，使套期保值成为可能；套利者利用价差变化，在相关市场或相关合约上进行交易方向相反的交易，以期在价差发生有利变化时获利。

2.4.1 交易所经纪人类型

期货的交易都是由经纪人在交易所执行的，执行交易的主要有两种经纪人，一种是期货佣金经纪人（Futures Commission Merchants，FCM），另一种是自营经纪人（Local）。佣金经纪人执行其他人的指令并收取佣金，自营经纪人用自己账户中的资金进行交易。

2.4.2 交易指令类型

目前，我国期货交易所主要有五种交易指令，分别是市价指令、限价指令、止损指令、撤销指令和套利指令。我国期货交易已实现电子化，交易者可通过计算机网络、国际互联网、通信网络等发出指令进行期货交易。

市价指令，是指按照市场当时最好的价格立即交易的指令。市价指令的特点是不限定价格，按照当时市场上可执行的最优报价成交，未成交的部分自动撤销。这种指令的交易结果不一定能使投资者满意，交易风险较大。

限价指令，是交易者指定一个价格，只有在达到该价格时或价格更优惠时才能执行这一指令。它的特点是能按投资者的预期价格成交,但成交速度相对较慢,甚至有时一直达不到限定价格导致无法成交。限价指令以价格优先、时间优先的原则排序。

止损指令也要指定一个价格,当买入价或卖出价达到这一价格或价格更不利时,指令才会被执行。假设一个止损指令为在30元时卖出资产,当前资产价格为35元。在价格跌到30元时,止损指令就成为卖出的指令。一个注明的价格一旦被达到,止损指令就会成为市场指令。止损指令的目的是在不利价格发生后对头寸进行平仓,可以控制损失的幅度。

撤销指令可分为直接撤销指令和撤销前一指令两种。直接撤销指令,是撤销投资者已经发出的指令。例如,如果一个投资者已经发出了一个认购某种期货合约的指令,但随着市场行情的变动,该投资者逐渐发现这种认购对其不利,于是该投资者就可以通过发出撤销指令来取消这笔对其不利的期货交易。撤销前一指令,指投资者不仅可以撤销投资者已经发出的指令,而且还必须同时发出一个新的指令,这种指令一般只适用于期货专业从业人员。

套利指令,是指同时买入和卖出两种期货合约的指令。两个指令的期货合约既可以是相同的,也可以是不同的;既可以在相同的市场中进行买卖,也可以在不同的市场中进行买卖。该指令包括跨商品套利指令、跨期套利指令和跨市场套利指令等。下达跨期套利指令可以不指定具体的买卖价格,而是指定一个固定的价差,这是因为套利者并不关心某一期货合约的具体价格,决定套利交易结果的是两个相关合约之间的价差变化。例如,"购买1手7月棉花期货合约,并以170个基点以上的价差出售1手11月棉花期货合约",这就是一个以价差报价的跨期套利指令。

2.5 远期合约与期货合约的比较

表2-2总结了远期合约与期货合约之间的主要区别。这两种类型的合

同都是在未来某个时间点以某种价格购买或出售资产的协议。远期合约在场外市场交易，没有标准的合同规模或交割程序，这类合约通常有一个交割日期，通常持有至到期日，然后交付。期货合约是一种标准的交易所交易合约，通常有一个特定时间的交割日期，每天交易和结算，通常在到期前平仓。

表 2-2　　　　　　　　　　远期合约与期货合约的比较

比较项目	远期合约	期货合约
交易场所	场外市场	交易所
标准化程度	所有事项都由交易双方协商确定	标准化合约
违约风险	无价格风险，存在信用风险	不存在信用风险，只有价格变动的风险
价格确定方式	由交易双方协商确定	交易所中公开竞价
合约双方关系	违约风险取决于对方的信用度，签约前需要对对方的实力和信誉做充分了解	期货合约的履行完全不取决于对方，只取决于交易所或清算公司
结算方式	远期合约若要中途取消，必须双方同意，无法单方面取消合约，实物交割比例极高	期货合约具备对冲机制，履约回旋余地较大，实物交割比例极低
保证金制度	非标准化，存在信用风险，没有统一性	交易双方按规定比例缴纳保证金

2.6　期货价格形成机制

2.6.1　投资资产与消费资产

在考虑给期货合约定价时，我们有必要区分消费资产和投资资产。投资资产（Investment Asset）是指众多投资者仅为了进行投资而持有的资产，很明显，股票、债券、基金就是投资资产，黄金和白银也属于投资资产，虽然二者也可以用于工业生产和饰品消费。这种资产持有目的并不只限于投资，只要有足够多的投资者持有该资产的唯一目的是投资即可。消费资产（Consumption Asset）则主要是为了进行消费而持有的资产，通常不是为了投资而持有，如大豆、玉米、黄铜等商品。可以发现：投资资产以价值变动为持有条件；消费资产以运用使用价值为持有目的。

投资资产的期货合约可以利用投资资产的即期价格和其他可以观测到的市场变量，根据无套利关系进行定价，而消费资产的期货合约则不能用无套利关系给出准确的定价，我们只能确定其期货价格的大致范围。

2.6.2　期货定价方法与假定条件

在本章中所使用的期货定价方法是金融衍生产品定价的一般方法，即无套利均衡分析方法（No Arbitrage Equilibrium Analysis）。其中，套利是指在不同市场上同时买卖相同资产而获取无风险收益的活动。例如，如果期货的价格高于合理价格，就可以买进现货，同时卖出期货，将现货持有至到期之后再进行期货交割，通过这种方法可以无风险地获取上述差价；反之则做相反操作。无套利均衡定价是指在有效的金融市场上，任何一项资产的定价都应当使利用该项资产进行套利的机会消失。这种定价方法隐含的机制是：如果某项资产的定价不合理，市场必然会出现利用该项资产进行套利活动的机会，人们的套利活动会促使该资产的价格趋向合理，直至套利机会消失。

对于期货价格的确定还可以使用持有成本理论，即期货价格应当等同于现货价格加上净持有成本。其中：

净持有成本 = 现货的储存成本（仅适用于商品期货）+

购买现货所占资金的利息成本 - 持有期收益

任何定价模型的获得都需要一定的市场简化假设作为前提，对于某些市场参与者而言，我们进行如下假设：

（1）无交易摩擦，即无交易费、印花税等费用；

（2）允许卖空；

（3）市场参与者能够以相同的无风险利率借入和贷出资金；

（4）市场无套利。

无套利假设是衍生品定价最重要的假设，该假设并不是要求市场任何时刻都是无套利的，而是表面当市场出现套利机会时，市场参与者会积极利用已经发现的套利机会进行套利活动，从而使套利机会很快消失。因此，市场价格应该是无套利机会时的价格。

本章使用了如下符号。

T：期货或远期合约到期的时刻（年）；

S_0：期货或远期合约标的资产的即期价格；

S_T：期货或远期合约标的资产在到期时刻 T 时的价格；

K：远期合约的交割价格；

f：期货或远期合约的价值；

F_0：当前的期货或远期价格；

r：无风险利率（以连续复利来计算）。

2.6.3　期货定价模型

期货合约和远期合约都是在未来某个时间点以某种价格购买或出售资产的协议，期货合约是一种标准的交易所交易合约。因此，期货合约的定价可以参考远期合约的定价方法。下面我们将分别介绍三种类型的远期（期货）定价模型。

2.6.3.1　无中间收入资产的远期（期货）的价格

持有这种类型的资产不会获得中间收入，无中间收入的资产包括不支付红利的股票和零息债券等。我们考虑之前提到的两种定价方法：持有成本定价和无套利定价。

（1）持有成本定价。对于没有任何中间收入的证券，因为其既没有储存成本，又无收益，持有成本就是 r，所以合理的远期价格应该等于现货价格加上在持有期 T 时段内如果没有持有该资产所能获得的利息收入（在连续复利条件下）：

第 2 章 中国期货市场

$$F_0 = S_0 e^{rT} \tag{2.1}$$

（2）无套利定价。下面我们将使用无套利均衡分析方法来推导出远期合约的价格。假设现在有两个资产组合。

组合 A：一份远期合约的多头加上一笔金额为 Ke^{-rT} 的现金；

组合 B：一单位的标的证券，证券目前价格为 S_0；

在合约到期时，两个组合都能获得一单位的标的证券，故在期初，两个资产组合的价值必然相等，即：

$$f + Ke^{-rT} = S_0 \tag{2.2}$$

当 $f = 0$ 时，$F_0 = K$，代入上式可得：

$$F_0 = S_0 e^{rT} \tag{2.3}$$

两种方法都表明无中间收入资产的远期（期货）的价格：$F_0 = S_0 e^{rT}$。

2.6.3.2 已知现金收益证券的远期（期货）价格

支付已知现金收益证券指的是在证券持有期内将会为持有者提供完全可预测的现金收益，例如已知现金股利的股票或附息债券。我们同样考虑之前提到的两种定价方法。

（1）持有成本定价。我们假设 I 为已知现金收益证券远期合约在合约有效期内所得现金收益的现值，贴现利率为无风险利率 r。对于远期合约或期货合约的多头方而言，多头方只能在合约到期交割时才会持有标的资产，因此合约多头方并不能获得这部分的中间收入，这部分收益相当于持有标的资产带来的便利收益，即负的持有成本，故远期价格可表示为：

$$F_0 = (S_0 - I)e^{rT} \tag{2.4}$$

（2）无套利定价。下面我们再用无套利定价的方法分析已知现金收益证券远期（期货）价格。假设现在有两个资产组合。

组合 A：一份远期合约多头加上一笔金额为 Ke^{-rT} 的现金；

组合 B：一单位标的证券加上以无风险利率 r 借入金额为 I 的资金。

在合约到期时，两个组合都可以得到一单位证券，故在期初，二者也应当具有相同的价值，即：

$$f + Ke^{-rT} = S_0 - I \tag{2.5}$$

当 $f = 0$ 时，$F_0 = K$，代入上式可得：

$$F_0 = (S_0 - I)e^{rT} \qquad (2.6)$$

两种方法都表明已知现金收益证券的远期（期货）价格：$F_0 = (S_0 - I)e^{rT}$。

2.6.3.3 已知收益率证券远期（期货）的价格

我们现在考虑支付已知收益率证券远期（期货）价格，并不是已知现金收益的情形，这意味着中间收入的数量是当时资产价格的百分比。我们假定该收益率为 q，如果该收益能够不断再投资于该证券，则所持有的证券资产的数量将按照 q 的比率增加，外汇和股指经常被看作提供已知收益率的证券。在这里我们假设 q 为连续复利红利率，同样使用两种方法来为其定价。

（1）持有成本定价。持有期货的总成本即期货价格与机会成本应该等于持有现货的成本，否则就会导致套利，因此有：

$$F_0 e^{qT} = S_0 e^{rT} \qquad (2.7)$$

即：

$$F_0 = S_0 e^{(r-q)T} \qquad (2.8)$$

（2）无套利定价。下面我们再用无套利定价的方法来分析已知收益率证券远期（期货）的价格。构造两个资产组合。

组合 A：一个远期合约多头加上金额为 Ke^{-rT} 的现金；

组合 B：e^{-qT} 单位的证券并且所有的收入都再投资于该证券。

e^{-qT} 单位的证券在合约到期时，其价值为一单位证券的价值，即 S_T。同时，A 组合在时刻 T 也会得到一单位的证券，价值也为 S_T。故在时刻 T，两个组合价值相等，那么在期初时它们也应当具有相同的价值：

$$f + Ke^{-rT} = S_0 e^{-qT} \qquad (2.9)$$

当 $f = 0$ 时，$F_0 = K$，代入上式可得：

$$F_0 = S_0 e^{(r-q)T} \qquad (2.10)$$

两种方法都表明已知收益率证券远期（期货）的价格：$F_0 = S_0 e^{(r-q)T}$。

2.6.4 商品期货价格

2.6.4.1 以投资为目的的商品期货价格

以投资为目的的商品期货价格，例如以黄金和白银为标的的期货合约，如果不考虑储存成本，这类商品期货类似于无收益的证券。那么，该商品期货的价格 F_0 为：

$$F_0 = S_0 e^{rT} \tag{2.11}$$

如果考虑储存成本，由于该类商品期货不产生收益，可以将其储存成本视作负收益，使用已知现金收益证券的远期（期货）定价模型。假定 U 为期货合约存续期内所有储存成本的现值，则：

$$F_0 = (S_0 + U) e^{rT} \tag{2.12}$$

2.6.4.2 以消费为目的的商品期货价格

我们将从套利角度来分析以消费为目的的商品期货定价方法，考虑以下两种情况：

当 $F_0 > (S_0 + U)e^{rT}$ 时，套利的结果使这一关系不会存在很长时间。此时，可进行如下操作：

（1）以无风险利率借入 $S_0 + U$ 的资金，用于购买一单位商品和支付储存成本；

（2）卖出一单位商品的远期合约。

在 T 时刻可获利：$F_0 - (S_0 + U)e^{rT}$。

当许多套利者都进行这样的操作之后，F_0 将会下跌，一直下跌至等式成立。因此，上述关系不会长时间存在。

当 $F_0 \leq (S_0 + U)e^{rT}$ 时，由于这是以消费为目的的商品期货，持有该商品的投资者不会通过出售商品并买入期货合约的方式进行套利，期货合约并不能用于加工或其他形式的消费。所以，该关系式是能够一直存续下去的。

既然当 $F_0 < (S_0 + U)e^{rT}$ 时，现货持有者仍不愿出售现货来套利，说明持有现货比持有期货有更大的好处，我们将这些好处称为商品的便利收益（Convenience Yield）。我们设便利收益率为 y，商品的便利收益率 y 可以由以下关系式来定义：

$$F_0 e^{yT} = (S_0 + U)e^{rT} \qquad (2.13)$$

如果单位商品的储存成本相对即期价格的比例为 u，那么这种以消费为目的的商品期货价格可以表示为：

$$F_0 = S_0 e^{(r+u-y)T} \qquad (2.14)$$

便利收益率反映了市场对将来能够购买商品的可能性的期望，商品短缺的可能性越大，便利收益率就越高。如果商品持有者拥有大量库存，在不久的将来出现商品短缺的可能性便会很小，这时便利收益率也会比较小。较低的库存一般会导致较高的便利收益率。

2.6.5 我国大宗商品期货市场定价因子

2.6.3 小节和 2.6.4 小节主要阐述了在无套利状态下期货合约的理论价格形成机制，即期货的均衡价格形成机制。但在实际市场条件下，均衡价格和实际的市场价格之间总是存在一定的偏差。根据现有的研究，我们发现影响大宗商品期货市场风险溢价的因子主要包括基差因子（Basis Factor）、动量因子（Momentum Factor）、基差动量因子（Basis - Momentum Factor）、流动性因子（Liquidity Factor）、宏观经济因子（Macroeconomic Factors）等。在已有研究的基础上，我们采用 RoBERTa（Robustly - optimized Bidirectional Encoder Representations from Transformers Approach）分析发现情绪因子（Sentiment Factor）也是影响我国大宗商品期货市场风险溢价的重要因素。下面，我们对大宗商品期货市场的定价因子进行逐一分析，并通过我们的实证研究结果来向读者展示这些定价因子与期货收益之间的关系。

2.6.5.1 基差因子

基差一般指现货价格与期货价格的差值。基差衡量了当决策者采用数量相同但方向相反的单一期货合约头寸的简单对冲策略时所面临的价格差异风险。我们知道，期货价格在到期日会收敛到现货价格，基差为零，但在到期前，考虑到储存成本和便利收益的影响，基差可正可负。现货格高于期货价格，则基差为正数，又称远期贴水或现货升水；现货价格低于期货价格，则基差为负数，又称远期升水或现货贴水。基差的不确定性为期货套保带来了基差风险，采用多头套期保值的投资者在基差意外扩大时会受损，而在基差意外缩小时会获益；与此相反，采用空头套期保值的投资者在基差意外扩大时获益，而在基差意外缩小时受损。因此，基差与期货风险溢价之间存在显著的关系。

在我们的研究中由于现货价格较难获取，故使用最近月到期的期货价格代替现货价格来计算基差，将基差定义为次近月到期的期货合约与最近月到期的期货合约价格之比，如：

$$B_{i,t} = \frac{F_{i,t}^{T_2}}{F_{i,t}^{T_1}} - 1 \tag{2.15}$$

其中，$F_{i,t}^{T_1}$ 为最近月到期的期货合约在 t 时刻的价格，用来代替现货价格；$F_{i,t}^{T_2}$ 为次近月期货合约在 t 时刻的价格；$B_{i,t}$ 代表期货合约 i 在 t 时刻的基差。

2.6.5.2 动量因子

动量效应的首次提出是在股票市场上。动量效应是指股票未来的收益率可能会延续原来的运动方向，即过去一段时间表现较好的股票在未来的表现仍然优于过去表现较差的股票。对于期货市场上的动量风险因子，考虑到我国大宗商品期货市场的特征，我们在现有研究的基础上，对动量的定义进行了适当改动，用过去 9 个月期货合约的收益率计算动量。期货合约 i 在 t 时刻的动量可以表示为：

$$M_{i,t} = \prod_{s=t-10}^{t} (1 + R_{i,s}^{T_n}) - 1 \tag{2.16}$$

其中，收益率 $R_{i,s}^{T_n}$ 可以表示为：

$$R_{i,s}^{T_n} = \frac{F_t^{T_n}}{F_{t-1}^{T_n}} - 1 \tag{2.17}$$

2.6.5.3 基差动量因子

基差动量是从期限结构衍生出来的一种特征，它衡量的是近月和远月期货合约之间的动量差，基差动量包含了期货曲线的重要信息，它可以被分解为期货曲线平均曲率和斜率的变化。因此，基差动量可以理解为期限结构的动量，即曲率、斜率变化的趋势。我们将基差动量定义为最近月到期的期货合约的动量与次近月到期的期货合约的动量之差：

$$BM_{i,t} = \prod_{s=t-10}^{t}(1+R_{i,s}^{T_n}) - \prod_{s=t-10}^{t}(1+R_{i,s}^{T_{n+1}}) \tag{2.18}$$

2.6.5.4 流动性因子

期货合约的流动性指的是期货合约的交易量或者说未平仓量。当市场流动性弱时，交易可能会延迟完成或不能以理想的价格成交。例如，当市场参与者采用期限套利策略时，在现货市场买入商品的同时在期货市场卖出期货，若期货市场流动性较差导致未能以设定的价格卖出足量的期货，那么市场参与者就会存在风险头寸。因此，当市场发生异动时，市场价格的大幅波动可能使参与者达成一致性预期，导致市场流动性枯竭，此时的期货价格与均衡价格就会发生较长时间的偏离。我们将流动性因子定义为交易量与收益绝对值的比值：

$$LQ_{i,t} = \frac{Vol_{i,t}}{|CP_{i,t} - OP_{i,t}|} \tag{2.19}$$

其中，$Vol_{i,t}$指期货合约i在时刻t的交易量，$CP_{i,t}$和$OP_{i,t}$分别是期货合约i在同一交易日内的收盘价和开盘价。

2.6.5.5 情绪因子

情绪因子代表的是市场参与者的预期，市场参与者一般通过各类财经新闻媒体，金融终端等媒介上获取有关期货市场的信息，通过对信息的综合处理形成自己对未来期货价格走势的预期。例如，当市场参与者预期未来经济形势向好，大宗商品期货呈现上涨态势，因此，预期期货价格将会处于高位；反之，当市场参与者对未来经济形势持悲观态度时，则预期期货价格将会出现下降趋势。我们在研究市场情绪因子对期货收益的影响时，创新性地采用了 RoBERTa 分析方法，能够较为准确地将新闻文本信息转换为我们所需要的数据形式。RoBERTa 分析方法的流程如图 2-1 所示。

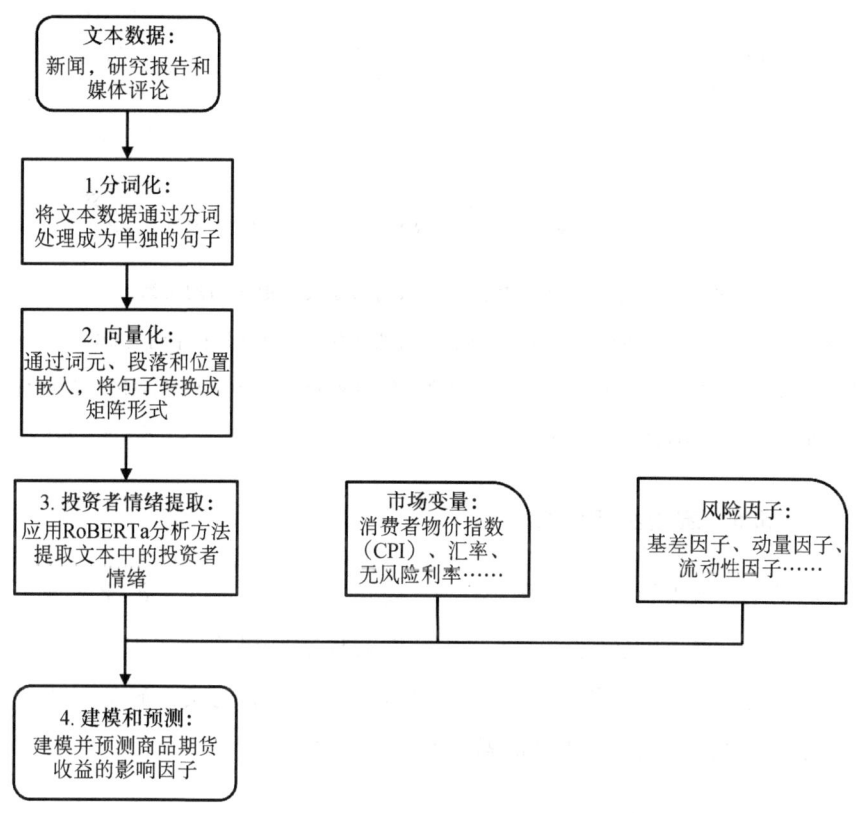

图 2-1　RoBERTa 分析方法建模过程简介

根据图 2-1 中所展示的建模方法，我们可以通过数据形式量化投资者情绪高低，并根据该方法得到投资者情绪指数 IFIS（The Internet Finance Investor Sentiment）。

我们在图 2-2 中展示了投资者情绪指数和大宗商品指数之间的相关关系。从图 2-2 中可明显发现，两种指数之间存在显著的正相关关系。

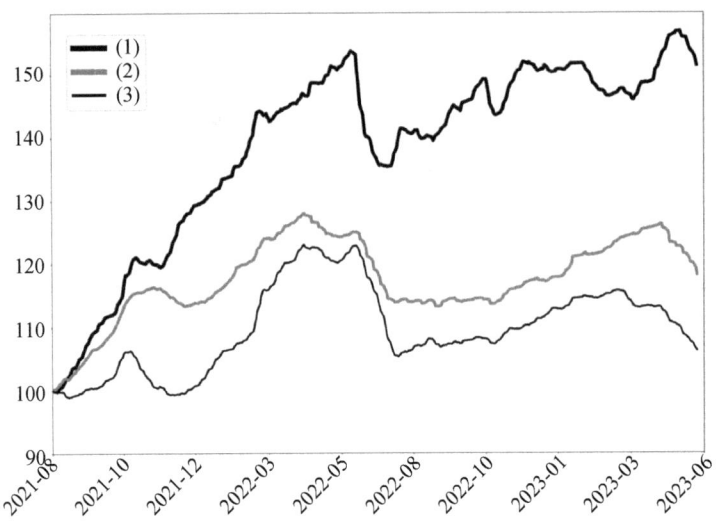

图 2-2 投资者情绪指数与大宗商品期货指数之间的关系

注：线条（1）代表多头投资者基于 IFIS 的累计收益的指数移动加权平均（EWMA）；线条（2）代表投资者情绪指数（IFIS）的指数加权移动平均（EWMA）；线条（3）代表作为基准指数的南华商品指数的移动加权平均（EWMA）。

2.6.5.6 宏观经济因素

宏观经济因素也可指市场因子，主要包括无风险利率、汇率、通货膨胀率等对期货收益的影响。从前面章节中的期货价格的公式中可发现，宏观经济因素对于期货价格或收益存在显著影响。后面的实证研究结果也进一步表明宏观经济因素与期货收益之间存在紧密联系。

2.6.5.7 实证结果分析

通过采取时间序列和两步截面回归检验方法，我们可以检测多个因子对期货收益的影响。表 2-3 展示了基差因子、动量因子、基差动量因子、情绪因子、宏观经济因素对期货收益的预测结果，第（1）、第（2）列包含情绪因子（IFTS）与期货收益之间的关系；第（3）列包含基差因子（B，B_{high}^*，B_{low}^*）与期货收益的关系；第（4）列则是展示基差因子（B）和动量因子（M）以及市场平均收益（A）与期货收益之间的关系；第（5）列包

表 2-3　大宗商品期货因子模型的截面检验结果

	(1)	(2)	(3)	(4)	(5)	(6)	(7)	(8)	(9)	(10)
$IFIS$	0.24*** (6.955)						0.16*** (4.49)	0.18*** (5.19)	0.20*** (5.93)	0.18*** (5.48)
$IFIS^*$		021*** (6.51)							0.05 (1.59)	0.08** (2.52)
B			0.54*** (11.67)	0.66*** (16.34)	0.52*** (11.15)	0.59*** (14.23)	0.53*** (11.47)	0.65*** (16.01)	0.50*** (10.65)	0.58*** (13.98)
B^*_{High}			0.30*** (10.39)		0.29*** (10.77)		0.30*** (10.37)		0.30*** (11.22)	
B^*_{Low}			-0.33*** (-10.51)	-0.32*** (-10.56)	-0.33*** (-10.53)	-0.31*** (-10.24)				
A				0.22 (0.91)		0.02 (0.95)		0.02 (0.91)		0.02*** (0.93)
M				-0.16*** (-4.42)		-0.11*** (-3.21)		-0.18*** (-5.04)		-0.13*** (-3.89)
BM					-0.41*** (-11.54)	-0.55*** (-14.28)			-0.43*** (-11.93)	-0.55*** (-14.42)
R^2	0.08	0.07	0.94	0.85	0.94	0.88	0.96	0.87	0.74	0.77

注：* 表示在10%水平上显著，** 表示在5%水平上显著，*** 表示在1%水平上显著。

含基差因子（B，B^*_{high}，B^*_{low}）和基差动量因子（BM）与期货收益之间的关系；第（10）列则包含了所有因子（$IFTS$，B，A，M，BM）与期货收益之间的关系。

从检验结果中我们可以发现，基差因子、动量因子、基差动量因子、情绪因子、市场因子与期货收益之间均具有显著的正相关关系，这与我们之前的理论逻辑分析相符合。同时，我们也能发现情绪因子对我国大宗商品期货收益率具有显著的正向预测能力，即表现出看涨情绪的大宗商品期货（与利好消息相关）的表现往往优于出现看跌情绪的大宗商品期货（与负面消息有关）。

结合期货价格形成机制的分析，我们可清楚地看到市场中实际的期货价格并不是仅由期货价格公式确定的，期货价格或者说期货投资者的收益会受多方面因素的影响，基差、动量、市场情绪、宏观经济因素等都会对期货合约的供给产生影响，进而影响实际的期货价格或收益。因此，期货市场参与者应当注重这些影响期货价格或收益的其他因素，审慎作出投资决策。

2.7 我国大宗商品期货市场的异质性波动

异质性波动代表的是资产的异质风险，即特定资产所面临的特有风险。异质风险与系统性风险不同，从理论上来讲，异质风险是能够被分散化的。但是，传统的资产定价理论假设资产的收益仅受到系统性风险的影响，并未考虑异质风险，即异质性波动与资产收益之间的关系。相对于股票、债券等其他资产而言，大宗商品期货对需求端的变动具有更强的敏感性，因此，在给大宗商品期货定价时，需要考虑商品期货的异质性波动对其预期收益的影响。一般来说，风险与收益成正比，那么大宗商品期货市场上的异质性风险是否与期货交易的收益存在正相关关系呢？本节将会向读者介绍检验异质性波动与商品期货预期收益关系的具体过程。

2.7.1 大宗商品期货收益波动率分解

为了研究大宗商品市场总体波动率、品种类别波动率和个体品种异质波动率随时间的变动及其相互关系,我们采取了一种能够避免去计算大宗商品期货协方差和贝塔值(β)的波动率分解技术,或者可以把它理解为一个波动率的平均水平。

利用 CAPM 模型,我们推导出特定类别的残差 $\tilde{\epsilon}_{it}$:

$$\tilde{\epsilon}_{it} = R_{it} - \beta_{im} R_{mt} \qquad (2.20)$$

其中,R_{it} 指的是大宗商品期货类别 i 在 t 时刻的平均收益;β_{im} 指的是大宗商品期货类别 i 的市场贝塔;R_{mt} 指的是 t 时刻的大宗商品期货的市场收益,即市场收益与无风险利率的差值;$\tilde{\epsilon}_{it}$ 是期货类别 i 在时刻 t 的残差项。

从市场调整模型(Market – Adjusted – Return – Model)中,我们可以得到大宗商品期货类别收益率 R_{it} 和市场收益 R_{mt} 之间的差:

$$\epsilon_{it} = R_{it} - R_{mt} \qquad (2.21)$$

从式(2.20)和式(2.21)中我们可以得到:

$$\epsilon_{it} = \tilde{\epsilon}_{it} + (\beta_{im} - 1) R_{mt} \qquad (2.22)$$

在这里,我们使用方差来表示波动性,根据式(2.21)和式(2.22)可以得到:

$$Var(R_{it}) = Var(R_{mt}) + Var(\epsilon_{it}) + 2(\beta_{im} - 1) Var(R_{mt}) \qquad (2.23)$$

为了避免估计 β_{im},我们在 $\sum_i w_{it} \beta_{im} = 1$ 的基础上进行方差的加权平均,w_{it} 指的是大宗商品期货类别 i 的权重,这样可以得到:

$$\sum_i w_{it} Var(R_{it}) = \sigma_{mt}^2 + \sigma_{\eta t}^2 \qquad (2.24)$$

其中,$\sigma_{mt}^2 \equiv Var(R_{mt})$,$\sigma_{\epsilon t}^2 \equiv \sum_i w_{it} Var(\epsilon_{it})$。按照相同的方法,我们可以得到大宗商品期货类别 i 的收益方差的加权平均:

$$\sum_{j \in i} w_{jit} Var(R_{jit}) = Var(R_{it}) + \sigma_{\eta it}^2 \qquad (2.25)$$

其中，w_{jit} 指的是 t 时刻特定大宗商品期货 j 在所属的类别 i 中所占的权重，R_{jit} 指的是 t 时刻属于大宗商品期货类别 i 的特定期货 j 的收益率，$\sigma_{\eta it}^2$ 指的是 t 时刻特定大宗商品期货品种的方差。

我们在期货类别层面对式（2.25）进行加权平均，然后将式（2.24）代入式（2.25）得到最终的分解结果：

$$\sum_i w_{it} \sum_{j \in i} w_{jit} Var(R_{jit}) = \sigma_{mt}^2 + \sigma_{\epsilon t}^2 + \sigma_{\eta t}^2 \quad (2.26)$$

其中，$\sigma_{\eta t}^2 \equiv \sum_i w_{it} \sum_{j \in i} w_{jit} Var(\eta_{jit})$。因此，特定期货品种的波动性可以分解为三个部分，分别是源自大宗商品期货市场的总体波动性、源自所属大宗商品期货类别的波动性以及仅属于该品种自己的异质性波动。

2.7.2 大宗商品期货异质波动率分解

为了进一步研究异质波动率的时间序列特性及其与截面收益的相关性，我们将每一个大宗商品期货异质波动率分解为短期和长期两个部分。

首先，我们采用 Bakshi、Gao 和 Rossi（2019）的三因子模型：

$$r_{t,d}^i = \alpha_t^i + \beta_{Avg}^i Avg_{t,d} + \beta_{Basis}^i Basis_{t,d} + \beta_{Momentum}^i Momentum_{t,d} + \eta_{t,d}^i \quad (2.27)$$

其中，t 代表月份，d 代表天数，$r_{t,d}^i$ 是期货 i 的主力合约收益，$Avg_{t,d}$ 是大宗商品市场的平均多头收益，$Basis_{t,d}$ 和 $Momentum_{t,d}$ 分别对应着期货 i 的基差和动量。残差 $\eta_{t,d}^i \equiv \sigma_t^i \epsilon_{t,d}^i$ 是月份 t 的异质性风险。

我们将资产 i 在月份 t 收益的异质性波动率定义为：

$$v_t^i = \sigma_t^i \sqrt{N_m} \quad (2.28)$$

其中，N_m 是资产 i 在月份 t 的交易天数。N_m 可以将日度收益残差转换为月度残差。

然后，我们使用短期和长期（SL）模型来分解异质性波动率。每个成分都遵循一阶自回归过程 AR(1)。短期成分 s_t^i 的均值为零，而长期成分 l_t^i 包含一个常数 ϕ_i：

$$\log v_t^i = s_t^i + l_t^i \quad (2.29)$$

第 2 章 中国期货市场

$$s_{t+1}^i = \rho_s^i s_t^i + \sigma_s^i \epsilon_{s,t}^i \tag{2.30}$$

$$l_{t+1}^i = \phi_i + \rho_l^i l_t^i + \sigma_l^i \epsilon_{l,t}^i \tag{2.31}$$

其中，$\rho_l > \rho_s$，且短期和长期成分的冲击 $\epsilon_{s,t}^i$、$\epsilon_{l,t}^i$ 是独立同分布的标准正态分布，期望为 0，方差为 1。

此外，我们通过采用 PT 模型（Permanent – Transitory model）来提高结果准确性：

$$s_{t+1}^i = \sigma_s^i \epsilon_{s,t}^i \tag{2.32}$$

$$l_{t+1}^i = l_t^i + \sigma_l^i \epsilon_{l,t}^i \tag{2.33}$$

这是方程（2.29）的一种特例，其中，长期成分包含一个单位根，短期成分则遵循白噪声。

2.7.3 数据选取和估计

2.7.3.1 平均波动率的估计

在本节中，我们使用三种期货收益，其中，"主要收益"指的是通过主力合约计算得出的收益。"近月收益"指的是产品的近月合约的收益。"价差收益"是指最近到期和次近到期产品收盘价格的差额收益。我们选取的是 2010 年至 2023 年 CSMAR 数据库中我国各个期货品种的收益数据，市场波动率、期货类别波动率和单个期货品种的波动率是通过期货每日收益的平方和计算得出的。令 s 表示收益的测量间隔（日或周），估计公式如下：

对于在时期 t 内的市场波动率：

$$MKT_t = \hat{\sigma}_{mt}^2 = \sum_{s \in t}(R_{ms} - \mu_m)^2 \tag{2.34}$$

其中，μ_m 被定义为样本中市场收益 R_{ms} 的平均值。

对于在时期 t 内的期货类别波动率，我们首先在间隔时间 s 内对特定的期货类别残差即（式 2.21）的平方求和，然后在各个期货类别上进行加权平均以获得平均的期货类别波动率 $CATE_t$：

$$\widehat{\sigma}^2_{\epsilon it} = \sum_{s \in t} \epsilon^2_{is} \qquad (2.35)$$

$$CATE_t = \sum_i w_{it} \widehat{\sigma}^2_{\epsilon it} \qquad (2.36)$$

按照相同的方法，我们首先在间隔 s 内对市场调整收益模型中特定期货残差的平方求和，然后对各个期货品种及各个期货类别进行加权平均以获得期货平均波动率 FUT_t：

$$\widehat{\sigma}^2_{\eta jit} = \sum_{s \in t} \eta^2_{jis} \qquad (2.37)$$

$$\widehat{\sigma}^2_{\eta it} = \sum_{j \in i} w_{jit} \widehat{\sigma}^2_{\eta jit} \qquad (2.38)$$

$$FUT_t = \sum_i w_{it} \widehat{\sigma}^2_{\eta it} \qquad (2.39)$$

2.7.3.2 对短期和长期模型进行估计

由于潜在的条件性异质波动率 v^i_t 不能被直接观测到，我们使用实际波动率：通过式（2.27）的截面回归得到的第 t 月每日收益残差平方和来度量单个期货在第 t 月内的异质波动率（在本部分中，仅使用"主要收益"）。计算实际的异质波动率公式如下：

$$IV^i_t \equiv \sqrt{\sum_{d=1}^{N_m} (\eta^i_{t,d})^2} \qquad (2.40)$$

表 2-4 展示了实际的异质波动率（Idiosyncratic Volatility，IV）的时间序列特征。我们首先计算每个期货的异质波动率的时间序列统计量，然后汇总所有期货的平均统计量。所有期货的异质波动率平均值为 6.19%，IV 的平均标准差为 3%。偏度为 1.71，峰度为 7.2，这表明特质波动率是右偏和肥尾的。实际的异质波动率滞后 1 个月的自相关系数是 0.38，滞后 2 个月的自相关系数为 0.27，滞后 5 个月的自相关系数为 0.14，滞后 10 个月的自相关系数为 0.1，滞后 1 年的自相关系数为 0.04。滞后 1 个月的自相关系数为 0.38，滞后 2 个月的自相关系数为 0.27，表明异质波动率的冲击在短期内并不持久。然而，自相关性在较长时间内的下降速度是逐渐衰减的。

自相关性在开始时迅速下降随后缓慢衰减的模式说明使用简单的 ARMA 模型来构建异质波动率是不合适的（不符合 ARMA 模型的假设）。因此，我们选择 SL 和 PT 模型来捕捉具有不同持久性成分的这种过程。在 SL 和 PT 模型中，短期成分的持久性较低，并且对异质波动率在短期内的自相关性有较大影响，而更持久的长期成分则决定较长时期的异质波动率的自相关性。

表 2–4　　　　异质波动率的描述性统计及其时间序列特征

表 2–4–A：异质波动率的描述性统计（%）			
平均值	标准差	偏度	峰度
6.19	3	1.71	7.2

表 2–4–B：异质波动率的自相关性						
ACF (1)	ACF (2)	ACF (3)	ACF (4)	ACF (5)	ACF (10)	ACF (12)
0.38	0.27	0.2	0.21	0.14	0.1	0.04

注：表 2–4–A 中平均值和标准差的数值是百分比的形式；表 2–4–B 中 ACF (1) 代表的是异质波动率滞后 1 个月的自相关系数，ACF (2) 代表的是异质波动率滞后 2 个月的自相关系数……ACF (12) 代表的是异质波动率滞后 12 个月的自相关系数。

对于每一个期货合约，式（2.29）可以表示为一种状态空间模型，并且未观测到的短期和长期成分可以通过 Kalman 滤波模型被直接估计出来。

我们将预测估计量 $\hat{s}_t \equiv E_{t-1}(s_t | y_1, y_2, \cdots, y_{t-1})$ 和 $\hat{l}_t \equiv E_{t-1}(l_t | y_1, y_2, \cdots, y_{t-1})$ 作为 t 时刻基于 $t-1$ 时刻所获信息的短期和长期成分的期望。平滑估计 $\tilde{s}_t \equiv E(s_t | y_1, y_2, \cdots, y_T)$ 和 $\tilde{l}_t \equiv E(l_t | y_1, y_2, \cdots, y_T)$ 可以利用全部样本信息，产生更精确的估计。然而，在评估交易策略时，直接将未来的观测纳入预测，可能导致使用了投资者并未意识到的大量信息，因此，我们并未使用平滑估计方法。

式（2.30）可以被视为式（2.29）的一个特殊情况，限制条件为 $\rho_s = 0$ 和 $\rho_l = 1$。长期成分 l_t 遵循随机游走。因此，长期波动率的变化可能是永久性的，并且在时间上是持久的。我们继续使用 Kalman 滤波模型进行估计。由于长期成分 l_t 遵循随机游走，我们有 $E_{t-1}(l_t | y_1, y_2, \cdots, y_{t-1}) = E_{t-1}(l_{t-1} | y_1, y_2, \cdots, y_{t-1})$。由于 s_t 遵循白噪声，$E_{t-1}(s_t | y_1, y_2, \cdots, y_{t-1})$ 显然等于零。因此，对于 PT 模型，我们只考虑长期成分 $\hat{l}_t \equiv E_{t-1}(l_t | y_1, y_2, \cdots, y_{t-1})$ 的期望。

表 2-5 总结了式（2.29）的 SL 模型和式（2.30）的 PT 模型的参数估计结果。SL 模型和 PT 模型均使用最大似然法估计。对于 SL 模型，短期成分的平均 AR（1）参数为 -0.1，而中位数为 0。长期成分更加持久，平均 AR（1）系数为 0.81，中位数为 0.91。短期成分冲击的平均波动率为 0.27，中位数为 0.26。长期成分的平均波动率为 0.20，中位数为 0.14。因此，短期成分的持久性不长，但其冲击相对较大。它主要围绕均值零波动。尽管长期成分的冲击趋于较小，但长期成分相对持久，这意味着长期成分的水平在时间上可能有显著变化。

表 2-5　　SL 模型和 PT 模型的参数估计结果（%）

表 2-5-A：SL 模型的参数估计结果汇总				
	ρ_s	ρ_l	σ_s	σ_l
平均值	-0.1	0.81	0.27	0.2
中位数	0	0.91	0.26	0.14
表 2-5-B：PT 模型的参数估计结果汇总				
	σ_s		σ_l	
平均值	0.34		0.14	
中位数	0.3		0.11	

注：ρ_s 和 ρ_l 分别代表的是短期成分和长期成分的自回归系数，σ_s 和 σ_l 分别代表的是短期成分和长期成分的标准差。

鉴于 SL 模型中 ρ_s 和 ρ_l 的中位数估计分别为 0 和 0.91，PT 模型可以是捕捉异质波动率变化的一个合理模型。对于 PT 模型，唯一需要估计的参数是短期和长期成分冲击的波动率。短期成分冲击的平均波动率为 0.34，中位数为 0.3。长期成分冲击的平均波动率为 0.14，中位数为 0.11。冲击的大小也与 SL 模型的估计结果大致相似。

2.7.4　实证结果分析

2.7.4.1　不同类别的波动率的变化趋势分析

本部分中，我们利用 2.7.3.1 小节中波动率分解后的三个部分创建时间

第 2 章　中国期货市场

序列图。首先,分析总波动率、市场波动率、期货类别波动率和期货异质波动率随时间变动的变化趋势,随后,再检测不同期货收益之间的相关性。

图 2-3 通过绘制期货市场的总体波动率作为比较基准,分别使用主要收益、近期收益、价差收益三种收益数据来计算总体波动率。三条线从 1999 年到 2023 年,趋势几乎相同。从 1999 年到 2008 年它们都呈上升趋势。在全球金融危机之后,各条线在不同的年份内有短暂的下降。总体而言,这三条线中根据日度数据计算得到的总波动率在 0.4 左右波动。

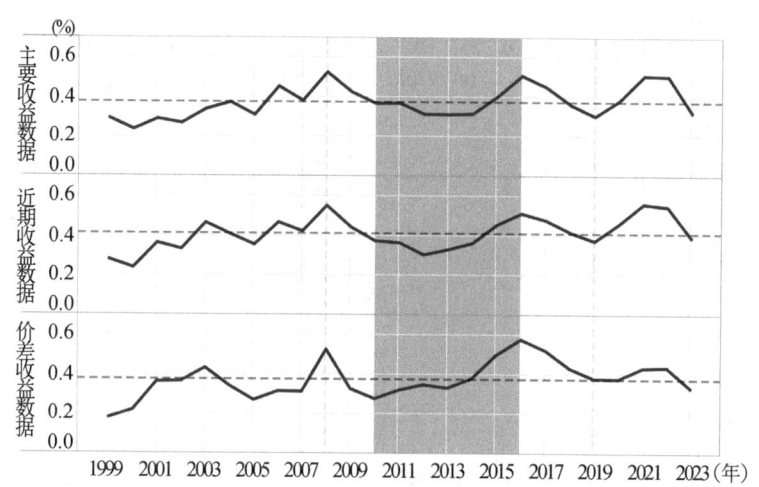

图 2-3　由三种收益数据计算得出的总体波动率的变动趋势

注:横坐标代表的是年份;纵坐标代表的是按照不同种类的收益数据计算得出的总体波动率。

图 2-4 将总体波动率分解为三个部分:图 2-4（a）是市场波动率,图 2-4（b）是期货类别波动率,图 2-4（c）是期货异质波动率。在 1999 年至 2023 年的样本期间,我们可以发现市场波动率存在短期的阶段性的变化但没有长期趋势,类别波动率有着适度的下降趋势,而期货异质性波动率则呈现较强的上升趋势。自 2010 年以来,这三种波动率呈现出共同的变动趋势,同时出现峰值且具有相同的稳定时期。

下面,我们尝试观察期货总方差中由市场方差、期货类别方差和期货异质性方差所占的份额。我们在图 2-5 中展示了观察结果,图 2-5（a）是根据主要收益率数据计算的波动率所占份额的结果,图 2-5（b）是根据

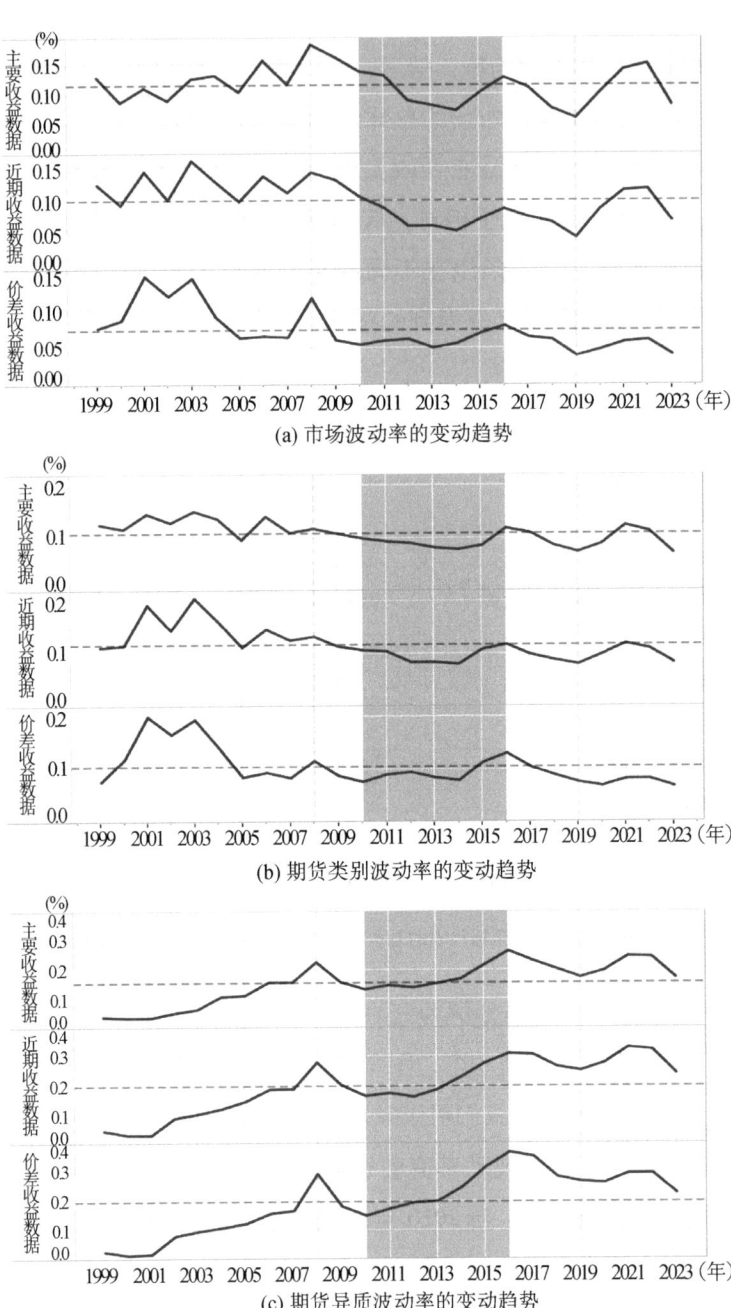

图 2-4 市场波动率、期货类别波动率和期货异质波动率的变动趋势

注：横坐标代表的是年份；纵坐标代表的是按照不同种类的收益数据计算得出的总体波动率。

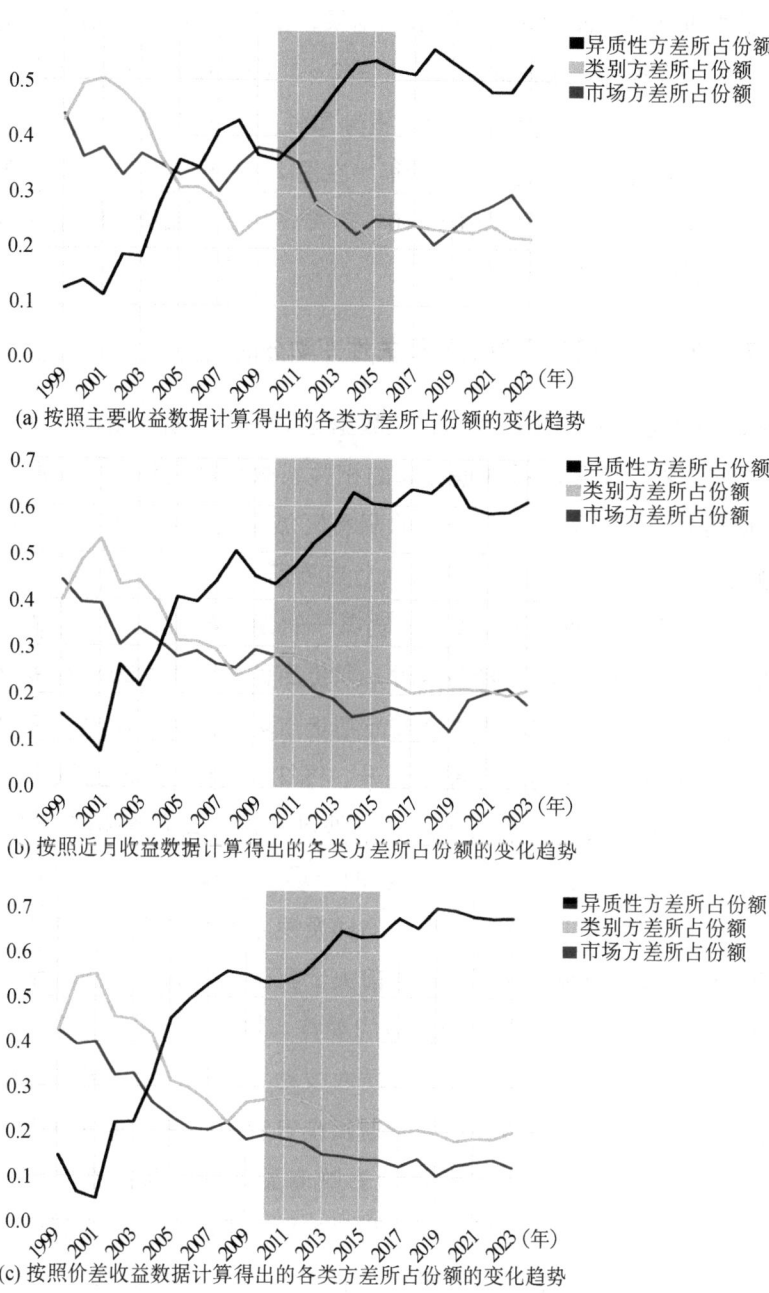

图 2-5 市场方差、期货类别方差和期货异质性方差所占份额的变化趋势

注:横坐标代表的是年份;纵坐标代表的是各类方差所占份额的变化趋势。

近月收益数据计算的波动率所占份额的结果，图 2-5 (c) 是根据价差收益数据计算的波动率所占份额的结果。在图 2-5 (a) 中，可以发现市场方差和期货类别方差的份额在减少，而期货异质性方差的份额在增加。我们在近月和价差收益图中也看到了这一特征。在图 2-5 (a) 中，期货异质性方差的份额在整个时间段内从 10% 到 60% 不等。在近月和价差收益图中，期货异质性方差所占份额甚至更高。

2.7.4.2　不同期货品种之间相关性变动分析

图 2-6 展示了在三种类型的收益数据之下，不同期货品种之间的相关性变动趋势。在以主要收益数据计算的相关系数变动趋势图中，周度相关性较日度相关性而言略低。每个图的阴影区域中可以看到相关性在下降。在金融危机和新冠疫情期间，三种相关性都有所上升。

结合上述分析，我们可以发现，当某一时期商品期货的市场波动率及各期货类别的波动率呈现下降趋势时，期货品种的异质波动率在该阶段却呈现明显的上升趋势。这代表着当商品期货市场的系统性风险下降时，单个品种的异质性风险反而有可能会上升。图 2-5 中的阴影区域中不同类别方差所占份额的变动趋势与不同类别波动率的变动趋势相符。从 2010 年至 2016 年，我国大宗商品期货市场的市场方差和期货类别方差所占整体方差的份额均在减少，而商品期货的异质性方差所占整体方差的份额却在显著增加。这进一步佐证了我们之前关于我国大宗商品期货市场的市场波动与异质性波动存在反向变动趋势的观点。接下来图 2-6 又向我们展示了当商品期货的市场波动下降、异质性波动上升时，期货品种之间的相关性出现了显著下降的趋势，这说明期货投资者无法有效通过分散化投资来降低异质性风险，异质性风险成为影响商品期货收益的重要因素。因此，在我国大宗商品期货市场上存在明显的异质性波动，投资者要综合考虑系统性风险以及独属于某个期货品种的异质性风险，审慎作出投资决策。

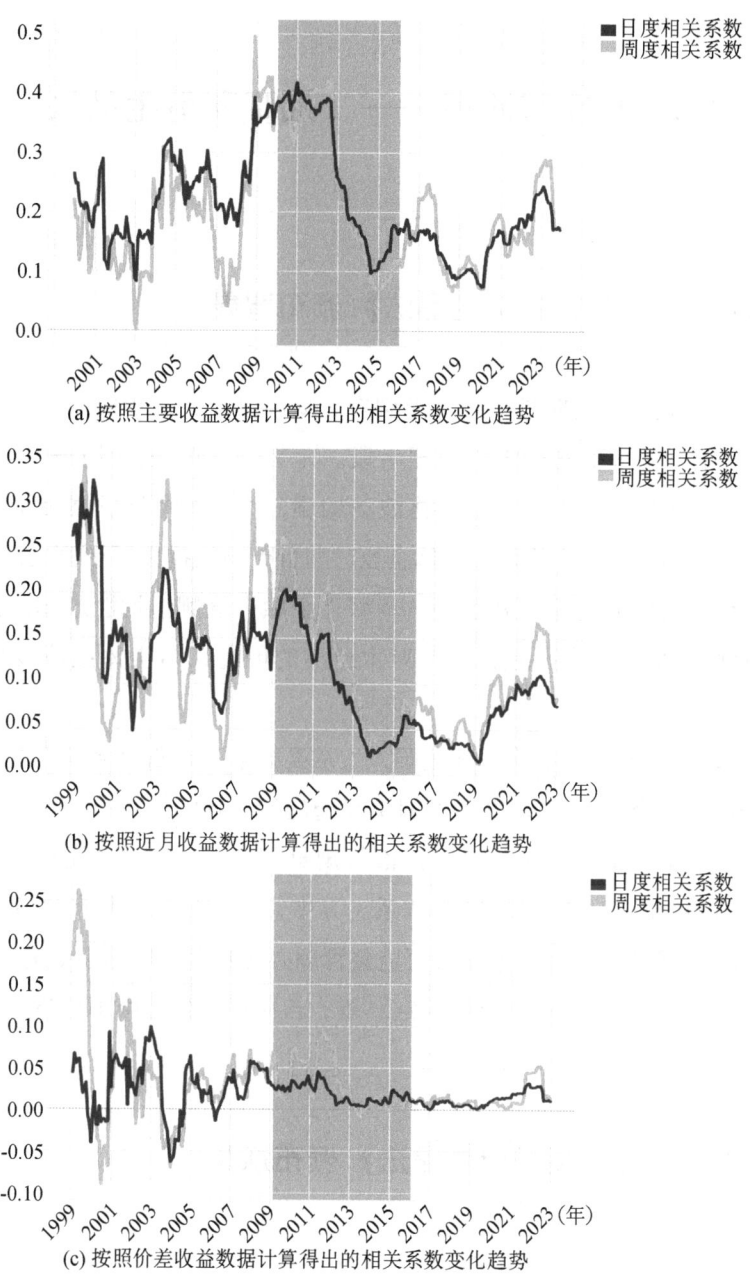

图 2-6 日度和周度相关系数变化趋势

注：横坐标代表的是年份；纵坐标代表的是日度和周度相关系数大小。

2.8 制度与法规——《期货和衍生品法》

2.8.1 《期货和衍生品法》颁布背景

30多年来,中国期货市场从无到有、从小到大,逐步成为助力实体经济发展、有效管理价格风险的重要手段。尤其是近年来,受新冠疫情、地缘政治等因素影响,大宗商品价格波动加剧,给实体经济发展带来了较大不确定性。与之相对应的是,实体企业对期货市场也提出了更高要求。《期货和衍生品法》的出台有利于进一步深化金融供给侧结构性改革,完善资本市场法律体系,增强金融服务实体经济的能力,为实体经济发展保驾护航。

2022年4月20日,十三届全国人大常委会第三十四次会议表决通过了《期货和衍生品法》,自2022年8月1日起施行。我国期货市场自此形成了以《期货和衍生品法》为核心,以部门规章和规范性文件为主体,以自律规则为重要组成部分的法规制度体系。其中,部门规章及规范性文件包括《期货交易所管理办法》《期货公司监督管理办法》《期货公司风险监管指标管理办法》《期货公司分类监管规定》等,自律规则包括中国期货业协会自律规则和期货交易所规则体系。

2.8.2 《期货和衍生品法》颁布意义

《期货和衍生品法》出台之前,立法对期货市场交易主体的称谓不一,包括"投资者""客户"和"参与者"等。有些称谓还存在与期货和衍生品实际不符的情况。《期货和衍生品法》明确了"交易者"的概念,即依法从事期货交易,承担交易结果的自然人、法人和非法人组织。法律明确期货交易者的内涵和外延，有利于有针对性地适用有关交易者保护措施。《期货和衍生品法》建立了期货经营机构运行的基本规则，首先明确了期货经营机构与交易者、交易所、结算机构、行业协会的关系，避免了由于关系混乱而带来的不稳定。其次，《期货和衍生品法》不再将期货经营机构的业务限于经纪业务，随着实践的发展，监管机关可以在法律规范范围内，允许期货经营机构从事自营业务，为期货经营机构长期发展奠定基础。再次，《期货和衍生品法》规定了基本规则，有助于期货经营机构明确自己的行为边界。最后，《期货和衍生品法》首次明确了衍生品的基本法律规则，有助于经营机构依法从事衍生品交易。

《期货和衍生品法》的实施将有助于规范期货交易行为，维护期货市场秩序。期货交易与传统现货商品交易有本质的区别，需要有专门的法律规范用以定分止争，明晰市场参与各方的权利、义务和责任。《期货和衍生品法》的实施有助于保护交易者的合法权益，交易者是期货市场的存在基础和服务对象，《期货和衍生品法》的实施有助于促进功能发挥，服务实体经济，有助于提升中国期货市场竞争力和影响力。

2.8.3 违规交易

在严格的监管体系下，期货市场大多数时候都能有效运作，并且能保护市场参与者的合法权益，但一些违规交易仍然时有发生。比如，某个投资集团企图"垄断市场"时，就会出现违规交易行为，这时违规交易者通常采取不正当手段干扰成交价格，为自身牟取利益，破坏期货市场正常运行。较为著名的案例是公司利用高频交易化软件操纵股指期货市场的交易行为。2015 年 6 月至 7 月，公司利用自行研发的高频程序化交易软件非法接入交易所交易系统，自买自卖、自动大量下单，又快速撤单，使其他期货交易者不能得到真实的交易信息，而其自己取得了不正当交易的优势，在一个月的时间里非法获利达 5 亿元人民币。2016 年，公司被检察机关以涉嫌操控期货市场罪提起公诉。监管当局处理市场上这类违规事件的方法通常是增加保证金、设定更严格的头寸限额、禁止投机者增加未平仓头寸的交易，以及强迫市场参与者平仓等。

2.8.4　业界解读

作为期货和衍生品市场的根本大法，《期货和衍生品法》让我国期货和衍生品市场真正有"法"可依，揭开了期货市场规范化、高质量发展的新篇章。总的来看，期货市场在《期货和衍生品法》的指导下加速发展，期货和衍生品市场服务实体经济的能力不断提升。

业界人士表示，《期货和衍生品法》是期货市场的根本大法，补齐了我国期货领域的法律短板，将期货和衍生品交易纳入法律调整范围，通过优化基础性制度、明确监管机制、凝聚发展共识，为市场平稳健康发展夯实基础。这主要体现在两方面：一方面，期货行业创新不断，自 2022 年 8 月以来，期货和期权新品种增加了近 20 个；另一方面，期货市场相关配套规章和规范性文件相继落地，为各项创新业务开展预留了充足空间，同时也提供法律基础和实施细则，为中长期我国期货市场的平稳有序发展"保驾护航"。

作为中国期货和衍生品市场首部基础性法律，《期货和衍生品法》给期货市场带来了很多喜人的新变化。业界人士认为，《期货和衍生品法》落地后，期货市场运行更加高效，市场监管也更加得力。期货品种上市、交易、交割等各环节的制度流程持续优化，效率显著提升，发展成效显著。同时，监管部门也加大了对期货市场违法违规行为的查处力度，操纵期货市场、传播期货交易相关虚假信息等各类处罚案例增加，提高了处罚的人数和金额。随着行政监管部门和自律组织的监管职责进一步落实，期货市场的生态和环境将更加健康。《期货和衍生品法》的一大亮点，是将场外衍生品纳入了调整范围，使场外衍生品业务获得了法律上的基础。

业界普遍认为，《期货和衍生品法》落地给期货市场的活跃发展注入了新的活力，因为期货行业不断创新迭代，新品种上市速度和对外开放进程正在加快。深受投资者期待的新品种轮番上市，覆盖的行业和产业越来越多，在满足各行各业的企业风险管理需求的同时，也对期货公司提供精细化服务提出了更高要求。同时，相关配套规章和规范性文件相继落地，使期货交易业务开展更加有法可依，也吸引了更多的实体企业和期货交易者等主体主动参与期货交易。同时，市场明确了"期货交易者"的概念及相关制度，这不仅为普通交易者提供了特别保护，也为打击市场操纵提供了法律保障，有利于促进期货市场健康发展。

在《期货和衍生品法》正式实施后，交易所和期货公司都在对照法律完善规则体系，积极推进《期货和衍生品法》的贯彻落实工作。交易所充分利用《期货和衍生品法》的制度红利，不断取得新突破和新发展。上期所持续完善制度机制，不断提升监管效能，对接产业需求和国家战略，加大产品研发力度、完善品种体系；大商所立足服务实体经济的根本导向，围绕《期货和衍生品法》系统性推进制度优化，为市场自律监管和高质量发展提供了更充分的制度供给；郑商所推动了天气、物流等新型衍生品的研发，扩容升级尿素期货"商储无忧"项目，在我国期货市场中率先上线 Simplified Portfolio Based Margin（SPBM）组合保证金业务，推动菜籽油、菜籽粕、花生期货期权作为境内特定品种引入境外交易者[①]。各期货公司主要在以下四大方面进行落实和贯彻《期货和衍生品法》：一是认真研究、解读宣介；二是做好财务账务处理或调整，及配套的制度考量和内控管理体系搭建；三是积极准备交易咨询业务；四是陆续修订部门规章。

未来，期货市场各参与主体还将继续贯彻落实《期货和衍生品法》，持续发挥期货市场服务实体经济发展的作用，不断助力期货市场的高质量发展。郑商所将持续关注配套制度的制定修订，做好各项技术和制度准备；大商所也将扎实推进期货现货结合、场内场外协同、境内境外连通的国际一流衍生品交易所建设，以自身高质量发展服务国民经济高质量发展。业界认为，《期货和衍生品法》为我国期货行业当前和未来的发展指明了方向，同时也要求我国期货行业需要进一步提高政治站位，把期货行业发展融入中国式现代化和中国实体经济高质量发展的伟大战略，并助力乡村振兴和服务"三农"。此外，我国期货市场还需加快调研各创新业

---

① http://www.czce.com.cn/cn/rootfiles/2023/11/14/1699404604879677-1699404604958432.pdf.

务,如交易咨询业务的展业情况及业务发展痛点,及时推出指导性法律法规,进一步完善期货和衍生品市场基础法律体系,用法律推动和保障改革创新。

2.9 会计和税收

期货交易与其他交易一样,也需要会计处理和税收处理,下面我们将提供一些关于期货交易的会计与税收处理的基本背景知识。

2.9.1 会计

除了能够合格地用于对冲的情形,会计准则还要求及时反映期货合约的市场价格变化。如果合约确实能够合格地归为对冲,在财会处理上,合约盈亏的确认时间将与被对冲产品盈亏发生的时间相同。这种处理方式称为"对冲会计准则"(Hedge Accounting)。

例如,一家公司的财务年度在 12 月底结束,2021 年 9 月,该公司买入 2022 年 3 月份的玉米期货,并于 2022 年 2 月底平仓。假设在持有合约时期货价格为 2350 元/吨,2021 年底的价格为 2400 元/吨,平仓时价格为 2500 元/吨。合约的标的资产为 10 吨玉米。如果合约不能被当成对冲交易,那么对其收益的财会处理方式是 2021 年的收入为:

$10 \times (2400 - 2350) = 500$(元)

2022 年的收入为:

$10 \times (2500 - 2400) = 1000$(元)

如果公司买入期货合约的目的是对冲 2022 年 2 月需要买入的 10 吨玉米,因此,合约可以按对冲会计准则处理,从而将全部 1500 元的收入当成 2022 年发生的。

如此处理对冲盈亏的方式是比较合理的。如果公司为了对冲 2022 年 2

月份买入的 10 吨玉米，期货合约的作用是保证支付价格接近于 2350 元/吨。会计处理方式反映了支付价格确实是在 2022 年发生的事实。

我国的《企业会计准则第 24 号——套期保值》规范了套期保值的确认和计量方式，具体规定了企业在套期保值过程中使用准则规定的套期会计方法进行处理需要满足的条件。

2.9.2 税收

对于持有期货头寸的企业来说，由于持有期货合约期间的浮动盈亏没有真正实现，企业将在期末对合计浮动盈亏与上期已经确认的累计数进行比较，并将差额部分计入"本期公允价值变动损益"。浮动盈利属于非实现收入，不属于《中华人民共和国企业所得税》第六条规定的收入范围，不征企业所得税；同样，浮动亏损也不得在税前扣除，年度申报企业所得税时需做纳税调整处理。但是，由于期货交易采用当日无负债的逐日盯市结算方式，企业在套保过程中产生的浮动盈亏需要缴纳增值税。当企业将持有的期货合约对冲平仓时，按"金融商品转让"计算缴纳增值税。企业所得税方面因损益已经实现，对于浮动盈亏已做纳税调整的金额需进行相反方向的纳税调整。

针对商品期货，根据《货物期货征收增值税具体办法》（国税发〔1994〕244 号），货物期货应当征收增值税。货物期货交易增值税的纳税环节为期货的实物交割环节，计税依据为交割时的不含税价格（不含增值税的实际成交额）。交割时采取由期货交易所开具发票的，以期货交易所为纳税人；交割时采取由供货的会员单位直接将发票开给购货会员单位的，以供货会员单位为纳税人。根据《国家税务总局关于增值税一般纳税人期货交易有关增值税问题的通知》（国税函〔2005〕1060 号）规定，增值税一般纳税人在商品交易所通过期货交易销售货物的，无论发生升水或贴水，均可按照标准仓单持有凭证所注明货物的数量和交割结算价开具增值税专用发票。对于期货交易中仓单注册人注册货物时发生升水的，该仓单注销时，注册人应当就升水部分款项向注销人开具增值税专用发票，同时计提销项税额，注销人凭取得的增值税专用发票计算抵扣进项税额。发生贴水的，该仓单注销时，注册人应当就贴水部分款项向注销人开具负数增值税专用发票，同时冲减销项税额，注销人凭取得的增值税专用发票调减进项税额，不得由仓单注销人向仓单注册人开具增值税专用发票。

针对金融期货，以股指期货为例，如果股指期货业务实现的套期保值率可以达到100%，套期工具与被套期项目因套期风险产生的公允价值变动损益金额相等、方向相反，则该套期关系对金融机构当期利润总额合计影响为零，则无须做相应的税务调整。但在实际操作中，由于受经济环境、基差风险、套期策略等多方面因素的影响，套期工具与被套期项目之间形成的无效套期部分，会对企业当期应税利润总额产生涉税影响。企业开展股指期货业务进行套期保值的税务处理，具体可分为两种情况：一是套期关系在会计期末尚未结束的。根据《财政部 国家税务总局关于执行〈企业会计准则〉有关企业所得税政策问题的通知》（财税〔2007〕80号），股指期货合约与现货资产组合产生的公允价值变动损益，将会形成所得税暂时性差异，在资产负债表中确认为递延所得税资产或负债。二是套期关系在会计期末已结束的。根据相关税法规定，对于套期工具，股指期货合约头寸在实际处置时形成的损益应计入"当期应纳税所得额"，同时对此前因公允价值变动产生的累计所得税暂时性差异进行对冲调整。而对于被套期项目，由公允价值变动导致的套期损益要计入"当期应纳税所得额"，同时结转调整此前产生的递延所得税资产或负债。

本章小结

大多数期货合约不进行相关资产的实物交割。交易者在交割时间到来之前，可通过对头寸的反面承诺来终止这些合约。然而，这种最终交付的可能性是决定期货价格的主要因素。在每个期货合约中，资产的交割在特定的时间范围内是可能的，交割的方法也是明确的。在其他（如标的资产为股票指数）的期货合约中，结算以现金方式进行（而不是通过实物交割）。

确定期货合约的细节是交易所的一项重要责任。合约双方必须知道可以交付的资产类型、交付地点和交付时间，他们还必须知道交易时间的细节、报价的形式以及最大的价格变动。任何新的合约在开始交易前必须得到商品期货交易委员会的批准。

设立保证金账户是期货市场的一个非常重要的要求。交易者需要在经纪人那里开立一个保证金账户。该账户中的资金每天都会调整，以反映盈亏状况。如果价格走势对交易者不利，经纪人可能会要求其追加保证金。每个经纪人必须是清算所的成员或在清算所的成员处开立保证金账户。每个清算所成员必须在清算所开立一个保证金账户，保证金账户的余额每天都会波动，以反映该成员所负责的业务的盈亏状况。

场外衍生品市场的交易由中央对手方或双边清算进行结算。在双边清算的情况下，交易的一方或双方支付抵押品以降低信用风险，而在中央交易委员会清算的情况下，中央交易委员会作为交易所内的清算所，可以说是在交易双方之间进行操作，要求交易双方提供保证金。

远期合约与期货合约有许多不同之处。期货合约是在交易所进行的，而远期合约是双方私下达成的。期货合约通常有一段交割时间，而远期合约只有一个交割日期。由于远期合约不在交易所进行交易，没有必要对其进行标准化。远期合约通常在合约到期日结算，大多数远期合约都是资产交付或现金结算。

从无套利定价方法和持有成本方法可以推导出期货价格的公式，但在实际交易过程中，期货价格会受多方面因素影响，例如基差、动量、流动性、投资者情绪、宏观经济状况等，更重要的是，我国大宗商品期货市场上存在严重的异质性波动问题，且异质性风险往往与期货收益存在显著的负相关关系。因此，投资者需综合考虑大宗商品期货的异质性风险等多方面因素，审慎作出投资决策。

第 3 章
中国期权市场

学习目标

1. 了解期权的基本类型。
2. 掌握关于期权的交易模式及方法。
3. 了解我国期权市场的监管制度及税收管理办法。
4. 掌握如何通过期权市场来进行风险管理。

引 言

世界上最早的期权交易起源于美国与欧洲市场,二十世纪二三十年代,美国出现了期权自营商,对看跌期权和看涨期权进行报价,开始了早期的场外期权交易。1973年,芝加哥期权交易所(CBOE)的成立标志着期权交易进入一个合约标准化、流程规范化的全新发展阶段。相较于海外期权数十年的发展,我国期权市场尚处于起步阶段。目前,我国期权市场拥有42个品种,涵盖了金融、农产品、能源、化工、黑色金属、有色金属、贵金属等板块,基本实现了全面覆盖,但仍然有一些期货品种并无对应的期权产品,场内期权市场与场外期权市场的发展有失均衡、投资者参与门槛高等问题依然存在。我国期权市场还有很大的发展空间,这不仅是市场对期权品种的需求和期待,也是我国期权市场具备强大发展潜力的具体表现。未来,随着更多期权品种上市,市场将变得更加丰富和多元化,这将进一步推动期权市场的繁荣与创新,为企业和投资者提供更多的风险管理办法。

本章共分为10个小节,其中,3.1、3.2、3.3小节主要对期权这一金融衍生工具进行基础介绍,并按照标的资产的不同列举了几种主要的期权品种。之后的 3.4、3.5、3.6 小节介绍了期权的基本交易模式及交易制度,使读者对期权交易有一个较为清晰的认识。3.7、3.8、3.9 小节则是立足我国期权市场,介绍了期权市场监管制度和税收管理的现状,并对我国场外期权市场的发展进行了分析。最后的 3.10 小节引入了期权的风险管理参数(Greeks),并结合具体实例展示了如何通过期权市场来进行风险管理。

3.1 期权类型

期权有两种基本类型:看涨期权(Call Option)给期权持有者在将来某个日期以某个价格买入资产的权利;看跌期权(Put Option)给期权持有者在将来某个日期以某个价格卖出资产的权利。期权合约中注明的日期称为"到期日"(Expiration Date)或"满期日"(Maturity Date),合约中所注明的价格称为"执行价格"(Exercise Price)或"敲定价格"(Strike Price)。

期权有美式期权(American Option)或欧式期权(European Option),这些名称与期权交易的地理位置毫无关系。美式期权可以在到期日之前的任何时刻行权,而欧式期权只能在到期日才能行权。大多数交易所交易的期权为美式期权。一般来讲,欧式期权比美式期权更容易分析,一些美式期权的性质常常从相应欧式期权的性质中类推而来。

3.1.1 看涨期权

下面举例了解一下看涨期权。一个投资者买入执行价格为 2000 元/吨、购买 10 手(每手 10 吨)玉米期货合约的看涨期权。假设玉米期货当前价格为 1900 元/吨,期权到期日为 4 个月,购买 1 吨玉米期货的期权价格为 20 元/吨。持有者的最初投资为 2000 元。因为期权为欧式,持有者只能在到期日才能行权。如果在到期日期货价格小于2000元/吨,很明显,投资者不会行权(因为没必要以2000元/吨的价格买入市场价格低于2000元/吨的玉米期货)。因此,投资者会损失全部2000元的最初投资。如果在到期日,期货价格大于2000元/吨,期权将会被行使。假设在到期日玉米期货价格为2100元/吨。通过行权,持有人可以按每吨2000元的价格买入10手期货合约,如果投资者马上进行平仓,每手可以赚1000元。忽略交易费用,投资者可以挣得10000元。将最初的期权费用考虑在内,投资者的盈利为8000元。

3.1.2 看跌期权

看涨期权持有者希望期货价格上涨,而看跌期权持有者则希望期货价格下跌。例如,投资者有一个能以2000元/吨的执行价格出售10手玉米期货合约的看跌期权。假设玉米期货当前价格为2100元/吨,期权到期日为3个月后,卖出1吨玉米期货的期权价格为20元,投资者的最初投资为2000元。因为期权为欧式,所以投资者只能在到期日期货价格低于2000元/吨时才会行权。假设在到期日期货价格为1900元/吨,投资人能够以1900元/吨的价格买进10手玉米期货合约,按照期权的约定,期权持有人可以按2000元/吨的价格卖出期货,因此每吨收益100元,总收益为10000元(仍然忽略交易费用)。将最初的期权费用2000元考虑在内,投资者的净盈利为8000元。这里并不能保证投资者一定会盈利:如果在到期日期货价格高于2000元/吨,看跌期权到期时会变得一文不值,投资者会损失2000元。

3.1.3 提前行使期权

综上所述,交易所里交易的期权通常为美式期权,不是欧式期权。这意味着前面所述的投资者并不一定要等到到期日才行权。下文将看到有时在到期日之前行使美式期权会更优。

3.2 期权头寸

任何期权合约都有两方：一方为期权的多头（即买入期权方），另一方为期权的空头（即卖出期权或期权承约方）。卖出期权的一方在最初收入期权费，但这一方在今后有潜在的义务，承约方的盈亏与买入期权一方的盈亏刚好相反。图 3-1 和图 3-2 显示了期权承约人的盈亏与在到期日标的资产价格之间的关系。

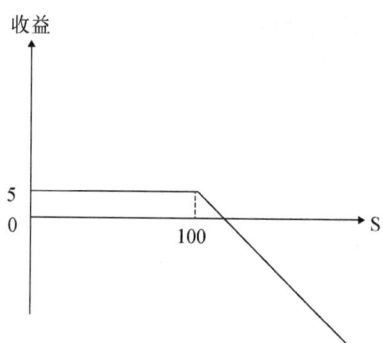

图 3-1　卖出看涨期权的盈亏（期权价格为 5 元，执行价格为 100 元）

注：图 3-1 横坐标 S 代表的是标的资产价格（单位：元），纵坐标收益代表的是卖出看涨期权的投资者的盈亏情况（单位：元）。

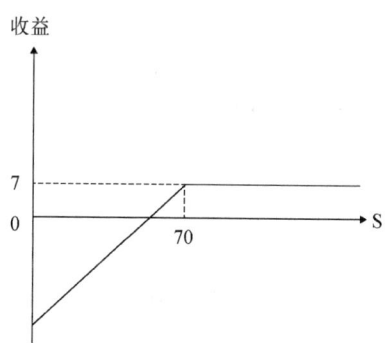

图 3-2　卖出看跌期权的盈亏（期权价格为 7 元，执行价格为 70 元）

注：图 3-2 横坐标 S 代表的是标的资产价格（单位：元），纵坐标收益代表的是卖出看跌期权的投资者的盈亏情况（单位：元）。

期权交易共有四种头寸形式：看涨期权多头、看跌期权多头、看涨期权空头、看跌期权空头。

一般来讲，以期权买方的收益来理解欧式期权常常十分有用。这时期权的最初费用不包括在计算之中。如果 K 为执行价格，S_T 为标的资产的最终价格，欧式看涨期权多头的收益为：$\max(S_T - K, 0)$。

这反映了在 $S_T > K$ 时，期权会被行使，而在 $S_T \leq K$ 时，期权不会被行使。欧式看涨期权空头的收益为：$-\max(S_T - K, 0) = \min(K - S_T, 0)$。

欧式看跌期权多头的收益为：$\max(K - S_T, 0)$。

欧式看跌期权空头的收益为：$-\max(K - S_T, 0) = \min(S_T - K, 0)$。

图 3-3 展示了期权的收益图。

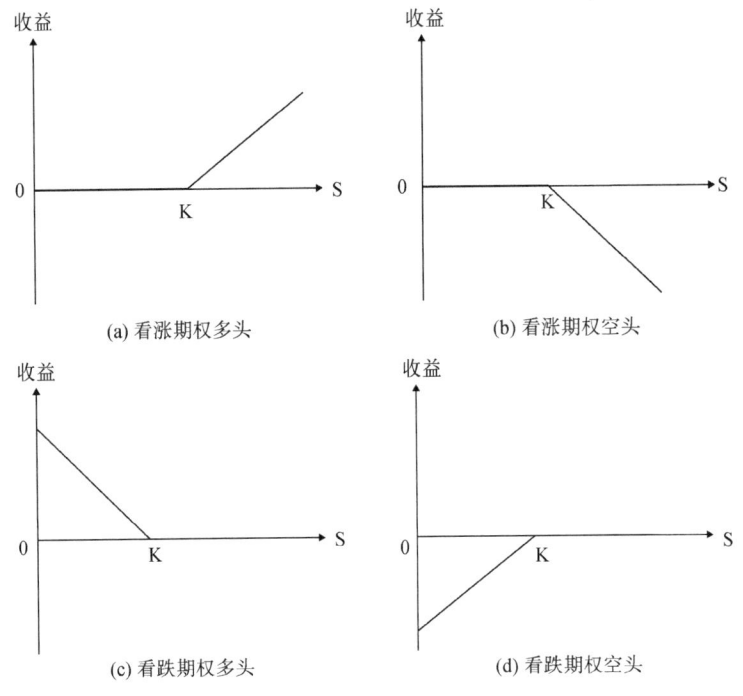

图 3-3 欧式期权收益

注：图 3-3 横坐标 S 代表的是标的资产的价格（单位：元），纵坐标收益代表的是投资者的盈亏状况（单位：元）。

以华夏上证 50ETF 期权为例。2017 年 3 月 8 日，华夏上证 50ETF 收盘价为 2.355 元/股，2017 年 4 月 26 日到期的行权价为 2.35 元/股，50ETF 看涨期权收盘价为 0.0362 元/股，若投资者花费 362 元（1 张 50ETF 期权对应 10000 股 50ETF，即合约规模为 10000 股/张）买入 1 张该看涨期权，则其看涨期权头寸盈亏如图 3-4 所示；若投资者选择收取 362 元（1 张 50ETF 期权对应 10000 股 50ETF，即合约规模为 10000 股/张）卖出 1 张该看涨期权进行投资，则其卖出看涨期权头寸盈亏如图 3-5 所示。其中，灰色线为该期权头寸的到期盈亏曲线，黑色线为该期权头寸建仓当日的实时盈亏曲线，实时盈亏曲线与到期盈亏曲线之间的差即该期权头寸的剩余时间价值。

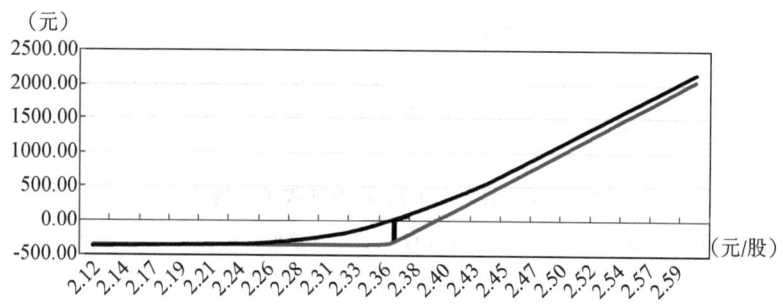

图 3-4 买入 50ETF 看涨期权示例盈亏

注：图 3-4 横坐标代表的是华夏上证 50ETF 的价格（单位：元/股），纵坐标代表的是持有一张 50ETF 看涨期权的收益（单位：元）。

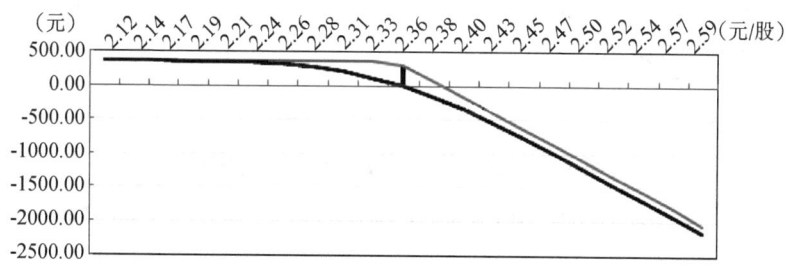

图 3-5 卖出 50ETF 看涨期权示例盈亏

注：图 3-5 横坐标代表的是华夏上证 50ETF 的价格（单位：元/股），纵坐标代表的是卖出一张 50ETF 看涨期权的收益（单位：元）。

仍以华夏上证 50ETF 期权为例，2017 年 3 月 8 日，华夏上证 50ETF 收盘价为 2.355 元/股，2017 年 3 月 22 日到期的行权价为 2.35 元/股，50ETF

看跌期权收盘价为 0.0154 元/股,若投资者选择花费 154 元(1 张 50ETF 期权对应 10000 股 50ETF,即合约规模为 10000 股/张)买入 1 张该看跌期权进行投资,则其买入看跌期权头寸盈亏如图 3-6;若投资者选择收取 154 元(1 张 50ETF 期权对应 10000 股 50ETF,即合约规模为 10000 股/张)卖出 1 张该看跌期权进行投资,则其卖出看跌期权头寸盈亏如图 3-7。

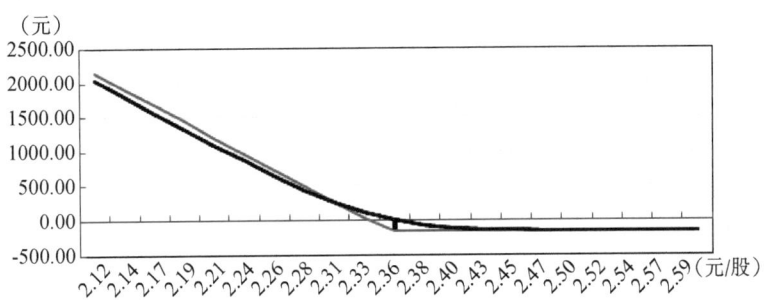

图 3-6 买入 50ETF 看跌期权示例盈亏

注:图 3-6 横坐标代表的是华夏上证 50ETF 的价格(单位:元/股),纵坐标代表的是持有一张 50ETF 看跌期权的收益(单位:元)。

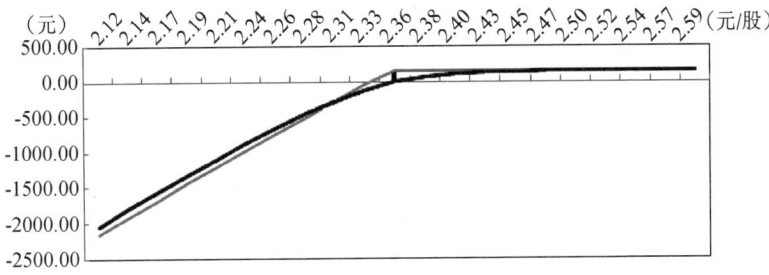

图 3-7 卖出 50ETF 看跌期权示例盈亏

注:图 3-7 横坐标代表的是华夏上证 50ETF 的价格(单位:元/股),纵坐标代表的是卖出一张 50ETF 看跌期权的收益(单位:元)。

需要注意的是,对于看跌期权,特别是以股票等具有股息的资产为标的的看跌期权而言,当标的资产下行至距离行权价格较远的区间时,期权的剩余时间价值为负。因为深度实值欧式看跌期权的买方虽然持有的只是一张期权,但实质上相当于其已经持有对应数量的标的资产,并随时准备以行权价格向义务方出售该资产,所以此时的期权买方相当于没有资金占用成本却拥有了该标的资产下行的收益，继续持有可能会损失该优势，所以这个阶段权利方剩余时间价值为负。

现实中的成熟、专业期权投资者在期权交易过程中，并不认同"期权买方亏损有限、盈利无限"的说法，会更多地在其期权投资组合中建立期权卖方头寸，即经常作为期权义务方出现在期权投资市场。此外，专业期权义务方也不完全认可所谓的"期权卖方亏损无限、盈利有限"说法。理论上这个说法虽没有问题，但它可能会误导新进入期权市场的投资者，因为成熟、专业的期权投资者会通过对冲、展期等多种方式管理期权义务方的风险。在此需要特别说明的是，我们虽然不认可有些人倡导的投资者的期权投资要多做权利方、少做义务方，但绝对不建议所有的期权投资者都多做义务方、少做权利方。实际上，一个成熟、专业的期权投资者应该根据当时的市场预期匹配合适的期权组合，这个组合往往包含期权权利方头寸，也包含期权义务方头寸。

灵活运用期货头寸组合是实现风险管理的基本手段。D 公司是一家全球领先的农产品贸易商和加工企业，1974 年开始向中国销售谷物。D 公司长期"完全套保"，不留风险敞口，利用期货市场买入期货或转移库存风险。我国玉米期权 2019 年 1 月 28 日上市之后，D 公司通过各种期权组合，配合公司整体经营战略，实现了更精准、更具成效的套期保值目标。基于市场判断，D 公司计划在区间内部波动中，使用卖出看涨期权 c1909－C－1960 给现货做套期保值，锁定玉米销售价格为 1960 元/吨。本项目起始时间为 2019 年 5 月 6 日，开始持有期权 1000 手，5 月 8 日期权持仓增加到 2000 手，后期根据市场变化定期对冲。D 公司 6 月 5 日加仓至 5000 手，6 月 6 日加仓至 5300 手，6 月 11 日卖出 1 手看涨期权被行权，6 月 12 日加仓至 6200 手，6 月 14 日加仓至 6900 手，6 月 18 日加仓至 8100 手，6 月 21 日加仓至 8500 手。考虑到 1909 合约最后交易日是在 8 月 7 日，玉米 9 月合约价格 1921 元/吨，虚值期权的权利金会大幅走低，企业不会被卖方行权，停止加仓，收取权利金。项目盈利主要在期权端，收取权利金 221.7 万元。以上操作说明企业制定了期货价格逐步下行时进行对冲、增加权利金收取的策略。

3.3 标的资产

我国衍生品市场与欧美市场的发展路径存在明显差异。现今,我国期权的标的资产涵盖了股指、商品期货合约等金融产品,但与欧美发达市场相比,我国衍生品市场在品种数量上还有很大发展空间。

目前,我国期权市场已经拥有 42 个品种,涵盖了金融、农产品、能源、化工、黑色金属、有色金属、贵金属等板块,基本实现了全面覆盖。截至 2023 年 6 月底,我国期权总成交量累计达到 45351 万张,同比增长 185%;累计成交额达到 2859 亿元,同比增长 67%;6 月底总持仓量 661 多万张,同比增加 90%。

3.3.1 股票期权

大部分股票期权的交易是在交易所进行的。这些交易所包括上海证券交易所、深圳证券交易所、中国金融期货交易所。目前,我国的股票期权主要以 ETF 期权为代表。在 1 手期权合约中,持有者能够以执行价格买入或卖出 100 股股票,因为股票本身通常以 100 股为单位进行交易,所以这一规定对投资者而言非常方便。

3.3.2 利率期权

利率期权是一项与利率变化挂钩的期权。买方支付一定金额的期权费后,就可以在到期日按预先约定的利率,买入或卖出一定期限的、确定金额的货币。这样,当市场利率向不利方向变化时,买方可选择执行期权合约以固定其利率水平;当市场利率向有利方向变化时,买方可放弃执行期权合约来获得利率变化的好处。为了降低成本,利率期权通常类似远期利率协议，以交割利息差的方式完成期权的执行，即当期权行权时，期权卖方向买方支付名义本金下协议利率与参照利率间的利息差。目前，人民币利率期权已经正式上市，按照国际市场经验，利率期权是利率互换、国债期货之外，最为重要的利率衍生品。人民币利率互换期权交易的正式推出，为商业银行进一步利用人民币利率衍生品服务实体经济、精细化管理人民币利率风险提供了新的工具和手段。

3.3.3 外汇期权

外汇期权又称为"货币期权"，其持有人享有在将来的特定时间以合约规定的执行价格购买或出售一定数额某种外汇资产的权利。当现货市场的汇率向不利方向变化时，买方可以执行期权合约以固定其汇率水平；当汇率向有利方向变化时，买方可放弃执行期权，而不会失去赚取额外利润的机会。

3.3.4 股票指数期权

股票指数期权赋予持有人在特定日（欧式）或者在特定日之前（美式），以指定价格买入或卖出特定股票指数的权利。以沪深300指数期权为例，其标的资产为沪深300指数。因为股指期权没有可用于实际交割的具体股票，所以只能采取现金结算。结算的现金额度等于指数现值和执行价格之差与该期权的乘数之积。

3.3.5 黄金期权

黄金期权是期权买方具有按事先商定的执行价格及时间期限买卖约定数量的黄金的权利。最早开办黄金期权交易的是荷兰的阿姆斯特丹证券交易所，它从1981年4月开始公开交易。该期权交易的是黄金成色为99%的10盎司黄金合约，一年可买卖4期。之后，加拿大的温尼伯商品交易所引进了黄金期权交易。后来，英美都开始经营黄金或其他某些贵金属的期权交易。2015年2月，我国首个交易所现货期权产品黄金询价现货期权在上海黄金交易所上市，这是交易双方通过线下双边询价的方式，在上海黄金交易所指定交易系统达成的，在未来某一日期期权买方有权以约定价格买卖一定数量黄金的交易。

3.3.6 期货期权

一般所说的期权，通常是指现货期权，而期货期权则是指"期货合约的期权"。期货期权合约表示在到期日或之前，以合约规定的执行价格购买或卖出一定数量的特定商品的期货合约的权利。期货期权的标的资产是商品期货合约，合约在实施时要求交易的不是期货合约所代表的商品，而是期货合约本身。如果执行的是一份期货看涨期权，持有者将获得该期货合约的多头头寸外加一笔数额等于执行价格减去期货当前价格的现金。另外，鉴于通过期货期权行权获得的期货头寸多通过平仓了结，期货期权执行的结果不过是由期货期权交易双方收付当前期货合约价格与期权的协议执行价格之间的差额而引起的结算金额而已。

3.4 交易中的关键词

3.4.1 做市商

大多数交易所都使用做市商制度来促成期权交易的进行，做市商根据市场需要报出买入价与卖出价。买入价是做市商准备买入期权的价格，卖出价是做市商准备卖出期权的价格。在报出买入价与卖出价时，做市商并不知道问询价格一方是要买入还是要卖出期权。卖出价一定会高出买入价，高出买入价的差额就是买卖差价（Bid – Offer Spread）。交易所设定买卖差价的上限。例如：期权价格小于 0.5 元时，交易所可以设定买卖差价不超过 0.25 元；期权价格介于 0.5 元与 10 元之间时，买卖差价不超过 0.5 元；期权价格介于 10 元与 20 元之间时，买卖价差不超过 0.75 元；期权价格高于 20 元时，买卖价差不超过 1 元。

做市商的存在保证了买卖指令总是可以在不耽搁的条件下在某一价格上立即执行，因此，做市商的存在增加了市场的流动性。做市商自己可以从买入卖出差价中盈利，他们也利用一些方法来对冲风险。

3.4.2 冲销指令

购买期权的投资者可以发出出售相同数量期权的冲销指令（Offsetting Order）来结清他的头寸。类似的是，期权的承约者也可以发出一个购买相同数量期权的冲销指令来结清其头寸（从这一点上看，期权市场的运作和期货市场类似）。当交易一个期权时，如果交易的任何一方都没有冲销其现存交易，则持仓量（Open Interest）加一；如果一方冲销现存头寸而另一方没有冲销其头寸，这时持仓量保持不变；如果双方都冲销头寸，这时持仓量减一。

3.5 交易费用

当期权在网上交易时，经纪人通常会收取固定费用外加每手合约的费用。例如，交易的基本费用可能为 2.50 元，每手合同费用为 0.50 元。行使期权通常也要收取费用，当交易员持有期权空头并被指派为行使期权方的对手时，还要收取指派费。有时出售期权比支付行使期权的费用还要更划算。

在期权交易（以及许多其他金融交易）中的一个隐藏成本是做市商的买卖价差。在上述的例子中，购买期权时的买入价是 4.00 元，卖出价是 4.50 元。我们可以合理地假设期权的公平价格介于买入价和卖出价之间，也许是 4.25 元。做市商制度中买方和卖方的成本是公平价格和支付价格之间的差额，每个期权费用为 0.25 元，或每个合同为 25 元。

3.6 保证金

期权交易实行保证金制度，用于结算和担保期权合约履行，包括结算准备金和交易保证金。交易保证金分为开仓保证金和维持保证金。

保证金制度针对的是期权的卖方。期权买方支付权利金后获得相应的权利，不承担义务，卖方卖出权利收取权利金，必须承担履约义务。

当购买期限小于 9 个月的看涨与看跌期权时，投资者必须付清全部费用，这时投资者不能用保证金方式来购买期权，因为这些期权中已经有很高的杠杆效应。以保证金方式买入期权会将杠杆效应提高到不可接受的水平。对于期限长于 9 个月的期权，投资者可以保证金购买，但借入的资金最多不超过期权价格的 25%。

与期权交易不同的是，商品期货合约的交易虽然也实行保证金制度，但由于商品期货合约交易双方都可能遭受损失，交易双方都必须缴纳保证金。如果某个交易者连续亏损，其保证金账户可能降至某关键值之下，这个关键值也称为"维持保证金"。一旦保证金账户余额低于维持保证金，交易者就会收到补交保证金的通知，要求交易者补充保证金账户余额，否则在保证金耗尽之前，交易者所持有的头寸就会被平仓。

3.6.1 承约裸露期权

如前面所述，当投资人对期权承约时必须在保证金账户中保持一定的资金。投资者的经纪人和交易所需要确保当期权被行使时，期权的承约人不会违约。保证金的数额与投资者的头寸有关。

裸露期权（Naked Option）是指期权不与对冲该期权头寸风险的标的资

第 3 章 中国期权市场

产并存。在芝加哥期权交易所，卖出裸露看涨期权时的初始和维持保证金是以下两个数量中的最大值：

（1）卖出期权所得金额的 100%，加上 20% 的标的资产价值，减去（如果存在）期权的虚值量；

（2）卖出期权所得金额的 100%，加上 10% 的标的资产价值。

卖出裸露看跌期权时，初始保证金为以下两个数量的最大值：

（1）卖出期权所得金额的 100%，加上 20% 的标的资产价值，减去（如果存在）期权的虚值量；

（2）卖出期权所得金额的 100%，加上 10% 的执行价格。

3.6.2 上期所铜期货期权保证金标准

在期权交易中，买方向卖方支付一笔权利金，买方获得了权利但没有义务，因此，除权利金外，买方不需要缴纳保证金。对卖方来说，获得了买方的权利金，只有义务没有权利，因此，卖方需要缴纳保证金，保证在买方执行期权的时候能履行期权合约。可以说，保证金制度是期权交易风险管理制度中最重要的制度。

期权卖方交易保证金的收取标准为下列二者中较大者：

（1）（期权合约结算价 × 标的期货合约交易单位）+ 标的期货合约交易保证金 − 期权合约虚值额 × 50%；

（2）（期权合约结算价 × 标的期货合约交易单位）+ 标的期货合约交易保证金 × 50；

其中，虚值额的计算公式为：

看涨期权合约虚值额 = max（行权价格 − 标的期货合约结算价，0）× 标的期货合约交易单位

看跌期权合约虚值额 = max（标的期货合约结算价 − 行权价格，0）× 标的期货合约交易单位

需要注意的是：这里面的"期权合约结算价"是上一交易日的期权结算价。

标的期货合约交易保证金 = 成交金额 × 交易单位 × 标的资产保证金率

举例：假设卖出1手2020年10月到期、执行价为49000元/吨的铜期货看涨期权，价格为3463元/吨，标的资产铜2010合约的期货价格为52070元/吨，铜的交易单位为5吨/手，铜的保证金率为7%，标的资产铜2010合约期货的结算价为52310元/吨，那么其交易保证金计算如下：

我们可以看到这是一个实值期权，所以虚值额为0，标的资产铜期货2010合约的交易保证金 = 52070×5×7% = 18224.5元，则卖出1手到期执行价为49000元/吨的2010期权合约应缴纳保证金为：

（1）（52310×5）+18224.5−0 = 279774.5（元）；

（2）52310×5+50%×18224.5 = 270662.25（元）；

则卖出这个期权缴纳的保证金为二者中的较大者，为279774.5元。

我们再举一个虚值期权的例子：

同样，根据上例的条件，假设卖出1手2020年10月到期、执行价为55000元/吨的铜期货看涨期权，价格为413元/吨，那么其交易保证金计算如下：

（1）（52310×5）+18224.5−50%×(55000−52310)×5 = 273049.5（元）；

（2）52310×5+50%×18224.5 = 270662.25（元）；

则卖出这个期权缴纳的保证金为二者中的较大者，为273049.5元。

3.7 监管制度

为规范大宗商品期货期权交易行为，保护期权交易当事人的合法权益和社会公众利益，促进市场功能发挥，根据《期货交易管理条例》和《上海期货交易所交易规则》，2019年1月21日，上海期货交易所制定了《上海期货交易所期权交易管理办法》。为规范股票期权试点业务，根据中国证监会《股票期权交易试点管理办法》及其有关规定，2015年1月9日，上海证券交易所制定了《上海证券交易所股票期权试点交易规则》及《上海证券交易所股票期权试点投资者适当性管理指引》。期权经营机构需要严格按照《上海证券交易所股票期权试点投资者适当性管理指引》的规定，制定股票期权投资者适当性管理的操作指引和相关工作制度，充分告知投资者主要风险，特别要使投资者了解股票期权交易与证券现货交易、期货合约交易的差异，切实做好投资者适当性管理和教育工作，并且采取有效措施了解和检查投资者对股票期权风险的认知程度，持续开展投资者适当性管理和教育工作。为规范股票期权试点的持仓限额管理业务，根据《上海证券交易所股票期权试点交易规则》《上海证券交易所、中国证券登记结算有限责任公司股票期权试点风险控制管理办法》及其他有关规定，2015年2月3日，上海证券交易所制定了《上海证券交易所股票期权持仓限额管理业务指引》。2015年12月14日，上海证券交易所发布了《关于期权试点业务中与证券市场指数熔断相关的交易事项的通知》。为进一步满足投资者的风险管理需要，更好地发挥期权市场的经济功能，2017年12月29日，上海证券交易所发布了《决定调整上证50ETF期权合约行权价格数量及交易单笔申报最大数量的通知》。结合市场期权品种的推出，郑州商品交易所、大连商品交易所和上海期货交易所先后颁布实施了《期权交易管理办法》《期权做市商管理办法》《期权投资者适当性管理办法》等相关制度，郑州商品交易所和大连商品交易所还分别发布了《会员管理办法修订案》和《期货配套实施细则修正案》等相关规定，为期权交易的顺利运行奠定了基础。

从框架体系看，我国衍生品市场的投资者适当性管理制度本质上是衍生品经纪商基于监管要求而承担的一项投资者保护制度。该制度较早应用于证券市场的资产管理、融资融券、证券类基金产品销售等业务，后来逐渐扩展到证券经纪业务。在衍生品市场领域，该制度较早在金融期货业务上应用。随着资本市场"防风险、降杠杆"的推进，从2017年开始，投资者适当性管理规则在期权、期货等衍生品领域开始有突破性的发展，目前已形成基本覆盖全部衍生品的监管体系，衍生品领域适当性管理制度体系建设已经初见成效，对促进市场的健康发展具有重要意义。

总之，由于期权自身的复杂性，期权市场必将受到多种形式的严格监管。只有当法律法规完善、监管体制健全时，投资者对期权市场的运作才会有信心。

3.8 税收

我国没有单独开征资本利得税,因而股票期权涉及的税收政策包括两个方面:一是就受益人而言,其行权收益和出售股票收益如何征缴个人所得税;二是就公司而言,该行权收益能否计入企业成本费用,在企业所得税前抵扣。从现行的税收政策看,针对性最强的一项规定就是国家税务总局在1998年出台的《关于个人认购股票等有价证券而从雇主取得折扣或补贴收入有关征收个人所得税问题的通知》(国税发〔1998〕9号文)。该通知反映了我国对股票期权征税的一些原则性规定。

第一,界定了所得的性质。该通知规定,在中国负有纳税义务的个人(包括在中国境内有住所和无住所的个人)因其受雇期间的表现或业绩,在认购股票等有价证券时,从其雇主处以不同形式取得的折扣或补贴(指雇员实际支付的股票等有价证券的认购价格低于当期发行价格或市场价格的数额),属于该个人因受雇而取得的工资、薪金所得,应在雇员实际认购股票等有价证券时,按照《个人所得税法》及其实施条例和其他有关规定计算缴纳个人所得税。上述个人在认购股票等有价证券后再行转让所得,属于《个人所得税法》及其实施条例规定的股票等有价证券转让所得,适用有关对股票等有价证券转让所得征收个人所得税的规定。

第二,规定了计税的方法。上述个人认购股票等有价证券而从雇主取得的折扣或补贴,在计算缴纳个人所得税时,因一次收入较多,全部计入当月工资、薪金所得计算缴纳个人所得税有困难的,可在报经当地主管税务机关批准后,自其实际认购股票等有价证券的当月起,在不超过6个月的期限内平均分月计入工资、薪金所得计算缴纳个人所得税。

第三,明确了申报或代扣代缴的方法。纳税人或扣缴义务人就上述工资、薪金所得申报缴纳或代扣代缴个人所得税时,应将纳税人认购的股票等有价证券的种类、数量、认购价格、市场价格(包括国际市场价格)等情况及有关的证明材料和计税过程一并报当地主管税务机关。

另外，根据现行《个人所得税法》和有关税收政策的规定，对于个人转让股票等有价证券取得的所得，应予以征税，但考虑到为支持企业改制和促进我国证券市场的健康发展，国务院决定自1994年1月1日起，对个人转让我国上市公司股票取得的所得暂免征收个人所得税。对于个人转让其他有价证券和在境外上市的外国公司股票取得的所得，则按《个人所得税法》规定的"财产转让所得"项目适用20%的税率计算缴纳个人所得税。

大宗商品期权对外开放的税收问题，也困扰着不少参与者，困扰的根源在于商品期权的归类。一种观点认为，商品期权衍生于商品期货，是商品期货的衍生品，应当根据期货市场创新发展对"货物期货"作扩大解释，将商品期权归入"货物期货品种"；另一种观点认为，"商品期货"不包括商品期权，商品期权也不属于"非货物期货"，应当属于"金融商品"中的"其他金融商品"中的"金融衍生品"。由于财政部、国家税务总局没有对此作出明确规定或解释，持前一种看法的人认为不应当征收增值税，持后一种看法的人则认为应当征收增值税，不同看法可能造成税负不公平和交易者交易成本差异。

大宗商品期权以大宗商品期货为标的，是期货市场的重要组成部分。大宗商品期权和大宗商品期货具有较强的关联性，大宗商品期权行权后转化为标的商品期货头寸，客户也可以通过大宗商品期权合成标的大宗商品期货。若大宗商品期权和大宗商品期货的交易成本存在较大差异，将直接对市场价格产生影响。因此，我们建议比照标的商品期货品种，对国际化的商品期权实行相同的所得税政策。

3.9　场外期权市场

随着国内外市场经济的高速发展，企业对风险管理的需求更加多元化、个性化。50ETF期权、白糖期货期权、豆粕期货期权等标准化期权合约，产品类型少、结构单一、期权交易难度较高,传统金融工具已无法有效满足企业规避生产经营风险的需求。这类在交易所公开上市、投资者进行公开交易的标准化期权合约称为"场内期权"。而在非集中交易场所进行交易的非标准化期权合约称为"场外期权",其最大的特点是可以个性化设计。场外期权是风险管理利器,从海外的发展经验来看,场外市场的规模约为场内市场规模的9~10倍。场外期权自2013年正式推出以来发展较为迅猛,合约标的主要为以沪深300股指期权、中证500股指期权、上证50股指期权为主的股指期权,A股个股期权,商品期权,黄金期现货期权以及部分境外标的期权。

场外市场的主要参与者包括金融机构、企业资金部主管及基金经理。期权交易的标的产品范围很广,场外市场上的外汇和利率期权十分流行。场外市场的一个主要缺点是期权的承约方可能会违约,这意味着期权买入方会承担信用风险。为了克服这些缺点,市场参与者与监管者常常采取提交抵押保证金的方式来降低这一风险。

场外市场交易的产品常常是金融机构为了满足客户的具体需要而设计的。这些产品的到期日、执行价格、合约规模一般与交易所交易的产品不同。在某些情形下,期权的结构与标准看涨和看跌期权结构不同,这些产品称为"奇异期权"(Exotic Option)。例如,某PVC生产企业年产能50万吨,库存大、利润薄,经营的核心风险是PVC价格波动。该企业对PVC认知水平高,行情研判专业,且专门设置了期货部,简单套保不符合企业需求。该企业还希望择机选择高价套保,场外期权成本也不能过高。鉴于此,多价格向上敲入式障碍看跌期权是合适的选择。该场外期权与大商所PVC期货合约挂钩,期权存续期为企业根据自身判断选择的开始时间之后的三个月内,实值程度设置为1.03~1.09,并由企业根据其专业研判自行选择,敲入价和行权价相同。若收盘价未高于行权价,则不触发;若某交易日收盘价高于行权价,则触发成为普通看跌期权,赔付金额=触发价格-期末价格。显然,场外期权为该企业提供了更个性化、更具性价比的风险管理手段。

3.10 期权风险管理工具

3.10.1 期权的风险管理参数——Greeks

从定量的角度，我们究竟该如何量化权利金的价格对其影响因素的敏感性呢？这就需要使用期权风险管理参数，即希腊字母（Greeks）。

希腊字母是期权头寸风险管理的重要参数，每个希腊字母都可以用来度量某一因素（如标的资产的价格、标的资产的波动率等）发生变化而其他因素不变时权利金的变化情况，也称为"权利金相对于该因素的敏感度"。期权投资者通过希腊字母值可以了解当市场因素发生变化时，期权价格的变化方向和程度。这样，当该参数的值发生变化时，我们可以通过对应希腊字母确定用于对冲的期权或者现货合约数量，静态或动态地管理整体组合的风险，从而达到理想的风险暴露情况，使未来的不确定性降低甚至消失。

熟悉高等数学的读者不难发现，如果将期权权利金看作上述多个因素的多元函数，即期权价格 $= f(S,K,r,\sigma,T) = f(S,K,r,b,T)$，希腊字母实际上就是这个函数对于各个自变量的偏导数。常见的希腊字母有 Delta、Gamma、Vega、Theta、Rho。

Delta 指期权权利金（期权价格）对标的资产价格的一阶偏导数，即期权权利金随标的资产价格变化的敏感度。粗略地讲，如果标的资产价格变动为 ΔS，而由此带来的期权价格的变动为 ΔV，则此时 Delta 可以定义为：$\Delta V/\Delta S$。严格地讲，Delta 的数学定义为期权价格对标的资产价格的一阶偏导数，即 $\Delta = \partial V/\partial S$，这里 V 为期权权利金，S 为标的资产的价格。Delta 值为 0.5，意味着标的资产价格变动 1 元，期权权利金变动 0.5 元。Delta 实际上就是期权盈亏图中，期权权利金实时盈亏曲线的切线斜率；期权的 Delta 在 0 至 1 之间，看跌期权的 Delta 在 0 至 -1 之间。图 3-8 与图 3-9 分别描述了看涨期权和看跌期权 Delta 随标的资产价格的变化情况。

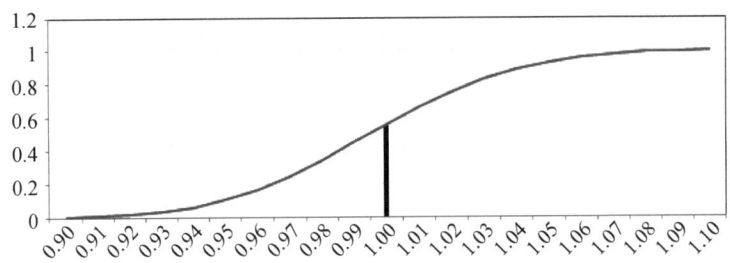

图 3-8　买入看涨期权 Delta 相对资产价格的变化

注：横坐标代表的是标的资产价格的变动情况，竖直线位置处横轴为 1 指标的资产价格等于行权价格；横轴为 0.99 指标的资产较行权价格下跌 1% 的价格；横轴为 1.01 指标的资产较行权价格上涨 1% 的价格。纵坐标代表的是 Delta 值。制图时默认无风险利率为 3.5%，波动率为 10%，剩余到期时间 1 个月。

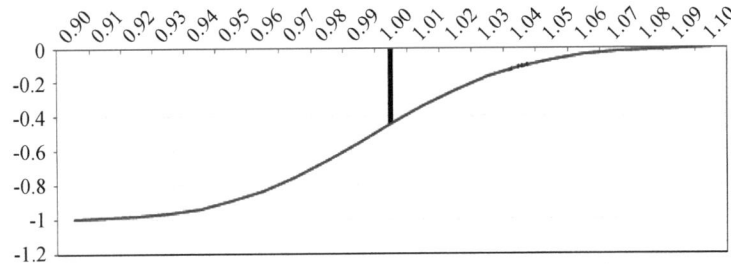

图 3-9　买入看跌期权 Delta 相对资产价格的变化

注：横坐标代表的是标的资产价格的变动情况，纵坐标代表的是 Delta 值。当标的资产价格上涨时，看跌期权的价格就会下降，因此买入看跌期权 Delta 为负值。

Gamma 是指期权 Delta 值的变化与标的资产价格变化的比值，即敏感度，它等于期权价格对标的资产价格的二阶偏导数，也等于 Delta 值对标的资产价格的一阶偏导数。从几何上看，它反映了期权价格与标的资产价格关系曲线的凸度。用数学公式表示为 $\Gamma = \dfrac{\partial^2 V}{\partial S^2} = \dfrac{\partial \Delta}{\partial S}$。Gamma 衡量了期权的 Delta 值关于标的资产变化的敏感度，当 Gamma 比较小时，Delta 变化缓慢，这时为了保证 Delta 中性所做的交易调整不需要太频繁。图 3-10 描述了看涨期权与看跌期权的 Gamma 值随标的资产价格的变化情况。

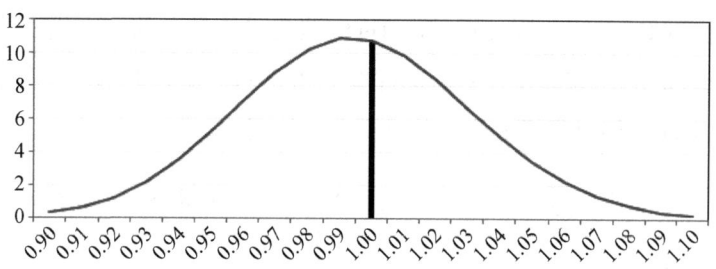

图 3-10　买入看涨/看跌期权 Gamma 值相对资产价格的变化

注：横坐标指的是标的资产价格的变化情况，纵坐标代表的是买入看涨/看跌期权 Gamma 值。

Vega 是期权价格关于标的资产价格波动率的敏感度，也就是期权价格关于标的资产价格波动率的一阶偏导数，其数学表达式为 $\text{Vega} = \dfrac{\partial V}{\partial \sigma}$。图 3-11 描述了看涨期权与看跌期权的 Vega 值相对标的资产价格的变化情况。

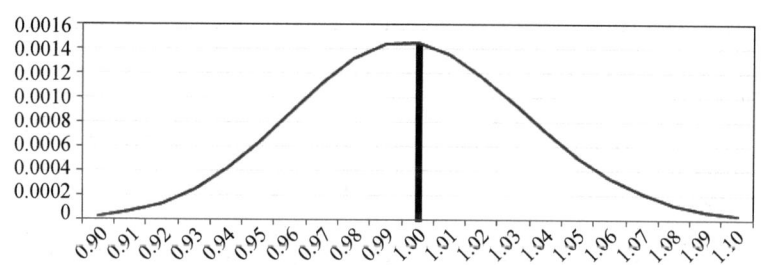

图 3-11　买入看涨/看跌期权 Vega 值相对资产价格的变化

注：Vega 值已折算为标的资产价格波动率出现 1% 变动时的变动值。横坐标代表的是标的资产价格的变化情况，纵坐标代表的是买入看涨/看跌期权 Vega 值。

无论是看涨期权还是看跌期权，若其他因素不变，期权到期时间越长，则其价值越高。这一点十分容易理解，因为时限越长，那些虚值期权越有可能变为实值期权。而随着期限的减小，虚值期权变为实值期权的机会越来越小，时间价值也越来越低，进而带来期权价值减少。这个变化率就是对 Theta 值的描述。Theta 为期权价格变化与时间变化的比率，它等于期权价格关于时间的一阶偏导数，即期权价格对时间的敏感度，其数学表达公式如下：$\theta = \dfrac{\partial V}{\partial t}$。当其他条件都不变的情况下，越来越临近到期日时，期权的时间价值越来越小，因此期权的 Theta 值几乎总是负的，它代表的是期权的价值随着时间推移而逐渐衰减的程度。图 3-12 和图 3-13 是看涨和看跌期权的 Theta 值相对于标的资产价格变化的情况。

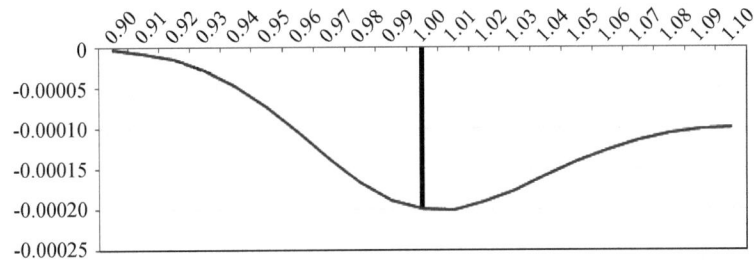

图 3-12 买入看涨期权 Theta 值相对资产价格的变化

注：横坐标代表的是标的资产价格的变化情况，纵坐标代表的是买入看涨期权的 Theta 值。Theta 值已折算为到期剩余时间减少 1 天的时间价值损耗，除数为 365（更多交易者按年交易日数量计取 252）。

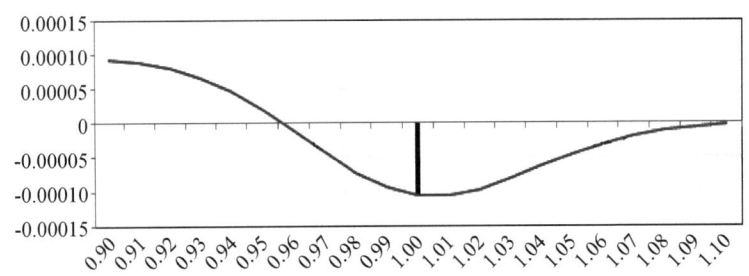

图 3-13 买入看跌期权 Theta 值相对资产价格的变化

注：横坐标代表的是标的资产价格的变化情况，纵坐标代表的是买入看跌期权 Theta 值。Theta 值已折算为到期剩余时间减少 1 天的时间价值损耗，除数为 365（更多交易者按年交易日数量计取 252）。

可以看出，当标的资产价格距离期权行权价格越远时，Theta 越接近 0，即期权价值随时间损耗越少；而当标的资产价格越接近期权行权价格时，Theta 的绝对值越大（即负的程度越大），期权价值随时间的损耗越多。值得注意的是，如图 3-13 所示的情况，处于深度实值状态的无股息资产欧式看跌期权的 Theta 值为正。可简单地理解为，出现这样的原因是，对于无股息资产来说，深度实值欧式看跌期权的买方虽然持有的只是一张期权，但实质上相当于其已经持有对应数量的标的资产，并随时准备以行权价格向义务方出售该资产，所以此时的期权买方相当于没有资金占用成本就拥有了该标的资产下行的收益,继续持有可能会损失该优势,故形成 Theta 值为正的现象。

Rho 为期权价格变化与无风险利率变化的比率,是期权价格关于无风险利率的一阶偏导数,即期权价格对无风险利率变化的敏感度,其数学表达式为:$\rho = \dfrac{\partial V}{\partial r}$。图 3 – 14 和图 3 – 15 是看涨和看跌期权的 Rho 值相对于标的资产价格变化的情况。

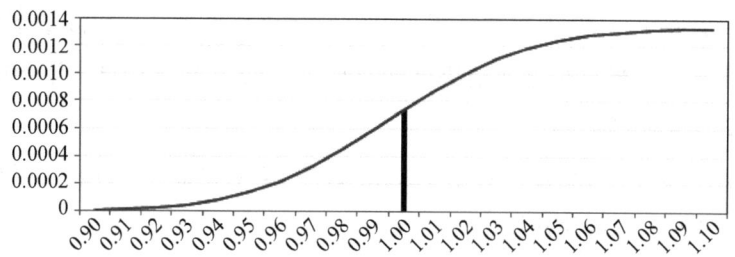

图 3 – 14　买入看涨期权 Rho 值相对资产价格的变化

注:横坐标代表的是标的资产价格的变化情况,纵坐标代表的是买入看涨期权 Rho 值。Rho 值已折算为无风险利率变动 1% 的变动值。

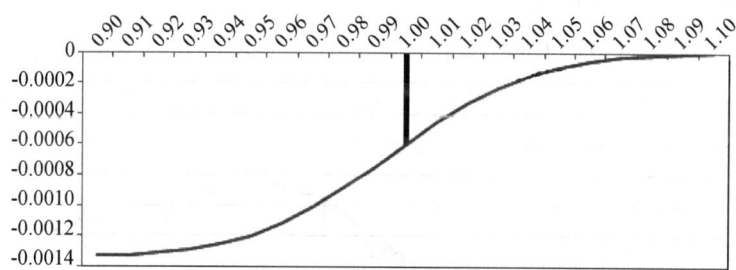

图 3 – 15　买入看跌期权 Rho 值相对资产价格的变化

注:横坐标代表的是标的资产价格的变化情况,纵坐标代表的是买入看跌期权 Rho 值。Rho 值已折算为无风险利率变动 1% 的变动值。

3.10.2　利用 Greeks 测评期权组合

任何一笔期权投资之前,投资者都需要对该笔投资进行有关上述三个问题的思考。不过与货币、债券、股票、期货不同,期权投资的期望不仅和价格、无风险利率、时间相关,还和期权的标的资产价格波动率相关。

不仅如此，期权投资受到的是这些因素的非线性影响。如 3.10.1 节所述，期权价格是有关标的资产价格、行权价格、无风险利率、剩余到期时间、波动率的非线性函数，所以期权投资者需要在期权投资开始之前，测试任意可能的标的资产价格、行权价格、无风险利率、剩余到期时间、波动率变化出现时，期权投资组合的盈亏和 Greeks。

以华夏上证 50ETF 期权为例。2017 年 3 月 15 日，某华夏上证 50ETF 期权投资者判断上证 50 指数在经历回调之后将会企稳回升，所以基于其自身的资产水平，在当日收盘前他决定建立如下组合（当日华夏上证 50ETF 收盘价为 2.354 元/股）：

（1）以 0.344 元/张，卖出 500 张 2017 年 4 月 26 日到期，行权价为 2.35 元/股的平值看跌期权；

（2）以 0.633 元/张，买入 300 张 2017 年 4 月 26 日到期，行权价为 2.30 元/股的实值看涨期权；

（3）以 0.0150 元/张，卖出 500 张 2017 年 4 月 26 日到期，行权价为 2.40 元/股的虚值看涨期权。

通过在我们开发的 Greeks 测评工具中输入该组合当日主要参数，可以得到该组合的到期/实时盈亏图表和 Greeks 变化，如图 3-16 与图 3-17 所示。

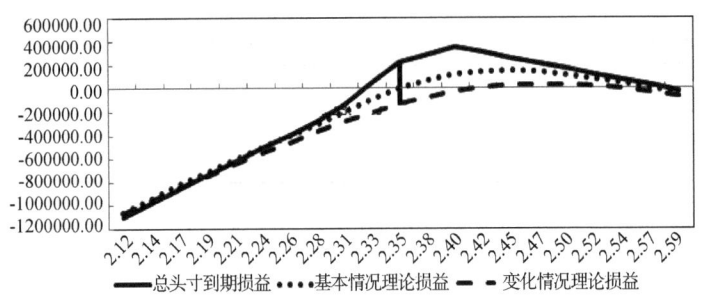

图 3-16 组合到期/实时盈亏

注：横坐标代表的是上证 50ETF 价格（单位：元/股），纵坐标代表的是投资组合的损益情况（单位：元）。

从组合到期/实时盈亏图可以看出，其他条件不变时，该组合在 50ETF 价格上涨时有正收益，但收益随着价格上涨幅度加大而减小；在 50ETF 价格下跌时有负收益，且价格跌得越多，负的收益越大。

从组合 Greeks 变化图可以进一步看出，其他条件不变时，组合在

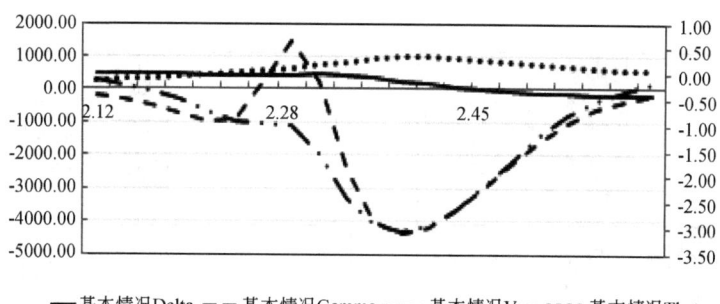

图 3-17 组合 Greeks 变化

注：因影响较小，组合 Greeks 变化图忽略了 Rho 值；Delta 与 Gamma 值标准轴为左轴，Vega 与 Theta 值的标准轴为右轴。

50ETF 价格低于 2.45 元/股附近时，Delta 为正，且价格越低，正 Delta 越大，这解释了为何盈亏图（图 3-16）显示 50ETF 价格大跌时组合会大幅亏损；Gamma 除在 2.3 元/股附近呈正值外，其他大部分区域为负值，Vega 基本恒定在负值区域，这显示出该组合拥有对隐含波动率的做空敞口，如果波动率上升，组合将产生负收益；Theta 恒定在正值区域，显示期权剩余到期时间的缩短对组合收益的影响是正面的。

得到组合的基本参数特性后，可以发现该组合的几大风险点。在期权组合 Greeks 测评工具中输入相关风险参数，测试出理论组合亏损如下：

其他条件不变，50ETF 价格下跌至 2.25 元/股时，了解组合的子头寸价格、Greeks 理论变动与组合的理论盈亏。经测算发现有 446274 元的组合理论亏损，如图 3-18 所示。

其他条件不变，50ETF 期权隐含波动率整体上行 5% 时，了解组合的子头寸价格、Greeks 理论变动与组合的理论盈亏。经测算发现有 134411 元的组合理论亏损，如图 3-19 所示。

遭遇两方面不利，即 50ETF 价格下跌至 2.25 元/股时，50ETF 期权隐含波动率整体上行 5%，了解组合的子头寸价格、Greeks 理论变动与组合的理论盈亏。经测算发现有 498709 元的组合理论亏损，如图 3-20 所示。

由图 3-21 可见，价格出现此情形变化后，组合到期盈亏曲线虽无变化，但实时盈亏曲线明显下移，意味着组合绩效整体下行。通过上述例子，我们不难发现，Greeks 测评期权组合是期权投资者管理期权风险的有效工具。

基本情况	
标的物价格	2.354
检视日期	2017/3/15
无风险利率	3.50%

其他变化	
标的物价格	2.25
检视日期	2017/3/15
无风险利率	3.50%

杠杆/点值	
Spot	10000
OpCall	10000
OpPut	10000

备注	
现货	Spot
认购期权	OpCall
认沽期权	OpPut
买入	1
卖出	-1

策略头寸		头寸1	头寸2	头寸3	头寸4	头寸5	头寸6	头寸7	头寸8	头寸9	头寸10	总头寸
资产种类		OpPut	OpCall	OpCall	OpCall	OpCall	OpCall	OpPut	OpCall	OpPut	OpPut	
头寸方向		-1	1	-1	-1	1	1	1	-1	1	1	
头寸数量		500	300	500	0	0	0	0	0	0	0	
执行价格		2.35	2.3	2.4	1	1	1	1	1	1	1	
期权到期时间		2017/4/26	2017/4/26	2017/4/26	2017/4/11	2017/4/11	2017/4/11	2017/4/11	2017/4/11	2017/4/11	2017/4/11	
当前波动率		12.80%	3.60%	9.30%	30.00%	30.00%	15.00%	20.00%	19.80%	18.00%	17.00%	
变化波动率		12.80%	3.60%	9.30%	30.00%	30.00%	15.00%	20.00%	19.80%	18.00%	17.00%	
实际成交价格		0.0343	0.0634	0.0151	1.3566	1.3566	1.3566	0.0000	0.0000	0.0069	0.0083	
标的合约价格	当前价格	2.354	2.354	2.354	2.354	2.354	2.354	2.354	2.354	2.354	2.354	
	变化价格	2.250	2.250	2.250	2.250	2.250	2.250	2.250	2.250	2.250	2.250	
理论价格	基本情况	0.034286905	0.063371527	0.015131593	1.356585692	1.356585692	1.356585692	0	1.35658569	0	0	头寸总损益（合约分离）
	变化情况	0.100400862	0.000869687	0.000771405	1.252585692	1.252585692	1.252585692	0	1.25258569	0	0	-446274.3638380850
理论价格	基本情况	0.034286905	0.063371527	0.015131593	1.356585692	1.356585692	1.356585692	0	1.35658569	0	0	头寸总损益（指数统一）
	变化情况	0.100400862	0.000869687	0.000771405	1.252585692	1.252585692	1.252585692	0	1.25258569	0	0	-446274.3638380850
Delta	基本情况	-0.438949564	0.987332689	0.319171599	1	1	1	0	1	0	0	356.0887889223
	变化情况	-0.812470957	0.071610093	0.028563438	1	1	1	0	1	0	0	413.4367876063
Gamma	基本情况	3.857359159	1.138671333	4.810289822	1.20186E-24	1.20186E-24	1.69376E-96	1.55842E-54	1.2541E-55	3.508E-67	3.0127E-75	-3992.2230908510
	变化情况	2.75536891	4.972755061	0.92030921	3.74832E-22	3.74832E-22	1.30762E-86	5.85268E-49	6.1035E-50	2.633E-60	1.5256E-67	-346.0125418018
Vega	基本情况	0.003148251	0.000261379	0.002852486	1.47794E-27	1.47794E-27	1.0414E-99	1.27761E-57	1.0178E-58	2.588E-70	2.0994E-78	-2.9219550749
	变化情况	0.002054524	0.001042848	0.000498584	4.21108E-25	4.21108E-25	7.34527E-90	4.3835E-52	4.5256E-53	1.775E-63	9.7127E-71	-0.9636994170
Theta	基本情况	-0.000382267	-0.000227994	-0.000388	-9.5642E-05	-9.5642E-05	-9.5642E-05	-4.7216E-58	-9.564E-05	-8.61E-71	-6.595E-79	0.3167347906
	变化情况	-0.000131443	-6.00702E-05	-6.15717E-05	-9.5642E-05	-9.5642E-05	-9.5642E-05	-1.6196E-52	-9.564E-05	-5.9E-64	-3.05E-71	0.0784862730
Rho	基本情况	-0.001194815	0.00260151	0.000866263	0.000737813	0.000737813	0.000737813	-1.0786E-59	0.00073781	-2E-72	-1.549E-80	0.9447290023
	变化情况	-0.002196742	0.000184521	7.64557E-05	0.000737813	0.000737813	0.000737813	-4.0527E-54	0.00073781	-1.5E-65	-7.839E-73	1.1154994304

图 3-18　标的价格变化情况监视图

基本情况	
标的物价格	2.354
检视日期	2017/3/15
无风险利率	3.50%

其他变化	
标的物价格	2.354
检视日期	2017/3/15
无风险利率	3.50%

杠杆/点值	
Spot	10000
OpCall	10000
OpPut	10000

备注	
现货	Spot
认购期权	OpCall
认沽期权	OpPut
买入	1
卖出	-1

策略头寸		头寸1	头寸2	头寸3	头寸4	头寸5	头寸6	头寸7	头寸8	头寸9	头寸10	总头寸
资产种类		OpPut	OpCall	OpCall	OpCall	OpCall	OpCall	OpPut	OpCall	OpPut	OpPut	
头寸方向		-1	1	-1	-1	1	1	1	-1	1	1	
头寸数量		500	300	500	0	0	0	0	0	0	0	
执行价格		2.35	2.3	2.4	1	1	1	1	1	1	1	
期权到期时间		2017/4/26	2017/4/26	2017/4/26	2017/4/11	2017/4/11	2017/4/11	2017/4/11	2017/4/11	2017/4/11	2017/4/11	
当前波动率		12.80%	3.60%	9.30%	30.00%	30.00%	15.00%	20.00%	19.80%	18.00%	17.00%	
变化波动率		17.80%	8.60%	14.30%	30.00%	30.00%	15.00%	20.00%	19.80%	18.00%	17.00%	
实际成交价格		0.0343	0.0634	0.0151	1.3566	1.3566	1.3566	0.0000	0.0000	0.0069	0.0083	
标的合约价格	当前价格	2.354	2.354	2.354	2.354	2.354	2.354	2.354	2.354	2.354	2.354	
	变化价格	2.354	2.354	2.354	2.354	2.354	2.354	2.354	2.354	2.354	2.354	
理论价格	基本情况	0.034286905	0.063371527	0.015131593	1.356585692	1.356585692	1.356585692	0	1.35658569	0	0	头寸总损益（合约分离）
	变化情况	0.050065054	0.069639213	0.029996309	1.356585692	1.356585692	1.356585692	0	1.35658569	0	0	-134411.2681265370
理论价格	基本情况	0.034286905	0.063371527	0.015131593	1.356585692	1.356585692	1.356585692	0	1.35658569	0	0	头寸总损益（指数统一）
	变化情况	0.050065054	0.069639213	0.029996309	1.356585692	1.356585692	1.356585692	0	1.35658569	0	0	-134411.2681265370
Delta	基本情况	-0.438949564	0.987332689	0.319171599	1	1	1	0	1	0	0	356.0887889223
	变化情况	-0.450239458	0.828470908	0.385265877	1	1	1	0	1	0	0	281.0280627655
Gamma	基本情况	3.857359159	1.138671333	4.810289822	1.20186E-24	1.20186E-24	1.69376E-96	1.55842E-54	1.2541E-55	3.508E-67	3.0127E-75	-3992.2230908510
	变化情况	2.784898716	3.706109118	3.348228955	1.20186E-24	1.20186E-24	1.69376E-96	1.55842E-54	1.2541E-55	3.508E-67	3.0127E-75	-1954.7311002820
Vega	基本情况	0.003148251	0.000261379	0.002852486	1.47794E-27	1.47794E-27	1.0414E-99	1.27761E-57	1.0178E-58	2.588E-70	2.0994E-78	-2.9219550749
	变化情况	0.003160813	0.002032291	0.003052956	1.47794E-27	1.47794E-27	1.0414E-99	1.27761E-57	1.0178E-58	2.588E-70	2.0994E-78	-2.4971968053
Theta	基本情况	-0.000382267	-0.000227994	-0.000388	-9.5642E-05	-9.5642E-05	-9.5642E-05	-4.7216E-58	-9.564E-05	-8.61E-71	-6.595E-79	0.3167347906
	变化情况	-0.000569795	-0.000389384	-0.000606998	-9.5642E-05	-9.5642E-05	-9.5642E-05	-4.7216E-58	-9.564E-05	-8.61E-71	-6.595E-79	0.4715815412
Rho	基本情况	-0.001194815	0.00260151	0.000866263	0.000737813	0.000737813	0.000737813	-1.0786E-59	0.00073781	-2E-72	-1.549E-80	0.9447290023
	变化情况	-0.00122527	0.002175788	0.001047227	0.000737813	0.000737813	0.000737813	-1.0786E-59	0.00073781	-2E-72	-1.549E-80	0.7417576122

图 3-19　隐含波动率变化情况监视图

基本情况	
标的物价格	2.354
检视日期	2017/3/15
无风险利率	3.50%

其他变化	
标的物价格	2.25
检视日期	2017/3/15
无风险利率	3.50%

杠杆/点数	
Spot	10000
OpCall	10000
OpPut	10000

备注	
现货	Spot
认购期权	OpCall
认沽期权	OpPut
买入	1
卖出	-1

策略头寸		头寸1	头寸2	头寸3	头寸4	头寸5	头寸6	头寸7	头寸8	头寸9	头寸10	总头寸
资产种类		OpPut	OpCall	OpCall	OpCall	OpCall	OpCall	OpPut	OpCall	OpPut	OpPut	
头寸方向		-1	1	-1	-1	1	1	1	-1	1	1	
头寸数量		500	300	500	0	0	0	0	0	0	0	
执行价格		2.35	2.3	2.4	1	1	1	1	1	1	1	
期权到期时间		2017/4/26	2017/4/26	2017/4/26	2017/4/11	2017/4/11	2017/4/11	2017/4/11	2017/4/11	2017/4/11	2017/4/11	
当前波动率		12.80%	3.60%	9.30%	30.00%	30.00%	15.00%	20.00%	19.80%	18.00%	17.[illegible]0%	
变化波动率		17.80%	8.60%	14.30%	30.00%	30.00%	15.00%	20.00%	19.80%	18.00%	17.[illegible]0%	
实际成交价格		0.0343	0.0634	0.0151	1.3566	1.3566	1.3566	0.0000	0.0000	0.0069	0.0083	
标的合约价格	当前价格	2.354	2.354	2.354	2.354	2.354	2.354	2.354	2.354	2.354	2.354	
	变化价格	2.250	2.250	2.250	2.250	2.250	2.250	2.250	2.250	2.250	2.250	
理论价格	基本情况	0.034286905	0.063371527	0.015131593	1.356585692	1.356585692	1.356585692	0	1.35658569	0	0	头寸总损益(合约分离)
	变化情况	0.11195406	0.010894355	0.005720115	1.252585692	1.252585692	1.252585692	0	1.25258569	0	0	-498709.9002423740
理论价格	基本情况	0.034286905	0.063371527	0.015131593	1.356585692	1.356585692	1.356585692	0	1.35658569	0	0	头寸总损益(指数统一)
	变化情况	0.11195406	0.010894355	0.005720115	1.252585692	1.252585692	1.252585692	0	1.25258569	0	0	-498709.9002423740
Delta	基本情况	-0.438949564	0.987332689	0.319171599	1	1	1	0	1	0	0	356.0887889223
	变化情况	-0.733453598	0.273997717	0.110629029	1	1	1	0	1	0	0	393.6115994816
Gamma	基本情况	3.857359159	1.138671333	4.810289822	1.20186E-24	1.20186E-24	1.69376E-96	1.55842E-54	1.2541E-55	3.508E-67	3.0127E-75	-3992.2230908510
	变化情况	2.418072007	5.074321543	1.729892477	3.74832E-22	3.74832E-22	1.30762E-86	5.85268E-49	6.1035E-50	2.633E-60	1.5256E-67	-551.6857790027
Vega	基本情况	0.003148251	0.000261379	0.002852486	1.47794E-27	1.47794E-27	1.0414E-99	1.27761E-57	1.0178E-58	2.588E-70	2.0994E-78	-2.9219550749
	变化情况	0.002507325	0.002542131	0.001441042	4.21108E-25	4.21108E-25	7.34527E-90	4.3835E-52	4.5256E-53	1.775E-63	9.7127E-71	-1.2115443856
Theta	基本情况	-0.000382267	-0.000227994	-0.000388	-9.5642E-05	-9.5642E-05	-9.5642E-05	-4.7216E-58	-9.564E-05	-8.61E-71	-6.595E-79	0.3167347906
	变化情况	-0.000367579	-0.000319587	-0.000270168	-9.5642E-05	-9.5642E-05	-9.5642E-05	-1.6196E-52	-9.564E-05	-5.9E-64	-3.05E-71	0.2229971430
Rho	基本情况	-0.001194815	0.00260151	0.000866263	0.000737813	0.000737813	0.000737813	-1.0786E-59	0.00073781	-2E-72	-1.549E-80	0.9447290023
	变化情况	-0.001985833	0.000711855	0.000298169	0.000737813	0.000737813	0.000737813	-4.0527E-54	0.00073781	-1.5E-65	-7.839E-73	1.0573882255

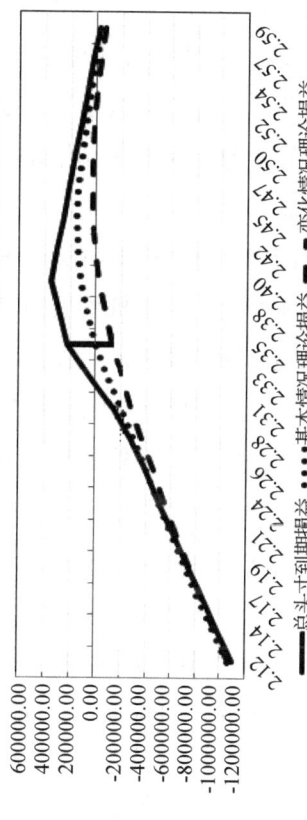

图 3－20　标的价格、隐含波动率不利变化情况监视图

图 3－21　标的价格、隐含波动率不利变化情况组合到期/实时盈亏图

注：横坐标代表的是上证 50ETF 价格（单位：元/股），纵坐标代表的是投资组合损益情况（单位：元）。

本章小结

期权分为看涨期权和看跌期权，给予持有者在未来特定日期以约定价格买入或卖出资产的权利。期权作为金融衍生品的一种，具有多种类型，包括股票期权、外汇期权、期货期权、股票指数期权等，它们在市场中扮演着不同的角色。了解这些基本类型是进行期权交易的基础。同时，期权交易也涉及复杂的交易模式和策略，包括买卖双方的权利和义务、交易流程和风险控制等。

在监管制度方面，我国期权市场遵循严格的法律法规，以确保市场的公平、透明和高效。监管机构要对期权市场的各个环节进行严密监控，以防范市场风险和保护投资者利益。

在税收方面，我国针对股票期权涉及的税收政策具有明确的规定。个人所得税方面，因行使股票期权而获得的收益和出售股票所得，受益人需要按照规定缴纳个人所得税。同时，对于公司而言，其行权收益能否计入企业成本费用并在企业所得税前抵扣，也是税收政策关注的重点。这些规定旨在确保税收的公平性和合理性，同时促进期权市场的健康发展。

此外，投资者可以用期权的风险管理参数希腊字母（Greeks）来量化期权价格对其影响因素的敏感性。期权作为一种有效的风险管理工具，可以帮助企业和投资者规避潜在的市场风险。合理利用期权策略，投资者可以在不改变投资组合整体风险水平的情况下，实现对特定风险的对冲。

第4章
中国场外衍生品市场

✦ 学习目标

1. 了解场外衍生品的起源与分类。
2. 了解交易报告库对全球衍生品市场改革的作用。
3. 讨论分析商品类场外衍生品在中国的应用情况。
4. 了解中国金融类衍生产品的类型。

引 言

在本章中，我们将深入探讨衍生品市场的多个层面，以及这些金融工具在中国及全球范围内的发展和应用。衍生品市场是一个复杂且不断演变的领域，涵盖了基本的期货和期权合约复杂的结构化产品和信用衍生品等多种金融工具。

本章共分为4个小节，旨在为读者提供一个全面的视角，深入理解衍生品市场的运作机制和实践应用。4.1小节是场外衍生品市场的概述，探讨了中国场外衍生品市场的起步、发展及其在全球市场中的地位。我们从1984年中国银行开始的场外衍生品交易讲起，详细介绍了商业银行、期货公司、证券公司等金融机构在场外衍生品业务中的角色和贡献，以及相关法律法规的发展对市场形成的影响。4.2小节则专注于交易报告库（TR）的国际经验与发展，讨论了全球场外衍生品市场的改革背景、全球交易报告库的概况、我国交易报告库发展的现状，以及交易报告库未来的发展趋势。这一部分不仅介绍了全球和中国在建立防范系统性风险方面所采取的措施，还探讨了交易报告库在提升市场透明度、防范系统性风险方面的关键作用。4.3 小节着眼于商品类场外衍生品的应用，包括场外期权、互换以及清算与中央对手方等。通过具体的案例和分析，这一节揭示了商品衍生品在风险管理、投资策略构建和市场价格发现等方面的应用和价值。4.4 小节探讨了金融类场外衍生品市场的发展，涵盖了利率互换、货币互换、信用衍生品和权益类结构化产品等领域。这一节不仅介绍了各类金融衍生品的基本概念和功能，还分析了这些工具在现代金融市场中的重要作用，尤其是在对冲风险、资产配置和增强市场效率方面的应用。

4.1 场外衍生品

中国场外衍生品市场起步晚，交易种类、规模等与国际场外衍生品市场之间差距巨大。1984 年，中国银行从事境外外汇期权、互换等衍生交易的代理业务，是最早的场外衍生交易。商业银行是最早开展场外衍生品业务的金融机构。2005 年，银行间市场债券远期交易的推出，标志着我国银行间衍生品市场的初步建立，随后 4 年，人民币利率互换、远期利率协议、人民币外汇远期与掉期等产品陆续推出，随着利率及汇率市场化改革的推进，对外币资产风险管理的需求将带动银行间衍生品市场快速发展。

2013 年 2 月 1 日，中国期货业协会实施了《期货公司设立子公司开展以风险管理服务为主的业务试点工作指引》，同年 3 月，中国证券业协会相继发布了《证券公司金融衍生品柜台交易业务规范》《证券公司金融衍生品和柜台交易风险管理指引》和《中国证券市场金融衍生品交易主协议及其补充协议》等规范性文件。随后，获得试点资格的期货公司风险管理子公司和证券公司陆续开展了收益互换、场外期权等创新业务，标志着我国场外衍生品市场在参与主体和产品种类上已初步完善。目前，我国场外衍生品市场的成交规模日益增大，场外衍生品业务，特别是场外期权业务已跃升为我国证券期货市场一大新的业务增长点。

2022年,《期货和衍生品法》通过立法审议正式颁布,作为特别法,其效力优先于《破产法》等有关规定,将为衍生品市场单一协议、终止净额结算、中央对手方清算等提供上位的法律支撑,提升中国法下衍生品重要基础机制的可执行性及有效性,将有助于促进国际认可中国是完全净额结算司法管辖区,也有助于中国的集中清算机构向国外金融监管机构争取合格中央对手方资质,有利于境内外衍生品市场的连接互动。

场外衍生品市场的交易主体因资金实力、监管限制等原因,商业银行、券商、期货公司风险管理子公司等各类机构的参与程度不一且相差显著。其中,商业银行是最早开展场外金融衍生品业务的,也是最大的参与主体;券商主要参与场外期权业务;期货公司风险管理子公司所提供的场外衍生品主要与大宗商品相关;虽然券商和期货公司风险管理子公司参与体量较小,但目前许多监管措施和自律准则都是围绕着这两个市场的参与主体而制定的。我国场外衍生品市场是在场内衍生品市场的基础上发展起来的,有其自身的独特性,我国的监管动向也体现了这一点。

目前,国内常见的交易品种包括:券商的收益互换、场外期权;期货公司风险管理子公司的远期、互换和场外期权;银行的汇率类衍生品(包括人民币外汇掉期、人民币外汇远期、人民币外汇期权)和利率类衍生品(包括利率互换、债券远期)。相较而言,场内衍生品在创新与现有工具的充分运用上仍有较大的发展空间。

4.1.1 场外期权

2012年12月22日,为适应期货市场服务实体经济发展的需要,中国期货业协会公布《期货公司设立子公司开展以风险管理服务为主的业务试点工作指引》。该指引提出期货公司设立风险管理子公司应当符合的条件、备案材料及制度要求,于2013年2月1日起正式施行。2018年4月,中国期货业协会统计数据显示,全国场外衍生品业务累计签约客户3790户,其中,产业客户2270户,商品类场外期权业务新增名义本金172.71亿元,同比增长1.95倍,产业客户新增名义本金为106.21亿元,占比61%,商品类场外期权盈利 1744.85 万元。2022 年证券公司场外衍生品累计新增名义本金 8.31 万亿元，同比下降 1.13%；期末存量名义本金为 2.09 万亿元，同比增长 3.48%。其中，场外期权累计新增名义本金 3.35 万亿元，同比下降 7.71%；期末存量名义本金 1.19 万亿元，同比上升 20.28%。

4.1.2 场外互换

互换（Swap）从 1982 年始创后得到了迅速发展，曾被西方金融界誉为 20 世纪 80 年代以来最为重要的金融创新。互换是指买卖双方在一定时间内交换一系列现金流的合约。具体而言，是指两个（或两个以上）当事人按照约定的条件，在约定的时间内，交换不同金融工具按约定方式计算的一系列支付款项或收入款项的合约。从其本质上看，互换是一种通过现金流的交换从而实现风险的转移，也被称为"掉期"。根据互换所挂钩的标的，形成了利率互换、外汇互换、收益互换、信用违约互换以及商品互换。通常，这些交易并不涉及本金的交换，但也有一些情况例外，如出于对不同外汇使用的需要，在交易初期双方需要进行本金的交换，到期后再换回本金，即外汇互换。

在场外市场中，若以总市值衡量，场外互换衍生品市场曾一度占据金融衍生品市场总额的 90%。场外互换市场的主要交易品种是利率互换，主要参与者为申报交易商、对冲基金、商业银行以及非银行金融机构等，参与的目的有套期保值、风险管理以及获取利润。大部分场外衍生工具在为数不多的经销商之间交易，容易造成风险的集中，一旦一个交易者失败，可能会给其交易对手造成巨大损失，危及金融市场的稳定，部分标准的互换传统上通过票据交易所清算，而大多数信用违约互换（或信用违约掉期，Credit Default Swap，CDS）和其他互换则是通过场外市场交易。场外互换市场的基本特征是非标准化和不透明，这种不透明性促成了过度的风险承担，以及对清晰的最终风险分配预期和市场信心的丧失，增加了金融风险的发生。

4.1.3 信用衍生产品

信用衍生产品是指收益与一个（或多个）公司或国家的信用有关的合约。信用衍生品自20世纪90年代在场外市场开始交易。2000年，信用衍生产品合约的总面值为8000亿美元左右，到2007年的信用危机时，总面值高达50万亿美元。危机之后市场规模有所下降。2019年12月，信用衍生产品的总面值大约为7.5万亿美元。根据ISDA SwapsInfo数据，2023年4月，全球信用衍生产品名义未偿总额10.6万亿美元，其中，指数CDS为7.3万亿美元，单一CDS为3.3万亿美元；名义未偿净额1.6万亿美元，其中，指数CDS为1.1万亿美元，单一CDS为0.46万亿美元。2023年8月第一周，全球信用衍生产品交易额为0.7万亿美元。

信用衍生产品能够使公司对信用风险像对市场风险一样进行交易。在过去，银行或其他金融机构一旦承受了信用风险后只能被动地等待（只能寄希望于发生最好的结果）、无能为力，而现在则可以主动地管理自己的信用风险组合：在保留一部分信用风险后将其余的信用风险利用信用衍生产品加以保护。通常银行是最大的信用保护买入方，而保险公司则是最大的信用保护卖出方。

4.2 交易报告库（TR）的国际经验与发展

全球场外衍生品市场，规模庞大，但缺失监管，被认为是导致2008年国际金融危机的重要原因。为提升场外衍生品市场透明度，防范系统性风险，防止市场滥用，二十国集团①（G20）领导人峰会就全球场外衍生品市场改革达成多项共识，其中之一就是建立交易报告库（Trade Repository，TR）这一新型金融基础设施②。所有场外衍生品交易均应向交易报告库报告。下面我们首先介绍全球场外衍生品市场和G20相关改革概况，随后介绍全球和我国交易报告库的发展现状，以及全球交易报告库的发展趋势。

4.2.1　全球场外衍生品市场概况

自1998年以来，国际清算银行（BIS）对全球场外衍生品市场的规模开展半年度例行统计，并公开披露相关数据③。相关国家④的中央银行收集本国主要场外衍生品交易商的统计数据，报至国际清算银行汇总。学术界和业界通常用名义本金（Notional Principal / Notional Amount）和市场价值（Market Value）这两个指标，从不同维度来衡量场外衍生品合约的规模。名义本金，是指场外衍生品合约所涉及的标的资产的规模，通过相关合约要素经简单计算即可得到，甚至无须计算、直接在合约中约定。该指标通过标的资产的规模来间接反映场外衍生品合约的规模。市场价值，则是指场外衍生品合约本身的价值，直接反映场外衍生品合约的规模。不过，需要注意的是，场内衍生品合约的市场价值通过市场交易得到，而场外衍生品合约的市场价值则是通过定价模型估算出来的。

---

① 二十国集团（The Group of Twenty，G20）由七国集团财长会议于1999年倡议成立，最初为财长和央行行长会议机制。2008年国际金融危机爆发，当年11月于美国华盛顿召开第一次领导人峰会。2009年9月举行的匹兹堡峰会将G20确定为国际经济合作主要论坛。目前，G20由中国、阿根廷、澳大利亚、巴西、加拿大、法国、德国、印度、印度尼西亚、意大利、日本、韩国、墨西哥、俄罗斯、沙特阿拉伯、南非、土耳其、英国、美国以及欧盟等二十方组成。G20成员涵盖面广，代表性强，兼顾了发达国家和发展中国家以及不同地域的利益平衡，人口占全球的2/3，国土面积约占全球的60%，国内生产总值占全球的85%，贸易额占全球的80%。
② 金融基础设施，是指为各类金融活动提供基础性公共服务的系统及制度安排。
③ 国际清算银行（Bank for International Settlements，BIS），成立于1930年，最初为处理第一次世界大战后德国战争赔款问题而设立，后演变为一家各国中央银行合作的国际金融机构，是世界上历史最悠久的国际金融组织，总部位于瑞士巴塞尔。目前，其主要作用是促进国际货币与金融合作，并为中央银行提供银行服务。
④ 目前，共有澳大利亚、加拿大、法国、德国、意大利、日本、荷兰、西班牙、瑞典、瑞士、英国、美国12个国家的央行，向国际清算银行报送半年度场外衍生品市场统计数据。

4.2.1.1 全球场外衍生品市场规模

全球场外衍生品的总持仓名义本金（Gross Notional Amounts Outstanding）（如图 4－1 中实线所示）在 2008 年国际金融危机前加速增长，于 2008 年 6 月底，达到创纪录的 672.55 万亿美元。金融危机后，全球场外衍生品总持仓名义本金在 600 万亿美元上下波动，并于 2023 年 6 月底达到 712.88 万亿美元，再创历史新高。2023 年底为 667.06 万亿美元。

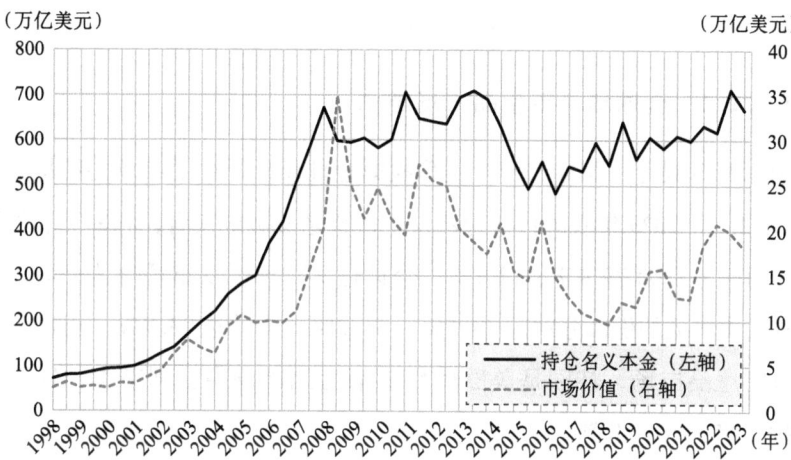

图 4－1　全球场外衍生品市场总规模

资料来源：国际清算银行。

全球场外衍生品的总市场价值（Gross Market Value）（如图 4－1 中虚线所示）在国际金融危机前与总持仓名义本金的变化趋势类似，也是加速增长，于 2008 年底达到 34.94 万亿美元的历史最高纪录。随后，逐级回落至 2018 年底的 9.66 万亿美元。近年来，特别是在 2022 年全球主要央行为了遏制高通胀而持续加息的大背景下，利率类场外衍生品市场价值持续攀升，全球场外衍生品总价值再度增长，随着 2023 年全球主要央行加息步伐放缓，全球场外衍生品市场价值又略有回落。2023 年底为 18.12 万亿美元。

关于全球场外衍生品市场的总规模，如果大家感觉上述绝对数值还不够直观，我们再用一些相对数值来观察（见表 4－1）。以 2008 年为例，当时全球场外衍生品总持仓名义本金是当年全球 GDP 的 9.3 倍,总市场价值是当年全球 GDP 的 0.55 倍。

表 4-1　　　　　　　全球场外衍生品市场的相对规模

年份	①全球 GDP[①] (万亿美元)	②年末总持仓名义 本金(万亿美元)	②/①	③年末总市场价值 (万亿美元)	③/①
2008	64.21	598.14	9.3 倍	34.94	0.55 倍
2023	104.79	667.06	6.4 倍	18.12	0.17 倍

资料来源:国际货币基金组织、国际清算银行。

4.2.1.2　全球场外衍生品市场结构

国际清算银行按照标的资产类型披露全球场外衍生品市场的结构数据详见表 4-2。以 2023 年底的数据为例,从持仓名义本金来看,利率类、外汇类产品的份额分别为 79.4%、17.7%,合计达 97.1%。从市场价值来看,利率类、外汇类产品的份额分别为 70.5%、23.2%,合计达 93.7%。可见,在全球场外衍生品市场,特别是美欧的场外衍生品市场中,利率类、外汇类产品占据了绝大部分份额。

表 4-2　　　全球场外衍生品市场结构(按标的资产类型分类)

标的资产 类型	持仓名义本金		市场价值	
	金额(万亿美元)	占比(%)	金额(万亿美元)	占比(%)
利率	529.81	79.4	12.78	70.5
外汇	118.00	17.7	4.20	23.2
信用	8.71	1.3	0.21	1.2
权益	7.78	1.2	0.58	3.2
商品	2.20	0.3	0.30	1.7
其他	0.55	0.1	0.05	0.3
总计	667.06	100.0	18.12	100.0

资料来源:国际清算银行。

[①]　IMF, World Economic Outlook Database, April 2024. (https://www.imf.org/en/Publications/WEO/weo-database/2024/April)

4.2.2　全球场外衍生品市场改革

场外衍生品"一对一"的交易方式,决定了其市场透明度很低。2008年以前,各国金融管理部门往往难以掌握相关信息。相关国家央行和国际清算银行仅掌握相关场外衍生品交易的汇总统计数据,并不掌握交易明细数据。全球场外衍生品市场,规模庞大,但缺失监管,被认为是导致2008年国际金融危机的重要原因。

为提升场外衍生品市场透明度、防范系统性风险、防止市场滥用,2009年9月,G20领导人匹兹堡峰会就全球场外衍生品市场改革达成四点共识[1]:一是平台交易(Platform Trading):标准化的场外衍生品应在交易所或者电子交易平台交易。二是集中清算(Central Clearing):最晚于2012年底,标准化的场外衍生品应由中央对手方清算。三是交易报告(Trade Reporting):所有场外衍生品交易均应报告给交易报告库。四是资本约束(Higher Capital Requirements for NCCDs):非集中清算衍生品应遵守更高的资本金要求。随后,为鼓励市场参与者积极参与集中清算,防止监管套利,按时实现标准化场外衍生品的集中清算目标,2011年11月,G20领导人戛纳峰会就全球场外衍生品市场改革措施增加第五点共识[2]:杠杆约束(Margin Requirements For NCCDs),即对非集中清算衍生品制定最低保证金标准。至此,G20完成了对全球场外衍生品市场改革的顶层设计。

G20各成员经济体,陆续根据G20领导人峰会达成的共识,完成各自司法管辖区的相应立法工作。其金融管理部门纷纷将场外衍生品市场纳入监管视野,建立交易报告库这一新型金融基础设施,要求所有场外衍生品交易均应报告给交易报告库。

---

[1] 详见G20领导人匹兹堡峰会宣言。https://www.g20.org。
[2] 详见G20领导人戛纳峰会宣言。https://www.g20.org。

4.2.3　全球交易报告库（TR）概况

为推进 G20 关于全球场外衍生品市场改革顶层设计的落地实施，金融稳定理事会（FSB）[①] 要求其成员机构支付结算体系委员会（CPSS）和国际证监会组织（IOSCO），制定相关国际准则，以加强对核心金融基础设施的管理。2012 年 4 月，CPSS 和 IOSCO 联合发布《金融市场基础设施原则》[②]（PFMI），并要求各国遵照执行。PFMI 成为建设、管理中央对手方和交易报告库等核心金融基础设施的国际准则。

G20 要求金融稳定理事会定期对全球场外衍生品市场改革的实施进展情况进行评估，以确保相关改革措施足以"提升场外衍生品市场透明度、防范系统性风险、防止市场滥用"。全球交易报告库的建设情况就是该评估工作的重要内容。

根据金融稳定理事会发布的《2022 年场外衍生品市场改革实施进展报告》，目前，全球共有 27 家交易报告库（TRs）[③]、11 家准交易报告库（TR – like Entities）[④]，合计 38 家交易报告库运营机构（见表 4 – 3）。

4.2.4　我国交易报告库（TR）发展现状

为加强我国金融基础设施建设，统筹监管重要金融基础设施，提高服

[①] 2009 年 4 月，根据 G20 领导人伦敦峰会宣言，成立于 1999 年的金融稳定论坛（Financial Stability Forum，FSF）正式更名为金融稳定理事会（Financial Stability Board，FSB），并扩员至 G20 全体成员及相关经济体和国际组织，现已成为 G20 领导人倚重和国际公认的促进全球金融标准制定与执行的核心机构。

[②] CPSS – IOSCO, Principles for Financial Market Infrastructures, April 2012. https：//www.iosco.org/library/pubdocs/pdf/IOSCOPD377 – PFMI.pdf.

[③] FSB, OTC Derivatives Market Reforms：Implementation progress in 2022, November 2022. https：//www.fsb.org/wp – content/uploads/P071122.pdf.

[④] 金融稳定理事会所称"交易报告库（TRs）"，是指符合 PFMI 等国际准则对交易报告库的要求，且在本国金融管理部门获得注册或者授权的机构；所称"准交易报告库（TR – like Entities）"，是指虽未获得本国金融管理部门的注册或者授权，但收集了场外衍生品市场参与者的交易数据，在事实上发挥了交易报告库作用的机构。

表4-3   全球交易报告库和准交易报告库列表

	交易报告库名称	所在地	商品	信用	权益	外汇	利率
交易报告库（TRs）							
1	B3	巴西	●	●	●	●	●
2	CCIL	印度		●		●	●
3	Central Registry Agency	土耳其	●	●	●		●
4	China Foreign Exchange Trade System（CFETS）	中国			●	●	
5	Chicago Mercantile Exchange, Inc.	美国	●	●	●	●	●
6	China Futures Market Monitoring Center（CFMMC）	中国	●		●		
7	China Securities Internet System（CSIS）	中国			●		
8	DTCC Data Repository（Ireland）Plc	爱尔兰	●	●	●	●	●
9	DTCC Data Repository（U.S.）LLC	美国	●	●	●	●	●
10	DTCC Data Repository-Japan	日本		●	●	●	●
11	DTCC Derivatives Repository Plc	英国	●	●	●	●	●
12	DTCC Data Repository-Singapore	新加坡	●	●	●	●	●
13	HKMA-TR	中国香港	●	●	●	●	●
14	ICE Trade Vault, LLC	美国	●	●			●
15	ICE Trade Vault Europe Limited	英国	●	●			●
16	KDPW Trade Repository	波兰	●	●	●	●	●
17	KOR Reporting Inc.	美国	●	●	●	●	●
18	Korea Exchange（KRX）	韩国	●	●	●	●	●
19	CJSC National Settlement Depository（NSD）	俄罗斯	●	●	●	●	●
20	National Association of Financial Market Institutional Investors（NAFMII）	中国		●			
21	REGIS-TR	卢森堡	●	●	●	●	●
22	REGIS-TR UK Limited	英国	●	●	●	●	●
23	OJSC "Saint-Petersburg Exchange"（SPBEX）	俄罗斯	●	●	●	●	●
24	UnaVista Limited	英国	●	●	●	●	●
25	UnaVistaTRADEcho B.V.（The Netherlands）	荷兰	●	●	●	●	●
26	SIMAH National Trade Repository（SNTR）	沙特阿拉伯	●	●	●	●	●
27	SIX Trade Repository AG	瑞士	●	●	●	●	●

续表

交易报告库名称	所在地	商品	信用	权益	外汇	利率
准交易报告库（TR-like Entities）						
28　Argentina Clearing y Registro S. A.	阿根廷			•	•	
29　Banco de México	墨西哥	•		•	•	•
30　Bank Indonesia	印度尼西亚				•	
31　Bank of Korea	韩国	•	•	•	•	•
32　Bolsas y Mercados Argentinos S. A.	阿根廷			•	•	
33　Financial Supervisory Service	韩国		•	•	•	•
34　Indonesia Commodity and Derivatives Exchange（ICDX）	印度尼西亚	•				
35　Jakarta Futures Exchange（JFX）	印度尼西亚					
36　MATBA ROFEX S. A.	阿根廷	•			•	
37　Mercado Abierto Electrónico S. A.	阿根廷		•	•	•	
38　Mercado Argentino de Valores S. A.	阿根廷			•		

资料来源：国际货币基金组织、国际清算银行。

务实体经济水平和防控金融风险能力，经中央全面深化改革委员会第十次会议审议通过，人民银行、发展改革委、财政部、原银保监会、中国证监会、外汇局于2020年联合印发了《统筹监管金融基础设施工作方案》，将交易报告库等设施及其运营机构①纳入我国金融基础设施统筹监管范围。

将场外衍生品纳入调整范围，是《期货和衍生品法》的一个亮点。同G20确立的全球场外衍生品市场改革相关制度安排相衔接。《期货和衍生品法》第三十六条规定："国务院授权的部门、国务院期货监督管理机构应当建立衍生品交易报告库，对衍生品交易标的、规模、对手方等信息进行收集、保存、分析和管理，并按照规定及时向市场披露有关信息。具体办法由国务院授权的部门、国务院期货监督管理机构规定。"总的说来，《期货和衍生品法》第三十六条不仅为我国建立交易报告库这一新型金融基础设

---

① 我国金融基础设施统筹监管范围包括金融资产登记托管系统、清算结算系统（包括开展集中清算业务的中央对手方）、交易设施、交易报告库、重要支付系统、基础征信系统六类设施及其运营机构。

施提供了法律依据,而且涵盖了信息收集、信息处理、信息披露等全流程、各环节,为交易报告库的每个实质方面提供了 PFMI 所要求的高度确定性。

目前,我国境内共有 4 家交易报告库运营机构(见表 4-4)。其中,中国期货市场监控中心于 2020 年成为我国境内首家获得金融稳定理事会认可的交易报告库(TR)。中证机构间报价系统股份有限公司、中国外汇交易中心、中国银行间市场交易商协会也先后于 2021 年、2022 年成为经金融稳定理事会认可的交易报告库。

表 4-4　　我国境内获得金融稳定理事会认可的交易报告库(TR)

所属系统	交易报告库（TR）运营机构名称	标的资产类别				
		商品	信用	权益	外汇	利率
中国证监会	中国期货市场监控中心	●				
	中证机构间报价系统股份有限公司	●		●		
中国人民银行	中国外汇交易中心			●	●	●
	中国银行间市场交易商协会		●			●

资料来源:金融稳定理事会。

4.2.5　全球交易报告库(TR)发展趋势

交易报告库是一个信息处理系统,由输入、处理、输出三部分组成,分别对应信息收集、信息处理、信息披露这三个环节。交易报告库的输入、处理环节的关键问题是数据质量,输出环节的关键问题是功能发挥。近年来,全球改进完善交易报告库的相关努力,都是围绕数据质量、功能发挥这两个关键问题而展开的。

4.2.5.1　数据要素标准化建设

推进场外衍生品数据要素标准化建设,是提高全球交易报告库数据质量的基础性制度安排。金融稳定理事会一般从两方面推进标准化工作:一是推进金融基础设施本身的标准化建设,即各国的交易报告库应对标 PFMI

等国际准则来建设运营,并定期评估以持续符合相关要求。二是推进场外衍生品数据要素标准化建设,即建立一套全球统一的场外衍生品数据编码国际标准体系。首先,为了对全球范围内参与金融交易的法人机构进行唯一身份识别,金融稳定理事会提出建立全球法人识别编码(Legal Entity Identifier,LEI)体系,并获得2012年G20领导人洛斯卡沃斯峰会的正式认可[1]。随后,为进一步促进全球交易报告库的数据汇总、信息共享、互联互通,金融稳定理事会委托其成员机构支付和市场基础设施委员会(CPMI)、国际证监会组织(IOSCO)对应当向交易报告库报告的重要数据要素进行标准化,发布了关于唯一交易识别码(UTI)[2]、唯一产品识别码(UPI)[3]、关键数据要素(CDE)[4] 的技术指引,以实现对场外衍生品市场交易、产品和其他关键数据要素的全球唯一识别。

4.2.5.2 信息查询与修正机制

建立信息查询与修正机制,是进一步提高场外衍生品柜台交易数据质量的重要机制安排。从交易方式来看,场外衍生品交易可分为平台交易、柜台交易两类。从全球实践来看,平台交易(在平台上完成交易确认)的数据质量较高,而柜台交易数据质量则相对较低,这已成为全球交易报告库面临的共同难题。

PFMI要求"交易报告库应根据有关管理部门和公众各自的需求向其提供及时、准确的数据",并就交易报告库的信息系统进一步提出"为了满足参与者、有关管理部门和公众的信息需求,交易报告库应该具备健全的信息系统,提供准确的当前和历史数据"。为防止欺诈,从源头上确保交易报告库数据质量,国际证监会组织基于PFMI相关要求,又提出了一项重要机

---

[1] 详见G20领导人洛斯卡沃斯峰会宣言。https://www.g20.org。
[2] CPMI - IOSCO,Technical Guidance - Harmonisation of the Unique Transaction Identifier,February 2017. https://www.iosco.org/library/pubdocs/pdf/IOSCOPD557.pdf.
[3] CPMI - IOSCO,Technical Guidance - Harmonisation of the Unique Product Identifier,September 2017. https://www.iosco.org/library/pubdocs/pdf/IOSCOPD580.pdf.
[4] CPMI - IOSCO,Technical guidance - Harmonisation of critical OTC derivatives data elements(other than UTI and UPI),April 2018. https://www.iosco.org/library/pubdocs/pdf/IOSCOPD598.pdf.

制安排——信息查询与修正机制,即"报告主体应有权查询自身向交易报告库报告的数据,以检查所报送数据的准确性","交易对手方也应有权查询其自身所参与交易的相关信息,并能在必要时对错误信息进行修正",同时强调"报告主体或者交易对手方的信息查询权限,应仅限于查询自己的数据,且为原始数据格式"[①]。

在缺乏其他数据校验途径的情况下,通过国际证监会组织提出的上述信息查询与修正机制,向数据报送主体及其交易对手方提供信息查询服务,由利益相关方对场外衍生品交易信息的真实性、准确性、完整性直接实施监督,成为提高柜台交易数据质量的重要机制安排。

4.2.5.3 场内外联动监测机制

场外衍生品市场与期货市场本质相同,功能互补,制度相通,高度关联,不可分割,共同构成统一的大市场。一方面,交易所的期货、标准化期权等场内衍生品,通过发挥其发现价格、管理风险、配置资源等重要功能,服务实体经济。另一方面,实体企业面临的风险千差万别,非标准化的期权、互换、远期等场外衍生品进一步满足了实体企业个性化的风险管理需求。

值得特别注意的是,价格发现是期货市场的独特功能,是场内衍生品市场最重要的功能,这是由期货市场公开竞价、集中交易、匿名撮合的交易机制所决定的,是"一对一"的场外衍生品交易无法实现的。要充分发挥交易报告库"提升市场透明度、防范系统性风险、防止市场滥用"的功能,除了要防范场外衍生品市场(特别是商品类场外衍生品市场)自身的风险外,还要重点防范风险从场外向场内传导,避免场外衍生品市场的风险对期货市场的价格发现机制造成干扰甚至冲击。因此,若要进一步发挥交易报告库的功能,应将场外衍生品交易数据和场内交易数据进行大集中,以开展场内外联动监测。

这方面的一个典型案例就是 2022 年 3 月"伦敦镍事件"爆发后,伦敦

---

① CPSS – IOSCO, Report on OTC derivatives data reporting and aggregation requirements, January 2012. https://www.iosco.org/library/pubdocs/pdf/IOSCOPD366.pdf.

金属交易所（LME）采取的一系列改进措施。2022 年 3 月 7 日，LME 镍期货合约从约 3 万美元/吨暴涨至超过 5 万美元/吨。3 月 8 日，LME 镍期货合约再度暴涨，盘中突破 10 万美元/吨。随后，LME 暂停了当日的镍期货交易，并宣布 3 月 8 日的镍期货合约交易全部作废[①]。随后，LME 要求会员每日报告其镍场外衍生品交易的对手方持仓明细数据[②]，并表示，镍期货市场此前发生的无序市场状况与被广泛报道的大量空头持仓（主要来自场外衍生品交易）有关，但 LME 此前并不掌握这些场外衍生品交易数据。2022 年 6 月，LME 决定，将场外衍生品持仓报告的范围从镍扩展至 LME 所有实物交割的金属品种，但报告频率由此前的日度报告调整为周度报告[③]。

从全球来看，除了用好交易报告库的数据，防范场外衍生品市场自身的风险外，将交易报告库所收集的场外衍生品（特别是商品类场外衍生品）交易数据和场内交易数据集中起来，开展场内外联动监测，防范风险从场外向场内传导，避免场外衍生品市场的风险对期货市场的价格发现机制造成干扰，这将是大势所趋。

4.3 商品类场外衍生品的应用

4.3.1 场外期权

我国商品市场按层次可分为现货市场和衍生品市场，商品衍生品市场

[①] LME，22/053，Nickel Suspension – Further Information：Delivery Deferral and Trade Cancellation，March 8，2022. https：//www.lme.com/api/sitecore/MemberNoticesSearchApi/Download?id=11ffba2e-b241-462d-b430-79be927c300f.

[②] LME，22/064，*Nickel Market Update Resumption of Trading*，March 14，2022. https：//www.lme.com/api/sitecore/MemberNoticesSearchApi/Download? id=c71fdcfc-0340-4a05-9f9d-371361f1c9e9.

[③] LME，22/161，Decision Notice on OTC Position Reporting & Accountability Levels for Reportable OTC Positions，June 17，2022. https：//www.lme.com/api/sitecore/MemberNoticesSearchApi/Download?id=693945b0-4a7b-4cc7-8d43-8c1731dcefa1.

又基于交易场所或交易平台的不同分为场内市场和场外市场，场外衍生品交易的基础资产包括金融类资产以及商品类资产，其中，金融类资产包括利率、汇率、股票等，商品类资产包括重金属、原油和其他石油产品、化工用品、谷物作物等。场外衍生品交易的交易工具包括远期、期权和互换等。交易的价格主要取决于基础资产，此种交易形式可以实现风险管理的功能，即套期保值。而价格发现、投机获利并非其主要功能。场外商品衍生品交易的商品既具有商品属性又具有金融属性，商品属性体现在其为生产与交换的商品，具有商品的所有价值与流通价值；金融属性体现在其可以借助金融工具，通过交易合约而不必交割实物实现避险或投机功能，并且该功能实现受国际金融市场的影响。场内期权的客户主要是根据对挂钩标的行情的判断选择不同的交易策略，与之不同的是，场外期权主要应用于综合考虑经营现状和行情判断建立综合风险管理体系，也就是"经营情况第一，行情判断弱化"。

4.3.1.1 农产品

农产品包括种植的产品（或由其产生的产品），如玉米、小麦、大豆、可可、咖啡、白糖、棉花和冻橙汁，同时也包括与家畜有关的产品，如活牛、猪肉和五花肉。与所有商品一样，农产品的价格是由市场供需决定的。美国农业部定期公布贮备与生产的状况。像棉花与小麦这样的农产品，其库存消费比（Stocks–to–Use Ratio）是会被密切关注的统计量，即年终库存量与该年度消费量的比例。一般情况下，这个比例是在20%～40%。这个比例对价格波动率有很大影响，如果关于某个商品的这项比例较低，那么商品价格对供应的变化将会很敏感，因此波动率将会上升。

在农产品价格上假设某种均值回归性质是有道理的。当价格下跌时，农场主将会发现生产这种产品不太合算，因为供应下降会对价格产生上涨的压力。与此类似，当某种农产品价格上涨时，农场主会将更多的资源用来生产这种产品，这样，供应的增加会对产品价格产生下跌的压力。在我国，生产成本快速上升、市场价格风险频发、品种问题突出和产业碎片化特征造成了苹果行情的波动。果农担心行情下跌，苹果卖不出好价钱，希望规避这一价格风险,还希望无论行情如何都可以获得部分保底赔付,此时就可以通过场外期权实现这一目标。四川盐源县的苹果场外期权扶贫方案设计了以郑商所苹果合约为标的的向上敲出式美式看跌期权。首先,当行情下跌时,果农可以获得行权收益;其次,由于是实值期权,当行情小幅上涨时,果农仍然可以获得行权赔付;最后,当行情大幅上涨时,期权敲出,果农立即获得保底赔付。农产品价格常常会显示季节性。这是因为储存比较昂贵,而且产品储存的时间也是有限的。气候是决定大多数农产品的关键因素,如冰霜会大面积摧毁巴西咖啡作物,而佛罗里达的飓风很可能会影响冰冻橙汁的价格。农作物商品价格的波动率在收获季节之前往往是最大的,而当产量确定后,波动率就会下降。在作物生长季节,随气候的变化,农产品价格所服从的过程往往显示跳跃性。许多交易的农作物产品是用来饲养家畜的,家畜的价格(或在屠宰后的价格)往往会依赖于这些商品的价格,而这些商品的价格则受气候影响。

4.3.1.2 金属

另一类重要的商品是金属,包括黄金、白银、铂金、钯、铜、锡、钎、锌、镍和铝。金属与农产品的特征很不一样,它们的价格不受季节与气候的影响。它们是由地下挖出来的,由于可以分割,相对来讲容易储存。有些金属(比如铜)几乎总是用在产品加工上,所以应该将其分类为消费资产,持有其他资产(比如黄金与白银)的主要目的是投资,所以应当将其分类为投资资产。

与农产品一样,分析员通过关注储存水平来确定短期价格波动率。货币汇率波动也可能会导致金属价格波动,这是因为开采金属的国家往往不同于报出金属价格的国家。从长远来讲,金属的价格取决于其在不同生产过程中被使用的趋势,以及所发现这种金属的新产源。勘探技术、开采方法、地缘政治、企业联合,以及环保政策等也对金属价格产生影响。金属供应的一个潜在来源是回收,某种金属可能会用来制造某种产品,但由于金属可回收,在今后 20 年里,也许会有 10% 的这种金属又重新回到市场。

我们一般不假设作为投资资产的金属价格服从均值回归过程，因为均值回归过程将会给投资者一种套利的机会。作为消费资产的金属，有时可以假设其价格具有一些均值回归性质。当一种金属的价格上涨时，在一些生产过程中很可能会避免使用这种金属，而且从经济上讲，从环境恶劣的地方开采这种金属可能会变得切实可行，这些因素也会对价格产生下跌的压力。与此类似，当价格下跌时，在一些生产过程中也会尽可能多使用这种金属，而且从环境恶劣的地方开采这种金属也许会不再可行，因此也会对价格产生上涨的压力。

4.3.1.3 能源产品

能源产品是最重要的也是交易最活跃的商品之一。在场外市场和交易所里都有许多种类的能源衍生产品交易，比如原油、天然气和电能，当一种资源的价格上涨时，其消费量很可能会下降，而产量相对过大，会对价格产生下跌的压力。当一种资源的价格下跌时，其消费量很可能会增大，此时增加生产变得不划算，就对价格产生了上涨的压力，从而支持价格服从均值回归过程的假设。

原油市场是世界上最大的商品市场，全球需求量大约为每天9000万桶。在场外市场上，几乎所有以股票或股指作为标的资产的衍生品都有相应以原油价格作为标的资产的衍生产品。互换、远期合约、期权都很普遍。在这些合约中，有时需要现金交割，有时则需要实物交割（即交付原油）。

在20世纪80年代和90年代，世界各地的天然气市场都经历了放松管制的阶段，政府不再垄断这个市场。现在供应天然气的公司与生产天然气的公司并不一定是一家，供应商经常面临货源能否满足日常需求的问题。在场外市场上，远期合约、期权以及互换合约都有交易，一种典型的场外市场合约是在一个月内按大致均匀的速度交付指定数量的天然气，通常，天然气卖方负责将天然气通过管道输送到指定的地点。

电力以其无法储存的特征成为一种特殊的商品，与天然气一样，电力也经历了放松管制的阶段。政府垄断的现象逐渐消失，而与此相随的是电力衍生产品市场的兴起，场外市场的远期合约、期权以及互换的交易都比较活跃。在电力与天然气市场上，一种有趣的合约是所谓的摆动期权（Swing Pption），也称为"收购付款期权"（Take‐and‐Pay Option）。在这种合约里，期权持有者在一个月内每天按指定价格必须购买的最多与最少数量的电力是预先指定的，而且在整个月内的最多与最少数量也是预先指定的。在行权月内，期权持有者可以改变（或摆动）购买电力的速度，但一般情况下能够改变的次数是有限制的。下面举一个例子：焦化企业多样化运用场外期权策略。

旭阳集团是一家焦炭和煤化工产品的生产商和供应商。2013 年初以来，焦煤、焦炭现货市场伴随着黑色产业链步入长达 3 年的趋势下跌行情，产业链各环节严重亏损，市场情绪非常悲观，焦煤、焦炭库存一路走低。在煤焦价格走势超预期的市场背景下，旭阳集团的套保效果并不理想。此时期货套保可行性不强，因为占用资金较大，而且期货盘面已经累积较大涨幅，即便市场预期未来相对偏强，但是能够采用期货进行套期保值的企业不会很多。此时做期权策略的买方相对容易，因此经过综合比较，银河期货为旭阳集团设计了牛市价差策略。2016 年 12 月 9 日，期权到期时期货价格收于 2132 元/吨，企业获得最大赔付 120 元/吨，扣除权利金 60.59 元/吨后，净盈利 59.41 元/吨。结合现货来看，虽然在策略周期内现货价格上涨了 135 元/吨，但由于期权产生了 59.41 元/吨的净盈利，相当于为现货采购降低 59.41 元/吨的成本。

4.3.2 商品互换

掉期合约又称为"互换合约"，是一种交易双方签订的在未来某一时期相互交换资产的合约。互换是指两个公司之间达成的在将来交换现金流的合约。在合约中，双方约定现金流的交换时间与现金流数量的计算方法，通常，现金流的计算会涉及利率、汇率及其他市场变量在将来的值。市场最常见的互换为利率互换和货币互换，而现在商品互换交易变得越来越流行，商品互换在实际上等价于一组具有不同期限却具有同一交割价格的商品远期合约。比如，一家每年消耗 10 万桶原油的公司可以进入一个商品互换。在此互换中,这家公司在今后 10 年内每年支付 500 万元,同时收入 10 万 S,其中 S 为每桶原油的市场价格。一家原油生产商可能会进入相反的交易,这样原油生产商可以锁定每桶原油 50 元的价格。

与传统的期货、期权交易相比,商品互换具有以下优势:

(1)灵活性较高。可以满足市场多样化的风险管理工具需求。互换可以满足产业客户在产品种类、合约期限、市场容量方面的需求。其标的可以是商品指数,可以规避期货、期权不能长期连续套保的缺陷。

(2)参与门槛较低。也可以满足市场多样化的风险管理工具需求,也可以规避期货、期权不能长期连续套保的缺陷。

(3)成本较低。客户可以取得交易商授信,在互换交易中,可以用授信额度充当保证金。产业客户在参与期货市场期间,要占用一定的现金作为保证金,这对于手中持有大量授信额度的企业来说,现金成本较高。

4.3.3 清算与中央对手方

在场外市场里,一旦同意了场外的交易,双方可以将交易递交到中央对手方(CCP)或进行双边清算。中央对手方的作用如同交易所的清算中心,介于两个交易对手之间,从而使交易的一方不用考虑对手的违约风险,以规避由于场外市场不透明而带来的违约风险的。当双边清算时,交易双方通常会签署一份覆盖他们之间交易的协约,在协约中常会说明在什么情况下可以终止目前的交易、终止交易时如何确定最终结算数量以及双方必须缴纳的抵押品数量。

4.3.3.1 中央对手方

中央对手方为标准的场外交易进行结算,其功能与交易所的清算中心类似,而中央对手方的成员与清算中心成员类似,均需要提供初始保证金和追加保证金,同时要提供担保基金。

在场外市场,当两个交易商 A 和 B 就某衍生产品达成交易意向后,他们会同时将交易提交给中央对手方。当中央对手方同意交易时,它将同时成为 A 和 B 的交易对手。例如，如果在一个远期合约中，A 同意在一年后以指定价格从 B 处买入某资产，中央对手方将进行以下交易：

（1）在一年后，以指定价格从 B 处买入资产；

（2）在一年后，以指定价格向 A 卖出同一资产。

中央对手方将同时承担 A 和 B 的信用风险。所有中央对手方成员都要向中央对手方提供初始保证金，每天都要对每笔交易定价，每天都会向中央对手方成员支付或收取追加保证金。非中央对手方成员的场外市场参与者必须经过中央对手方成员来进行交易。在交易中，中央对手方成员要向中央对手方提供保证金，该参与者与中央对手方成员之间的关系类似于交易所里经纪商与清算中心会员之间的关系。

中央对手方使交易的一方不用考虑对手的违约风险的特征，可以降低市场的违约风险，因此，自 2008 年信用危机后，市场监管变得更加关注市场系统性风险，许多地区都通过立法来要求大多数的标准衍生产品通过中央对手方来进行交易。

4.3.3.2 双边清算

在场外衍生品市场上，不能通过中央对手方结算的产品都要双边清算，在双边清算的场外市场，公司 A 和 B 通常可以签署一项覆盖双方之间所有交易的主协议①，这种主协议通常会包括称为信用支持的附件（Credit Support Annex，CSA），该附件要求 A 或 B（或双方）提供抵押品，抵押品的功能类似于交易所清算中心或 CCP 对其会员所要求的保证金。

在 CSA 的抵押品协议中通常要求每天对交易进行定价：A 和 B 之间可能有以下形式的简单双边协议：如果从某一天到这一天的下一天，A 和 B 之间的交易对 A 的价值增加了 X（对 B 而言，价值减少了 X），B 需要向 A 支付价值为 X 的抵押品；反之，如果对于 B 而言，A 和 B 之间交易的价值增加了 X（对于 A 而言，价值减少了 X），A 要向 B 支付价值为 X 的抵押品（使用交易所市场的术语，X 对应于追加保证金）。

---

① 最为普遍的该类主协议是国际互换及衍生产品协会（ISDA）发布主协议。

抵押品大大减少了双边清算场外交易的信用风险（金融机构之间的交易要通过 CCP 以及双边清算交易的初始保证金和追加保证金的规定减少信用风险）。图 4-2 显示了双边和中央结算的运作机制（假设市场上总共有 8 个参与者，只有一个 CCP）。在双边清算机制下，在市场参与者之间会产生如图 4-2（a）所示的多个协议。如果所有交易是通过 CCP 来进行结算的，这时的情形如图 4-2（b）所示。在实际中，并非所有的场外衍生品均由 CCP 来结算，市场上也存在多个 CCP，因此，实际市场具备图 4-2 所示的两种特点。

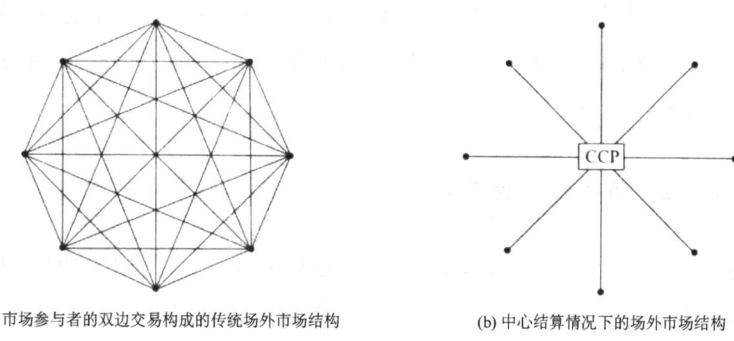

(a) 市场参与者的双边交易构成的传统场外市场结构　　(b) 中心结算情况下的场外市场结构

图 4-2　场外市场的两种结构

4.3.4　国际市场的发展

4.3.4.1　美国商品场外衍生品市场

美国商品场外衍生品市场是经过上百年的自然演进而逐渐形成的，是市场选择的结果，也是全球最成熟的市场模式，市场效率极高。2000 年美国颁布的《商品期货现代化法案》要求商品场外衍生品市场根据市场主体和结构分层，并判断是否可以豁免监管。在该部法案的监管下，美国的商品衍生品市场按照市场结构和市场主体分为三个层次。第一个层次是指定合约市场（DCM），交易场所为交易所或多边电子交易平台的，该层次市场可以存在交易中介，基础资产是所有产品，交易产品以期货和期权为主，市场主体为所有投资者。第二个层次和第三个层次的交易产品均以互换为主，还包括期货期权以外的其他产品，市场内无交易中介，以双边交易为主要方式。第二个层次的交易必须通过电子交易平台完成，指豁免商业市场（ECM），基础资产是能源、化工、金属类豁免商品，市场主体仅限于ECE（合格商业实体）。第三个层次的交易不通过电子交易平台进行，通常双边协商达成交易，包括非交易设施"豁免商品"的交易，基础资产是不受美国商品期货交易委员会（CFTC）监管的能源、化工、金属类豁免商品，市场主体仅限于合格合约参与者（ECP）。自金融危机之后，随着《多德-弗兰克法案》的出台，美国收窄了豁免监管的范围，规定衍生品必须在指定商品市场（DCM）和互换执行设施（SEF）上交易，从而将原有的三个市场层次压缩为两个。

4.3.4.2 英国衍生品市场

英国的衍生品市场比较发达，参与者遍及全球，英国之所以成为众多商品的定价中心，与其投资者国际化程度高有着密切的关系。以伦敦金属交易所为例，客户大多来自全球有色金属的生产和消费领域以及银行、投资基金和普通投资者，国际化的投资者参与群体使由市场形成的价格更具国际影响力。伦敦金属交易所是一个具有场内和场外交易机制，同时交易期货、期权和远期合约的综合型商品交易所。场内交易主要是通过电子交易系统进行撮合的集中竞价交易，场外交易是通过经纪公司利用公开喊价、电话、传真等方式进行的交易。会员结构复杂，包括圈内会员、准经纪清算会员、准交易清算会员、准经纪会员、准交易会员五类主要会员形式。不同层级的会员具有不同的权利和义务，在不同的交易机制下发挥差异化的作用。基于这种灵活的交易机制和市场结构，使伦敦金属交易所在铜、铝等多种商品的定价方面具有较大的国际影响力。

4.3.4.3 印度商品场外衍生品市场

典型的印度商品场外衍生品市场是以期货市场为主体向下延伸产生的，市场形态为中远期商品交易所，印度最大的中远期交易所——国家商品现货交易所（NSEL）2011年度的市场份额达99%，其与印度最大的期货交易所——多种商品交易所（MCX）同属印度金融技术集团（FTIL）控股公司。印度中远期市场交易的产品主要为不超过11天并强制交割的中远期合约。同时，FTIL还成立了储运公司NBHC，与NSEL和MCX共同贯穿了印度商品交易市场的各个环节。其中，MCX提供期货交易平台，NSEL提供大宗商品中远期电子化交易平台和仓单融资等服务，NBHC提供大宗商品的仓储装运、质检认证和抵押管理服务。印度其他国家级商品期货交易所也存在相似的纵向分布，通过成立储运公司和现货交易所，将业务范围向现货市场延伸和覆盖。分工明确、互动紧密的多层次市场体系不仅提升了印度商品市场的运行效率，而且提高了服务实体经济的能力。以中远期交易所为形态的商品场外衍生品市场对期货市场和现货市场形成了有效的补充，成为衔接期货与现货、金融与实物、虚拟经济与实体经济的桥梁。印度对商品期货、中远期以及现货市场的监管是一个机构，即印度远期市场委员会，但是对不同市场的监管力度有所不同，对期货市场监管较为严格，对中远期电子交易市场实行豁免监管。

4.4 金融类场外衍生品市场发展

4.4.1 金融衍生品与中金所

金融衍生品是与基础金融产品相对应的一个概念，指建立在基础产品或基础变量之上，其价格取决于基础金融产品价格（或数值）变动的派生金融产品。这里所说的基础产品是一个相对的概念，不仅包括现货金融产品（如债券、股票、银行定期存单等），也包括金融衍生工具。作为金融衍生工具基础的变量，种类繁多，主要是各类资产价格、价格指数、利率、汇率、费率、通货膨胀率以及信用等级等。近些年，某些自然现象（如气温、降雪量、霜冻）甚至人类行为（如选举、温室气体排放）也逐渐成为金融衍生工具的基础变量。

我国金融衍生工具市场分为场内交易市场和场外交易市场，这里的"场"指的就是交易所。

4.4.1.1　金融衍生品的交易所市场

全国外汇调剂中心1992年6月1日推出了人民币外汇期货，开展了人民币与美元、日元、德国马克的期货交易。1991年8月1日，海南新能源股份有限公司首次发行可转换债券，并利用转股契机于1993年6月在深圳证券交易所上市。1992年6月，上海飞乐发行了配股权证，我国第一只权证由此诞生。中国证监会2005年4月29日发布了《关于上市公司股权分置改革试点有关问题的通知》，宣布启动股权分置改革试点工作。同年8月，宝钢集团公司向流通股股东每持有10股流通股支付2.2股宝钢股份股票及1份认购权证，使宝钢成为首家将权证引入股权分置改革的公司。2006年5月，中国证监会颁布的《上市公司证券发行管理办法》中首次提出上市公司可以公开发行认购股权和债券分离交易的可转换公司债券（即"可分离债券"）。目前，沪、深证券交易所已无权证交易。

1992年12月28日，上海证券交易所推出了面向证券公司的国债期货交易，并于1993年12月25日正式向社会公众开放。由于当时各种复杂原因的交织，国债期货交易发生了以"327国债期货风波"为代表的一系列重大风险事件。1995年5月17日，中国证监会发布《关于暂停国债期货交易试点的紧急通知》，终止了该项交易。1993年3月10日，海南证券交易中心推出股票指数期货交易，这是中国第一只股票指数期货合约，标的物为深证综合指数和深证A股指数，每种标的物均有3月、6月、9月、12月交割的合约，共计8个品种。但是，到9月底，仅运营了半年时间就遭到了严重投机行为，使合约全部平仓，停止了交易。2006年9月8日，中国金融期货交易所在上海正式挂牌成立，并于2010年4月16日正式上市交易沪深300指数期货。中金所是经国务院同意，中国证监会批准设立的，专门从事金融期货、期权等金融衍生品交易与结算的公司制交易所。中金所由上海期货交易所、郑州商品交易所、大连商品交易所、上海证券交易所和深圳证券交易所共同发起。中金所以服务实体经济需要，服务多层次资本市场体系建设为宗旨，通过向市场提供安全、高效、完善的金融衍生产品及服务，促进金融风险合理转移与配置，提升金融市场效率，促进社会经济繁荣。2015年1月9日，中国证监会批准上海证券交易所开展股票期权交易试点，试点产品为上证50ETF期权，正式上市交易日为2015年2月9日。目前，中金所推出的权益类金融衍生品有沪深300股指期货（IF）、中证500股指期货（IC）、中证1000股指期货（IM）、上证50股指期货（IH）、沪深300股指期权（IO）、中证1000股指期权（MO）、上证50股指期权（HO），利率类金融衍生品有2年期国债期货（TS）、5年期国债期货（TF）、10年期国债期货（T）。

4.4.1.2 银行间衍生工具市场

中国银行间衍生品市场主要集中于中国外汇交易中心暨全国银行间同业拆借中心。该中心于2005年6月15日推出债券远期交易，2005年8月15日开展银行间远期外汇交易，2006年2月9日开始人民币利率掉期交易，2006年4月24日推出外汇掉期业务，2007年4月6日推出利率互换交易，2011年4月1日正式启动人民币对外汇期权交易。从2005年起，银行间债券市场还推出了资产支持证券。

4.4.1.3 银行柜台衍生工具市场

根据原银保监会规定，取得衍生产品交易资格的银行业金融机构可与机构客户进行衍生产品交易，目前主要涉及远期结售汇、外汇远期与掉期、利率衍生品交易等，同时，商业银行在个人理财产品和业务的经营活动中，也较多涉及了嵌入式金融衍生品的交易。

4.4.1.4 证券公司柜台衍生工具市场

证券公司进行柜台交易，应当建立柜台交易管理制度，对交易产品和投资者的选择、交易的决策与执行、与交易有关的登记结算、交易的记录与信息披露等事项作出明确规定。从事柜台业务的证券公司必须获得场外期权业务资格和互换业务资格。

当前，各类场外衍生品交易热度总体呈上升趋势。中国证券业协会数据显示，截至 2022 年 6 月末，证券公司场外金融衍生品存续未了结初始名义本金 2.2 万亿元，较 2021 年末增长 9.5%。

场外衍生品的发展应当积极主动融入国家发展战略，坚守人民立场，不断提高人民的参与感和获得感。同时，场外衍生品的发展离不开全行业的共同努力，需要一支政治素养过硬、专业能力扎实、使命职责坚定的人才队伍，切实做好投资者的教育和保护工作，致力于实现财富管理的普惠，促进场外衍生品行业持续稳定健康发展。

4.4.2 利率互换

利率互换（Interest Rate Swap）是指双方以一定的名义本金为基础，将该本金产生的以一种利率计算的现金流与对方的以另外一种利率计算的现金流相交换。利率互换可以有很多种形式，最为简单的互换合约是标准利率互换。在标准利率互换中，一家公司同意向另一家公司在今后指定的若干年内支付名义本金上按指定的固定利率所产生的现金流。作为回报，这家公司将从另一家公司收取在相同时间内和相同名义本金上按浮动利率产生的现金流。

利率互换是目前全球市场上最重要的场外交易的衍生金融工具。国际上许多利率互换合约中的浮动利率参照的是伦敦银行同业拆借利率。我国人民币利率互换合约中的浮动利率参照的主要有隔夜和 3 个月期上海银行间同业拆借利率、7 天回购定盘利率、1 年期贷款利率等。

利率互换的运用主要有以下几个方面。

4.4.2.1 对冲利率风险

利率互换在我国最主要的用途便是对冲利率风险。比如，投资机构购入固定利息的债券，在利率下行的时候赚取资本利得和票息收入，在利率上行的时候则通过支付固定利率利息收取浮动利率利息来降低账户的久期，对冲利率上行的风险。

4.4.2.2 构建结构性产品

近些年来，我国的理财市场高速发展，理财产品的总规模不断扩张。为了满足产品资产端许多特殊化要求，许多结构性产品应运而生。利率互换成为构建结构性产品的重要组成部分。由于固定收益类产品以债券类居多，起息日、到期日、付息日等要素均比较刚性，难以与理财产品的负债端现金流相匹配，从而可能产生基差风险。但利率互换具有灵活性，可以根据自身需要制定特殊的到期时间、付息周期和复利计算方式，从而最大限度地降低资产端与负债端之间的错配风险。

4.4.2.3 利率投机

对于许多中小投资者来说，投资的本金是比较有限的，他们的目的是使用最小的本金赚取最多的利润。固定收益类产品往往投资本金较大，收益率又偏低，并不符合风险偏好较高的机构。利率互换则为其提供了很好的选择。进行一笔利率互换并不需要真正互换本金，只需要确定名义本金，同时支付少量的保证金（部分金融机构直接以授信形式代替保证金），便可参与利率的博弈。

我国人民币利率互换始于 2006 年，虽然起步较晚，但经过多年的发展，市场参与者不断扩容，成交量逐年递增，人民币利率互换交易已成为国内金融机构锁定融资成本、规避利率风险、完善资产负债配置的重要工具。中国国家开发银行于 2005 年 10 月与中国光大银行完成了我国金融市场历史上第一笔人民币 IRS 交易，协议的名义本金为 51 亿元人民币，期限为 10 年，光大银行支付固定利率，开发银行支付浮动利率（一年期定期存款利率）。这笔交易标志着人民币利率衍生工具在中国金融市场正式登场。中国人民银行于 2014 年 1 月 28 日发布《关于建立场外金融衍生品集中清算机制及开展人民币利率互换集中清算业务有关事宜的通知》，将原本以场外点对点双边自行清算为主的利率互换全部纳入清算所统一管理，促进了场外金融衍生品市场健康规范发展,大大降低了交易双方潜在的信用风险,对市场的发展具有里程碑式的意义。

4.4.3 货币互换

另外一种较为流行的互换是固定利息与固定利息货币互换(Fixed-for-Fixed Currency Swap),这是将一种货币下的固定利息和本金与另外一种货币下的固定利息和本金进行交换。货币互换还可以具有其他不同的形式。例如,一种货币下的浮动利率与另一种货币下的固定利率交换,或者是一种货币下的浮动利率与另一种货币下的浮动利率互换。

货币互换实际上是一种互利互补的交换。通过互换,可以让客户根据各种货币的汇率和利率变化情况,调整资产和负债的货币结构和利率结构,使其更加合理,避免外汇汇率和利率变化带来的风险。互换还可以利用市场参与者在不同货币借贷市场的比较优势来降低双方的筹资成本,还能使有关企业集团、政府机构等利用外国资本市场获得本来不易获得的某种资金。

如果只依赖一个超级主权储备货币的国际金融体系,那么该货币一旦发生短缺,不仅会影响该国本身的贸易,也会严重影响其他使用该货币作为国际贸易结算货币的国家的正常经济活动。在此背景下,中国自2009年初开始实施以政府为主导的人民币国际化政策。在人民币国际化的进程中,一个至关重要的措施就是中国央行逐渐和世界其他国家央行签署人民币双边本币互换协议。通过与其他国家签署人民币双边本币互换协议,中国可将人民币通过互换,注入其他国家的金融体系中去,使其他国家的进口企业可从本国金融机构中借到人民币,用于支付从中国进口的费用,而中国的出口商也可直接从国外获得人民币收入,从而规避了双方使用美元而产生的汇兑成本和汇率风险,促进了中国与其他国家之间的双边贸易和投资,解决了短期流动性问题,同时也维护了金融稳定,提升了人民币的国际地位和使用,推进了人民币国际化的进程。

4.4.4 信用衍生品

信用衍生产品可以分类为"单一公司（Single – Name）"产品或"多家公司（Multi – Name）"产品。最流行的单一公司信用衍生产品是信用违约互换（Credit Default Swap，CDS）。该产品的收益依赖于某家公司或某个国家的信用质量。在 CDS 合约里有两方，即信用保护的卖出方和买入方。当某个指定的实体（某公司或国家）对其债务违约时，信用保护的卖出方要向保护的买入方提供赔偿。最为流行的是多家公司先指定一个债券组合，然后将债券组合的现金流以一种约定的方式分配给若干类投资者。

4.4.4.1 信用违约互换

信用违约互换合约是提供对某一特定公司违约风险的保险，所涉及的公司称为"参考实体"（Reference Entity），而这个公司的违约定义为信用事件（Credit Event）。在信用事件发生时，保险的买入方有权将违约公司的债券以面值的价格卖给保险的卖出方，而保险的卖出方则同意按面值的价格买进债券。能够被卖出的债券总面值称为"CDS 的名义本金"（Notional Principal）。

CDS 的买入方定期向卖出方付款，直到 CDS 到期或信用事件发生。在标准合约中，定期付款通常是在每个季度末，但也有些交易的付款时间是在每月末、每半年末或者每年末，甚至可以提前付款。在违约事件发生后，合约的交割方式一般是现金支付。

CDS 与本书中的其他场外交易衍生产品之间有一个很大的区别：其他衍生产品价值所依赖的是利率、外汇兑换率、股指以及商品价格等。对于这些市场变量，我们没什么理由去假设一个市场参与者会比另一个市场参与者拥有更多的信息。信用违约互换溢差所依赖的是一家公司在某个特定时间段里违约的概率。对估计违约概率而言，一个市场参与者很有可能会比别人有更多信息。比如，为一家公司提供咨询、贷款、处理发行新证券业务的金融机构会比另一家与这个公司之间没有业务来往的金融机构更了解该公司的信用状况。经济学家将这种现象称为"信息不对称"（Asymmetric Information）。金融机构常会强调作出购买某家公司信用风险保护决定的是风险管理人员，而不是基于和该公司之间有业务来往的其他部门所拥有的特殊信息。

国际互换与衍生工具协会在 1998 年和 1999 年为在场外市场上交易的 CDS 建立了标准合约。从此，这个市场飞速发展。在许多方面，CDS 合约与保险合约都很相似，但它们之间有一个关键区别：保险合约所保护的是买入方已经拥有资产的损失，而 CDS 的买方并不一定要拥有标的资产。

在 2007 年和 2008 年信用市场动荡期间，监管机构非常关心系统风险，他们认为 CDS 是使金融市场脆弱的原因之一。这些产品的危险之处在于一家金融机构的违约可能会给与其有 CDS 交易的对手带来巨大损失，从而会进一步引起其他金融机构的违约。虽然许多信用衍生产品在 2007 年和 2008 年这两年中都停止了交易，但 CDS 交易却仍然很活跃（尽管购买保护的费用大幅度上涨），相对其他信用衍生产品，CDS 的优点是结构简单明了，而其他信用衍生产品（像由住房按揭贷款证券化所生成的产品）则缺乏这些透明度。

4.4.4.2 信用指数

信用衍生产品市场的参与者已经构造了一些用于跟踪 CDS 溢差变化的信用指数。在 2004 年，不同的指数提供者达成了共识，并合并了一些指数。指数提供者使用的两种最重要的标准交易组合是：

（1）CDX NA IG：由北美 125 家投资级公司组成的组合；
（2）iTraxx 欧洲：由欧洲 125 家投资级公司组成的组合。

这些交易组合在每年的 3 月 20 日和 9 月 20 日更新：在指数中将会除去不再具备投资等级的公司，同时加入新的投资级公司。

4.4.4.3 总收益互换

总收益互换（Total Return Swap）是一种信用衍生产品，这是将某个债券（或任何资产组合）的总收益与浮动利率加上一个溢差进行交换的互换合约。资产的总收益包括票息、利息以及在互换期限内资产的盈亏。

例如，一个 5 年期名义本金为 1 亿美元的总收益互换，互换的一方将某企业债券的总收益同另一方浮动利率加上 25 个基点进行交换。在票息支付日期，总收益互换付出方将支付 1 亿美元债券所收入的票息，而收入方将支付 1 亿美元面值在"浮动利率 + 25 个基点下的利息"。在互换合约结束时将会有最后一次付款来反映债券价值的变化：如果债券价值在互换期限内增长了 10%，在 5 年末总收益互换的付出方需要向收入方支付 1000 万美元（1 亿美元的 10%）；如果债券价值降低了 15%，总收益互换的收入方在 5 年末需要向付出方支付 1500 万美元。如果债券违约，总收益互换合约将会终止，但是总收益互换的收入方必须向付出方支付债券市场价格与 1 亿美元的差额。

在总收益互换中，由于总收益收入方有违约的可能性，在浮动利率之上的溢差是对总收益付出方所承受的这种违约风险的补偿。当参考债券价格下跌时，总收益互换收入方的违约将会给付出方带来损失，因此，这一溢差依赖于总收益互换收入方的信用质量、债券发行者的信用质量以及二者之间的相关性。

4.4.5 权益类结构化产品

权益类结构化产品是由固定收益证券和权益类资产为标的的金融衍生工具的组合。典型的权益类结构化产品可以分为保本型股指联结票据、收益增强型股指联结票据、参与型红利证与嵌入奇异期权的权益类结构化产品。

4.4.5.1 保本型股指联结票据

保本型股指联结票据是为风险厌恶程度较高，同时又愿意在一定程度上承担股票市场风险暴露的投资者而设计的，由固定收益证券（零息债券）和股指期权多头所构成的结构化产品。债券的利息通常会被剥离出来以作为构建期权多头头寸所需的费用，因此其中的债券可以看作是零息债券。

在图 4-3 所示的结构中，全部的投资本金被分成两部分，一部分用于投资一个零息债券，另一部分用于建立股指期权的多头头寸。零息债券的面值等于投资本金，从而保证了到期时投资者回收的本金不低于初始投资本金。这就是所谓的保本结构。票据内嵌的股指期权可以是看涨期权，也可以是看跌期权，具体根据投资者需求确定。期权费是投资的风险所在。

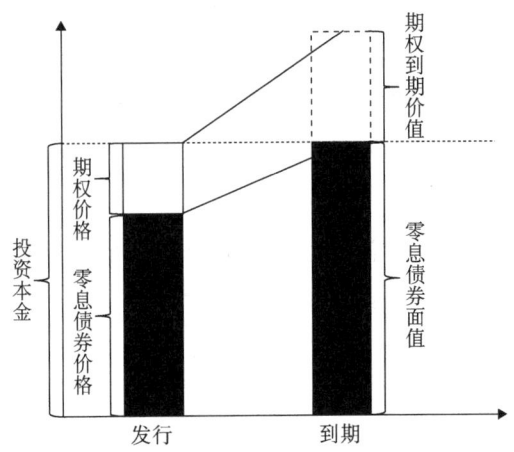

图 4-3 保本型股指联结票据的保本结构

4.4.5.2 标准债券远期

标准债券远期是在银行间市场交易的，标的债券、交割日等产品要素标准化的债券远期合约。2021 年 11 月 24 日，外汇交易中心与上海清算所联合推出标准债券远期实物交割机制，首批实物交割合约品种包括 2 年期国开绿债标准债券远期实物交割合约、2 年期农发债标准债券远期实物交割合约和 7 年期农发债标准债券远期实物交割合约。标准债券远期实物交割机制是银行间利率衍生品市场不断优化产品体系的又一创新举措。

标准债券远期实物交割，是标准债券远期合约进入交割月份后，持有合约头寸的市场机构根据外汇交易中心和上海清算所发布的规则和流程转移合约标的物所有权，了结未平仓合约的方式。标准债券远期实物交割采用滚动交割机制，分为滚动交割阶段和集中交割阶段。

标准债券远期实物交割机制的推出对债券现货和远期市场发展都具有积极作用：一是有利于提升参与者套保套利效率，助力搭建多样化的交易策略。例如在交割月，做市商可使用实物交割合约对冲其政策性金融债做市交易头寸，提高做市头寸风险管理的有效性，承销商也可使用实物交割合约对其承销的政策性金融债进行对冲，锁定债券上市前风险。二是有利于完善现货和远期市场价格收敛机制，促使远期市场充分发挥价格晴雨表的作用。实物交割机制下，当内部收益率（IRR）与预期资金成本出现显著差异时，期现套利策略需求增加，从而使合约价格与最便宜交割债券价格趋于收敛。三是有利于提高标准债券远期交易活跃度和现券流动性，增强远期交易的价格发现能力。

随着中国利率市场化进程的推进，市场参与者管理利率风险、丰富交易策略的需求不断增强，对利率风险对冲工具的要求不断提升。标准债券远期作为创新型利率衍生工具，其集中交易、分层清算机制能够较好地适应银行间市场的交易生态。标准债券远期实物交割机制的推出，是现金交割机制的有效补充，进一步促进债券市场价格发现作用的发挥和精准对冲的实现，并充分发挥标准债券远期在一级承销发行和二级交易投资等应用场景中的作用，进而引导资源的有效配置，助力金融服务实体经济。

4.4.6 场外衍生品展望

4.4.6.1 发挥服务实体经济与防风险作用，推动金融普惠化

我国场外衍生品市场自 20 世纪 90 年代起步，交易品种不断丰富，目前已涵盖权益、商品、汇率、利率等多个品种，与证券市场的发展深度融合。场外衍生品具有的交易成本低、交易品种灵活、创新程度高等特点，在服务国家发展战略、推动实体经济发展方面具有独特优势。近年来，场外衍生品通过参与政府债券、重大基础设施等项目，让优质资产标的转化为面向大众的一个个民生工程、一件件优质产品、一项项解决方案，其在保障国家粮食安全、推进乡村振兴、推动国家经济转型的战略中，发挥了支持

引导作用，比如，证券公司与商业银行进行的场外利率衍生品交易的挂钩标的为在交易所发行上市、用于支持乡村振兴主题的金融债。利率衍生品这样的金融工具，不仅提高了挂钩乡村振兴主题债券的二级市场活跃度，丰富了利率衍生品的交易品种，还完善了农村金融市场服务体系。

另外，境外成熟市场的半个世纪的发展经验显示，一个发达的期权市场可以为长期资金提供资产价格保险，有助于长期资金以资产配置的方式稳步进入资本市场，从而有效提升资本市场的韧性。期权市场提供的资产保险功能可以使长期资金在市场波动中稳定持有股票资产，避免追涨杀跌。同时，我们要借鉴海外成熟市场财富管理的新技术和新业态，在个人、家族、企业三个层次为客户提供投资、税务、法务、并购、融资、清算等方面的综合服务，打造我国证券经营机构的新品牌形象，构建专业核心竞争力。

4.4.6.2 加强投资者教育与人才队伍建设

投资者是资本市场的重要参与方，是资本市场持续发展的基础。投资者教育是一个集教育、服务和保护"三位一体"的工作。我国场外衍生品市场的发展历程和海外成熟市场自发式的发展存在显著差异。我们的发展历程更多地体现为监管引导，投资者教育工作一直被行业所重视。场外衍生品的结构较为复杂，如果投资者不对产品的特征和属性进行全面准确的了解，很容易对产品产生误解。因此，场外衍生品的发展需要行业自律，我们在产品的宣传和销售环节要杜绝不规范行为，既要讲预期收益，更要做风险揭示，同时要将产品的风险评级与客户的专业度和风险承受能力匹配，让更多的投资者能够真正了解场外衍生品的实质，使投资者真正体会到衍生工具的效能，以便维护好行业的发展秩序。同时，衍生品市场需要一支德才兼备的人才队伍。我国市场要积极引入国际投行的先进管理理念，从销售交易、产品设计、交易对冲、研究支持以及量化模型等方面进行专业化的团队分工，并从管理机制上在各团队间形成高效的协同机制。专业高效的交易商团队不仅提高了交易定价和交易效率，还提升了证券公司服务实体经济、满足居民多样化财富管理需求的能力和水平，使行业竞争力快速增长。

4.4.6.3 做好投资者适当性工作，保护中小投资者利益

目前，场外衍生品的法律规则已经建立了比较完善的投资者保护体系，凸显了衍生品行业发展的人民性特征。《证券公司收益互换业务管理办法》《证券公司场外业务管理办法》明确了各业务的投资者适当性要求，建立了完善的衍生品交易适当性管理内部制度，细化了交易客户分类及各类别客户的准入标准，要求建立制度完备的客户适当性材料审核，并对交易客户信息进行登记维护，建立投资者评估数据库。交易存续期间对客户进行跟踪监测，制定负面客户清单并做好定期回访工作。同时，证券公司应当将投资者权益保护纳入企业文化建设中，确保从业人员具备充分的投资者权益保护意识，帮助投资者树立理性投资理念，真实、准确、完整、及时、全面地向投资者披露场外衍生产品的基本信息、结构、收益及风险等影响投资者决策和利益的重要信息，提醒投资者注意投资风险。同时，要重点防范上市公司控股股东、实际控制人、董监高等违规利用衍生工具进行变相减持，逃避其应尽的信息披露义务，进而损害中小投资者的合法权益。

本章小结

中国场外衍生品市场的快速发展，为实体经济提供了有效的风险管理工具，促进了金融市场的稳定。衍生品市场为企业和金融机构提供了多样化的风险对冲手段，帮助企业等规避了汇率风险、利率风险等外部风险，增强了企业的风险管理能力和金融市场的韧性。此外，场外衍生品市场的发展也促进了金融创新，丰富了金融市场的产品体系，提高了市场效率，为投资者提供了更多的投资渠道和机会。同时，随着市场的不断深化和完善，监管机构加强了对场外衍生品市场的监管，确保了市场的公平、公正和透明，保护了投资者特别是中小投资者的合法权益。

中国场外衍生品市场将在服务实体经济、推动金融改革和创新、防范金融风险等方面发挥更加重要的作用。一方面，随着金融市场对外开放步伐的加快，场外衍生品市场将更加紧密地与国际市场接轨，吸引更多的外资参与，促进市场的国际化和多元化发展。另一方面，市场监管和投资者保护机制将进一步完善，会不断加强投资者教育和风险提示，提高投资者的风险识别和管理能力。同时，市场创新将持续推进，将推出更多满足市场需求、具有国际竞争力的金融衍生产品，为投资者提供更加丰富和专业的服务。通过这些措施，中国场外衍生品市场将为推动金融市场健康稳定发展和经济高质量发展作出更大贡献。

第 5 章
中国衍生品市场的共性与个性

✺ 学习目标

1. 了解中国衍生品与全球衍生品市场的共性。
2. 熟悉中国衍生品市场的发展历程和发展趋势。
3. 掌握中国衍生品市场在服务实体经济方面的贡献。
4. 掌握中国衍生品市场的价格发现功能。
5. 了解中国衍生品市场存在的系统性风险。

引 言

金融衍生品市场的重要作用在于风险管理和促进市场发展。衍生品交易为市场和投资者提供了对冲和套利等工具,帮助投资者管理和转移风险,提高市场的流动性和效率。认识和了解中国衍生品市场的独特性对投资者有非常重要的意义。了解中国衍生品市场的发展现状、发展特点、主要作用、当前衍生品的具体运用和衍生品市场的发展方向,能够帮助投资者更加精准地了解当前市场的发展状况,把握市场的重点发展方向。

本章共分两节,分别介绍了中国衍生品市场与全球衍生品市场的共性以及中国衍生品市场的个性。5.1 小节从发展规律、表现和金融化程度介绍了中国和全球衍生品市场的一些共性。5.2 小节重点介绍了我国衍生品市场的个性,共分为五个部分,分别为高质量发展、服务实体经济、价格发现功能、系统性风险防控以及金融衍生品和大宗商品衍生品的个性。第一部分基于我国特殊的市场环境和发展道路,介绍了我国衍生品市场如何实现高质量发展，多方面多角度地展示了我国衍生品市场的发展现状和趋势。第二部分深入探讨了衍生品市场对实体经济的贡献，并从微观与宏观两个维度进行了分析。在微观层面，本部分探讨了利用衍生品优化经营管理、提升效率、增加收益的方法且用多个具体案例进行了阐释。在宏观层面，本部分重点分析了衍生品市场在现货市场定价、产业结构调整、宏观经济预测、货币战略制定以及实现跨周期调节等方面所发挥的积极作用。第三部分着重阐述了衍生品市场在价格发现功能方面的重要作用，以及正确理解和运用衍生品市场的价格信息的方法。第四部分描述了我国衍生品市场的发展现状以及当下所面临的风险，并给出了相关建议。第五部分综合对比分析了金融衍生品和大宗商品衍生品的个性。

5.1 中国衍生品市场与全球衍生品市场的共性

5.1.1 中国衍生品市场与全球衍生品市场的发展规律

通常，发达国家衍生品市场的发展是以农产品为开端的，之后沿着金融期货自然演进（以美国为例，见表 5-1），而新兴市场（以中国香港为例，见表 5-2）由于其证券市场与国际证券市场处于相对分割的状态，股指运行相对独立，导致投资者对运行股指期货避险的需求较为强烈。同时，为吸引海外投资者，新兴市场需要提供一些避险工具，另外，新兴市场资本规模的飞速扩展也为股指期货提供了规模基础，因此，股指期货成为新兴市场开设金融衍生交易的首选品种。在发达国家金融自由化和新兴市场国家的金融深化过程中，利率的市场化进程使利率衍生品成为一个优先发展的衍生工具。

总的来说，新兴市场国家金融衍生产品的推出都遵循了相似的路径：

第5章 中国衍生品市场的共性与个性

表 5-1　　　　　美国主要金融衍生品及其产生年代

时间	美国主要金融衍生品品种
1972 年	外汇期货
1973 年	股票期货
1975 年	抵押债券期货、国库券期货
1977 年	长期政府债券期货
1979 年	场外货币期权
1980 年	货币互换
1981 年	股票指数期货
1983 年	外汇期货期权、股票指数期货期权
1985 年	欧洲美元期权、互换期权
1987 年	平均期权、复合期权
1989 年	利率互换期权
1990 年	股票指数互换
1991 年	证券组合互换
1992 年	特种互换

资料来源：巴曙松，党剑等．交易所衍生品市场发展的国际经验及中国的路径和策略选择研究，上海证券交易所。

表 5-2　　　　　中国香港衍生品市场发展历程

时间	香港衍生品市场发展历程
1973 年	香港开始发行认证股权
1976 年	香港商品交易所有限公司成立
1977 年	挂牌买卖棉花、原糖、黄豆、黄金期货合约
1986 年	香港期货交易所推出香港恒生指数期货合约
1991 年	工商业分类指数，地产、金融、公用事业分类指数
1995 年	上市股票期权、日转期汇
1996 年	长期恒生指数期权、英镑滚动外汇期货
1997 年	红筹股指数期货合约
2000 年	小型恒生指数期货合约

资料来源：巴曙松，党剑等．交易所衍生品市场发展的国际经验及中国的路径和策略选择研究，上海证券交易所。

以股权类衍生品作为发展的突破口,发展过程中又遵循了循序渐进的道路——首先推出有良好市场基础支持的股指期货,经过试点,为投资者积累管理经验,再推出股指期权和个股期权,使股权类衍生品市场逐步深化,而利率衍生品则主要以国债期货为突破口。面对经济的飞速发展和经济自由化、国际化、证券化程度的日益提高,新兴市场国家都谨慎地发展金融衍生品市场。

我国的现实情况是金融市场深化发展迫切需要相应的避险工具,而金融衍生品市场的发展速度和体量与国家的发展速度和体量不平衡不匹配。我国交易所衍生品市场的发展同时借鉴了新兴市场和成熟市场的发展路径和经验教训。我国期货市场的发展主要分为初步探索、规范完善、创新发展三个阶段(见表5-3)。

表5-3　　　　　　　　　　中国境内期货市场的发展历程

阶段	时间	发展历程
初步探索阶段	1988年	国务院提出要探索期货交易
	1990年7月	国务院批转《商业部等八部门关于试办郑州粮食批发市场报告的通知》后,期货市场建设开始起步
	1990年10月	郑州粮食批发市场开业、从现货交易入手,引入部分期货交易机制
	1993年11月	国务院发布《关于坚决制止期货市场盲目发展的通知》
	1998年8月	国务院发布《关于进一步整顿和规范期货市场的通知》,先后对期货市场进行清理整顿,大幅压缩期货交易所数量
	1999年	主要期货交易所确立(上海期货交易所、郑州商品交易所和大连商品交易所)
规范完善阶段	1999年6月	国务院发布《期货交易管理暂行条例》,《期货交易所管理办法》等配套规则和实施细则陆续发布,期货市场法制进一步得到完善
	2001年3月	国家"十五"规划首次提出稳定发展期货市场
	2004年	棉花、燃料油、玉米、黄大豆2号期货品种陆续上市
	2010年	中金所推出首个股指期货——沪深300股指期货
创新发展阶段	2015年	首只场内期权50ETF期权在上海证券交易所上市
	2017年	商品期权——白糖、豆粕期权先后上市
	2019年	上交所、深交所同时推出沪深300ETF期权,中金所推出沪深300股指期权

资料来源:中国证监会:《中国资本市场三十年》,中国金融出版社2021年版。

第 5 章 中国衍生品市场的共性与个性

总之，我国衍生品市场现有的发展路径以及未来的发展方向为：发展商品类期货交易，股指期货交易，国债期货，外汇远期期货，股指期权，商品期货期权，股指期货期权，债券期权，外汇期货及期权、互换等品种。

我国衍生品市场的发展，是将衍生品作为一种工具服务于民生社会，找到适应我国国情，着眼于我国当下现货市场的发育程度、经济市场化水平的发展道路。我国需要继续遵循循序渐进的基本思路，坚持以需求为导向，以完善的制度建设和市场运行机制建设为依托，平衡我国金融衍生品市场的开放，坚持外资机构"引进来"与中资机构"走出去"相结合，加强国际合作与交流。

在对外开放方面，2018年3月，首个对外开放的期货品种原油期货上市，标志着我国期货市场打开了对外开放的大门。2018年5月，铁矿石期货正式开展引入境外交易者业务，这是我国已上市期货品种首次对外开放。2018年11月，PTA期货正式引入境外交易者，这是我国期货市场第一个对外开放的化工品种，也是我国第一个上市的化工品种。2020年1月1日，中国证监会取消期货公司外资股比例限制，符合条件的境外投资者持有期货公司股权比例可至100%。2020年6月，摩根大通期货变更股权的申请获中国证监会核准，成为我国境内第一家外资全资控股的期货公司。同时，我国境内的产品也在坚持"走出去"。2020年10月，上期所与挪威浆纸交易所开展合作，在挪威推出了基于上海纸浆期货价格进行结算的期货合约。我国现有24个期货产品对外开放，46个期货期权已经面向QFII和RQFII开放交易，更多的国内外企业也直接利用中国期货价格开展基差贸易。

在乡村振兴方面，我国进一步扩大了"保险+期货"模式的试点规模，为涉农品种提供风险管理服务。2016年以来，中国证监会引导各商品期货交易所创新服务模式，推出农产品"保险+期货"试点，并已连续多年写入中央一号文件，在稳定农业生产、促进农民增收、发展农村产业、助力脱贫攻坚、服务乡村振兴等方面发挥了积极作用。

5.1.2　中国衍生品市场与全球衍生品市场的表现

2020年全国期货期权市场累计成交量为61.53亿手（单边），累计成交额为437.55万亿元（单边）。根据美国期货业协会的统计，2020年我国商品期货成交量占全球商品期货成交总量的63%，已连续12年位居世界第一。近年，我国期货交易市场的交易量全球占比超过70%，且多品种在全球居于前列，全球成交量排名前20的农产品和金属期货中，我国分别占14个和11个。截至2020年末，期货市场共上市90个期货期权品种，包括62个商品期货、18个商品期权、6个金融期货和4个金融期权，主要交易所发展规模不断增大（见表5-4）。

表5-4　　　　　　　　　　中国境内交易所发展历程

交易所	发展历程
上海证券交易所	上市品种从成立之初的3个增加到2020年末的25个 成交量从1999年的0.03亿手增加到2020年的21.29亿手 成交金额从1999年的0.24万亿元增加到2020年的152.80万亿元
上海期货交易所	截至2022年末，期货品种20个、期权品种8个 2022年总成交量18.95亿手，成交额181.16万亿元
郑州商品交易所	截至2022年末，共上市期货品种23个、期权品种8个 2022年总成交量24.0亿手，成交额96.9万亿元
大连商品交易所	截至2020年末，期货品种20个、期权品种7个 2020年成交量22.07亿手，成交额109.20万亿元
广州期货交易所	截至2021年末，明确批准将16个期货品种交由广期所研发上市 2022年12月22日，全国首个新能源金属品种（工业硅期货）正式挂牌上市，工业硅期权于2022年12月23日挂牌上市 2022年成交量193636手，成交额158.40亿元

期货公司风险管理子公司场外衍生品交易规模不断扩大。月末未平仓名义本金从2015年底的17.75亿元（均为商品类场外衍生品交易）增加至

2020 年末的 1565.04 亿元（其中商品类场外衍生品规模占比约 61%，金融类占比约 39%）。在"保险＋期货"试点方面，截至 2020 年末，商品期货交易所在我国 26 个省（区、市）开展 584 个试点项目，推动 61 家期货公司与 13 家保险公司合作参与，品种涉及天然橡胶、棉花、白糖、苹果、红枣、大豆、玉米、鸡蛋、豆粕，保障现货规模约 1200 万吨，为约 172 万农户提供了价格和收入保障。

从全球来看，全球金融衍生品市场持续火爆。2021 年全球金融和商品衍生品成交在逐渐打破"二八"格局，金融衍生品成交呈现明显的上升趋势，占比从 2020 年的 80% 上升至 83.0%；金融衍生品中股指和个股成交分别为 281.22 亿手和 137.37 亿手，增幅分别高达 50.9% 和 38.1%，占全球总成交的 44.9% 和 21.9%。从 2019—2022 年的成交增长规模及增速来看，金融衍生品均保持两位数以上，按照 4 年平均的年增长规模测算，金融衍生品年增长量为 69.35 亿手，而商品衍生品年增长量为 11.34 亿手；按照 4 年平均的年增长率测算，金融衍生品年增长率高达 28.6%，商品衍生品年增长率为 18.7%，对全球成交增长的推动力显著。大宗商品具有天然高风险性，其供求、价格受基准面、货币金融条件和国际政治等多种因素影响。最新一轮主要大宗商品价格上涨周期自 2020 年第二季度开始，随着全球经济滞胀风险的加大，主要大宗商品持续在高位大幅波动，全球大宗商品市场供求和运行机制发生重大变化。

大宗商品的政治属性和战略属性显著强化。受疫情以及俄乌冲突等的影响，锂、钴、铜、镍等矿物供应短缺，价格一度飙升，导致行业面临成本飞涨、供应链中断等挑战。因此，产业链中的金属矿产领域成为发达国家争夺的主战场。2021 年印度尼西亚陆续发布了限制镍矿、动力煤、油脂等出口的系列政策，澳大利亚政府重新修订了"关键矿产"的定义，以符合该国国防和贸易盟友的战略要求。2022 年初，美国发布 2020 年新版关键矿产清单，将稀土金属和铂族金属由原先的"矿类"分解为"矿种"，还增加了镍和锌，并支持对关键矿物和材料生产进行重大投资，美国稀土开采商 Materials Corporation（MP）已获得美国国防部 3500 万美元补贴。2022 年 11 月，加拿大政府下令剥离外国公司对加拿大关键矿产公司的投资，我国三家矿业公司被迫撤资。拥有世界占比超50%锂储量的阿根廷、玻利维亚和智利正在推动建立类似欧佩克的锂矿输出国组织,并达成"价格协议"。这些围绕关键矿产的博弈争夺,极大地改变了大宗商品原有的贸易属性和整体格局。

全球能源转型加速了供求机制演化。国际能源署认为2022年全球能源投资达2.4万亿美元,增长8%,主要来自清洁能源,而传统化石能源长期投资被大幅削减。2014年以来,全球初级能源的资本支出下降了35%,石油和天然气项目的资本支出要削减一半以上。各国强化了环境、社会和公司治理等投资理念,传统化石能源企业和项目面临的投资约束加大,但是新能源供应稳定性偏弱,存在许多不稳定因素,短期供应不足的风险加大。例如储能问题,锂电池技术能量密度的稳定性不高且原材料成本高;氢燃料电池存储和制备成本较高且存在安全隐患。另外,新能源供应受环境影响也较大,风、光、水等可再生能源的供应季节性明显。2021年上半年欧洲风力发电量因异常天气同比下降7%,其供应稳定性不足凸显。受仓储、运输等基础设施限制影响,商品的负价格状况屡次出现,欧洲天然气交易中心的现货价格也一度下降至 -15.78 欧元/兆瓦时,达历史最低值;德国、法国、丹麦、比利时等欧洲国家均出现了负电价。我国面临电力市场改革,电力现货市场结算试运行中,山东也出现了短暂的负电价;2022年欧洲极端高温天气导致水电供给减少,影响核反应堆冷却,核电供给减少,加剧了欧洲能源紧缺程度。所以,在新旧能源的转换过程中,部分国家以及部分种类的能源供求方面还存在结构性失衡的风险,这将成为能源价格的一大影响因素。

全球商品衍生品市场风险也呈现出新的特点,保证金水平和市场交易成本有所提升。受俄乌冲突等的影响,芝加哥商品交易所(CME)的WTI原油期货主力合约单手保证金自2022年1月5850美元/手上调至10月的7500美元/手。伦镍暴涨事件发生后,伦敦金属交易所(LME)当月多次上调多数有色金属的保证金水平。截至2022年11月底,铜、铝、镍、铅的单手合约保证金水平仍比事件发生前高19.8%、10.3%、252.6%和33.3%。场外市场方面,国际场外衍生品交易主要参考国际掉期和衍生品协会

(International Swaps and Derivatives Association，ISDA）的场外衍生品保证金模型（Standard Initial Margin Model，SIMM）。2022年9月更新参数后，欧洲能源类场外衍生品初始保证金于2022年12月5日起增加约80%，交易活跃度显著下降。ISDA的SIMM模型校准导致新增保证金压力上升，部分原本豁免缴纳初始保证金的交易商主动减少了交易头寸。场内交易方面，据美国期货业协会（FIA）统计，2022年1月至9月，全球交易所农产品类、能源类、有色金属类和贵金属类期货及期权交易量分别同比下降17.1%、24.8%、17.2%和30.4%。

中国境内衍生品市场的增长受到商品期货成交增加的推动。2021年，中国境内商品衍生品成交持续增长，在全球商品衍生品成交中的占比持续大幅提升，稳居全球商品衍生品成交首位；与2020年相比，中国境内衍生品成交量增长了22.1%，成为推动全球成交创建历史新高的又一驱动力，前景广阔。

其一，从2021年全球交易所商品衍生品成交排名来看，整体排名保持稳定，中国境内三家商品期货交易所均表现突出，占据了商品衍生品成交量排名的前三位。郑商所从2020年的第三位升至第一位。郑商所、上期所、大商所分别以25.82亿手、24.46亿手、23.64亿手的成交量位列第一、第二和第三，增幅分别达到51.7%、14.9%和7.1%。

其二，从目前市场交易结构来看，与美国、印度和巴西这些金融衍生品丰富、成交量较大、主要增长依靠股指期货和期权市场推动的国家相比，中国在金融衍生品市场拥有广阔的发展空间。

5.1.3 中国衍生品市场与全球衍生品市场的金融化程度

在金融衍生品市场发展之前，基于比率的资本要求是最重要也是最有效地控制金融机构表内风险的工具。但是随着20世纪80年代金融衍生工具的不断推出，监管者和银行之间的均衡被颠覆。对金融衍生品的监管制度是近二十年来，全球监管制度变革的一个重要驱动力量和主导因素。金融衍生品市场监管制度作为当今各国金融监管体系的重要组成部分，是开展交易所衍生品交易的基础条件。美国各种衍生品法律指出，保护投资者的公共利益是监管的首要目标。同时，美国规定衍生品交易必须注重信息披露，保证市场公平。1974年美国《商品期货交易委员会法》授权期货交易委员（Commodity Futures Trading Commission，CFTC）全权管理全国期货市场的交易活动，应注重规则与制度的统一。经过漫长的实践和逐步的调整，美国逐渐形成了对金融衍生品市场的"三级监管体制"，即政府监管，行业协会内部管理和交易所自律。美国金融衍生品市场是典型的自然形成的管理模式，是在衍生品市场发展不断被推动的情况下形成的，符合美国国情的监管体制。

从全球市场来看，主要商品交易所和监管机构调整了衍生品市场风险防范体系。一是交易所扩大了非现金类保证金抵押品范围，降低了抵押品成本。如CME接受指定银行的信用证作为抵押品，从2022年8月起，美国新增短期国债ETF；欧洲商品清算所（European Commodity Clearing，ECC）增加了碳排放配额作为抵押品，也接受信用证用作现货交易抵押；LME接受黄金以及其认证的注册仓单作为抵押品。二是监管机构修订了现有规则，减轻了实体企业参与衍生品交易负担。此前，欧洲市场基础设施条例（The European Market Infrastructure Regulation，EMIR）规定，能源企业持有风险头寸超过30亿欧元时，就需要对场外衍生品交易进行定期结算并缴纳变动保证金。近期，能源价格大幅上涨，导致多个企业需要融资数百万欧元以满足该要求。2022年9月22日，欧洲证券和市场管理局（The European Securities and Markets Authority，ESMA）第二次向欧盟委员会建议，将该清算门槛提高至40亿欧元，以缓解企业的流动性压力。

2000年12月，中国期货行业的自律性组织——中国期货业协会（China Futures Association，CFA）正式挂牌成立，标志着我国期货市场三级监管体系的形成。由于目前我国商品期货交易所经过了多年的市场运作和磨炼，经验丰富，管理相对比较完善和成熟。但是，我国金融衍生品市场起步晚、发展快，制度建设存在一定的滞后性。我国衍生品市场飞速发展，迅速壮大，但过快的发展带来了市场制度供给不足的问题，相应的制度法规出台也跟不上我国金融市场的发展速度，出现了法律法规建设滞后等问题。在未来的发展中，我国应该继续健全衍生品市场的法规体系，区分好监管边界，推动我国金融衍生品市场的各项制度更加完善，形成层次明晰、自由与规则并重的市场体制。

从 5.1.2 节分析来看，2021 年金融衍生品成交量增加 147.74 亿手，而印度和巴西成为 157.69 亿手增量的最直接贡献者，占比高达 72.5%。印度和巴西的金融产品成交增长是 2021 年全球增长的主要动力。但是巴西和印度的增长主要受到其股指产品成交激增的推动。总之，中国境内市场的增长主要是受到商品期货成交增加的推动。境内衍生品成交结构与国际市场的格局截然不同，商品衍生品占据了成交量 98% 以上的份额，金融衍生品占据总成交量的不足 2%。

在商品衍生品的 20 强中，中国境内上市品种占 17 席。上期所的螺纹钢、莫斯科的布伦特原油、郑商所的 PTA 和甲醇期货以及大商所的豆粕期货位列前五。增量最大的五个品种分别为上期所的纸浆期货、郑商所的纯碱和硅铁期货、大商所的聚氯乙烯期货以及上期所的热轧卷板期货，增幅分别高达 247.0%、204.5%、203.9%、203.3% 以及 168.0%，增量分别为 0.85 亿手、1.40 亿手、0.64 亿手、1.19 亿手和 1.38 亿手。但在金融衍生品方面，我国仍有较大的发展空间。美国、巴西和印度在股指、外汇、利率上均有与自身相关的上市产品，品种丰富，且总体成交量较大。目前，我国金融衍生品有股指（沪深 300 股指期货、中证 500 股指期货、上证 50 股指期货以及 2019 年年底上市的沪深 300 股指期权）和国债（2 年期、5 年期、10 年期）两类衍生品，品种数量有限，仅有 8 个产品，单一股票和外汇衍生品依然存在空白。由此可以看出，我国境内金融衍生品领域可上市品种及工具的拓展空间非常广阔。另外，我国境内金融衍生品上市时间短，总体成交量同美国、巴西、印度相比依然较小，最活跃的沪深 300 股指期权和期货在全球股指衍生品成交排名仅位列第 60 位和第 61 位，后续发展仍值得期待。

短期来看，面对主要大宗商品供应不稳、价格波动增大等风险，我国要坚持以我为主，强化底线思维，统筹风险防范，服务实体经济，重点做好保供稳价和防风险工作。畅通商品供应链堵点、痛点，强化生产连续性、稳定性，促进商品生产、流通、消费有效衔接，维护产业链、供应链韧性与稳定。完善主要大宗商品的产供储销体系，加强统筹调配，强化宏观管理部门收放储作用，助力形成价格平稳信号。强化大宗商品的仓储管理，特别是交易所仓单和库存管理。发挥好交易所仓单和库存的信号功能，合理引导市场预期，防范低库存格局下的潜在交割风险。发挥期货和衍生品市场功能，更好支持产业客户进行风险管理。强化期现联动监管和预期管理，及时防范和化解异常波动风险。

综合来看，我国衍生品市场在商品领域已经通过不断丰富产品和优化相关合约制度取得了长足的进步，在全球商品衍生品领域持续保持龙头地位；金融衍生品也在产品上市和成交规模上不断扩张，但是由于受品种上市数量有限及上市时间短、尚未对境外投资者开放等相关因素的制约，金融衍生品目前在国际市场上的影响力有限。随着我国金融市场开放力度的不断加大、产品不断丰富、市场投资者结构不断完善，加之我国特有的商品期货优势，我国金融衍生品市场的发展前景仍非常广阔。

5.2 中国衍生品市场的个性

5.2.1 中国衍生品市场的高质量发展

中国衍生品市场高质量发展具有五个主要内涵和特征：第一，国内衍生品市场发展目标与国际经济地位相匹配，与国际一流衍生品市场相适应，这有效服务于实体经济和国家战略；第二，拥有期货、期权、远期和互换等齐备的衍生工具；第三，产品种类丰富；第四，市场运行安全高效，具有交易成本低、交易便利性、市场风险防控到位的特征；第五，定价影响力与风险管理效果功能发挥充分。

5.2.1.1 中国衍生品市场的现状

经过 30 多年的发展，国内衍生品市场取得巨大进步，走出了单一封闭的初级发展阶段，进入多元开放的新发展阶段，但市场规模仍需进一步扩大，市场结构需要进一步完善，市场功能需要进一步发挥。

中国衍生品市场存在三多三少问题：场内多、场外少——场外市场刚刚起步，发展缓慢；商品多、金融/指数少——金融衍生品发展尚未解除强约束，外汇期货未上市，商品、天气等指数类未启动，碳排放未破题，数字资产类未行动；期货多、期权少——期权上市时间短、数量少。

同时，中国衍生品市场还存在巨大潜力——不少重要品种还没上市期货、期权。外汇期货、废钢、牛羊肉、乳制品、辣椒、商品指数、天气、碳排放权等还没有上市；对外开放品种数量少、交易所还没有"走出去"。

此外，中国衍生品市场发展存在巨大空间，已上市品种规模扩展空间大，可参见中美玉米期货期权品种期现货数据对比（见表 5-5）。

表 5-5　　　　中美玉米期货期权品种期现货数据对比

年份	表观消费量（百万吨）		成交量（单边，百万吨）		年末持仓量（单边，百万吨）		成交/消费量		持仓/消费量	
	中国	美国	中国	美国	中国	美国	中国	美国	中国	美国
2017	262.51	310.10	1237.24	11414.35	6.47	192.73	4.85	36.81	0.02	0.62
2018	261.79	312.51	668.13	12368.17	7.81	199.19	2.55	39.58	0.03	0.64
2019	267.75	305.10	991.19	13105.01	11.81	184.16	3.70	42.95	0.04	0.60
2020	289	307.35	1772.93	11336.32	15.56	236.13	6.13	36.88	0.054	0.77
2021	300.89	301.89	1892.87	10302.54	14.64	192.46	6.29	34.13	0.05	0.64
中国/美国	1	1	0.18 (5.45)	1	0.07 (15.18)	1	0.18 (6.0)	1	0.07 (14.26)	1

注：2021 年末，美国期货期权持仓量为 1.7 亿手，中国为 2868 万手，为美国的 16.7%。（WFE）1 手玉米 = 10 吨（DCE）= 127 吨（CBOT）。

资料来源：FIA、CME 官网、万得数据库。

从各交易所发展情况看,基础资产品种"跑马圈地"阶段基本完成,但我国市场运行效率不高,且尚未建成成熟的海外市场和场外市场。相比之下,美国衍生品交易所除了全天候交易大量衍生工具和产品,拥有巨大的国际贸易价格影响力外,还沿着三个方向进行扩张,分别是交易所并购、海外扩展和由场内向场外市场发展,并且前两个方向的工作已基本完成,第三个方向的工作还在进行中[①]。

在看到成绩的同时,我们也应该看到金融期货市场存在的诸多结构性问题,补齐发展短板、契合现货市场需要的空间巨大,总体而言,我国金融衍生品市场仍处于发展初期。

一是产品数量和提供的服务还难以满足现货市场风险管理需求。当前,我国股票市值、债券托管余额全球排名前列,但金融期货市场与现货市场发展不匹配,难以满足市场风险管理需求,服务实体经济抓手不足,与境外成熟市场主要期货交易所差距还比较明显。

二是市场运行质量和效率有进一步提升空间。经过长期工作,目前,银行、保险、证券、期货、公募基金、私募、信托、期货子公司、QFII/RQFII等均已获准参与金融期货市场,养老金在金融期货市场参与度也明显提升,但现货市场中长期资金参与金融期货市场还不够充分,买方资管机构金融期货多头持仓还不足。

三是对外开放水平不高,明显落后于现货市场的开放步伐。在现货市场,境外投资者可以通过QFII、RQFII直接投资银行间债券市场(CIBM)、债券通等渠道,参与我国债券市场交易,境外投资者可以通过QFII/RQFII、沪深港通模式等参与我国股票市场,但在金融期货方面,境外机构参与路径比较单一,开放步伐落后于基础市场。

在场外衍生品方面,中国已经形成了三大市场、主协议体系与多机构

---

① CME为OTC市场,提供包括Elvsian Systems和Direct交易前端等交易平台、CME的ClearPort清算系统;ICE建立了服务于OTC产品交易、清算过程的多种平台,包括大宗交易平台(ICE Block)、信息平台(ICE Chat)、OTC订单匹配平台(eConfirm)、互换存储数据库(ICE Trade Vault)及能源场外期权电子化交易平台(Chatham & Beacon)等,形成了完善、成熟的OTC市场流动性促进体系。

参与的场外衍生品市场格局（见图5-1）。

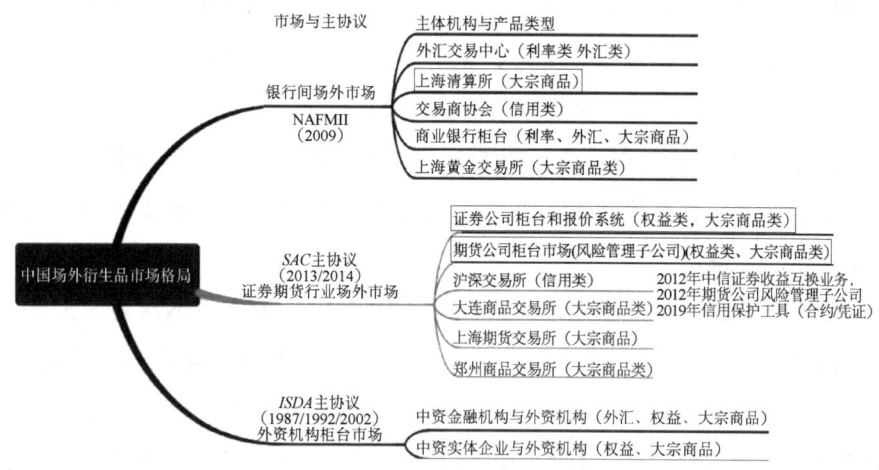

图5-1 中国场外衍生品市场格局

5.2.1.2 中国衍生品市场的发展历程

（1）自我改革。1988年，随着改革开放的深入推进，国务院提出要探索期货交易，七届全国人大一次会议政府工作报告提出，应积极发展各类批发贸易市场，探索期货交易。有关部门开始研究论证建立期货市场的可行性。1990年7月，国务院批准《商业部等八部门关于试办郑州粮食批发市场报告的通知》后，期货市场建设开始起步。同年10月，郑州粮食批发市场开业，从现货交易入手，引入部分期货交易机制。至1993年，全国各类期货交易所达50余家，市场秩序一度混乱。1993年11月，国务院发布《关于坚决制止期货市场盲目发展的通知》，1998年8月，国务院发布《关于进一步整顿和规范期货市场的通知》，先后对期货市场进行整顿，大幅压缩期货交易所数量。截至1999年，经整顿规范后，期货交易所只剩3家，分别为上海期货交易所、郑州商品交易所和大连商品交易所。1999年6月，国务院发布《期货交易管理暂行条例》，此后《期货交易所管理办法》等配套规则和实施细则陆续发布，我国期货市场进入规范发展阶段。

2001年3月，国家"十五"规划首次提出"稳步发展期货市场"。2003年1月《中共中央关于完善社会主义市场经济体制若干问题的决定》和

2004年"国九条"进一步明确"稳步发展期货市场",为我国期货市场的规范发展指明了方向,期货品种上市步伐逐渐加快。2004年,新上市了棉花、燃料油、玉米和黄大豆2号共4个期货品种。2010年,中金所推出首个股指期货——沪深300股指期货。截至2012年末,我国期货市场共有上市期货品种31个,其中,商品期货30个,金融期货1个。随着期货品种数量的不断增多,交易量逐步增长,市场功能逐渐发展,服务实体经济的能力也在不断增强。

期货市场法制进一步完善,国务院于2007年、2012年两次对《期货交易管理暂行条例》进行了修订,进一步要求期货市场加强基础制度建设,不断完善市场风险控制制度,为期货市场的稳步发展奠定了法规基础。在2007年该条例的修订中,《期货交易管理暂行条例》修改为《期货交易管理条例》,金融期货、场内期权、设立期货投资者保障基金被正式写入;在2012年的修订中,允许外国人参与境内特定期货品种交易,为国际化的原油期货上市及铁矿石等大宗商品期货的国际化打开了大门。

期货市场进入创新发展阶段。2012年以来,金融期货创新步伐加快,市场金融化、开放化和国际化水平大幅提升,期货市场新上市期货、期权品种63个,占已上市期货期权品种超过三分之二,产品体系涵盖农产品、能源、化工、金融等国民经济重要领域,为实体企业管理经营风险提供了重要工具。美国期货业协会数据显示,近十年来,中国商品期货的交易量稳居世界第一,全世界农产品期货成交量前20名中的前10名都为中国品种。农产品期权发展也随之进入快车道,黄金、白糖、豆粕等18个期权成功上市。商品期货权——豆粕、白糖期货期权在2017年也先后上市。除此之外,金融期货也紧跟快速发展的步伐,品种体系进一步完善,增加了上证50、中证500股指期货,推出了2年期、5年期、10年期国债期货品种,交易所期权品种更加丰富。2015年2月9日,首只场内期权——上证50ETF期权在上海证券交易所上市。2019年12月23日,上交所、深交所同时推出沪深300ETF期权,中金所推出沪深300股指期货期权。

2017年10月,党的十九大报告首次提出高质量发展的新表述。此后,习近平总书记多次强调"高质量发展"。2022年10月16日,党的二十大报告提出高质量发展是全面建设社会主义现代化国家的首要任务。报告指出：第一，要构建高水平社会主义市场经济体制，充分发挥市场在资源配置中的决定性作用，更好发挥政府作用，提升企业核心竞争力；第二，建设现代化产业体系，坚持把发展经济的着力点放在实体经济上，加快建设世界一流企业，构建全国统一大市场，深化要素市场化改革，建设高标准市场体系；第三，全面推进乡村振兴，健全种粮农民收益保障机制和主产区利益补偿机制，发展农业适度规模经营；第四，促进区域协调发展，推进高水平对外开放，加快建设贸易强国，有序推进人民币国际化；第五，推动绿色发展，促进人与自然和谐共生，积极稳妥推进碳达峰碳中和。

（2）产品建设。经过改革开放之初的孕育、20世纪90年代的探索试点和清理整顿以及随后十多年的稳步发展，我国衍生品市场基本解决了从无到有、由乱到治的生存发展问题。党的十八大以来，我国衍生品市场又迎来飞跃式的进步，其中，产品方面的高效建设展示了我国市场从过去只有标准化期货产品、仅由境内用户参与的封闭单调状态向多元开放发展格局转型，进入既有期货又有期权和互换，既有场内业务又有场外服务的境内外皆可参与的多元开放发展新阶段。

当前，中国期货市场交易生态良好，具有中国特色的市场法规、运行体系和较为先进的技术运行体系，大宗商品上市及国际化进度加快，国际影响力上升，期货公司的价值得到提升，大批产业企业开始参与衍生品市场，但差异性也随之显现。据大连商品交易所统计，在农产品方面，90%以上的大中型油脂油料企业利用大商所期货市场避险，85%以上的棕榈油进口企业参与大商所期货交易；而工业品方面，600多家化工企业、700多家煤焦钢企业参与期货交易，参与铁矿石交易的法人客户超过7500家。

近些年，在大宗商品价格、汇率和利率波动的背景下，企业风险管理的重要性和紧迫性有所提升。同时，随着期货品种体系不断丰富、品种覆盖面不断扩大，期货的风险管理功能更加凸显，越来越多的上市公司进入期货衍生品市场，通过套期保值管理风险成为主流选择。2023年郑州国际期货论坛上，中国上市公司协会表示，2022年共有1130家上市公司发布了套期保值的相关公告，不仅数量明显增长，参与率也不断提升，由10年前的6%提高到2022年的23%；在甲醇分论坛上，中国氮肥工业协会代表指出，甲醇期货"价格发现"的功能持续发挥，有效推动了行业健康发展。经过多年培育，郑商所参与中国证监会功能评估的品种中，超七成品种期现货价格相关性在0.8以上，为产业企业提供了有效价格信号。以甲醇为例，2023年上半年，甲醇期现货价格相关系数和套期保值效率均达到0.98，甲醇期权合成期货价格与标的价格相关系数在0.99以上，基本实现近月合约活跃，活跃合约连续，与期货形成有效补充，更好满足产业套期保值需求，且自2020年引入做市商制度等一系列政策以来，"159"现象在逐步改善。在中国证监会组织的期货品种功能评估中，甲醇期货已连续4年达到最高级A类水平。

我国衍生品市场注重多元化衍生品工具体系的建设。期货、期权、互换是国际成熟市场的三大衍生品工具。我国在陆续启动衍生品市场建设后，产品品种的上市速度在十八大后比之前大幅提高，填补了期权、互换产品的空白。2015年12月1日，上海证券交易所推出国内第一个金融期权——上证50ETF期权；2017年3月31日，大商所推出国内第一个商品期权——豆粕期权；此后，上期所、郑商所、大商所又先后推出白糖期权、铜期权、天然橡胶期权、棉花期权和玉米期权；2018年3月30日，郑商所综合业务平台正式上线，首批业务包括仓单交易和基差贸易两项期现业务；2018年8月，上线场外期权协商交易指令清算模式，为郑商所"保险+期货"项目场外期权部分提供线上备案与结算服务；2018年12月19日，大商所推出商品互换，这是国内交易所首次正式上线互换业务。除此之外，期货品种创新层出不穷，截至2022年底，中国期货与衍生品市场上市品种数量达到110个，其中，商品类93个（期货65个、期权28个），金融类17个（期货7个、期权10个）。

（3）市场参与者丰富。做市商是合约连续性的基石。近年来，我国期货市场合约连续性、近月合约流动性的持续提升有目共睹，而做市商在这个阶段发挥了积极作用。做市商制度是一种市场交易制度，由具备一定实力和信誉的法人充当做市商，不断地向投资者提供买卖价格，并按其提供的价格接受投资者的买卖要求，以其自有资金与投资者进行交易，从而为市场提供流动性，并通过买卖价差实现一定利润。简单来说，做市商在市场上承担价格润滑剂和交易催化剂的作用，为买卖双方提供较多的连续报价，便于交易者找到合适的报价成交，以此起到促进交易达成、平滑价格曲线的作用。

2017年以前，国内市场对做市商了解尚浅，担心做市商制度在中国市场"水土不服"。为此，国内交易所进行了大量探索、研究和沟通，制定了参考国外成熟经验并符合国内市场实际需求的做市商制度。在商品期权产品设计准备期间，交易所就开始对产品培育、交易所激励政策、做市商团队建设情况、技术支持等多因素细节进行"雕琢"，逐步构建出一个完整的逻辑体系。2017年，豆粕期权上市，做市商制度在中国衍生品市场生根发芽，迈出了从无到有的第一步。该举动不仅填补了我国商品期货市场领域的空白，更在上市前确定引入期权做市商制度，成为衍生品市场的全新突破，在期权上市初期市场接受程度有限的阶段很好地发挥了活跃市场交易的作用，为日后提高期权合约流动性、期货合约连续性奠定了基础。同年，我国期货交易所开始探索在部分商品期货合约上先行试点引入做市商制度。当年年底，大商所在豆粕、玉米、铁矿石3个品种的交易中率先引入做市商制度。同年，上期所和郑商所也分别在镍、PTA和动力煤上引入做市商制度试点。据专业人士分析，期货市场引入做市商制度后，做市合约市场参与度持续提升，客户成交、持仓占比快速上涨，做市商占比较为合理且呈下降趋势。做市合约交易规模和市场质量明显提高，吸引了越来越多投资者的关注和参与，各品种参与交易客户逐渐增多，单位客户相对增速更快。

三年来，做市商在很大程度上解决了非主力期货合约的流动性问题，逐步在交易所和实体企业之间构建起良性内循环，为我国期货合约连续性交易夯实了发展基础。

机构投资者是市场发展的关键力量。第一，私募机构在衍生品市场的份额逐步增加。据有关统计，私募机构管理期货份额不到1%，这个统计至少说明期货在机构投资中有一席之地，发展空间很大。第二，境外机构进入中国市场，在技术和投资逻辑方面的创新给予中国市场很多启发。

小微企业不断发展进步。近年来，权益类场外衍生品规模增长较快，商品类衍生品发展平稳。至 2021 年底，商品类衍生品持仓名义金额 2907.10 亿元，其中，期货公司风险管理子公司 1735.44 亿元，占比 59.7%；证券公司 1171.66 亿元，占比 40.3%。在期货公司风险管理子公司通过场外衍生品市场服务的一般工商企业中，98% 都是中小微企业，因此，中小微企业的发展进步对场外衍生品市场发展作出了应有的、独特的贡献。

（4）法律制度完善。回望我国衍生品市场的发展路径，引入期货交易机制后，期货市场相关法规体系很快建立并逐步完善。国务院于 1999 年颁布《期货交易管理暂行条例》，中国证监会颁布并实施与之相配套的《期货交易所管理办法》《期货经纪公司管理办法》《期货经纪公司高级管理人员任职资格管理办法》和《期货从业人员管理办法》。2007 年国务院颁布《期货交易管理条例》，涉及期货交易所、中介机构、高管人员、金融期货业务等，覆盖期货市场各方面的配套规章和规范性文件，共同搭建起规范中国衍生品市场的核心法规体系。在此法律框架下，中国衍生品市场建立了期货保证金安全存管制度、以净资本为核心的风险预警监管制度、投资者保障基金制度等一系列基础性制度，助力中国证监会的有效监管。

然而，长期以来，在谈及我国衍生品市场的发展现状及未来目标时，不少业内人士指出，我国目前对规范金融衍生品的正式法律制度尚不健全。此前，《证券法》是该领域的最高层次法律，然而，《期货交易管理条例》并非基于《证券法》制定的，这一情况使我国在衍生品市场的培育、发展与监管方面未能获得更为科学和坚实的法律基础。

作为金融法律体系中银行、保险、信托、证券、基金、期货六大板块的最后一块，《期货和衍生品法》的出台有重大的现实和长远意义。同日，中国证监会发文祝贺《期货和衍生品法》通过，并表示下一步将认真学习贯彻《期货和衍生品法》，全面理解和掌握《期货和衍生品法》规定的有关制度和措施，加快制定、修改完善配套规章制度，完善期货市场基础制度，积极稳妥推进期货市场建设，更好地服务实体经济高质量发展。

值得注意的是，本次《期货和衍生品法》的制定基于历史经验和国际有益策略，并相应地落实了一系列制度安排。

第一，建立集中统一的证券监管体制。统一高效协同的监管体系是资本市场规范、有序运行的基础。30多年来，资本市场监管体系由分散监管、多头监管逐步形成了集中统一的监管体制，行政监管、自律监管与市场自我约束相结合，监管有效性持续提升，有力地维护了资本市场秩序。中央金融工作会议强调，要切实提高金融监管有效性，依法将所有金融活动全部纳入监管，全面强化机构监管、行为监管、功能监管、穿透式监管、持续监管，消除监管空白和盲区，严厉打击非法金融活动，及时处置中小金融机构风险。目前，中国证监会机关19个职能部门和机关党委、4个直属事业单位、38个派出机构和交易所、行业协会、中国结算等系统单位共同构成了统一有序的全国证券期货监管体系。

第二，重点规范期货市场，兼顾衍生品市场。基于经济和金融的理论逻辑，期货市场通常被作为衍生品市场的一个部分，二者是从属关系。但是鉴于二者的标准化程度、交易场所、结算规则等存在重大区别，且二者发展程度也不尽相同，所以在实际业务中、在监管方面，通常将期货和衍生品作为并列的两类金融工具，并适用不同的监管规则。《期货和衍生品法》则从实际情况出发，统筹把握两个市场，既系统规定了期货交易及其结算与交割等期货市场基本制度，确立交易者保护体系，规范期货经营机构、期货交易场所、期货结算机构和期货服务机构等市场主体的运行，明确期货市场的监督管理等；又将衍生品交易纳入法律调整范围，充分吸收二十国集团在全球金融危机后达成的加强衍生品监管的共识，借鉴国际成熟市场经验，确立了单一主协议、终止净额结算、交易报告库等衍生品交易基础制度，并授权国务院制定具体管理办法，使衍生品市场的发展获得坚实的法律保障。

第三，发挥期货市场功能，增强服务实体经济能力。《期货和衍生品法》开篇第一条就列明立法宗旨"促进期货和衍生品市场服务国民经济，防范化解金融风险，维护国家经济安全"，第四条明确了"国家支持期货市场健康发展，发挥发现价格、管理风险、配置资源的功能"，阐明了期货市场具有的经济功能，充分展现了国家对期货立法的重视和支持期货行业发展的鲜明立场。

第四，加强市场风险防控，维护整体金融安全运行。防范和化解市场风险是本次《期货和衍生品法》制定的重点之一。《期货和衍生品法》进一步完善了风险防控机制，规定期货交易实行持仓限额、当日无负债结算、强行平仓等风控制度，明确期货结算机构中央对手方的法律地位；健全期货市场的风险识别、预防和处置制度体系，强化期货交易场所一线监管职责，规定异常情况紧急措施和突发性事件处置措施，完善市场监测监控制度、构建立体多元的风险防控体系；加强监督管理，加大对违法违规行为的惩处，显著提高了违法违规行为的成本，夯实了市场健康稳定运行的基础。

总体来看，本次《期货和衍生品法》的颁布是在制度稳定和改革创新中找到了平衡点，在法律中既保留肯定了我国资本市场发展 30 多年来实践中运行稳定良好的期货交易、结算与交割、金融市场基础设施运行监管等制度和做法，又将保证金监控、账户实名制等具有中国特色的监管制度确定下来，明确了交易者与期货经营机构的关系。

（5）监管体系建设。在顺应市场发展趋势的前提下，期货市场发展的体制机制障碍不断得到解决，在品种上市机制、期货公司业务范围、保证金多样化等方面作出了创新性安排，规定了限制过度投机的法律原则，鼓励利用期货市场和衍生品市场从事套期保值等风险管理活动，推动农产品期货市场和衍生品市场引导国内农产品生产经营等，发挥立法前瞻性和先导性作用，为市场改革创新提供支持。

第一，中国衍生品市场监管体系得到完善。我国期货衍生品业务的标的资产涉及领域广、参与主体多，且国际化程度高，无论商品期货、金融期货还是其他各类场内外衍生品，其标的或与之相关的基础资产覆盖农产品、能源化工、有色金属、黑色金属、贵金属、个股、股指、国债甚至碳排放额度、天气等，几乎包括人类社会生产和经济活动的所有要素。而联系复杂的交易体系具有极大的外部性、复杂性以及关联性，市场风险的爆发突发性强，影响力大，特别是在大宗商品价格、外汇储备、粮食能源安全等方面的影响，直接关系到国家的金融稳定和经济安全。因此，维护经济安全的意识和配套措施是我国期货衍生品行业不可或缺的，我国也在不断努力完善配套的监管机构和规则体系，以确保行业的稳定和健康发展。

第二，中国特色的"五位一体"监管体系进一步优化。在我国期货市场发展史中，市场监管经历了由"多头分散"到"集中统一"的发展历程：期货市场发展初期主要由相关行业部门和地方政府分头进行监管，1993年11月，国务院授权中国证监会作为期货市场的行政管理部门，1998年明确中国证监会对期货市场进行垂直管理和集中统一监管。2000年12月，中国期货业协会成立，形成了中国证监会行政监管、交易所一线监管和中期协自律监管相结合的监管制度。中国期货业协会作为行业自律管理组织，充分发挥了"自律、服务、传导"职能，推动行业高效稳定发展。

2006年，我国建立了中国期货市场监控中心，确立了中国证监会及其派出机构、期货交易所、中国期货保证金监控中心有限责任公司和中国期货业协会"五位一体"的期货监管工作机制。"五位一体"按照"统一领导、共享资源、各司其职、各负其责、密切协作、合力监管"的原则开展工作，目的是形成一个分工明确、协调有序、运转顺畅、反应快速、监管有效的工作网络。中国证监会负责监管协调机制统一领导、统筹协调和监督检查。中国证监会及各地证监局对期货公司及其分支机构进行监督管理。期货交易所、中国期货业协会依照有关法律、行政法规和本机构的章程、规则对期货公司实行自律管理。期货保证金监控中心对客户的保证金实施监控。《期货和衍生品法》中，"五位一体"监管体系得到进一步完善，其优势也得到进一步发挥，强化了中国证监会监管效力，加强了不同主体之间的通力协作，紧跟国际市场发展趋势，运用新方法、新手段切实提高风控能力，有效应对各类新的挑战。

第三，交易者保护体系持续构建，普通交易者保护力度逐步加大。在加快新工具、新产品上市的进程中，《期货和衍生品法》更加注重体现监管的人民性。通过区分专业交易者和普通交易者，建立交易者分类和适当性制度，明确交易者所享有的各项权益，同时，禁止利益冲突方参与交易，并以法律形式确立期货领域的当事人承诺制度,以便普通交易者能够方便主张民事赔偿。此外,《期货和衍生品法》还完善了多元纠纷解决机制,大幅度提高了行政罚款金额和违法违规行为的成本。

(6) 交易机制建设。在中国衍生品交易市场中,衍生产品主要采用两种交易的模式:第一种模式为交易所集中交易方式。从交易的品种来看,期货和绝大多数期权交易属于场内交易,拥有标准化的合约。在交易合约尚未到期时,交易者可以方便地进行对冲平仓。第二种模式为场外进行的柜台交易(OTC)方式。它主要由衍生产品交易双方当面议价成交,其交易主要利用电话和计算机网络进行,交易的金融衍生产品以不在交易所上市的衍生产品为主。金融衍生品交易的两大市场各自有较为鲜明的特点,功能上各有侧重,在不同市场和领域发挥着独特的作用。

相比国际市场,中国衍生品市场发展走出了一条更具有中国特色市场化的路径,中国衍生品市场的发展是从场内到场外,从商品到金融。近年来,国内场外市场在探索中不断成长,中国期货业协会数据显示,截至2022年6月底,期货行业商品场外衍生品存续规模达1608.87亿元,商品类业务累计成交名义本金约6800亿元,占整个场外衍生品的76.19%,持仓规模也略高于金融产品。银行间、证券期货行业场外衍生品市场、外资机构的柜台市场这三大市场体系组成了中国场外衍生品市场的独特格局。

(7) 国际合作推广。30多年来,监管机构、证券期货交易场所和行业自律组织逐步加强对外交流与合作,积极参与国际金融治理规则制定,我国资本市场的国际地位和影响力日益增强。随着我国不断深入参与全球经济一体化,我国商品现货贸易逐步全面对外开放。期货衍生品业务也存在高度国际化情况,所以,关于期货衍生品的法治建设也必须考虑到国际化因素。比如《期货和衍生品法》明确了单一协议规则、终止净额结算等国际规则,从而阻却了《破产法》赋予破产管理人的履约拣选权,为期货衍生品交易的安全性提供了法律保障。但是,我国衍生品市场在国际化的进程中并未盲目崇拜、直接抄作业,而是在注重中国特色的同时,警惕故步自封、"为特色而特色"。30多年来,我国衍生品市场对标国际最佳实践,构建了期货市场对外开放的新格局。

在对外市场的建设方面，扩大对外开放是提高我国期货市场核心竞争力和国际影响力的必由之路，从"引进来"和"走出去"两个方面鼓励境外期货交易场所、境外期货经营机构等向境内提供服务，规范境内外交易者跨境交易行为，构建境内外市场互联互通的制度体系。稳步持续扩大特定开放品种范围，深化已开放品种价格影响力，着力推动原油、PTA、铁矿石等重点品种在区域定价影响力上形成突破；拓展多元化开放模式，稳步推进海外交割库布局，逐步实现"交易端引进来，交割端走出去"。深入推进制度型开放，引入更多境外交易者参与国内市场，以更高水平开放促进期货行业质量和服务水平的提升。

在对外开放的格局下，重视国际经济形势，对国务院期货监督管理机构与境外监管机构建立跨境监管合作机制，对跨境监督管理的框架和原则作了安排。2018年，上期所原油、大商所铁矿石、郑商所精对苯二甲酸（PTA）先后作为特定品种引入境外交易者，打通了境内外衍生品市场的业务通道，迈出国际化发展的实质性步伐。同时，完善期货中介机构体系，支持期货公司扩宽融资渠道，开展跨境经营，鼓励符合条件的头部期货公司上市融资，努力打造一批资本实力雄厚、具有国际竞争力、以风险管理和资产定价服务为核心业务的衍生品和大宗商品服务公司。

在开放格局的建设方面，实现多元开放发展，提升了我国衍生品市场的产业影响力和国际代表性，有助于加快建设以人民币计价的全球（大宗商品和金融资产）定价中心和风险管理中心。我国商品期货交易规模连续多年稳居世界前列，据中国期货业协会统计：2021年中国期货市场成交量创历史新高，连续三年大幅增长；在全球场内衍生品市场中，中国四家期货交易所的成交量排名稳中有升；在农产品、金属和能源三类品种的全球成交量排名中，中国期货品种包揽农产品前11名，在金属品种前10强中中国期货品种占9席，能源品种前20强中中国期货品种占7席；期货期权新品种稳步增加，衍生品体系更加完善；期货公司资本实力增强，经纪业务收入大幅增长。一系列数据证明，中国衍生品市场流动性充足，交易持仓比例和单位客户持仓占比接近国际成熟市场水平，替代了早期过度投机的市场。农产品、油脂油料、有色金属、能源化工等成熟品种的期现货价格能够及时准确反映市场供求关系，原油、铁矿石等期货价格成为国际贸易定价的重要参考，大批产业企业深度参与和利用衍生品市场开展风险管理。

中国衍生品市场的未来发展是质的飞跃与量的积累相结合下的产物。国内市场进入多元开放新阶段（2018年）以后，已经具备了较好的发展基础：大量的市场参与者，雄厚的社会基础，大家都乐于为市场提供流动性；比较认同衍生品交易的基本制度安排，具备较好的风险承受能力；已经具备较好规则体系与监管体系，如法律条例、部门规章细则等；具有相对集中统一的监管体系，即"五位一体"；已经经历了风险防控的挑战与历练，如"327"国债、2015年股市异常波动的冲击；已经在大宗商品、金融等品种以及对外开放方面等积累了一定经验。我们需要通过继续增加期货期权品种、加快场外市场建设、加大对外开放等量的积累，巩固充实多元开放内涵，大幅提升市场运行效率，发挥市场功能，继续扎实推进国内衍生品市场发展。

5.2.1.3 中国衍生品市场的发展趋势

下面我们以中国金融期货交易所为例分析一下中国衍生品市场的发展趋势。

（1）产品体系不断丰富。自中国证监会于2022年7月18日批准中金所开展中证1000股指期货和期权交易后，2022年7月22日，中证1000股指期货和期权正式上市，中证1000股指期货和期权是中金所推出的第四个股指期货和第二个股指期权品种，中金所上市的金融衍生品数量增加至9个。中金所先后上市的股指期货与期权覆盖到4个会计指数、1800多只股票，囊括了几乎上市的全部大中型股票。

2023年4月14日，中国证监会同意中金所30年期国债期货注册，中金所也在同日发布30年期国债期货合约及相关业务规则和《关于30年期国债期货合约上市交易有关事项的通知》，首批3个30年期国债期货合约于4月21日上市交易。国债期货市场覆盖2年、5年、10年和30年共4个关键期限，形成了覆盖短中长端的国债期货产品体系。中金所不断设计和发展各类股指期货期权以及国债期货品种，继续推进完善我国金融衍生品市场。

（2）持仓量屡创新高。金融期货市场的总体持仓量一直保持稳定，而持仓量能够反映市场在风险管理方面的应用情况。截至 2023 年 11 月底的数据显示，股指期货市场在 2023 年累计成交 6280 万手，日均成交量约为 83 万手，其中，11 月底达到日均 94 万手，比 2022 年增加 24%。同时，成交持仓比能够反映市场参与者的投机程度，数据显示，我国成交持仓比总体保持在 0.3%～0.4% 的水平，该水平甚至低于美国股指期货报告的数据，说明我国市场的投机力量基本维持在较低水平。从国债期货市场来看，2023 年累计成交 4185 万手，日均成交量 19 万手，持仓量为 37.82 万手，11 月底的持仓量达到 36 万手，比 2022 年增加近 19%。针对股指期权的交易数据显示其成交量较大，达到 4700 多万手。

（3）机构化程度提升。最新数据显示，截至 2023 年底，参与金融期货市场的投资者为 60 多万户，数量低于商品期货市场，主要原因在于中金所实施投资者适当性制度，基本的门槛要求为开户资金不得低于 50 万元，其中，银行、保险、信托、证券公司、公募私募基金、养老保险基金、企业年金、QFII、RQFII 等各类投资者均囊括在内。可见，机构投资者在股指期货市场和国债期货市场的成交占比非常高，是重要的市场参与主体。从国债期货交易来看，参与者从原来占比较高的银行、保险机构、银保机构发展为如今的国有商业银行和外资银行。此类专业机构投资者具有丰富的各类中长期资金策略，其参与金融期货市场交易可以帮助市场实现更好发展，同时改变市场早期传统单调的格局。

5.2.2 中国衍生品市场服务实体经济

5.2.2.1 微观视角

（1）增强企业抵御风险的能力，稳定企业经营、提升收益。企业通过在期货市场进行套期保值可以有效规避市场风险，提前锁定利润，稳定企业经营。套期保值（Hedging），是指交易者在买进（或卖出）实际货物的同时，在期货交易所卖出（或买进）同等数量的期货交易合同作为保值。

它是一种为避免或减少价格发生不利变动的损失，而以期货交易临时替代实物交易的一种行为。其主要有两种形式：第一，企业有远期采购需求，预计原料价格上涨，在期货市场做多（先买后卖），即在期权市场买入买权（看涨期权），以对冲原料成本上升风险；第二，企业有远期销售计划，预计产品价格下跌，在期货市场做空（先卖后买），即在期权市场买入卖权（看跌期权），以对冲产品价格下跌风险。

案例分析1：大豆套期保值

农产品期货在国内上市较早，企业的认知度和操作的熟练度整体较好，油脂行业中有很多经验和操作方式值得其他产业学习与借鉴。2006—2013年，国际四大粮商相继在中国投资建厂，采购进口大豆时采用"升贴水贸易+点价"的新模式。同时，油粕的销售模式也从一口价销售向基差报价模式转变。自此，国内企业相继开始学习外资企业套期保值操作的成熟经验。

E公司执行董事兼总经理曾表示：大豆的套期保值是目前国内开始时间最早、企业运用最成熟的品种之一，国内后续上市品种很多是效仿农产品的套期保值模式。四大粮商的发展壮大也是套期保值工具成功应用的最好例证。参与套期保值是市场发展的必然，期货的出现也是必然趋势。套期保值的必要性一般体现在三个方面：其一，锁定利润、稳定经营，规避市场价格波动的风险。比如，油脂贸易企业为防范进口油脂市场价格波动，运用套期保值实现了利润锁定。其二，套期保值可帮助提升企业的核心竞争力，可以因此拥有产品定价的主动权和可选择权。例如，大豆加工企业生产周期长，要提前两三个月进行大豆原料采购，这时运用套期保值锁定加工利润，可在把握主动权的同时增加一个稳定的渠道或客户。其三，套期保值是企业重要的经营模式，是经营策略的重要组成部分，经营者必须具备套期保值的经营思维。

针对上下游三类主体采用套期保值具体策略的差异化，我们可进行如下解释：上游生产企业侧重于卖出套保，由于担心产成品价格下跌，企业需要卖出现货，做空相应期货品种，若产品价格下跌，则期货盈利，对冲售价下跌风险；下游中小包装企业侧重于买入套保，由于担心原材料价格上涨，企业需要买入现货，做多相应期货品种，若原料价格上涨，则期货盈利，对冲成本上升风险；中游加工与贸易企业则是双向交易皆有。

另外，贸易企业与现货企业在关注点上存在一定的区别。传统现货企业除了资金周转和区域限制性问题外，会更关注价格的涨跌，而参与套期保值的贸易企业并不会重点关注绝对的价格波动，更多看重的是基差波动。

目前，企业应考虑将套期保值作为重要的风险管理方式，同时将期现结合作为主要的经营模式。一个企业需要建立相对完善的风控体系，主要包括三个部分：一是要有专门的研发部门，侧重对行业数据进行研究，对市场供需环境进行每日跟踪。这个部门对企业的核心影响是在宏观层面给出对未来市场大趋势相对准确的判断，在此基础上为整体的套期保值提供决策依据，规避系统性错误。二是具体到操作上，需要部门建立联审机制。由业务部提出业务经营方案，由购销管理部负责合同及业务流程管控，财务部负责资金安全把控，库存管理部负责货物质量与安全，由此避免一人决策模式。三是设立风控部和法务部。风控专员有单独的授权，为规避个人或系统施令，风控专员会根据业务部的经营方案检查其是否按照既定方案执行了，一旦发现到达止损位，可以不经过任何人同意直接强制平仓。

案例分析2：铜期货套期保值

对比期货价格，当现货价格的增长远超期货价格增长时，基差随之增加；反之则基差有所减少。基差的变化直接影响套期保值的效果，决定了套期保值成功概率。利用套期保值时，对基差的变化要及时观察和掌握，选择最有利的时机进行交易，完成交易活动，提高保值效果，将基差风险消除。实践研究中，可通过调整和选择操作过程中的操作时间、合约月份、持仓数量的方式，最大限度地将基差风险降低。铜期货套期保值体现了一定的优势，利用铜期货套期保值有助于控制铜的价格风险，提高资金使用效率，提供市场参考价格，维护和推进我国铜加工和铜冶炼企业的稳定经营和发展。

第一，有助于控制铜价格波动风险。在经济全球化的发展形势下，面临国外经济危机、战争危机、铜资源供求矛盾等因素的影响，铜价格不稳定的现象十分常见，这对铜企业的成本和生产经营活动产生了巨大影响。

铜原料用量大，企业的经营和发展中，采购原材料在整个成本投入中占比较高，采购原材料时所投入的成本在企业成本中的占比在80%以上。一旦出现铜价变动，会直接影响生产和销售的成本投入，决定企业的生产和销售效益。利用铜期货套期保值，能有效规避铜价变动所产生的风险和负面影响，企业能够对成本和利润进行锁定，应对价格不稳定等矛盾问题所带来的风险，铜期货的套期保值对于维护企业的经营发展效益、规避铜价变动经营风险有着积极的作用。

第二，有助于提高资金使用效率。期货交易的本质是在大资金期货交易中利用5%~10%的保证金开展期货交易活动，通过铜期货套期保值，能够使铜加工企业面临的资金困难问题得到暂时缓解，改善企业资金的使用现状，为企业未来的现货需求起到保障作用。大部分的铜加工企业过度依赖进口原材料铜，要投入大量的原材料资金，这些资金在企业的现金流中占比较高。若使用铜期货进行辅助，能够有效防范铜价波动时产生的风险问题，节约资金投入，为企业争取更多的投资机会，创造更高的投资价值，提高资金使用效率，为企业发展寻求更高层次的机遇。

第三，有助于提供市场价格参考。期货为铜加工企业提供了市场价格参考和依据的作用，在常规市场经济体系中，生产经营活动需要在制定经营决策发展计划时，按照市场提供的价格信号和发展形势，保证经营决策的合理性和科学性。企业的决策制定是否正确合理，直接受价格真实信号和准确性的影响。期货所提供的市场价格参考作用具有一定的优势，期货市场中成千上万的商品持有者、经营者，在交易所中按照特定规则开展竞价活动，将整个社会的供求关系更加完整、准确地反映出来，为市场价格提供参考作用。

案例分析3：" 保险 + 期货" 模式

2015年大连商品交易所开始推出"保险 + 期货"模式，开启了期货市场服务"三农"的新篇章。"保险 + 期货"模式落地后，很快就进入了快速发展期。以大连商品交易所为例，据统计2015年至2022年这8年时间累计投入的资金达11.66亿元，大概引导70家期货公司、14家保险公司、10家商业银行开展了近千个"保险 + 期货"的项目。正是基于"保险 + 期货"

惠农支农的模式优势,"保险+期货"模式连续多年被写入中央一号文件。中国期货市场始终牢记、全力践行总书记嘱托,把服务"三农"、服务实体的工作理念,从以帮助农民和实体企业如何科学认识期货市场、合理利用期货工具为主的"需求引导",转变到更加注重从自身做起,组织专业机构基于场内期货、期权的底层逻辑提供与农民和实体企业生产经营实际相符合的个性化产品工具服务的"供给迎合"上来,期货市场将日益融入国家经济社会发展大局。

在政策引导下,各期货公司都在积极探索"保险+期货"的创新模式,不断发现实际操作中的痛点和瓶颈,如农户自行支付保费意愿较低、保险公司参与度不够、模式缺乏规范统一的执行标准、专业人才不足等问题。

案例分析4:河南省宁陵县期货套保跨界对冲

宁陵县优势产业是酥梨,酥梨种植面积超过22万亩,年产12亿斤以上。酥梨历年的市场价格都存在较大的波动,给农户带来较高的价格风险,但目前期货市场尚未有对应期货产品可以采用,宁陵县创新性地通过苹果期货套保酥梨,实现了跨界对冲。

相关负责人在充分调研实物种植和市场环境后,借鉴"保险+期货",创新性地利用场外期权加合作社的模式,通过替代套保转移了酥梨的价格风险。具体实际操作中参照了苹果的期货价格,按照一定的比例确定保险方案中的基本价格,在保险期内,苹果期货价格低于目标价格时就会发生赔付。

之所以能实现跨品种套保,是因为相关负责人在调研中发现酥梨的生产、消费、存储周期和苹果存在84%的相似度,证明了跨品种套保的可实施性。截至2023年3月13日,这个项目共承保了831吨酥梨,每吨的赔付达到了382元,赔付率高达106%,项目的赔付效果远远超出了预期。

为尝试推广和复制该创新设计,期货日报社在中国证监会和郑商所的支持下,于2023年8月17日联合宁陵县人民政府和多家期货公司举办期货助力乡村振兴暨"保险+期货"创新发展大会。这次大会有30多个县级政府、50多家期货公司、十几家保险公司、多个银行、农投等机构代表参加,参会的人数近千人次。在大会上,农业农村部农村经济研究中心、中国农业大学经济管理学院、中国农业科学院农业风险管理研究中心的专家，还有地方政府、期货公司、保险公司、银行等各方一起面对面进行了专题探讨，对各类问题进行了针对性的分析。其中，会上探讨的内乡县"期货6+"模式，给期货市场的发展运用提供了新的可能，激发了各个参与主体发展"期货+保险"模式的内生动力。

内乡县是河南的一个农业县，全国粮油大县，花生种植面积达30万亩，年产花生将近8万吨，是当地农民的重要经济收入来源。但是，花生受自然灾害的影响较大，导致市场价格的波动较大，存在较高的种植和经营风险。

内乡县的"期货6+"是这样的：在投保过程中，银行对农户所承担的保费和生产经营成本进行授信，在投保后期与期货风险管理公司或者粮油贸易公司合作进行"订单收购、含权贸易"，帮助农户实现种植有钱、保价优价、销售通畅。在"保险+机构"的基础上，又加入了订单收购，通过前期订单收购提前锁定农户的预期。同时，为了提升农户销售的积极性，又通过叠加一个场外的看涨期权，在约定的时间内进行二次结算，以便农户获得额外收益。如果后期市场价格出现大幅上涨，农户可以通过含权的贸易合同获得价格上涨的额外补贴。从播种前利用银行贷款解决农户采购资金紧张问题，到生长期利用"保险+期货"保障农户预期收益，再到收货后有"订单+含权贸易"，帮助农户畅通销售渠道及二次增收，这个模式在优化"保险+期货"的课题中，探索出了金融的全流程、全要素综合服务农业生产的创新模式。

针对"保险+期货"项目，目前我国缺乏统一的执行标准。当前，许多国内专家学者、期货公司、保险公司也致力于对此进行研究分析，也在很多地区积极尝试形成和推广可复制的"保险+期货"的农业风险管理策略。

（2）提高企业财务管理的能力，促进企业生产、提升效率。相关研究表明，运用金融期货衍生品能够帮助企业健全风险处理机制，减少非必要支出，降低现金流的波动，这是金融衍生品服务实体经济的一个重要落脚点。以2012年至2021年A股的上市公司为例，运用金融期货衍生品公司的基础现金流的标准差比未使用者平均低40%，对比使用金融期货衍生品前后，上市公司的现金流波动平均下降20%，资产的收益率平均提高2%，托宾 Q 值平均提升 35%。同时，使用衍生品管理风险可以稳定企业的预期现金流，从而缓解企业的财务困境，降低破产概率。企业的经营风险包括战略决策风险（企业扩张、收缩的节奏），企业整体资产的保值风险，原材料、产品价格以及库存管理风险，资金链管理风险，汇率利率的风险。企业参与期货市场，其中一个目的就是把绝对价格的波动变为相对价格的波动。

在企业财务管理方面，企业首先需要筹措资金，金融衍生品可根据不同的合约针对性地制定策略，以减少企业风险。融资办理当中，衍生工具主要涉及期权、远期合约和交换合约。上市初期，企业需要大量的资金，这时企业可以使用衍生工具将远期合约中的利率和外汇锁定，从而避免市场汇率波动导致的资金损失。同时，企业也可以通过利率互换的合理运用减少融资成本，进一步降低融资风险。

5.2.2.2 宏观视角

（1）降低现货价格波动幅度，稳定现货市场。期货市场的价格发现功能能够为经济主体提供和传递有效的供求信息，进一步防止现货价格大幅波动（Damhine，1978；Grossman，1977；Bray，1981）。Working（1949）指出，期货市场可以提供关于存货回报的信息，使企业存货调整更加敏感。Cox（1976）的实证研究表明，在需求发生大幅度变化时，期货市场降低了29%的现货市场长期均价和5.8%的价格波动。高扬和安思博（2021）研究发现，我国鸡蛋期货可以有效预测32周以内的现货价格；陈同辉和鞠荣华（2021）进一步测算表明，我国期货市场价格发现贡献度为76%，能显著修正现货价格非理性波动。通过市场数据分析，我们不难发现，期货市场的不断发展为稳定现货价格有显著贡献。

（2）优化实体经济产业结构，助力产业升级。

第一，期货市场有助于促进产业结构转型、技术进步和经济发展。20世纪航天、新材料等新兴工业快速发展，石化原料的需求大增，对其价格波动更加敏感。20世纪80年代，英美等国家陆续推出原油、燃料油、天然气等期货品种，帮助产业链上的企业进行风险管理和资源配置。Bodie等（2009）认为，正是调整产业布局的同时大力发展期货市场，英美等国的工业转型才得以平稳实现。郑赜瑜等（2014）梳理了1960—1980年美国期货品种与产业发展的关系，发现这一时期美国商品期货品种创新主要沿着产业链进行延伸，促进了技术进步和产业规模化。期货市场通过结合政策指引和行业发展方向，灵活调整了衍生产品，从金融业角度支持实体经济发展。

第二，期货交割标准有助于引导产品质量提升和产业转型升级。例如，苹果期货上市快速推进了第7代自动化苹果分选线的广泛使用，促进了我国苹果产业种植和销售的标准化规范化发展。

第三，我国"保险+期货"的创新模式助力"三农"效果显著。Kenderdine（2018）通过对我国2016—2018年省级农产品目标价格改革进行研究，认为"保险+期货"实现了我国农产品市场的价补分离，农业补贴效率提升到20%以上（马雪娇，2018），显著高于直接财政补贴。方蕊等（2019）进一步研究发现，"保险+期货"能通过补贴满意度和未来参与试点意愿间接提升农户种粮积极性，间接效应高达27.7%，在保障粮食安全方面发挥了重要作用。

（3）提供宏观经济运行信号，服务政策制定。Bodies（1983）较早就提出，可以使用商品期货价格指数预测通胀水平，Gorton和Rouwenhorst（2006）发现，美国商品期货与通胀率显著正相关，特别是5年投资期限的商品期货收益与通胀率的相关系数高达48%。Gospodinov和Ng（2013）对G7国家的实证研究发现，商品期货收益能较准确地预测1年内的通胀变化，且粮食和原油期货的预测能力相对更强。美联储的研究报告也认为，联邦基金期货可用来预测联邦利率的变化（Emmons和Yeager，2002）。

我国期货市场对我国宏观经济指标也存在显著预测能力。王志强和王雪标（2001）发现，期货市场对工业品出厂价格指数（PPI）和居民消费价格指数（CPI）等都有较好预测力，可作为政策制定的重要参考。危慧惠和李昕贺（2013）与龚玉婷等（2014）发现，我国商品期货价格或收益率能先行2~6个月预测CPI和经济景气度；周焯华和宋旺江（2011）研究表明，我国金属类商品期货能先行2~5个月预测PPI；陈瑞华和肖利娜（2018）则指出南华商品指数分别领先CPI和GDP平减指数6个月和4个月。

第5章 中国衍生品市场的共性与个性

结合疫情后的市场走势，不难发现我国衍生品市场与宏观经济走势存在紧密联系。2020年，受到新冠疫情影响，货币政策整体宽松，国内经济增长整体呈现前低后高走势。衍生品市场价格在第一季度快速下探，期限利差迅速攀升，至4月底走出一波快速的牛陡行情。第二季度后，随着国内疫情控制效果显现，复工复产快速推进，经济基本面逐渐改善，货币政策逐渐回归常态，衍生品交易价格在5月后迅速回升并逐步向常态化回归，期限利差在第一季度攀升后也迅速回落并逐渐回归至均值区间，持续演绎了熊平格局。衍生品市场波动及时传达出宏观经济走势信号，为企业决策制定、宏观政策制定提供了可靠依据。

衍生品市场对宏观市场走势的预测性，主要体现在两方面。

一是从利率互换市场的交易价格看经济走势预期

利率互换市场价格隐含了未来利率走势预期（见图5-2）。利率预期理论认为，投资者基于对未来短期利率变化、通货膨胀、经济增长的预期判断长期利率，可对长期利率进行判断，因而利率曲线中隐含的远期利率反映了市场对未来利率走势的预期，利率水平和长短期限利差反映了未来通货膨胀和经济增长的预期。

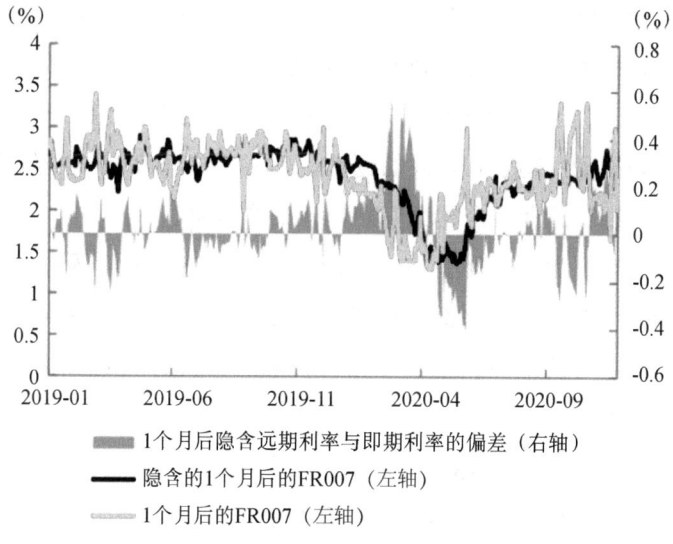

图5-2 互换隐含远期利率与即期利率走势

资料来源：全国银行间同业拆借中心。

学术研究和实践数据显示，利率互换隐含的远期利率包含着大量未来基准利率变化趋势的信息，可较为有效地预测未来基准利率走势。同时，互换利率水平、互换期限利差对 PPI、核心 CPI 等核心宏观经济指标具有显著的预测能力，且对 PPI 的预测能力显著高于对核心 CPI 的预测。一般而言，当期限利差收窄，曲线呈平坦化，常出现在经济转向衰退的初期，宏观经济基本面走弱拉低长端利率、利差收窄；反之，期限利差扩大，曲线呈陡峭化，常出现在紧随经济衰退后的扩张初期，此阶段货币政策未转向，宽松的货币政策仍压制着短端利率，但未来经济复苏的预期已经体现在长端，导致长端利率上升、利差走阔。

从互换的期限利差看，互换长端与短端的期限利差呈扩大趋势，曲线陡峭化，表明市场预期未来货币政策将继续保持一定连续性，宏观基本面中长期向好。货币市场流动性短期稳定仍将压制短端利率，而即将到来的经济扩张预期反映在长端，长端利率开始上升，期限利差逐渐走阔。互换价格中枢抬升、期限利差走阔均预示着 PPI 和核心 CPI 等宏观数据将进一步回暖，通胀压力可能逐渐显现。

二是从国债期货市场的隐含价格看经济走势预期

国债期货市场价格走势显示市场预期流动性的变动。当市场预期流动性逐步缩紧，利率中枢上移，国债期货处于小幅升水状态，在明显宽松的资金环境下，表明当前债券配置力量较弱，期货空头力量上升，债券市场参与者对未来流动性趋紧有较大的预期，债券持有预期成本将阶梯性抬升。另外，从国债期货近远月合约价差亦可有相同预期。

总之，金融衍生品交易价格是市场投资者对未来利率及信用状况的预期，其对未来金融市场的关键价格走势及宏观经济的变化趋势具有一定的预测能力，是具有前瞻性的预警性指标，与历史统计信息相比具有更强的实时性、预测性。

（4）布局本国货币国际战略，扩大国际影响力。人民币国际化推动至今已取得了巨大的成果，尤其是在结算职能方面，人民币已经成为中国第二大跨境结算货币，人民币要成为主要的计价货币，最终落脚点在于提升人民币对大宗商品的计价比重。目前，中国已经在上海自贸区推出 8 个大宗商品交易中心以及石油等期货交易。在条件成熟后可推出人民币期货，将人民币期货与石油等期货的定价结合起来，逐步掌握大宗商品的计价权。只有大宗商品市场与金融市场并驾齐驱，才能使人民币计价具有可持续性（楚国乐和吴文生，2015）。Chinn 和 Frankel（2007）认为，与大宗商品定价绑定能显著提升一国货币在国际储备中的份额，这也是推动和维持美元国际地位的关键原因（Ito 和 Chinn，2014）。Yailg 等（2019）发现，INE 原油期货在亚太地区的定价效率提升显著扩大了人民币国际影响力。更多国内外企业也直接利用中国期货价格开展基差贸易，使大宗商品的人民币价格影响力逐步提升。

（5）助力精准扶贫，夯实脱贫攻坚成果。农产品"保险＋期货"模式对转移农产品市场风险，实现农业和农民稳定增收，特别是对贫困农民转移市场风险，实现"十三五"扶贫攻坚和精准脱贫目标作用重大。唐金成和曹斯蔚（2017）研究发现，期货公司结对帮扶贫困地区成效显著，精准解决了贫困农民卖粮难等问题。王宁（2020）认为，期货交割库的设置则能有效提升当地物流公司的收入，期货仓储业务收入占比可达 1/3。张田和齐佩金（2019）发现，"保险＋期货＋银行"等衍生模式为更多金融机构参与精准扶贫提供了渠道。

（6）加强政策的跨周期调节，实现良性循环。2021 年 7 月 30 日，中共中央政治局会议提出，要做好宏观政策跨周期调节。2021 年 8 月 16 日，国务院常务会议要求抓好政策落实，针对经济运行新情况加强跨周期调节。2022 年我国提出以培育内生性动力促进新增长，做好跨周期调节，把握好中国特色资本市场的建设目标和路径选择，实现共同富裕。我国在发展过程中多次强调衍生品跨周期调节的重要作用。国家发展改革委有关负责人指出，加大宏观政策落实力度，进一步提升财政政策效能，加快地方政府专项债券发行和使用进度，推进重大工程、基本民生项目尽快形成实物工作量。综合运用多种货币政策工具，加强各类衍生品组合的使用，跨周期调用资源，以帮助我国经济加速发展。

另外，为加大投资力度，打通重大项目的资本金堵点，我国及时推出了政策性、开发性金融工具。随后，监管部门支持国家开发银行、中国农业发展银行分别设立金融工具，进一步释放政策性、开发性金融工具效能，所支持的项目要符合"十四五"等规划，既利当前又惠长远，应主要投向交通、能源、物流、农业农村等基础设施和新型基础设施。

适度超前进行基础设施建设，可实现宏观政策跨周期的作用，聚焦引领未来的经济增长，提前构建新的发展格局，为下一个经济周期增长提供基础设施的支持和铺垫。如5G基站建设、特高压、城际高速铁路和城市轨道交通等。而地方政府专项债券在支持这样超前的基建时，本质上就是"借钱消费"的行为，在发展预期看好的情况下，将基建与未来消费结合，需要注重平滑档期投入和未来消费。地方政府专项债券具有明显的杠杆放大作用，应疏通、扩大基础设施融资渠道，促进社会资本对专项债券项目提供配套资金。地方政府专项债券的发行会对货币供给量的规模造成一定的影响。地方政府专项债券作为具有较强流动性的资产，能够在资本市场中快速转化为现金流，因而，其基本功能类似于货币资产。商业银行持有地方政府专项债券，会通过投放贷款的方式增加市场中的货币供应，从而增加商业银行的信贷资金。

5.2.3 中国衍生品市场的价格发现功能与宏观经济影响

衍生品市场运行与宏观经济形势密切相关，后者与政策的变化会对前者产生影响；反之，期货市场的交易活跃程度反映了微观经济群体对未来市场供需的预期偏好，能够估测未来价格的走势并预判宏观经济走势。

5.2.3.1 价格发现功能

（1）成为现货的定价依据，推动贸易方式变革。价格发现是金融衍生品的重要功能之一，只有期货市场通过公开、公平、公正、高效、竞争、透明的交易机制，形成的一个真实的、可预期性的、连续的、公开的和权威的期货价格，才能够有效帮助市场主体管理风险，引导和优化资源配置。衍生品市场的供需情况通常也会对现货市场建立均衡价格起到积极的推动作用，形成可以反映真实供求关系和商品价值的价格体系。而对于企业或投资者来说，利用好这一功能可以促使企业转变经营模式，构建以期货市场价格体系为核心的营销体系，形成以期货市场均价体系为基础的绩效考核系统，更进一步地创造以期货市场中远期价格体系为参照的财务预算制度。

当下，我国金融衍生品市场在利用此功能上已取得不少进展。例如，基差业务的广泛应用为贸易方式注入了新的活力。通常情况下，实体企业的个性化套期保值需求需要在期货标准合约的基础上，经历期现、品种、区域三个基差的切换，才能较好匹配其现货需求。而期现公司可以通过基差贸易为客户提供符合要求的现货标的（甚至是打包金融产品），帮助其进行风险管理。根据大连商品交易所的有关报告，70%的棕榈油、豆粕以及40%的豆油现货贸易采用基差方式进行定价。在2017年，约500万吨的铁矿石贸易是以基差定价的方式进行的；2018年，北钢铁与嘉吉签订了60万吨的铁矿石基差贸易合同。不难看出，利用衍生品的价格发现功能，期现交易拥有更多灵活性与可操作性。

（2）利用商品的期货指数，精确预测物价走势。对于衍生品市场来说，不同期现交易的动态反映了市场的偏好及变化趋势，而物价也是宏观市场经济的一环。2010—2011年，国内出现了一波明显的通货膨胀，当时CPI最高攀升至6.5%。严峻的经济形势要求国家宏观管理部门能预判市场运行状态和物价走势的相应指标，以便为后续决策提供科学合理的依据。

自2011年6月起，中国期货市场监控中心与国家发展改革委价格司、国务院发展研究中心市场经济研究所展开合作，开始利用商品期货指数进行物价监测预警的探索。2012年，CPI预测指数（CEI）用于CPI测试；2013年，中国期货市场监控中心发布中国商品综合指数（China Commodity Composite Index，CCCI），并从2015年5月开始利用CCCI进行PPI预测。这两种方法带来的成果兼具预测精度高、预测时效强和领先效果好的特点。其中，CCCI对PPI的领先性源于期货市场的价格发现功能。前者代表性品种所使用的期货价格就领先于后者。曾经，CCCI中的螺纹钢等代表性大宗商品的期货价格领先于PPI中对应行业的现货价格，这历次让CCCI同比领先PPI。

之后，研究发现，若在 CCCI 中加入上海原油期货，其对 PPI 的领先预测效果将更加明显，这不仅得益于原油期货的价格发现功能，更大原因是原油作为"大宗商品之王"，其价格在整个工业经济中的传导影响力。于是，中国期货市场监控中心于 2019 年 7 月 1 日对 CCCI 例行调整时加入了上海原油期货。

5.2.3.2 宏观经济影响

随着我国金融衍生品的飞速发展，宏观决策部门利用期货等信息预研预判经济走势变得更有战略意义。国家发展改革委、农业农村部、工业和信息化部、商务部、国家统计局等单位越来越关注期货市场的运行。

影响期货市场运行的因素有很多，其中最重要的因素之一是国际大宗商品的价格。国际大宗商品的价格波动通常会引发国际市场的情绪波动，这种情绪波动可能会扩散到中国衍生品市场，影响投资者的决策和市场交易活动。另外，中国依赖进口大量的大宗商品，例如，石油、铁矿石和大豆等，因此，国际大宗商品价格的变动会直接影响中国的进口成本和贸易平衡，这种影响可能会进一步传导到中国衍生品市场并影响中国的宏观经济。于是，研究影响国际大宗商品价格的因素对防范金融风险和维持经济稳定运行具有重要意义。

在这方面的研究中，刘璐、张翔及王海全（2018）从信息摩擦视角下研究了金融投机和实需对国际大宗商品现货价格的影响。他们首先具体识别了具有信息噪声属性的金融投机，并从多个维度区分市场信息摩擦状态，从而定量分析不同信息摩擦环境中金融投机和实需的影响差异。他们通过实证发现，大宗商品的现货价格从长期来看由实需因素主导，短期则由金融投机主导。另外，短期中相对于低波动的宏观环境，在高波动状态下，以金融投机为主的信息噪声对现货价格的影响更强。这一结论也适用于短期中金融市场压力更大和投资群体情绪更加高涨的情况。除此之外，他们发现稳定大宗商品市场的关键在于提高大宗商品市场透明度，减少信息摩擦，从市场质量出发，降低信息噪声对大宗商品价格的影响。要降低长期中的信息摩擦，应鼓励交易所建立公开的细分持仓报告，细化交易者类别，或者在保障交易者私人信息的基础上公开已有的细分持仓数据，帮助参与者识别诸如指数交易者等具有长期投资目标的金融交易者。短期中的信息摩擦不仅源于缺少细分的金融持仓信息，还与持仓信息公布频率较低有关。目前，公开的市场持仓报告频率以周为主，这给金融投机噪声提供了短期有效的掩护。因此，要抑制短期内的信息摩擦，不仅需要交易所公布更加细分的持仓数据，还需要保证数据公布的及时性，增加公布频率。另外，金融投资者在商品市场日益增加的同时（即所谓的商品市场金融化），似乎无关的国际大宗商品价格之间的相关性越来越高，而这种价格之间的联系并不能被宏观经济基本面所解释。Liu 和 Zhang（2019）提出用超额溢出的框架来分析国际大宗商品市场金融化和跨商品价格之间的联系。他们将超额溢出定义为不受宏观经济基本面驱动的溢出效应，并通过三个步骤对超额溢出进行建模。首先，他们采用大规模近似因子模型，从经济变量面板中提取估计的共同因子；其次，将商品收益率回归到估计的因子上，以过滤掉共同宏观经济冲击的影响；最后，他们利用 Diebold 和 Yilmaz（2012，2014）的溢出指数方法，量化回归残差之间的联系，从而得到超额溢出的最终度量。在此基础上，他们的研究表明，超额溢出在 2004 年至 2008 年期间急剧增加，并在全球金融危机期间达到顶峰。超额溢出的强度与金融投资者的参与程度显著正相关，超额溢出的变化大部分可以归因于管理型资金交易者和指数交易者的活动。此外，管理型资金参与程度较高的商品市场更有可能成为超额溢出的净传播者，而指数基金参与程度较高的商品市场更有可能成为净接收者。

在明确国际大宗商品价格受金融投机和实需的影响，以及不同国际大宗商品价格之间的联系受超额溢出的影响后，国际大宗商品如何影响中国宏观经济波动便成为进一步的研究方向。张翔、刘璐和李伦一（2017）率先研究了国际大宗商品市场金融化与中国宏观经济波动的关系，具体考察了与其他冲击来源相比，国际大宗商品价格冲击对我国宏观经济波动的重要程度。国际大宗商品市场的金融化进程如何通过大宗商品价格冲击影响我国宏观经济波动？背后的影响机制是怎样的？探究以上问题能够帮助决策部门认清国际大宗商品市场发展与国内经济的紧密联系，具有维持国内宏观经济稳定的重要现实意义，也可为我国进一步全面发展大宗商品市场体系、积极应对外部冲击提供决策支持。张翔、刘璐和李伦一（2017）建立了结构向量自回归（SVAR）模型，以识别国际大宗商品价格冲击、货币政策冲击和财政政策冲击等其他冲击因素，实证分析了1998—2015年国际大宗商品价格冲击在我国宏观经济波动中的相对重要性。在此基础上，将大宗商品市场金融化纳入研究框架，进一步以回归分解方法考察大宗商品金融化对我国宏观经济波动的影响。

他们最终发现，总体来说，国际大宗商品价格对我国宏观经济的驱动作用虽弱于投资者专有技术冲击，但明显强于货币政策冲击和财政政策冲击。具体而言，在对产出、投资和消费波动的驱动作用中，其影响逐渐减弱，并且，对我国生产领域的影响强于对消费领域的影响，是我国输入型通货膨胀的重要来源。若以金融危机为分析节点，危机后国际大宗商品价格冲击对通货膨胀、就业、产出和投资波动的解释力明显增强，对消费波动的解释力减弱。而其对宏观经济波动影响则主要表现为放大效应，危机前主要表现为平抑效应。

这些研究结果对政策具有指导意义：国际大宗商品价格冲击的重要影响暴露了我国粗放型增长方式的弊端，出口导向型的经济发展战略造成了对外部市场的过度依赖。政府应继续采取措施促进国内有效需求、加快产业结构升级，以实现良性的经济增长方式，提升我国宏观经济稳定度，增强抵御外部冲击的免疫力。

首先，宏观政策制定者应充分重视大宗商品市场金融化问题。当商品价格出现非预期的过度波动时，可进行适当的价格干预或窗口指导，在短期内削弱金融化对国内价格水平和经济活动的严重影响。

其次，监管部门应加强对国际资金流动的监控，并积极开展国际合作，在多边场合推动建立国际大宗商品价格预警机制，及时识别金融资本对国际大宗商品市场的不利影响，以有效应对国际大宗商品市场金融化问题。

最后，应尽快完善我国商品期货市场的建设，增大市场活跃度，督促实现价格发现功能，从而在国际市场上争取定价权，帮助国内经济屏蔽国际大宗商品市场金融化的信息噪声。同时，也要注意建立及时有效的跨市场监管机制，抑制过度投机行为。

5.2.4 中国衍生品市场的系统性风险防控

金融衍生品是现代金融市场必不可少的避险工具，也是金融机构和投资者进行风险管理和投机交易的重要工具。但在避险的同时，金融衍生品也带来了一定的系统性风险。

5.2.4.1 中国衍生品市场的发展现状与风险分析

一方面，我国场内衍生品市场快速发展。自从我国实行改革开放政策以来，场内衍生品市场经历了盲目发展、清理整顿以及规范协调三个发展时期，市场体系不断健全、市场规模迅速扩大。2021 年上半年，中国境内期货与期权成交量为 37.16 亿手，占全球期货与期权总成交量的 12.9%，较 2020 年同期提升了 1.4 个百分点；中国境内商品期货与期权成交量为 36.56 亿手，占全球商品期货与期权总成交量的 69.6%，较 2020 年同期提升了 14.4 个百分点；郑商所、上期所、大商所和中金所在全球交易所期货与期权成交排名中分别位列第七、第八、第十和第二十六。另一方面，场外衍生品市场也在快速发展。场外衍生品市场包括金融机构间场外衍生品市场和银行柜台场外衍生品市场，且金融机构间场外衍生品市场是现今国内场外衍生品市场最为关键的部分，已慢慢发展为一个监管宽松、以商业银行为主体、融入多类金融机构的市场。2022 年该市场的交易量超过 20 万亿元。相比于金融机构间场外衍生品市场，银行柜台场外衍生品市场通常具有交易场地分散、交易量小的特点。2019 年，银行间场外衍生品共成交约 138.4 万亿元，其中，外汇衍生品占比最高，全年累计交易约 119.8 万亿元，全球占比 20.3%；人民币利率衍生品市场累计成交 18.6 万亿元，全球占比 0.65%。2020 年，银行间人民币利率衍生品市场累计成交 19.9 万亿元，同比上升 6.8%。中国证券业协会数据显示，2020 年，我国境内证券公司场外金融衍生品业务新增名义本金累计 4.76 万亿元，累计交易高达 11 万笔。

尽管衍生品市场的开放发展给我国经济带来了诸多好处，但同时也带来了风险。从国际市场看，衍生品市场在管理不充分的情况下过度使用以及在监管能力不相匹配下的过度发展，会产生三个方面风险：一是存在大量的投资者巨额亏损案例；二是衍生品市场可能成为操纵一些国家或地区金融的工具；三是衍生品市场本身或成为系统性金融风险之源。我国衍生品市场对外资金融主体开放也存在潜在的系统性风险隐患，严重时可威胁到国家金融安全，需要引起高度警惕。

一般情况下，金融产品和简单衍生品通过嵌套各种复杂结构形成复杂衍生品，具有高度杠杆化和对赌的特点，在特殊环境下可以撬动金融市场或成为操纵金融市场的工具，进而影响金融机构，冲击金融体系。这已被亚洲金融风暴期间国际投机大鳄利用本地衍生品工具和衍生品市场操纵巨额获利所证实。

1996年底，泰国金融市场已有包括货币期权、货币期货、国债期权、国债期货和利率期权等在内的多种金融衍生工具在交易，其日交易额高达20亿美元，在一定程度上为对冲基金在泰国利用金融衍生工具交易进行阻击战提供了市场条件。据估计，在1997年5月的攻击中，投机者至少投入了1700亿泰铢，从而形成了巨大的抛售压力。国际投机者事先抛售的期权合约与远期合同为其带来了丰厚利润和极大信心，他们先后冲击了菲律宾比索、马来西亚林吉特和印尼盾，获取了巨额利润。曾经的东亚奇迹也随之失色。

即使是美国这样的发达国家，也因金融衍生品市场不断复杂化的创新和不力监管引发了次贷危机，导致了美国金融市场的海啸，让美国政府不得不出巨资大规模救助金融机构。美联储当年采取的零利率和大规模的定量宽松货币政策，使美国经济脱离了正常的商业周期。

可以说，金融衍生品通常会成为金融产品风险的放大器，金融衍生品市场开放的最大风险就是积聚金融系统性风险，最终引发金融危机。因此，防范金融衍生品市场对外开放中的系统性风险十分重要。

综合来看，衍生品市场的杠杆性和复杂性特征使其容易成为操纵市场的工具，严重时会威胁到国家的金融安全，在监管能力不足的情况下，越

5.2.4.2 中国衍生品市场开放发展及风险防控的建议

当前，我国正在推进更高水平的开放。高水平的制度开放自然包括金融领域的进一步开放，包括资本市场和衍生品市场的开放。由于金融衍生品的特殊性，我国衍生品市场的开放应高度重视风险，与一般金融市场的开放区别对待，不能为部分恶意的外资金融机构留下长期投机布局的隐患。

事实上，对衍生品市场的发展、监管和对外开放的系统性风险防范应该重视系统性思维：一是要明确衍生品发展的基础资产的市场环境；二是要了解衍生品跨区域、跨市场、跨品种和跨境的复杂结构；三是要了解衍生品可以多层嵌套的复杂结构；四是要了解衍生品的杠杆特性与金融市场和经济的相关性；五是要了解资本账户开放后衍生品对于金融系统风险的重要影响。对于监管者而言，一定要充分认识衍生品市场的开放是金融开放中最需要谨慎的领域，不能把金融衍生品市场开放等同于一般金融产品市场的开放，尤其要警惕国际投机资金大规模冲击下可能对我国金融安全带来的巨大冲击。

基于我国衍生品市场发展与监管现状、境外套期保值损失案例以及金融开放可能增加潜在系统性风险等情况，建议可进一步完善我国衍生品市场发展开放路径规划和监管体系，防控潜在系统性风险的积聚。

具体建议：一是擘画中国衍生品市场发展开放的整体蓝图，推动衍生品人才培养体系的完善；二是弥补衍生品市场监管体系漏洞，推动法律法规体系的完善；三是研究与监控衍生品对整个金融系统性风险的冲击，建立衍生品风险的预警机制和应急处理机制；四是整合建设跨市场、跨品种、跨部门、跨境衍生品的信息集中与风险监控系统；五是加强与国际监管组织和相关国家监管机构的合作；六是建立"长臂管辖"制度，行使正当制裁权力。

5.2.5 中国金融衍生品和大宗商品衍生品的个性

衍生品是指价值依赖于基础资产价值变动的合约，按照基础资产的不同，衍生品可分为金融衍生品和大宗商品衍生品，二者有诸多方面的不同。金融衍生品，也称金融衍生工具，是指从股票、债券、指数、货币和利率等基础金融资产的价格中获取价值的金融工具，又可细分为利率衍生品、信用衍生品、汇率衍生品和权益衍生品，其主要目的是对冲和投机。大宗商品衍生品是从黄金、石油、小麦或铜等基础实物商品的价格中获取价值的金融工具，其主要用于对冲实物大宗商品市场的价格波动和投机交易。金融衍生品和大宗商品衍生品所具有的风险也不同。金融衍生品通常被认为具有较高水平的交易对手风险，因为它们通常涉及复杂的金融交易并且受制于相关方的信誉。而大宗商品衍生品通常受到自然灾害或供应链中断等实体风险的影响，这些风险可能会影响基础商品价格和衍生品的价值。

由于金融衍生品和大宗商品衍生品的主要差异在标的资产上，该差异会导致中国金融衍生品市场和中国大宗商品衍生品市场的个性不同，故本小节分别讨论中国市场中这两类衍生品的个性。

2021年全球金融衍生品市场持续火爆。金融衍生品成交呈现明显的上升趋势，占比从2020年的80%上升至83%，商品衍生品占比17.0%；金融类衍生品总成交量为519.92亿手，同比增加39.70%，占场内衍生品总成交量的83.07%。其中，金融期货成交191.78亿手，占比36.89%；金融期权成交328.14亿手，占比63.11%。商品类衍生品总成交量为105.93亿手，同比增加10.37%，占场内衍生品总成交量的16.93%。其中，商品期货成交100.98亿手，占比95.32%；商品期权成交4.95亿手，占比4.68%。

从全球衍生品成交量排名来看：2021年中国场内衍生品市场成交量位列全球场内衍生品成交量第四，成交量为75.14亿手；印度首次超越美国位居全球场内衍生品成交量首位，成交量为190.67亿手；美国则成交152.32亿手，位居全球第二。从大宗商品衍生品成交量来看，中国大宗商品衍生品成交73.92亿手，位居全球第一，而排名第二的美国在大宗商品衍生品的成交量仅有13.17亿手，说明我国在全球大宗商品衍生品市场占有极其重要的地位。从金融衍生品成交量来看，中国在2021年仅成交1.22亿手，而同年美国金融衍生品成交量有139.15亿手。对于场外数据而言，中国期货业协会数据显示，截至2022年6月底，期货行业商品场外衍生品存续规模

1608.87亿元，商品类业务累计成交名义本金约6800亿元，占整个场外衍生品的76.19%，持仓规模也略高于金融产品。从以上数据对比可以看出，我国衍生品市场的增长主要由大宗商品衍生品成交量的推动，而我国金融衍生品市场则还具有广阔的发展空间。

从交易品种来看，我国不少大宗商品交易品种的交易量已稳居全球首位，但还有部分大宗商品交易品种和大部分金融衍生品交易品种的交易量具有较大的上升空间。从各品种的成交量来看，2021年场内大宗商品衍生品成交数据显示，郑商所、上期所和大商所排名全球前三位。2021年场内金融衍生品成交量排名数据显示，印度国民证券交易所、巴西圣保罗证券期货交易所和芝加哥商业交易所集团排名全球前三。2021年全球金属类场内衍生品成交量数据显示，上海期货交易所的螺纹钢、白银和热轧卷板期货成交手数排名全球前三。另外，上期所的镍、铝、锌、铜、黄金、不锈钢和锡期货，大商所的铁矿石期货，以及郑商所的硅铁和锰硅期货成交手数也居全球金属类场内衍生品前20位。2021年全球农产品类场内衍生品成交量数据显示，大商所的豆粕期货、郑商所的菜籽粕期货和大商所的豆油期货成交手数排名全球前三，大商所的棕榈油、玉米、鸡蛋、玉米淀粉、黄大豆1号期货和豆粕期权，郑商所的白糖、棉花、菜籽油和苹果期货，及上期所的天然橡胶和纸浆期货成交手数也位居全球农产品类场内衍生品前20。2021年全球能源类场内衍生品成交量数据显示，上期所的燃料油期货和石油沥青期货，郑商所的动力煤期货，大商所的焦炭期货和焦煤期货都位列全球能源类场内衍生品前20位。全球成交量排名前十的其他类衍生品合约中，郑商所的PTA、甲醇、纯碱、玻璃期货分别位列第一、第二、第四、第五。2021年全球金融类场内衍生品成交量数据显示，我国没有成交量居于世界前列的交易品种。成交量居于世界首位的金融类衍生品交易品种有印度国民证券交易所印度Nifty指数期权、巴西圣保罗证券期货交易所的巴西Ibovespa迷你指数期货、迷你美元期货和隔夜同行拆借利率等。由上述交易品种可知，中国大宗商品衍生品有许多品种的成交规模居全球首位，然而我国金融衍生品市场的规模还有待进一步发展提升。

从监管角度来看，国外衍生品市场的监管体系和我国具有较大不同。

美国是多个监管机构并存的模式，是机构型和功能型监管模式的混合体。从机构监管的角度来看，美国监管机构包括：美国商品期货委员会（CFTC），专职负责监管期货市场；美国证券交易委员会（SEC），有权对有价证券期权、外汇和股票指数期权交易进行监管；联邦储备委员会和货币监理署，负责监管商业银行从事的衍生品交易。美国的多方监管模式源于1929—1933年的大危机，目的是应对危机带来的破坏性影响，帮助美国金融市场乃至整个国民经济从大危机的沉重打击中恢复元气，走向长期良性循环的轨道（汪涛和郭宁，2008）。我国衍生品市场则在金融体制"分业经营、分业监管"的理念下，呈现出多头监管的局面，这种以分业监管为基础的机构监管对我国衍生品市场的稳定发展起了重要作用。我国监管模式的选择，是从具体国情出发，综合考虑市场特征、发展趋势、监管传统等多方面因素。但我国金融衍生品市场在与交易相关的基础设施方面比较薄弱，如交易规则的法律效力不明确、金融机构内控管理不健全、合格投资者管理虚化等。而我国大宗商品衍生品市场则相对成熟一些，但也存在一些问题，如就市场发育程度而言，我国期货市场仍处于初级阶段，"散户市"特征明显。成熟市场国家70%以上的参与主体是机构投资者，个人投资者占比不足10%，而我国场内市场的参与主体则以个人投资者为主，占比高达97%，机构投资者占比仅为3%。这种"散户市"的特征容易形成过度投机，从而使市场功能扭曲，进而引发系统性风险（常飞，2022）。

本章小结

中国金融衍生品市场作为中国资本市场的重要组成部分，在我国特有国情和特色金融发展过程中，形成了个性化的衍生品市场结构和功能。近年来，在党的十八大的指引下和党的二十大的要求下，我国衍生品市场充分发挥了其应有的金融功能，服务中国实体经济高质量发展，全面高效的金融体系是助推经济高质量发展的重要力量。我国金融衍生品市场自形成以来快速发展,已取得诸多成果。期货市场品种逐渐丰富,逐渐形成横向纵向全面发展的期货市场;期权市场从无到有,快速发展,为企业风险管理提供了有效工具;特色化模式不断创新,如"保险+期货"服务乡村振兴等;期货市场价格发现功能增强,可为现货市场提供定价信息,实时反映宏观经济运行走势。

金融衍生品市场是经济发展的必然产物,是来自实体经济的真实需求。在多次金融危机后,金融衍生品市场不断发展完善,正在从单一风险的复杂产品向多重风险的简单产品过渡。其发展能够有效减弱金融危机对实体经济的冲击,缓解资本市场的风险,利于实体经济的发展。当前,我国商品期货市场已位居世界前列,但金融期货还有很大的发展空间。随着我国金融体制改革的逐步实施、多层次资本市场的完善,金融衍生品市场的发展一定会迎来长足的进步。

第6章 商品与能源衍生品

✦ 学习目标

1. 了解大宗商品的三种类别以及常见的大宗商品。
2. 掌握大宗商品市场的期货价差及其重要性。
3. 熟悉能源产品的发展现状和未来发展前景。
4. 熟悉大宗商品在国家战略方面的作用。

引　言

金融投资市场上的大宗商品通常指同质化、可交易、被广泛作为工业基础原材料的商品。大宗商品的交易历史悠久，农产品（如粮食、棉花等）就是人类社会早期农耕时代交易的大宗商品。随着人类社会的进步、海上贸易的发展以及工业革命的兴起，金属、珠宝、煤炭、石油等成为大宗商品的新型品种。大宗商品同时作为另类衍生品，与资本市场相关度较低，可有效分散投资组合的风险，减少资产由于资本市场变化而产生的波动，也在一定程度上对抗了通货膨胀。

本章共分为5个小节，主要介绍了大宗商品的类别、大宗商品市场、能源产品的发展以及大宗商品服务国家战略的具体体现。其中，6.1小节分别介绍了农副产品、金属、能源产品三大大宗商品的基本属性、特质和用途。6.2小节通过讲解期现价差、跨期价差、内外价差、品种价差，引出了价差对于期货市场的重要性，并分析了相关的溢价理论。6.3小节从能源产品出发，主要介绍了我国能源产品的发展现状以及未来展望。6.4小节将大宗商品与国家战略结合起来,重点阐述了能源和农产品在保障国家安全方面的作用。6.5小节通过三个实际案例进一步表明了大宗商品衍生品对国家发展和企业转型的重要性。

6.1 大宗商品

大宗商品(Commodities)是指可进入流通领域但非零售环节,具有商品属性并用于工农业生产与消费使用的大批量买卖的物质商品。支撑全球化经济的大宗商品,是指用于建造与驱动城市、运行交通系统和喂养我们自己等日常生活基本要素的根本原材料。大宗商品处于工业生产的最上游,其价格的波动会直接影响下游制成品以及整体经济的运行。

最常见的大宗商品包括铜、原油、小麦、咖啡豆和黄金等。大宗商品可以进一步细分为两个不同类别:硬商品和软商品。软商品是指那些种植出来的,不能长期储存的商品,因涉及不可预测的风险,通常比其他商品更不稳定,如咖啡、可可、橙汁、糖和棉花。硬商品是那些可以从地球上开采或提取的商品,如金属和石油产品。现如今,这个定义已经扩大到金融产品,如外汇和指数。技术的进步使新类型的大宗商品在市场上交换。大宗商品可以作为金融资产在专门的交易所进行购买和出售。同样,也有发达的衍生品市场供交易者购买这些商品的合同(如远期、期货和期权)。

世界上大多数广泛交易的大宗商品都有完善的市场,并主要以期货合约的形式在交易所进行交易,即约定在未来某一特定时间以一定价格购买或出售大宗商品的合同,而合同的结算意味着实际资产或现金的交付。大宗商品交易有可能产生巨大的市场波动,交易所对所交易商品的数量和等级进行标准化。除了期货市场外,大宗商品也可以通过股票市场进行交易。交易者可以购买和出售与特定商品有关的公司的股票,有兴趣在一家石油和天然气公司建仓的交易者可以购买其股票。交易所交易基金(ETF)也允许交易者在不直接投资于期货合约的情况下持有某种大宗商品的头寸。除此之外，交易者也可以购买实物大宗商品，如黄金或白银。目前，我国期货市场背后的现货及其产业链都连接着关系国计民生的大宗商品市场，如粮、棉、油、糖、能源、化工、冶金、建材等，不仅单个品种现货市场价值巨大，而且整个产业链上下游仓储、物流、金融、商贸、信息等商业要素齐全。随着我国期货交易所的建设和新品种的不断上市，更多与实体经济息息相关的大宗商品将进入我国期货领域。

在金融投资市场，大宗商品包括三个类别，即农副产品、金属和能源产品。

6.1.1 农副产品

农产品的现货贸易源远流长，最早可以追溯到农业社会，但现代的大宗农产品交易一般是以 1848 年美国芝加哥期货交易所（CBOT）的成立为标志。

大宗商品中的农副产品，是指在商品农业经济结构中占有较大权重，生产量、消费量、贸易量、运输量等较大的农产品，是我国大宗商品中品种最多、分支最复杂的系列，它事关百姓的"菜篮子""米袋子"，对民生福祉影响很大。目前，已在期货市场上进行交易的农副产品有 23 个品种，即鸡蛋、菜籽、菜籽油、苹果、棉花、菜粕、豆油、豆一、豆二、玉米、强麦、淀粉、粳米、早稻、粳稻、红枣、豆粕、棕榈、白糖、棉纱、晚稻、普麦、红枣。

农产品价格常常会显示出季节性，这是因为储存农产品比较昂贵，而且产品储存的时间也是有限的，同时，气候也是决定大多数农产品的关键因素。农作物商品价格的波动率在收获季节之前往往是最高的，而当产量确定后，其波动率就会下降。在农作物生长季节，随气候的变化，农产品价格变化趋势往往显示出跳跃性。

中国主要的农产品期货交易所为郑商所和大商所，郑商所上市的农产品期货主要为棉花、白糖、小麦、菜籽油、菜籽粕、水稻、苹果、花生、红枣等，大商所上市的农产品期货主要为大豆、豆粕、玉米、豆油、棕榈油、鸡蛋等。

6.1.2 金属

大宗金属商品是地球地层中稀有的天然存在的金属元素,具有很高的经济价值。大宗金属商品的不寻常是有原因的,它们既是投资资产,也是工业元素。制造商将大宗金属商品用于各种产品生产上,如电子零件、珠宝和牙科设备。金属产品主要有 10 种,即金、银、铜、铁、铝、铅、锌、镍、钯、铂。

货币汇率波动也可能导致金属价格波动,这是因为开采金属的国家往往不同于报出金属价格的国家,从长远来讲,金属的价格取决于其在不同生产过程中被使用的趋势,以及所发现这种金属的新产源。另外,勘探技术、开采方法、地缘政治、企业联合,以及环保政策对金属价格也会有影响。

黄金是贵金属交易行业中最重要的金属。在贵金属中,黄金以其耐用性和延展性而著称。虽然黄金有时用于制造电子零件,但其主要需求是珠宝生产,许多消费者将黄金制成的金属商品视为一种投资形式。金属银广泛用于电子产品和珠宝制造。在金属商品交易中,传统上,白银在财务上只占黄金价值的一小部分,且价格波动比黄金更明显。而金属铂除用于珠宝生产外,还用于制造汽车的催化转换器。由于汽车行业严重依赖这种贵金属商品,铂金的价格在很大程度上取决于汽车的生产和销售率。

6.1.3 能源产品

在世界大宗商品交易场景中,能源产品是最热门的大宗商品。能源类大宗商品主要包括原油、汽油、天然气、动力煤、甲醇等。支持这些产品的价格服从均值回归过程的假设有:当一种资源的价格上涨时,其消费量很可能会下降,这样产量就相对过大,从而对价格产生向下的压力;当一种资源的价格下跌时,其消费量很可能会上升,但这时增加产能变得不划算,所以对价格产生向上的压力。

原油是大宗商品世界无可争议的重量级冠军。原油有很多等级，对原油定价的两个重要基准是布伦特原油①（Brent Crude Oil）和德州轻油（West Texas Intermediate，WTI）。原油一般会被提炼成汽油、民用燃料油、燃料油和煤油这样的产品。每天交易的原油数量（8700万桶并且还在增长）比任何其他商品都多，这些合约通常是由原油固定价格与原油浮动价格来交换。

天然气也是一种重要商品。通常，天然气卖方负责将天然气通过管道输送到指定地点，它是建筑物取暖常用的能源，同时也被用来发电。因此，对天然气的需求具有季节性，而且受天气影响。

6.2 大宗商品市场的基础概念与理论

6.2.1 商品期货价差

大宗商品现货与期货市场上会出现许多价格，它们之间的差值形成了价差，其中有期现价差、跨期价差、内外价差、品种价差等。

期现价差，是指商品期货与其现货的价格之差，它们之间的关系取决于持有成本。与投资性资产不同，大部分大宗商品属于消费性资产，即主要出于消费目的而持有的资产，其持有成本可定义为：

持有成本 = 储藏成本 + 无风险利息成本 − 标的资产收益 − 便利收益（消费价值）

那么在完美市场中，当持有成本大于零时，期货价格大于现货价格；当持有成本小于零时，期货价格小于现货价格；在期货到期日，期货价格将收敛于标的资产的现货价格，即期现价差归于零。市场对大宗

---

① 布伦特原油出产于北大西洋北海布伦特地区。

商品未来的涨跌预期会同时影响其现货价格和期货价格，但不会影响期现价差。

跨期价差，是指同一期货品种不同月份合约之间的价格之差。这一价差主要归因于季节因素以及不同月份的持有成本、行情预期等不同。有的大宗商品的供需具有季节性特点，如农产品的收获、进口、上市，往往分别集中在每年的固定时节，燃料油等能源在冬季的需求量明显超过其他季节。这种季节性变动通常能提前反映在不同合约的月份上，比如消费旺季月份的合约对消费淡季月份的合约升水，或供应旺季月份的合约对供给淡季月份的合约贴水。

内外价差，是指同种标的资产到期月份相同或相近的期货在境内与境外不同市场之间的价格之差，如 SC2209 – Brent2210 价差。它反映了不同市场上供给与需求的相对差异、不同交易所对交割标的质量和等级的不同规定、运输成本、汇率等因素。

品种价差，是指类似或存在生产上下游关系的大宗商品的期货价格之差，前者如燃料油和低硫燃料油、黄大豆一号（即豆一）和黄大豆二号（即豆二）、热轧卷板和螺纹钢，后者如焦炭和焦煤、豆油和豆粕。品种价差代表了不同行业或产业链不同环节的强弱关系，可以用于分析行业或宏观经济情况。特别的是，裂解价差指的是成品油与原油之间的价差。市场参与者已经利用原油、取暖油和汽油期货来交易裂解价差。纽约商品交易所提供一种裂解价差交易指令：一种原油和成品油合约的同时买卖指令。该指令允许炼油商同时按一定比例买卖原油和成品油合约来锁定炼油利润或套利。纽约商品交易所同时交易原油和各种主要的成品油期货合约，所以交易商可以通过设计原油和成品油的持有头寸来规避裂解价差变动带来的风险。一般来说，汽油的产出量接近馏分油产出的两倍。馏分油经常被用来生产取暖油和柴油，二者的化学成分基本一致。这种产出结构就促使许多交易商采用3∶2∶1的配置方式（三张原油合约对两张汽油合约和一张取暖油合约）来对冲风险。而一个汽油产出量稍低的炼厂可能会采用5∶3∶2的组合来对冲风险。

6.2.2 价差对期货市场的重要性

一方面，期货价格以现货价格为基础，通过连续公开竞价交易形成，集中、真实反映了影响未来供求关系的各种信息；另一方面，有了期货市场后，任何时刻的供求都会综合影响每个时刻的现货和期货价格。由于期货市场低成本、高杠杆、高流动性的特点，新的市场信息冲击往往先在期货市场而非现货市场上反映出来，使当前期货价格对当前现货价格形成引领作用。价差作为上述过程的结果，是期货市场价格发现功能的重要体现。对期货市场的参与者而言，套期保值者可以通过加强对价差的研究，优化套期保值策略，更好地管理风险；套利者有可能从价差中发现套利机会，实现期现套利、跨期套利、跨市场套利、跨品种套利；在市场具有前述两个需求时，投机者也能参与交易并通过承担风险而获取收益。这又反过来维护了期货市场的价格发现功能。

6.2.3 价差与库存管理

尽管期货价格与现货价格同向波动，但在各种变量和流动性差异的影响下，某些时候，期现价差可能会出现短期大幅波动并偏离正常区间。此时若利用期货市场实现实物库存与虚拟库存的调配，则可以适当降低库存成本，扩大企业利润。虚拟库存是指在期货市场建立的大宗商品多头头寸。例如，在期货价格异常低于现货价格时，拥有实物库存的企业可以在现货市场迅速销售其实物库存，并在期货市场买入等量期货合约。虽然实际库存变成虚拟库存，但由于可以实物交割，虚拟库存在合约到期时可以恢复为实际库存。由于期货价格远低于现货价格，企业可以在库存不变的前提下通过库存形式的转化，减少资金占用、节约仓储费用，有效降低库存成本。

6.2.4 现货溢价理论

假定现在是 2022 年 9 月，期货豆一 2211（A2211）合约的现价是 5883 元/吨，那么市场预期 11 月时可用于该合约交割的黄大豆的即期价格是多少呢？因为期货价格在合约到期时会收敛到即期价格，所以如果市场预期 11 月时标的即期价格小于 5883 元/吨，那么市场预期 11 月的期货价格将会下跌，因此，持有期货空头头寸将会盈利，多头头寸将会亏损；如果预期即期价格大于 5883 元/吨，则持有期货多头头寸将会盈利，空头头寸将会亏损。

凯恩斯和希克斯指出，如果套期保值者倾向于持有空头头寸而投机者倾向于持有多头头寸，则期货价格会低于预期未来即期价格。原因是，投机者因为承担了风险而要索取收益，只有期货价格低于预期未来即期价格时，投机者才会做多以获得期望利润；套期保值者平均会损失，因为期货可以减少风险，所以套期保值者更易接受这个事实。但如果套期保值者倾向于持有多头头寸而投机者倾向于持有空头头寸，则预期未来即期价格会低于期货价格。

可见，现货溢价理论认为，期货价格要低于预期未来即期价格，并随到期日的临近而逐渐上升，直至二者相等。尽管这种理论认识到了风险溢价在期货市场中的重要作用，但它基于所有风险而不是系统性风险。现代学说则以经济中风险与预期收益的关系为基础，提炼出了用来决定适当风险溢价的风险测度方法。

期货价格低于预期未来即期价格的情形称为现货溢价或期货贴水（Normal Backwardation），期货价格高于预期未来即期价格的情形则称为现货贴水或期货溢价（Contango）。但是，这两个名词有时也分别指期货价格低于或高于当前即期价格，而非预期未来即期价格。当将期货价格和即期价格进行对比时，市场一般处于现货贴水状态，这是因为远期交割的货物会有利息和仓储费用，所以期货价格高于近期现货价格。一般市场供应过剩越严重，现货或者近月贴水的幅度越大。有时受短期内供需缺口、突发事件等的影响，市场可能进入现货溢价状态。市场供不应求的程度越严重，现货溢价水平越高。如 2017 年,大商所铁矿石期货价格从 524.5 元/吨最高涨至 726.5 元/吨,涨幅逾 38%,但持续低于现货价格,这表示市场对后续价格走势仍持谨慎态度。

在现货贴水的市场结构下,若远月合约比近月合约的升水幅度超过了对应持有周期内的持有成本,就产生了无风险套利的机会。贸易商可以在现货市场上买入现货持有,同时在期货市场上卖出远月合约。如果期现价差在持有期内收敛至合理水平,贸易商将出售现货,同时在期货市场上平仓离场;如果价差不收窄,可以再在期货合约到期后,将现货交割到期货市场。这样不管市场如何波动,贸易商都可以将利润锁定为期货升水与现货持有成本之间的差额。以原油期货为例,如果原油现货价格为 40 美元/桶,3 个月后的期货远月合约价格为 50 美元/桶,某贸易商测算后认为 3 个月原油现货的仓储费以及其他费用的总和为 8 美元/桶,存在 2 美元/桶的无风险套利空间,于是该贸易商买入 1000 桶原油现货。3 个月后期货合约到期,他将原油现货交割到期货市场,获得 1000 ×(50 - 40 - 8)= 2000 美元的利润。

6.3 能源产品现状与展望

6.3.1 某交易所动力煤期货及其运用案例

下面用郑商所动力煤期货作为我国能源期货产品的示例。

6.3.1.1 合约条款(见表 6-1)

表 6-1　　　　　　　　　动力煤期货合约的主要规定

项目	内容
交易品种	动力煤
交易单位	100 吨/手

续表

项目	内容
报价单位	元（人民币）/吨
最小变动价位	0.2 元/吨
每日价格波动限制	上一交易日结算价±4%及《郑州商品交易所期货交易风险控制管理办法》相关规定
最低交易保证金	合约价值的 5%
合约交割月份	1—12 月
交易时间	每周一至周五（北京时间 法定节假日除外）上午 9：00—11：30，下午 1：30—3：00 及交易所规定的其他交易时间
最后交易日	合约交割月份的第 5 个交易日
最后交割日	车（船）板交割：合约交割月份的最后 1 个日历日 仓单交割：合约交割月份的第 8 个交易日
交割品级	见郑州商品交易所动力煤期货业务细则
交割地点	交易所指定交割地点
交割方式	实物交割
交易代码	ZC
上市交易所	交易所指定交割地点

6.3.1.2　可交割煤种、品质与升贴水

对于交割用的动力煤，符合交割基准品的按照基准价进行交割结算，不符合基准品标准但各项指标处于替代品范围内的，在基准价上加入升贴水进行交割结算。涉及的指标包括：收到基低位发热量、干燥基全硫、干燥无灰基挥发分、干燥基灰分和全水。其中，交割基准价是符合交割要求的基准交割品在基准交割地的车船板交货含税价。具体各参数对应的升贴水规定如下：

已经发货的动力煤，按实际检验结果计算货款，计算结果保留小数点后两位。

动力煤基准交割品：收到基低位发热量 5500 千卡/千克，干燥基全硫≤0.6%，30%≤干燥无灰基挥发分≤42%，干燥基灰分≤30%，全水≤20%。

替代品及升贴水：收到基低位发热量≥4800千卡/千克，干燥基全硫≤1%，30%≤干燥无灰基挥发分≤42%，干燥基灰分≤30%的动力煤。

收到基低位发热量≥5300千卡/千克时，货款结算价=交割结算价/5500×实测发热量；超过6000千卡/千克时，按照6000千卡/千克计算。

收到基低位发热量为5000千卡/千克时，货款结算价=交割结算价-90。

4800千卡/千克≤收到基低位发热量＜5300千卡/千克时，货款结算价=（交割结算价-90）/5000×实测发热量。

收到基低位发热量＜4800千卡/千克，货款结算价=（交割结算价-90）/5000×实测发热量×50%。

0.6%＜干燥基全硫≤1%时，以0.6%为基准，每高0.1（四舍五入，保留小数点后一位）个百分点，贴水4元/吨。

全水＞20%的动力煤可以交割。全水＞20%是以20%为基准，按照超出部分（四舍五入，保留小数点后一位）扣减重量（例如，实测全水为21.32%，扣重1.32%）。

收到基低位发热量检验结果低于卖方配对环节公布的收到基低位发热量，且差值超过300千卡/千克（不含）的，在上述货款计算公式基础上再减5元/吨；收到基低位发热量检验结果高于卖方配对环节公布的收到基低位发热量，且差值超过300千卡/千克（含）的，计算货款结算价时，收到基低位发热量按照"卖方配对环节所公布收到基低位发热量+300"计算。

干燥基全硫、干燥无灰基挥发分、干燥基灰分指标超出交割品范围的，计算货款结算价时按照收到基低位发热量、干燥基全硫、干燥无灰基挥发分、干燥基灰分的顺序依次进行。

6.3.1.3 保证金比例

一般月份最低交易保证金设置为合约价值的5%，以下几种情况会导致保证金比例变化。

（1）临近交割日期：交割月前一个月第16个日历日至交割月前一个月

第 6 章 商品与能源衍生品

最后一个日历日期间的交易日，交易保证金比例标准上调为10%；交割月份交易保证金比例标准上调为20%。

（2）调整合约规定：如果合约存续期内交易所修改合约，涉及调整保证金要求的，则从前一交易日闭市起，该合约持仓按新标准收取。

（3）品种波动较大：如果连续4个交易日累计涨跌幅达到了合约规定涨跌幅的3倍或连续5个交易日累计达到规定涨跌幅的3.5倍时，交易所有权提高保证金标准，提高幅度不高于当时的3倍。

（4）长时间休市：如果因法定节假日休市较长，交易所可以在休市前调整保证金比例。

（5）特殊情况：行情特殊导致市场风险较大时交易所有权临时调整保证金比例，待交易平缓后交易所可以将保证金比例恢复至正常水平。

注意：最新保证金比例和涨跌幅标准以交易所公告为准。

6.3.1.4 交割方式

按交货方式分类，动力煤期货有两种交割方式，分别是厂库交割和车（船）板交割。

（1）厂库交割，是以厂库来作为交割用的仓库，将交割品入库后获得注册仓单，然后以移交注册仓单形式完成交割。最后交割日为合约交割月的第8个交易日。通常，这些厂库的工厂也是期货市场的重要参与者，因此其生产能力和公司信用也是交割顺利执行的重要保障。交割厂库主要为内蒙古、陕西、山西的几家大型煤矿集团厂库。

（2）车（船）板交割，是买卖双方协商好交割的各项事宜后，在交易所指定交割计价点将货物直接装运至买方的汽车板、火车板或轮船板等运输工具上的交割方式。最后交割日为合约交割月的最后1个日历日。该交割方式与现货交易相似，卖方负责货物装卸前所有风险责任，一旦装卸后所有权与责任完全转移给买方。动力煤可交割地位于沿海各港口。

按交割流程分类，有三种交割方式，分别是期转现、滚动交割和一次性交割。

6.3.1.5 交割地点

动力煤交割的厂库和进行车（船）板交割的交割计价点都位于港口。

交割计价点包括9个北方港口：秦皇岛港、神华黄骅港、国投曹妃甸港、国投京唐港、天津港、唐山港、唐山曹妃甸港、华能曹妃甸港和华电曹妃甸港；5个东南港口：广西防城港、福建可门港、广州港、浙江舟山六横港和华能太仓港。

其中，北方环渤海港口秦皇岛、黄骅港、天津港、京唐港、国投京唐港、曹妃甸港等，历年来发运量均占我国下水煤总量的90%以上，是我国主要的动力煤运输港口。

6.3.1.6 买方基差交易案例（见图6-1）

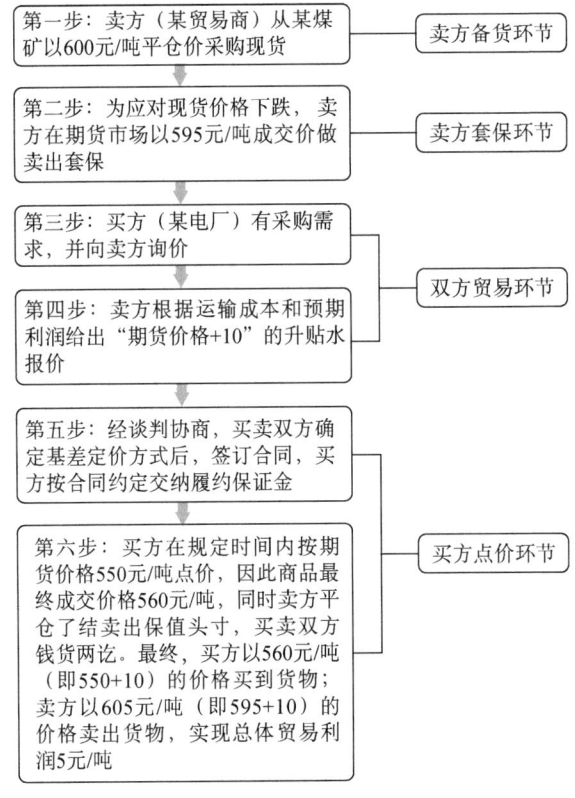

图6-1 买方基差交易案例流程

6.3.1.7 卖方基差交易案例（见图6-2）

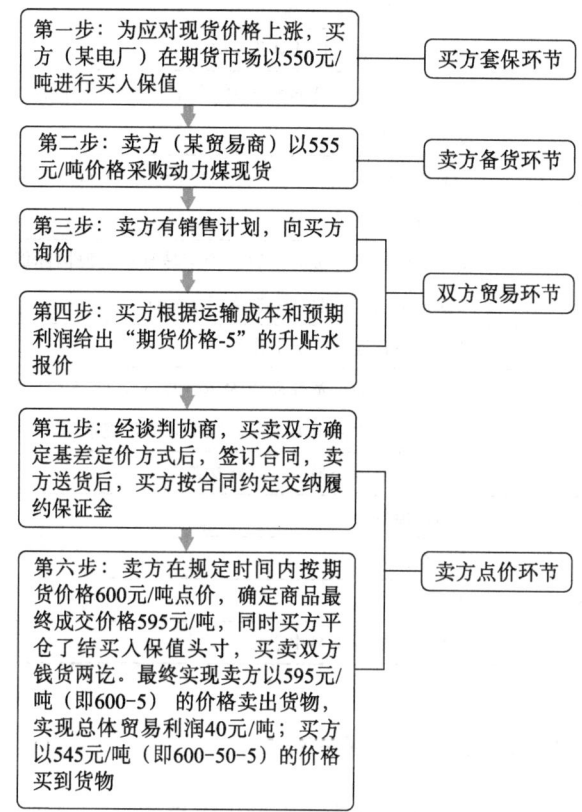

图6-2 卖方基差交易案例流程

6.3.2 原油期货合约要素

6.3.2.1 我国原油期货合约条款（见表6-2）

表6-2　　　　　　　中质含硫原油期货合约的主要规定

项目	内容
交易品种	中质含硫原油
交易单位	1000桶/手
报价单位	元（人民币）/桶（交易报价为不含税价格）

续表

项目	内容
最小变动价位	0.1元（人民币）/桶
每日价格最大波动限制	不超过上一交易日结算价±4%
合约交割月份	36个月以内，其中最近1至12个月为连续月份合约，12个月以后为季月合约
交易时间	上午9：00—11：30，下午1：30—3：00和上海国际能源交易中心规定的其他交易时间
最后交易日	交割月份前一月份的最后一个交易日；上海国际能源交易中心有权根据国家法定节假日调整最后交易日
交割日期	最后交易日连续5个工作日
交割品级	中质含硫原油，基准品质为API度32，含硫量1.5%，具体可交割油种及升贴水由上海国际能源中心另行规定
交割地点	上海国际能源交易中心指定交割仓库
最低交易保证金	合约价值的5%
交割方式	实物交割
交易代码	SC
上市交易所	上海国际能源交易中心

6.3.2.2 合约标的（见表6-3）

表6-3　　　　　　　我国原油期货合约标的的分类标准

按API度分类		按硫含量分类	
类别	API度	类别	质量百分比
轻质原油	>34	低硫	<0.5%
中质原油	20~34	中硫	0.5%~2%
重质原油	10~20	重硫	>2%
超重质原油	<10		

注：不同国家或机构对原油依据API度、硫含量划分的标准各有差异，并非与上述指标完全一致。API度=（141.5/15.5摄氏度时的比重）-131.5

6.3.2.3 合约交易单位

交易单位为1000桶/手，合约价值约为1000桶/手×50美元/桶×6.9

第 6 章 商品与能源衍生品

（汇率）= 345000 元；以 5% 最低保证金计算，交易 1 手合约，上海国际能源交易中心收取的保证金金额约为 17250 元。

6.3.2.4 合约最小变动价位（见表 6-4）

考虑交易成本对价格变动的影响以及国际上期货合约在最小变动价位上的设计惯例，上海国际能源交易中心将最小变动价位定为 0.1 元/桶。

表 6-4 主要交易所原油类品种期货的最小变动价位

交易所	品种名称	最小变动价位
芝加哥商品交易所（CME）	WTI	0.01 美元/桶
洲际交易所（ICE）	BRENT	0.01 美元/桶
迪拜商品交易所（DME）	OMAN	0.01 美元/桶
上海国际能源交易中心（INE）	SC	0.1 元/桶
上期所	石油沥青	2 元/吨
	燃料油	1 元/吨

6.3.2.5 涨跌停板（见表 6-5）

表 6-5 主要交易所涨跌停板设置

交易所	品种名称	涨跌停板设置
芝加哥商品交易所（CME）	WTI	对每一具体合约，涨跌幅限制为上一交易日结算价 ± 10 美元每桶。如果最近 3 个月的合约有触及涨跌幅限制的报价出现，则 globex 可能启动熔断机制，即所有合约暂停交易 5 分钟。交易重启后，涨跌幅限制扩大
洲际交易所（ICE）	BRENT	无涨跌停板限制
迪拜商品交易所（DME）	OMAN	无涨跌停板限制
印度多种商品交易所（MCX）	WTI	4%（下一个停板是 6%，再触停板 15 分钟熔断期后，下一个停板为 9%）
上海国际能源交易中心（INE）	SC	不超过上一交易日结算价的 4%
东京工业品交易所（ToCOM）	MECO	熔断机制，每日清算期开始时根据上一节清算期结算价来设定

6.3.2.6 保证金（见表6-6）

表6-6 主要交易所保证金设置

交易所	品种名称	保证金设置	
芝加哥商品交易所（CME）	WTI	初始保证金比例2.12%～3%	维持保证金比例1.93%～2.71%
印度多种商品交易所（MCX）	WTI	初始保证金比例5%或由SPAN计算取较高值	额外/特殊保证金基于实际情况会对多空双方设置
洲际交易所（ICE）	BRENT	1.38%～2.29%	
上海国际能源交易中心（INE）	SC	5%（单向大边、客户层面）	
东京工业品交易所（ToCOM）	MECO	JCCH通过SPAN系统动态调整	
迪拜商品交易所（DME）	OMAN	会员2.22%	非会员2.44%

6.3.2.7 合约挂牌月份（见表6-7）

表6-7 主要交易所挂牌合约情况

交易所	品种名称	挂牌合约情况
芝加哥商品交易所（CME）	WTI	6年内连续合约，6年后到9年挂6月和12月合约
洲际交易所（ICE）	BRENT	8年内连续合约
迪拜商品交易所（DME）	OMAN	当年及后续5年连续月份合约
印度多种商品交易所（MCX）	WTI	12个连续月份合约
东京工业品交易所（ToCOM）	MECO	6个连续月份合约
上海国际能源交易中心（INE）	SC	12个连续月份合约加后续8个季月合约（即3年合约）

6.3.2.8 合约最后交易日（见表 6-8）

表 6-8　　　　　　　　主要交易所合约最后交易日情况

交易所	品种名称	最后交易日
芝加哥商品交易所（CME）	WTI	当前交割月份的交易在交割月前一个月的 25 日前的第 3 个交易日终止。若该月 25 日为非交易日，则交易须在 25 日前一个交易日前的第 3 个交易日终止。若交易所法定假日时间表在原油期货上市后发生变更，原上市到期日仍然有效；若原上市到期日被宣布为假日，则到期日为前一个交易日
洲际交易所（ICE）	BRENT	合约月份首日倒数第 15 个日历日（若当日为交易日）或上述第 15 个日历日（若当日为非交易日）的前一个交易日。自 2016 年 3 月合约起，最后交易日为交割月前第二个月的最后一个交易日
迪拜商品交易所（DME）	OMEN	交易应在交割月前两个月的最后一个交易日停止
上海国际能源交易中心（INE）	SC	交割月份前一月的最后一个交易日；上海国际能源交易中心有权根据国家法定节假日调整最后交易日
东京工业品交易所（ToCOM）	MECO	合约月份最后交易日
印度多种商品交易所（MCX）	WTI	合约月份 20 日左右，日期不固定，交易所会提前公布此日期

6.3.2.9 保税交割

保税交割是指以海关特殊监管区域或保税监管场所内处于保税监管状态的，期货合约所载商品作为交割标的物进行实物交割的过程。狭义上的保税交割是保税仓单货权、票据、货款转移的过程。广义上的保税交割还包括保税原油出库和入库。参与保税交割与进口资质没有直接关系。原油保税交割、原油进口、原油境内流通有不同的管理办法和资质要求。保税交割后需要进口的，遵循国家原油进口相关管理办法。

6.3.3　上海国际能源交易中心

上海国际能源交易中心股份有限公司（以下简称"上期能源"）是经中国证监会批准，由上海期货交易所发起设立的，面向期货市场参与者的国际交易场所，根据《公司法》《期货交易管理条例》和中国证监会等有关法律法规履行期货市场自律管理职能。2013年11月6日，上期能源注册于中国（上海）自由贸易试验区，经营范围包括组织安排期货、期权等衍生品上市交易、结算、交割及其相关活动，制定业务管理规则，实施自律管理，发布市场信息，提供技术、场所和设施服务。

2018年3月26日，原油期货在上期能源正式挂牌上市交易。上期所挂牌交易的产品中，原油期货是我国首个国际化期货品种，对我国期货市场对外开放具有标志性意义。铜期权是我国首个工业品期权，为企业提供了更加精细化的风险管理工具。铜期货已成为世界影响力最大的三大铜期货市场之一，并与铝、锌、铅、镍、锡期货形成了完备的有色金属品种系列，能较好地满足实体行业需求。

近年来，上期所在期货市场服务实体经济上持续发力。上期所首创的保税交割和连续交易，为期货市场对外开放和国际化打下了基础，促进了相关品种国内外价格的及时联动，为投资者进行实时风险管理提供了便利。上期标准仓单交易平台的成功上线，为标准仓单交易提供了开户、交易、交割、结算、风控等一站式服务，更好地满足了实体企业的多元化需求。在"期货稳价订单"试点中，上期所引导参与试点的企业利用衍生品市场，减少其原材料采购或销售的价格波幅，规避原材料上涨、库存减值等风险，在微观层面实现企业自身生产经营的"稳价"效果，帮助参与企业稳价格、稳预期、稳经营，助力实体企业通过期现联动模式实现抵御风险、稳健经营的目标。上期能源遵循"公开、公平、公正"的原则，以"国际化、市场化、法治化、专业化"为准绳，建设完善的国际能源衍生品交易平台。目标是客观反映能源供需状况，为能源生产、流通、消费企业及投资者提供价格发现和风险管理的工具，以及投资管理的功能，积极促进能源类商品的资源优化配置，促进经济发展。

作为国家重要的金融基础设施，上期所牢记习近平总书记"提升重要大宗商品价格影响力，更好服务和引领实体经济发展"的重要指示精神，在以下四方面做了大量工作。一是不断丰富能源衍生品品种序列，持续提升品种运行质量，服务实体经济能力不断增强。2022年1月至10月，上海原油期货累计成交4572万手，累计成交金额30万亿元，同比分别增长35.2%和113.01%，原油期权日均成交、持仓规模同比分别增长106%、45%。低硫燃料油期货累计成交量、成交金额同比分别增长115.72%、229.61%。二是坚决贯彻落实《期货和衍生品法》，奋力推进期货市场法治化和国际化。2022年9月2日，商品期货、期权向合格境外机构投资者（QFII）与人民币合格境外机构投资者（RQFII）开放正式落地，上期所有16个品种允许合格境外投资者参与，包括能源类的原油、低硫燃料油期货及原油期权。三是探索油气领域实现协同发展，构建油气统一大市场体系，积极推动我国油气市场提质增效，建设高标准油气产供储销体系。四是加强产品及工具研究创新，进一步完善能源类衍生品生态体系。液化石油气期货于2021年正式获得中国证监会立项批复，完成相关规则设计并开始交易。另外，上期所积极布局成品油等能源及新能源品种开发，致力于为传统能源产业保驾护航的同时助力新能源绿色发展。

6.3.4 我国能源产品展望

2020年3月至4月，国际原油需求萎缩，油价大幅崩跌，我国石油公司长约合同和份额油销售极为困难。国内疫情率先得到控制，上海原油期货较境外出现溢价。石油公司通过卖出原油期货实现了对份额油的保值增值，消化了因需求减少而多出的原油实货。另外，从中东采购原油运抵我国大约需要20天，采购和销售环节期间油价下跌会影响销售利润，故企业在采购的同时，通过在对应月份期货合约上建立同等规模的卖出头寸，有效规避了运输期间的价格波动风险，锁定了利润。2022年年初以来，由于俄乌冲突，美湾航煤价格从2020年6月1美元/加仑飙升至4美元/加仑。

其中，西南航空是全美国大航空公司中唯一长期坚持针对航空燃料成本进行套保的航空公司，其航空燃料占总运营成本的三分之一，如果每加仑成本增加 1 美分，则西南航空燃料账单就会增加 1900 万美元，但西南航空通过套保操作，节省了约 12 亿美元。

国内能源衍生品市场不断丰富完善。当前，我国液化石油气项目已正式获准立项。根据"统一设计、分步实施，短期可操作、长期可拓展"的思路，合约标的为液化天然气，采用"国际平台、净价交易、能量计算、人民币计价"的整体方案，目前，液化石油气期货交易良好。液化石油气期货交易的意义主要有以下三点：其一在于探索建立市场化的价格形成机制，合理反映液态天然气到岸价市场；其二在于服务全球天然气企业风险管理需求，帮助企业应对价格大幅波动的市场环境；其三在于运用市场化手段优化资源配置，助力国内油气体制机制改革，服务"X + 1 + X"格局建立。

2022 年 1 月，中国石化燃料油销售有限公司成为上海国际能源交易中心低硫燃料油期货集团交割中心，中石化浙江舟山石油有限公司作为低硫燃料油期货集团交割厂库（境内交割库），中国石化燃料油（新加坡）有限公司作为集团交割境外交收库，公司一直积极探索将境内期货与境内外现货销售风险管理相结合的期现一体化经营模式。2022 年 11 月 11 日，5000 吨低硫燃料油期货仓单从山港青岛实华交割库注销成现货后装入中国石化燃料油销售有限公司配送船，直接用于国际保税船燃加注，标志着中国石化燃料油销售有限公司成功打通了青岛交割库期货仓单直供业务，有力带动了中石化在青岛地区为国际航行船舶加注服务的能力升级。此次青岛期货仓单直供业务的打通，实现了期现一体化，减少了企业参与低硫燃料油期货在仓单分配所在地区上的顾虑，金融产品更好地与企业的操作实际需求连接，有利于进一步激发市场参与低硫燃料油期货交易的热情，也有利于推动国内保税低硫燃料油市场的高质量发展。高低硫燃料油期货仓单直供业务也将辐射到越来越多的保税船供港口。

展望未来，我国能源产品发展将朝着以下方向迈进：

一是建立并完善石油战略储备体系。石油战略储备体系是一国能源安全的核心之处。通过原油期货市场的同步建设，可以减少建设商业石油储备和基础设施的费用,从而成为我国石油战略储备体系的有益补充。

二是发展多层次资本市场,推动石油金融一体化。发展石油期货市场是我国发展多层次金融市场体系的重要组成部分,可以更好地提高资本配置能力,为石油企业的经营和发展提供更多的支持。从国外的经验看,定价权的取得与其产业资本和金融资本的崛起息息相关,构成了一个绵密的定价权体系。因此,在发展石油期货市场时,我们应当推动石油金融一体化,谋求石油与金融的联姻。

三是石油交易人民币结算,促进人民币国际化步伐。随着美国经济影响力的减弱,"石油美元"将受到一系列挑战,一些产油国尝试使用其他货币或者货币组合加以部分代替。在这种情况下,人民币结算成为一种可能的选择。我们要抓住契机,促进人民币国际化。

6.4 大宗商品与国家战略

党的二十大报告指出,大宗商品是实体经济的根基。我国是全球大宗商品主要贸易和消费国之一,但长期以来在市场上缺少定价权和话语权。其中重要的原因是国内商品市场的发展一直聚焦于期货等带有投机属性的金融衍生品,而真正服务实体产业的商品现货市场发展严重滞后,短板突出。在长久以来形成的全球现有商品市场体系面前,我国要保障大宗商品的供应链安全,争夺定价影响力,这必然是一个规则重塑的过程,需要结合国情走出一条不同于西方的中国特色路径。

以党的二十大精神为指导,以习近平经济思想为依托,面对西方"强期货+强场外"的垄断控制,我国应充分切合实际国情,发挥自身庞大实体产业基础、真实贸易体量和终端消费市场的优势,以场内现货市场为主,期货市场为辅,共同构建完整多层次的现代商品市场体系,通过资源整合、市场拓展、技术创新等手段,推动国内大宗商品行业的发展,提高我国在国际大宗商品市场上的话语权和影响力。

6.4.1 能源战略

原油也被称为"黑金",是现代工业的血液。它不仅是工农业生产、国防和交通运输的重要能源,也是一种宝贵的化工原料,对一个国家经济发展的意义不言而喻。美国前国务卿基辛格曾说:谁掌握了石油,谁就控制了所有国家;谁掌握了粮食,谁就控制了人类;谁掌握了货币,谁就控制了所有政府。作为世界第二大原油消费国,我国已形成了价值超过6.5万亿元以上的巨大产业链和消费体系,为国家工业化进程作出了巨大贡献。2021年国内生产原油1.99亿吨,比上年增长2.4%;进口原油5.13亿吨,比上年下降5.4%;表观消费量约7.07亿吨,进口对外依存度72%。在当今以期货市场为主导的石油定价体系下,西得克萨斯中间基原油(WTI)期货合约和布伦特(Brent)期货合约已成为全球原油价格最重要的风向标和晴雨表。随着我国"一带一路"总体规划建设的全面开展,深入参与国际能源治理、构建新型能源合作机制,推出我国的原油期货品种变得十分迫切。经过多年的筹备,中国原油期货于2018年3月26日在上海国际能源交易中心挂牌交易。这是我国首个原油期货合约品种,也是我国首个国际化期货品种。

下面介绍一下我国推出原油期货的重要意义。

6.4.1.1 保障石油价格安全

价格安全是影响中国经济可持续发展的关键,据测算,国际油价上升对我国GDP有显著的负面影响。虽然中国目前在建立石油战略储备及扩大石油进口渠道等方面取得了巨大进展,在一定程度上抵御了供应类风险,但是对于地缘风险造成的石油价格快速上涨缺少对冲市场,面对由供应担忧传导的价格暴涨,我国相应的对冲工具不足。对外而言,有利于形成亚太地区的价格体系。长期以来,亚洲各国进口中东相同品质的原油价格比欧美国家要高一些,形成了"亚洲溢价",使我国在进口原油方面每年要多支出约20亿美元。其中,固然有原油定价是采用买方价格还是卖方价格的原因，但更重要的原因是亚洲目前仍然没有一个成熟的原油期货市场，使亚洲原油进口国面临原油贸易的风险敞口。

6.4.1.2 掌握更多大宗商品价格的话语权

亚太地区在全球石油定价体系中长期缺乏应有的话语权，国际油价由 WTI 和布伦特期货价格所决定。由于之前我国没有建立原油期货交易，我国油田生产的原油只得挂靠在亚洲其他的原油期货市场，例如，大庆原油挂靠印度尼西亚米纳斯原油定价，胜利、大港原油挂靠印度尼西亚辛塔中质原油定价，渤海原油挂靠印度尼西亚杜里原油定价。这样做不仅失去了原油定价的话语权，而且成为西方国家金融剪羊毛的牺牲品。中国进口中东原油占比较大，中东原油主要是中质含硫原油。随着中国在国际原油市场中份额的不断增加，中国应该建立一个有别于以轻质低硫原油为交易品种的 WTI 和布伦特的市场，以反映本地区原油供求关系的地区市场。因此，我国原油期货将交易品种定为中质含硫原油（基准品质为 API 度 32.0，硫含量 1.5%）。尽管许多亚太国家也上市了原油或相关品种的期货合约，但由于上市时间较晚、市场发展不成熟，这些地区还是 WTI 和布伦特的"影子市场"。此外，WTI 和布伦特原油期货作为轻质低硫原油的价格基准，地位已经非常稳固。原油是一种异质化的商品，不同产地的原油品质往往有很大的差异，因此轻质低硫原油和中质含硫原油不能视为完全等同。大宗商品交易遵循"一价定律"，意味着任何两种同质的商品在各国间的价值是一致的，因此，我国推出中质含硫原油期货有助于我国建立中质含硫原油的价格基准，扭转我国在原油全球定价权上的弱势地位，更好地反映世界主要石油进口国和消费国的实际情况，更加深入地参与国际石油市场的价格形成过程，以提高中国在国际石油定价中的地位。

6.4.1.3 为石油石化企业提供保值避险

历次金融危机的经验证明，期货市场具有显著的避险功能，这一点得到了国内广大期货客户的认同。原油期货对国内石油石化企业最大的利好是石油石化企业可以借此实现套期保值，规避交割风险，强化成本控制，回归与外国企业在市场竞争中的平等性。更为重要的是，建立我国的石油期货市场可以让国内企业进行更好的价格风险管理。

6.4.1.4　改进和完善成品油定价机制

建立完善的原油期货市场可以为国内的成品油定价机制提供寻找价格的机会，从而更好地反映油价的供需关系。原油期货以其高度的市场化运作能够比较真实地反映世界原油的供求关系，这会反过来倒逼国内的成品油定价机制走向市场化、透明化，最终提高我国在国际原油市场上话语权的分量。

6.4.1.5　弥补国家原油战略储备不足

为了应对国际原油市场价格的剧烈波动、突发事件，以及保证国内经济的稳定发展，发达国家都高度重视本国战略原油储备体系的建设，并要保持一定天数的原油储备。到目前为止，我国也建立了中小型公司、三大石油巨头、地方政府和中央政府在内的四级石油储备体系。但是这个体系的运转和维持需要耗费大量的资金，期货市场无疑能够达到"四两拨千斤"效果，在减少现货库存和保税交割两方面起到良好的作用。

2020年9月22日，习近平总书记在第七十五届联合国大会一般性辩论上向世界宣布了中国的新达峰目标与碳中和愿景。我国可持续发展的能源战略可以表述为"科学、绿色、低碳能源战略"，其基本思想可概括为：加快调控转型，强化节能优先，实行总量控制，保障合理需求，优化多元结构，实现绿色低碳，科技创新引领，体系经济高效。经济结构的转型从更长时间跨度上看意味着文明形态从工业文明向生态文明的转变，应对气候变化成为未来经济发展的重要内容。随着气候市场不断发展成熟，期货市场被寄予给出市场化价格信号的厚望，以满足服务于转型时期的经济需要。碳期货等衍生品的功能发挥，有利于"碳中和"战略实施过程中对碳市场形成有效的价格信号。随着我国能源市场的逐步开放，更多能源期货、期权品种上市，能源期货市场迎来了高速发展期。中国作为世界主要碳排放国，碳排放配额期货也将发挥更大作用。

2021年4月19日，广州期货交易所正式揭牌。中国证监会表示将加大对绿色低碳产业的融资支持力度，引导市场主体树立绿色投资理念，继续支持绿色主题基金产品的发行，加快推进碳排放权期货市场建设，研究完善上市公司环境信息披露制度，积极拓展绿色金融国际合作空间。未来我国能源格局将产生新的变化，引发能源价格的较大波动，企业经营的不确定性也会随之增加。随着期货基础设施的进一步完善，期货市场将积极发挥保供稳价的作用，通过多样化的金融衍生品工具帮助企业提升风险管理能力，在产业转型的过程中保持平稳发展。

2022年12月10日，习近平主席出席首届中国—海湾阿拉伯国家合作委员会峰会并发表主旨讲话。习近平主席在讲话中指出，未来三到五年，中国愿同海合会国家在各重点领域进行全面合作，还强调了将构建能源立体合作新格局。中国将继续扩大从海合会国家进口原油、液化天然气，也将继续加强油气开发、清洁低碳能源技术合作，开展油气贸易人民币结算；还将设立中海和平利用核技术论坛，共建中海核安保示范中心，为海合会国家培养和平利用核能与核技术人才。这是我国不断完善能源部署格局，坚持绿色可持续发展能源战略的又一体现。

6.4.2 农产品安全

粮食事关国运民生，粮食安全是国家安全的重要基础。习近平总书记指出，"要树立大食物观""开发丰富多样的食物品种，实现各类食物供求平衡"。党的十八大以来，以习近平同志为核心的党中央把粮食安全作为治国理政的头等大事，提出了"确保谷物基本自给、口粮绝对安全"的新粮食安全观，确立了"以我为主、立足国内、确保产能、适度进口、科技支撑"的国家粮食安全战略，走出了一条中国特色粮食安全之路。具体来说就是实施农产品进口多元化战略，健全农产品进口管理机制，稳定大豆、食糖、棉花、天然橡胶、油料油脂、肉类、乳制品等农产品国际供应链。粮食期货市场自产生以来，逐步完善了服务实体经济的功能。目前，我国已经形成涵盖稻谷、小麦、玉米、大豆等的粮食期货品种体系，在保障提升国家粮食安全上发挥着越来越重要的作用。

当前，我国大豆对外依存度高，潜在隐患风险较大，推行"保险＋期货＋基差"试点有助于增强农民定价能力、获利能力和企业防范价格波动风险能力，促进大豆产业链持续健康发展。"保险＋期货"模式是在承保农产品价格保险的同时，在期货市场购买同等规模看跌期权，将价格风险转移到期货市场，形成有效的对冲机制。该业务通过金融创新，发挥保险业与期货业各自优势，将期货市场功能发挥和农业风险管理相融合，让粮食生产经营者通过金融工具来规避价格风险、保障收益，解决了传统价格保险风险集中度高且无法有效分散的问题，稳定了生产收益。

对储备粮而言，各种复杂环境下，储备粮容易增大粮食的市场供需缺口，促使价格波动率大幅增加，也增加了储备粮轮换的操作难度。通过"轮储＋基差"模式，在约定期限内、约定的最后截止日期前，按照约定的数量、质量，先完成仓库内旧作储备粮的轮出，再完成新作储备粮的轮入，将储备面临的价格波动风险与质量风险交由期货公司管理，这样可以规避风险、节省管理成本，并顺利完成轮换储备工作。

大米是我国的主要粮食作物之一，粳米是大米的一种。粳米是我国重要的粮食作物和城乡居民的主要口粮之一，是事关国家粮食安全的重要战略物资。2018年我国粳米产量约4700万吨，消费量4200万吨，约占全球粳米产量和消费量的三分之二，市场规模超2000亿元。2019年8月16日，粳米期货在大连商品交易所挂牌交易。它与粳稻期货形成合力，构建完整的稻米产业链避险体系，稳定粳米乃至大米的价格。

除了粮食以外，棉花也是重要的战略物资。棉花产业链长、商品化率极高，是最重要的纤维作物，还是纺织、精细化工原料。棉花的国际定价权原本掌握在美国手里。在1981年之前，美国是世界最大的棉花生产国和出口国，美国纽约商品交易所是世界最主要的棉花期货期权交易所，也是棉花贸易的定价中心。早先，我国很多涉棉企业同外商开展进出口贸易时，外商倾向于参照美国棉花期货价格加上基差来报价，导致我国企业在棉花产业链上非常被动。

目前，中国是世界上第二大的棉花生产国、最大的棉花消费国和进口国,同时还是世界上最大的棉纺织品生产国,因此棉花定价权对我国意义重大。我国在实施国家棉花收储计划、棉花进口关税配额制后,于2004年6月1日在郑州商品交易所推出了棉花期货。上市伊始,我国棉花期货的交易量只有美国棉花期货的几十分之一。但如今,中国棉花期货的交易量已经是美棉数倍,郑商所棉花价格已经被纳入全球报价体系,"郑商所价格"成为全球棉花价格的重要指标和参考标准。2017年,郑州商品交易所将棉花期货基准交割地调整至新疆,极大地便利了新疆棉花加工企业利用期货套保,稳定棉农收益,巩固新疆棉花主产区地位。2022年新疆棉花总产量539.1万吨,较上年增加26.2万吨,占全国棉花产量的90.2%;新疆棉花产量连续4年稳定在500万吨以上,占全国的比重连续5年超过80%。正是包括推出棉花期货在内的一系列措施的实行,才保证了国内棉花供应和价格稳定,掌控了棉花生产和利用的主动权。

6.5 大宗商品产业的案例分析

6.5.1 锰硅合金期货助力大小企业共赢

2020年3月,受国内外疫情影响,锰硅生产企业库存高企、现货销售困难,再加上回款方式以承兑汇票为主,结果使锰硅生产企业普遍资金紧张。F企业为一家小型民营企业,于2019年开始生产锰硅合金,年产量约15万吨。在面对流动资金紧张的困境下,该公司积极寻求套期保值以度过困境。

G企业是一家规模较大的央企,其碳钢合金部主要从事进口锰矿和锰合金系列产品的经营及锰硅合金的套期保值业务,拥有近30万吨锰系合金、100万吨进口锰矿的年度经营规模。受疫情影响,国内锰系合金及锰矿市场价格波动较大,本部及下属工厂生产经营活动受限,锰系市场操作不确定性增加。

当时河北钢铁锰硅招标价为 5900 元/吨（承兑，送到），锰硅期货 SM2005 合约在 6100 元/吨附近振荡。在双方沟通了各自面临的困境和难题后，G 企业提出了以下"合作套保"方案：G 企业与 F 企业合作，F 企业将货物运送至位于天津的锰硅交割仓库，G 企业按 5700 元/吨的价格以现金支付 3000 吨货款，帮助该 F 企业渡过资金紧张难关的同时，在期货市场寻找机会套期保值。并与 F 企业约定：若套保结果相比 5700 元/吨采购价盈利（或亏损），双方对净利润（或亏损）按一定比例分配（或承担）。2020 年 4 月 10 日至 22 日，G 企业分 4 次在 SM2005 合约建仓 600 手（折合 3000 吨），建仓均价 7276 元/吨，并持有至 5 月合约交割，之后将参与期货交割盈利部分与该锰硅生产企业按约定分成。

此方案中，G 企业及 F 锰硅生产企业共同承担了现货端及期货端的经营风险。G 企业承担了此批锰硅合金质量达不到交割标准的风险和套保后基差走弱、期现结合业务出现实质性亏损的风险。F 锰硅生产企业经过与 G 企业有效沟通，内部逐渐打消了顾虑，在锰硅合金价格出现阶段性上涨时双方及时商讨在合适的价位进行套保，最终实现双赢。市场人士认为，大型企业与中小企业通力合作，利用期货市场达到共赢，既能够帮助产业内的中小企业解决一定的业务需求，也能有效弥补中小企业缺乏期货专业人才的短板，产业基地利用期货市场指导生产经营、进行风险管理的案例也为行业内中小企业树立了标杆。

6.5.2 非标标的期货促进老牌焦煤企业转型升级

H 企业每年常态化向 I 企业提供炼焦煤约 24 万吨，往年的贸易方式主要是锁价锁量、一单一议，这样双方都面临价格波动风险。随着焦煤期货市场逐渐成熟，双方都希望转变合作模式，降低经营风险，稳定贸易伙伴。

H 企业与 I 企业的日常采销以国内高硫主焦煤为主，并非期货盘面所代表的国外低硫主焦。通过对比以往的期货价格和现货价格，计算最值与置信区间，再结合焦煤现货的基本面趋势，双方探讨分析了煤种的内外强弱以及高低硫相对强弱,最终确定了-560元/吨的基差。2019年10月28日,H企业与I企业签订基差合同。结合基本面预判后期炼焦煤价格以偏弱为主,所以H企业给予I企业一个以低于固定价点价的权利(依据期货价格点价)。如果基差继续扩大,I企业能以更低的价格采购焦煤;反之,则I企业依然以原有固定价采购。双方约定的点价期为2019年11月1日到2019年11月30日。H企业在确定基差时,为了给自己留出固定基差收益空间,卖出了一个更大的基差。因为对于买方点价的基差合同来说,一旦基差走强,买方就相当于获得了超额利润,卖方如果要对冲基差风险,就必须在基差设置中提高基差水平,这样相当于设置了一个安全垫。同时,H企业在期货市场上利用焦煤合约进行对冲。

项目期间,现货价格振荡下跌,海运煤市场因为国际需求低迷,振荡寻底。以进口低硫煤为标的的焦煤期货价格也萎靡不振,下跌幅度大于高硫主焦,导致基差不断走强,符合双方之前的预期与判断。但2019年11月的后期,山西平遥和贵州相继发生了煤矿安全事故,但下游需求强度不减,天柱钢铁利润及焦化利润好转,焦煤现货供需面有边际好转迹象。期货价格能较好地反映未来预期,先于现货价格企稳回升。这时,焦煤基差面临走弱风险,天柱钢铁有必要快速完成点价,以免基差大幅回落。最终天柱钢铁在2019年11月27日进行盘面点价,点价价格在1234元/吨附近,现货结算价格为674元/吨,比签订合同当日的685元/吨节省了11元/吨,比当天现货价格节省6元/吨,既规避了签订固定价采购合同后原材料价格下跌的风险,又额外收获了基差收益。唐山百驰在1223.5~1230元/吨分批平仓310手,均价在1226元/吨附近,不但稳定了现货购销,还分得了12.5元/吨的固定基差收益。

在现货市场中,非标焦煤占据了焦煤市场的绝大部分份额,非标品的现货套保是现实贸易中的难点,而基差贸易中如何确定非标煤的基差,更是难上加难。此次基差项目预测了期货盘面标的进口煤的弱势和国内高硫煤的相对强势,为作出非标基差走强的判断提供了保障,为引导炼焦煤相关企业规避价格波动风险,更好地稳定生产经营作出了良好示范,对非标基差业务的推广有重要意义。

6.5.3 欧洲能源危机及其启示

2022 年的欧洲能源危机始于 6 月份，主要表现为天然气和电价双双飙升。截至 8 月末，布伦特原油、鹿特丹煤炭、英国天然气价格近一年的同比涨幅分别为 32%、139%、359%。气价飙涨对电价的传导效应更为显著。根据北欧电力市场的数据，8 月，德国、法国、荷兰日前交易电价最高甚至突破 600 欧元，远高于 2021 年末和 2022 年第一季度的高点。欧洲电价期货的涨幅更高，德国和法国 2023 年交付的电价格在 8 月底上升至 1000 欧元附近。为了缓解能源危机，欧委会提出，对非天然气电价设置上限，对"边际以下"的可再生能源、核电以及煤电生产商设置 180 欧元的价格上限，针对化石能源公司 2022 年利润中超出过去 3 年平均水平 20% 以上的部分征收 33% 的"团结税"，预计筹资 250 亿欧元资金，将重新分配用以减轻消费者负担，支持遭受能源冲击的企业；欧盟提出"省气省电"目标，成员国自行减少高峰时段用电量，争取将总体用电量减少 10%，天然气使用量减少 15%。但种种措施目前收效甚微。

6.5.3.1 欧洲遭遇能源危机的原因

（1）对外依存度高。天然气占欧盟能源消费的 24%，而欧盟天然气对外依存度高达 83%，2021 年从俄罗斯进口的天然气占全部供应量的 32%。

（2）能源转型激进。欧洲"先破后立"的能源转型方针使传统石化能源过早退出，而清洁能源供给又高度不稳定。德国就曾宣布，到 2022 年、2037 年、2050 年分别淘汰核电、煤电、天然气；挪威、丹麦等国出现了必须支持应对气候变化的极端政策倾向，不能有任何质疑的声音。

（3）极端干旱天气。高温干旱不但大幅影响水电发电量，而且干扰河道运输，造成煤电供给短缺，还导致核电站冷却困难。

（4）对俄"自残"制裁。俄乌冲突爆发后，德国决定中止"北溪 2 号"管道的启用认证程序。从 2022 年 12 月 5 日起，欧盟将禁止进口俄罗斯原油，并从 2023 年 2 月 5 日起禁止进口俄罗斯石油产品。

6.5.3.2 欧洲仍然面临能源危机带来的巨大挑战

（1）欧洲经济衰退风险加剧。能源通胀侵蚀居民购买力，并限制制造业和服务业复苏，加速欧元与英镑贬值。

（2）政府治理失序与民粹主义盛行。能源危机加大居民生活负担，加深居民不满，催生罢工活动，导致欧洲多国政局动荡。

（3）市场规则面临重塑。因为此前欧洲的天然气和电力市场规则围绕竞争性来设计，但在短缺的背景下，市场规则或将改变。

（4）能源转型让位于能源安全。随着能源危机不断冲击欧洲经济，能源安全的重要性加强，欧洲整体的电力脱碳进程都在受阻，欧洲碳中和战略面临波折。

6.5.3.3 欧洲能源危机给中国六点重要的启示

（1）确保能源系统安全转型。除了强调传统的能源供应安全之外，还要花更大的精力来研究新能源体系对关键矿物质的需求，进一步强化锂、铂、镍、钛、锰、钒、稀土等战略矿产产业链的安全。

（2）推进能源系统务实转型。吸取欧洲的教训，避免在"政治正确"之下作出不符合科学发展规律的重大决策。要避免政府决策与企业现实脱钩，让政府决策能够与企业决策对得上号。

（3）改革电网体制。中国能源转型的重点是电力转型，建设以新能源为主体的新型电力体系是对现有电力体系的颠覆性重塑。

（4）强化创新转型，实现技术与制度的同步创新。要在 21 世纪中叶实现碳中和，无论中国还是全球都需要一系列颠覆性技术。

（5）强化合作，实现共赢转型。在能源转型产业链方面，中国与欧美之间优势互补，不管主观层面乐意与否，欧盟雄心勃勃的 Repower EU 计划和太阳能战略都得依赖中国制造才能落实。应该加大与欧美，特别是欧洲，在新能源领域的合作力度，积极参与全球能源治理。

（6）注重简约性适度消费，鼓励人人参与能源转型。成功的能源转型需要在供给侧和需求侧同时发力，需要需求侧的人人参与。简约性是这次欧洲应对能源危机的重要举措之一。我们每个人都是气候变化的贡献者，应对气候变化需要每个人进行简约性消费，满足需求但又不给地球环境增加太多负担。

本章小结

我国是世界大宗商品主要进出口大国之一。随着经济的快速发展，我国对大宗商品的需求也越来越大。纵观全球市场，我国长期处于相对劣势地位，定价权有限，严重影响我国的产业发展、经济安全以及国际竞争力。

近年来，我国期货市场规模稳步提升，运行质量不断提高，持续为相关企业减缓价格波动、抵御行业周期性风险保驾护航。期货、期权等金融衍生工具是大宗商品企业进行风险管理的主要工具，是众多企业规避风险的"救生圈"。价格是大宗商品企业经营决策的重要依据，有效地进行价格预测和价格控制，对企业进行风险管理和维持国民经济稳定运行至关重要。而期货价格在一定程度上能够反映未来大宗商品的供求变化和价格走势，因此，运用期货及期权工具助力企业管理价格波动风险、稳定经营、锁定利润等已经成为企业规避经营风险的优选。

随着全球经济环境不确定性的加剧，大宗商品产业风险加剧，因此，企业如何在风险的世界中生存，如何利用衍生工具做好风险管理，值得我们深思并为此目标付出努力。

07 第 7 章
金融衍生品

✦ 学习目标

1. 了解金融衍生品的定义和分类。
2. 掌握股指期货和国债期货的交易策略。
3. 了解中国金融期货交易所的发展历程。
4. 掌握我国场内金融衍生品的交易规则。

引 言

随着金融市场的不断发展和深化,金融衍生品作为一种重要的金融工具,日益受到投资者和市场的关注。它不仅为投资者提供了更多元化的投资选择,也为市场提供了更多的风险管理手段。金融衍生品是建立在基础金融产品之上的派生工具,其价值随基础变量如利率、汇率、股价等变动而变动。这些产品具有跨期性、杠杆性、联动性和高风险性。按产品形态,金融衍生品可分为独立式和嵌入式衍生工具。股指期货和国债期货是两种重要的金融衍生品,需要深入分析指数、基差、价差、利差等,并制定合适的交易策略。中国金融期货交易所是我国主要的金融衍生品交易平台,具有完善的组织结构和丰富的发展历程。在进行场内金融衍生品交易时,需要熟悉并掌握相关的交易规则,以最大化降低风险。

本章共分为 5 个小节,7.1 小节对主要的金融衍生品进行了概述并详细阐述了金融衍生品的本质和运作机制,使读者可以更好地理解金融衍生品在金融市场中的作用和价值。7.2 小节和 7.3 小节分别对股指期货、国债期货这两种主要金融衍生品的交易策略和应用进行了深入剖析，旨在帮助投资者更好地把握市场机遇，有效管理投资风险。7.4 小节则对中国金融期货交易所的建立与发展历程进行了概述。7.5 小节通过产品合约表向读者简要介绍了我国场内金融衍生品的主要类型及交易规则。本章所涉及的有关规则条款内容，会随情况变化而有所调整，不作为交易依据。最新规定可查阅交易所相关网站或最新发文等。

7.1　金融衍生品概述

金融衍生品是与基础金融产品相对的一个概念，指建立在基础产品或基础变量之上，其价格取决于基础金融产品价格（或数值）变动的派生金融产品。基础产品是一个相对的概念，不仅包括现货金融产品（如债券、股票、银行定期存款单等），也包括金融衍生品本身。金融衍生工具基础变量种类繁多，主要有各类资产价格、价格指数、利率、汇率、费率、通货膨胀率以及信用等级等。近些年来，某些自然现象（如气温、降雪量、霜冻、飓风）甚至人类行为（如选举、温室气体排放）也逐渐成为金融衍生工具的基础变量。我国《企业会计准则第 22 号——金融工具确认和计量》规定，衍生工具是指属于本准则范围并同时具备下列特征的金融工具或其他合同：（1）其价值随特定利率、金融工具价格、商品价格、汇率、价格指数、费率指数、信用等级、信用指数或其他类似变量的变动而变动，变量为非金融变量的，该变量与合同任一方不存在特定关系；（2）不要求初始净投资，或与对市场情况变化有类似反应的其他类型合同相比，要求很少的初始净投资；（3）在未来某一日期结算。

7.1.1　由金融衍生品的定义可以看出，它们具有四个显著特性

（1）跨期性。金融衍生工具是交易双方通过对利率、汇率、股价等因

素变动趋势的预测，约定在未来某一时间按照一定条件进行交易或选择是否交易的合约。所以，要想获得交易的成功，必须能较准确地预测利率、汇率和股价等的未来变化趋势。

（2）杠杆性。金融衍生工具交易一般只需要支付少量保证金或权利金就可签订远期大额合约或互换不同的金融工具。

（3）联动性。金融衍生工具的价值与基础产品或基础变量紧密联系、规则变动。

（4）高风险性。金融衍生工具的价值与合约标的资产紧密相关，合约标的资产的价格变化会导致衍生工具的价格变动，而且衍生工具通常存在较大的杠杆，所以常常会有比较大的风险。除了这几种风险，衍生工具还可能面临信用风险、市场风险、流动性风险、结算风险、操作风险、法律风险等。

7.1.2 金融衍生品的分类方法

（1）按产品形态分类，金融衍生品可分为独立衍生工具和嵌入式衍生工具。独立衍生工具是指本身即为独立存在的金融合约。嵌入式衍生工具是指嵌入非衍生合约（以下简称主合约）中的衍生工具。该衍生工具使主合约的部分或全部现金流量按照特定利率、金融工具价格、汇率、价格或利率指数、信用等级或信用指数，或类似变量的变动而发生调整，例如，公司债券条款中包含的赎回条款、返售条款、转股条款、重设条款等。

（2）按交易场所分类，金融衍生品可分为交易所交易的衍生工具和场外交易的衍生工具。交易所交易的衍生工具，是指在有组织的交易所上市交易的衍生工具，例如在股票交易所交易的股票期权产品，在期货交易所和专门的期权交易所交易的各类期货合约、期权合约等。场外交易的衍生工具，是指通过各种通信方式，但不通过集中的交易所，实行分散的、一对一交易的衍生工具，例如金融机构之间、金融机构与大规模交易者之间进行的各类互换交易和信用衍生品交易。

(3) 按照基础工具种类分类，金融衍生品可分为股权类、货币、利率、信用衍生工具。股权类产品的衍生工具，是指以股票或股票指数为基础工具的金融衍生工具，主要包括股票期货合约、股票期权合约、股票指数期货合约、股票指数期权合约以及上述合约的混合交易合约。货币衍生工具，是指以各种货币作为基础工具的金融衍生工具，主要包括远期外汇合约、货币期货合约、货币期权合约、货币互换合约，以及上述合约的混合交易合约。利率衍生工具，是指以利率或利率的载体为基础工具的金融衍生工具，主要包括远期利率合约、利率期货合约、利率期权合约、利率互换合约，以及上述合约的混合交易合约。信用衍生工具，是指以基础产品所蕴含的信用风险或违约风险为基础变量的金融衍生工具，用于转移或防范信用风险，是20世纪90年代以来发展最为迅速的一类衍生产品，主要包括信用互换、信用联结票据以及信用风险缓释合约、信用风险缓释凭证等。

(4) 按自身交易方法与特点分类，金融衍生品可分为金融远期、金融期货、金融期权、金融互换、结构化金融衍生工具。金融远期、金融期货、金融期权、金融互换这四种衍生工具前文已经介绍过，此处不再赘述。结构化金融衍生工具是利用前述四种常见的金融衍生工具相互结合或者与基础金融工具相结合，开发设计出的具有更多复杂特性的金融衍生产品。

7.2 股指期货分析与策略

7.2.1 指数分析

股指期货的标的资产为股票价格指数。理论上，股指期货价格等于指数点数以无风险利率扣除市场平均红利率（取决于股指计算方式）计算的终值，因而股指期货价格走势应当与指数相同。实际上，虽然交易费用、借贷利差、卖空限制等因素不会使股指期货实际价格等于理论价格,但股指期货价格走势仍与指数大致相同。

从中长期来看,股票价格指数受宏观经济环境影响较大,与经济周期密切相关。当经济周期向好时,上市公司整体盈利将转好,因而股票价格指数上升。股票价格指数的顺周期特性使许多可以反映经济增长的宏观经济指标在有正向表现时均对股票价格指数走势产生正面影响;反之,若宏观经济指标表现不佳,则产生负面影响。在进行宏观分析时,我们通常重点关注影响力较大的经济指标,如 PMI、就业、GDP 增长等。多数金融衍生品的宏观分析指标基本相同,只是不同指标对不同品种的影响程度不同。

目前,我国境内已上市的股指期货品种有沪深 300 股指期货、中证 500 股指期货、中证 1000 股指期货和上证 50 股指期货。其发展历程与具体合约规定将在 7.4、7.5 节中叙述,这里先只介绍它们的标的——股票价格指数。沪深 300 指数由沪深市场中规模大、流动性好的最具代表性的 300 只证券组成,反映了沪深市场上市公司证券的整体表现,代表沪深市场大市值指数。中证 500 指数全称为"中证小盘 500 指数",是分别反映沪深市场不同市值规模上市公司证券整体表现的规模指数之一。中证 1000 指数则选取中证 800 指数样本以外的规模偏小且流动性好的 1000 只证券作为指数样本,与沪深 300 指数和中证 500 指数形成互补。上证 50 指数以上证 180 指数样本为样本空间,挑选上海证券市场规模大、流动性好的最具代表性的 50 只证券作为样本,综合反映上海证券市场最具市场影响力的一批龙头企业的整体表现。

从行业来看,这四种指数都在每年 6 月和 12 月的第二个星期五的下一交易日调整指数样本,每次调整的样本比例一般不超过 10%,所以行业分布一般较为稳定,主要跟随不同行业的相对涨跌而发生变化。截至 2023 年 7 月,沪深 300 指数的前五大行业为工业、金融、主要消费、信息技术、原材料,其中,工业类和金融类占比均超过 20%,且差距很小。上证 50 指数的前五大行业为金融、主要消费、工业、原材料、医药卫生,行业集中度较沪深 300 指数稍高。其中,金融板块占比超过 25%,因此,上证 50 指数与金融板块的关系最为密切。中证 500 指数包含 500 只股票，其指数构成与上证 50 指数和沪深 300 指数并无重叠。中证 500 指数行业分布更为分散，前五大行业分别为医药生物、化工、电子、电气设备、有色金属，前五大行业合计占比 40%，且前五大行业相关性较小。从行业分布角度来看，沪深 300 指数与上证 50 指数行业分布较为相似，中证 500 指数则存在显著差异。

从市值来看，显然，中证 500 指数是中小盘股票代表，平均市值为 200 亿元，沪深 300 指数和上证 50 指数是大盘股和蓝筹股代表指数，其中，上证 50 指数更是超大盘股代表，平均总市值超过 4000 亿元。

若以套期保值为目的选择指数，则应着重考虑组合与指数间的相关性、行业分布的相似性以及市值的匹配性，以便获得更好的效果。当投资组合持仓偏重金融类股票或大盘股时，应优先选择沪深 300 指数或上证 50 指数期货进行套期保值。当投资组合持仓偏重中小盘股票或持仓股票数量较多时，应优先选择中证 500 指数期货进行套期保值。在选择股指期货进行资产配置时同理，先有对底层重点持仓行业的预期后，再选择合适的指数衍生品进行配置，这样可以获得更好的配置效果。

7.2.2 基差与价差

股指期货的基差通常也称为"升贴水"，其与商品期货基差计算刚好相反，是股指期货减去现货指数的差额。当股指期货价格高于对应的现货指数时，基差为正，期货"升水"；当股指期货价格低于对应的现货指数时，基差为负，期货"贴水"。当进行股指期货的套期保值时，若基差为正，即期货价格本身高于现货指数，那么在套期保值过程中，随着到期日的临近，基差逐渐回归至零附近，则基差可以看作套保过程中的额外收益，有利于套期保值；而当基差为负时，则需要将其看作成本，这时候需要评估套期保值过程中风险保护的作用与实际套保成本之间是否"合算"，毕竟套保时机的选择或者说未来指数是否会出现下跌是不确定的，而套保成本则可以根据基差作出相对准确的预测。

依据无套利定价理论，持有股指期货应与持有股票现货获得同样收益，而由于期货是杠杆交易，仅用部分保证金即可，剩余资金可以获得无风险投资收益，因此期货应有小幅升水才能保证与股票现货无套利机会。此外，因为持有股票会获得分红，而持有股指期货不会，股指随分红自然回落，所以在分红集中或较高的月份，股指期货表现为显著贴水。当市场出现显著上涨时，由于股指期货的杠杆特征，很多投资者会选择通过股指期货做多股指，使期货升水；而当市场下跌时，套保需求增加，使期货贴水。

股指期货由于采用了现金交割的设计，临近到期必然会出现基差回归的情况。因此，投资者在进行套期保值或者股指期货投资时，除了选择时机，也要认真评估基差变化情况。此外，虽然基差的总趋势呈现收敛，但是并不稳定地收敛，会随着市场的走势发生改变。比如，当市场出现大幅下跌时，由于套保需求的增加，可能使本来为负的基差继续下降。

当已使用股指期货进行套期保值时，若基差为负、期货呈现贴水时，套保成本较大，这时可以通过不同股指期货不同期限间的转换降低套保成本。股指不同期限间的价差通常在短期保持较为稳定，通过统计或计量手段可以划定一个合理的波动区间，并利用该期限价差的变化进行统计套利，以此来降低期货贴水带来的额外的套期保值成本。

7.2.3　交易策略与应用

7.2.3.1　套期保值策略

股指期货的套期保值策略与其他品种的期货套期保值策略在原理上是相同的，均需要构建反向头寸以实现风险规避，也同样分为卖出套期保值和买入套期保值两种。卖出套期保值针对已持有股票的投资者，因担心市场下跌而进行套期保值；买入套期保值针对持有空头头寸或计划买入股票的投资者，因担心市场上涨受损而买入股指期货进行套保。

股指期货的卖出套期保值较为常见，如市场中性类的对冲策略通过构造股票组合追求相对指数的 α 收益，同时卖出股指期货，从而对冲指数波动的风险；通过融券构造股票空头组合，同时用买入股指期货套期保值来构造对冲组合，这类中性策略较为少见，主要原因在于用融券构造股票空头组合的费率较高，流动性较差。期货多头替代策略实际是一种买入套期保值策略，其核心的策略思想是在计划建立股票多头组合时，如果股指期货相较于股票指数贴水程度较深，可以采用买入股指期货套期保值策略，利用股指期货到期时贴水会收敛的规律，在对冲指数上涨风险的同时，获得额外的增强收益。

股指期货作为套期保值的工具，在应用中也有鲜明的特征。第一，由于股指是一篮子股票的组合，在使用股指期货进行套保时，比一般期货套保更为复杂。多数投资者在使用股指期货进行套期保值时，其持有的股票资产都与期货标的指数的成分股有很大差异，这时需要明确套保的目的是防范指数下跌的系统性风险，而非自身股票组合的下跌风险。当组合与股指期货持仓存在巨大差异时，应当首先考虑自身组合系统性风险的大小及其与指数的相关性，以此决定是否有必要进行套期保值。若盲目进行套保，则可能遭受更多损失。

第二，在进行套期保值时应建立明确的套保计划，依据期货的点位基差选择合适的套保时机。近些年来，国内股指期货普遍呈现贴水，即期货价格低于现货价格，此时使用股指期货进行卖出套期保值，意味着要承担更多的套保成本，因为期现收敛将使贴水成为套保者的成本。因此，要十分注意选择合适的套保时机。在进行套期保值前，要分析期货升贴水的多少。如果股指期货贴水非常严重，由于贴水会转化为卖出套期保值的成本，期货本身套期保值的效率就在下降，无法有效地进行套期保值，更不能进行长时间的套期保值，则仅适合短期应对极端风险。而当期货表现为升水时，由于升水最终会转化为卖出套期保值的收益，强化期货套保效率，更适合于进行套期保值。买入套期保值的情形则正相反。

第三，确定期货套保品种和套保数量。因为针对期货套保品种的选择较为容易，所以一般根据投资组合与指数间的相关性、行业持仓分布、平均市值大小来决定具体选择哪个品种进行套保，有时也会结合多个品种进行组合套保。期货套保数量的确定复杂得多,套保数量的确定和计算有多种方法,较为常用的是利用 β 值进行套期保值。

7.2.3.2 套利策略

股指期货的交割方式是现金交割,意味着在期货到期交割时,若期货价格与交割结算价出现偏差,则需由一方向另一方进行现金交割补偿。这样的机制也保证了股指期货最终会向现货指数进行回归或二者趋于一致,由此产生股指期货的期现套利机会。由于境内市场做空的成本较高,股指期现套利机会主要出现在期货升水的结构下,即当期货显著高于现货指数时,可以通过买入较低价格的现货指数,卖出较高价格的对应期货品种,以期待未来二者价格回归时获得投资收益。

期货价格高于现货价格的原因往往是此前市场大幅上涨。期货的杠杆作用叠加投资者对后市较好的投资预期,期货多头参与热情较高,导致期货价格高于现货价格。如在 2015 年牛市时,股指期货长期呈现大幅升水,出现了大量的期现套利机会。

7.2.3.3 产品应用

通过股指期货与其他产品的创新结合,往往能开发出一些特定功能的产品,如股票阿尔法对冲类产品、股票指数增强基金、现金资产证券化等,这里进行简要介绍。

(1) 阿尔法策略产品。通过股指期货等衍生品将投资组合的市场收益和超额收益相分离,在获取超额收益的同时规避系统风险,这就是衍生工具的阿尔法策略。股票阿尔法策略也称为股票中性策略,其实原理并不复杂:首先是寻找一个具有高额、稳定、积极收益的投资组合,然后通过卖出相对应的股指期货合约来对冲该投资组合的市场风险(系统性风险),使组合的 β 值在投资全程中一直保持为零,从而获得与市场相关性较低的积极风险收益阿尔法。阿尔法策略广泛应用于银行理财等产品中。

(2) 指数化投资策略。利用指数基金及股指期货等投资工具,可以组合出许多纷繁复杂的指数化投资策略,如期货加固定收益债券增值策略和期货现货互转套利策略。期货加固定收益债券增值策略是资金配置型的，也称为期货加现金增值策略。这种策略是利用股指期货来模拟指数。股指期货保证金占用的资金为一小部分，余下的现金全部投入固定收益产品，以寻求较高的回报。这种策略被认为是增强型指数化投资中典型的上佳策略，这样的组合首先保证了其能够很好地追踪指数，当能够寻找到价格低估的固定收益品种时，还可以获取超额收益。期货现货互转套利策略是利用期货相对于现货出现一定程度的价差时，期现进行相互转换。这种策略的目的是使总收益除了原来复制指数的收益之外，也可以套取期货被低估的收益。这种策略仍随时持有多头头寸，只是持有的可能是期货，也可能是股票现货。这种策略本身是被动的，只有低估现象出现时，才进行头寸转换。该策略执行的关键是准确界定期货价格被低估的水平。期货价格被低估的程度、转换交易的频率、交易成本的高低将给超额收益率造成决定性影响。所以，这个策略要求精确测算每次交易的所有成本与收益。

（3）现金资产证券化。对于机构投资者来说，随着所投资证券的利息、股息、红利的发放以及新的投资资金的增加，资产组合中的现金会不断增加，现金的增加使机构投资者的投资收益有可能低于基准收益。为了增加收益，投资者必须增加持有的证券头寸，或者维持证券头寸在资产组合中的原有比重。如果机构投资者希望维持一个充分分散化的投资组合，那么每次新资金流入就要求分散到很多股票上，这可能会导致很高的交易成本。而运用股指期货等金融衍生品将有助于该问题的解决，如投资者可以先将流入的资金投资于短期政府债券，并买入相当于新流入资金的股指期货，待流入的资金积累到一定程度后，再直接投资于一系列股票，同时将期货头寸平仓。这种机制就被称作"现金资产证券化"。现金资产证券化对于开放式基金的管理尤其有效，因为开放式基金随时要应对投资者的申购和赎回，从而面临大量资金流动的风险。如果基金经理善于使用股指期货等金融衍生品，就可以利用现金资产证券化机制迅速地在现金与证券之间进行低成本转换。

7.3 国债期货分析与策略

7.3.1 国债的利差

对国债利差的分析主要集中于期限利差、信用利差和境内外利差。

期限利差指长期利率和短期利率的利差,其所选的长期与短期品种一般都具有良好的流动性。中国债券市场常用 10 年和 1 年国债到期收益率的差值反映期限利差。长短端利差反映债券市场对短端货币政策和长端基本面的预期:当市场预期货币当局实施宽松的货币政策,期限利差回升;当市场预期货币当局实施紧缩的货币政策,期限利差回落。当市场预期未来经济增速将下行,期限利差回落;当市场预期未来经济增速回升,期限利差回升。

信用利差指相同期限的信用债和利率债的到期收益率之间的差值,也被称为质量利差。信用利差反映的是为补偿信用风险而增加的收益率。这部分溢价由债券的期限、品种、特殊条款、信用风险等多重因素共同决定。信用利差可以拆分为信用风险溢价和流动性风险溢价,因此影响信用利差的主要因素有基本面、资金面和信用事件。经济繁荣期的信用利差低于经济萧条期的信用利差。债券市场整体流动性越好,信用利差越低。信用事件的发生会加剧信用债的恐慌情绪,逐步推高信用利差。在经济收缩期,投资者信心不足,更愿投资于高信用等级债券以回避风险,而公司由于收入下降,现金流减少,为了吸引投资者购买公司债券,发行人必须提供较高的利率,因此会产生较高的信用利差;反之,在经济扩张时期,往往会出现较低的信用利差。鉴于此,可以将信用利差作为预测经济周期活动的一个指标。

境内外利差指境外其他国家或地区的国债到期收益率与我国境内国债到期收益率之间的差值。一般用发达国家国债到期收益率计算,比较常用的是中美国债利差。中美国债利差反映了全球最大的两个经济体之间的利率差异,也对中美两国之间跨境资本流动的研究具有重要的指导意义。目前常用的中美利差指标是 10 年期中国国债收益率减去相同期限的美国国债收益率,这一利差不仅反映了两国货币环境的差异,还包含了对未来两国经济基本面、政策环境以及各种不确定的预期因素。

7.3.2 交易策略与应用

7.3.2.1 套期保值策略

国债期货的套期保值,是指投资者通过建立与现货相反的期货头寸,使债券投资组合净值免受利率波动的影响。一般来说,用国债期货做套期保值是为了对冲中长期利率风险。广义的国债期货套期保值分为买入套期保值和卖出套期保值。买入套期保值是指投资者在市场上买入国债期货,以避免因利率下降、国债现货价格上升而造成损失;卖出套期保值是指投资者持有国债现货,并卖出国债期货,以规避因利率上行、国债现券价格下行带来的损失。

利用国债期货进行久期管理是国债期货的重要应用,在进行债券组合管理时,通过直接买卖现券改变久期存在诸多弊端,包括流动性问题、不同债券信用状况的差异,而使用国债期货可以在不改变现券持仓的情况下改变组合的久期。初始组合久期与初始组合市值的乘积,加上期货久期与期货市值的乘积,得到和后再除以初始组合市值,就能得到组合久期的计算结果。例如,假设某债券投资组合价值是 20 亿元,久期为 7。预计未来利率下降,因此通过购买 200 手的 5 年期国债期货来调整组合久期,该国债期货报价为 105,久期为 5.8,则可以计算调整后的债券组合久期为(20 亿元 ×7 + 200 ×0.0105 亿元 ×5.8)/20 亿元 = 7.609。

在了解了如何计算组合久期之后,可以很容易推导出使用国债期货进行久期管理的调整公式:

$$\text{国债期货数量} = \frac{(\text{目标久期} - \text{组合久期}) \times \text{组合价值}}{\text{目标期货久期} \times \text{国债期货价格}}$$

应用上述公式时可以利用 CTD[①] 和国债期货间的关系对公式进行灵活调整，此外，如果给定收益率的 β 值，也需要使用 β 对合约数量进行调整。

使用国债期货进行久期管理和套期保值具有诸多优势：第一，国债期货仅对组合利率风险的单一因素进行调整，不能影响组合持仓；第二，国债期货为场内交易，价格公允、违约风险低、买卖方便。此外，国债期货杠杆较高，占用资金较少，可提高资金使用效率。不过，在实际操作中，由于国债期货是一种虚拟的标准化合约，一般来说，被实施套保的债券与期货合约的基础债券并不相同，也就是说，套保者特有的现货价格的变化与国债期货的收益率变化并不完全相关。此外，还存在整数倍合约的对冲限制以及对冲时间段不一致的情况。套期保值的效果取决于被套保债券的价格和期货合约价格之间的相互关系，即取决于基差的变动，由此产生的风险称为基差风险。

国债期货并不能对所有的债券进行套保，期限不匹配会使套期保值的效果大打折扣。

（1）先来看可交割债券。在可交割债券中，对 CTD 的套保是最直接的，也是最有效的，基差风险相当小，并且在最后交割日会变成零，其套期保值效果最好；其他可交割债券则有更大的基差风险，因为这些债券可能不会用于交割，所以基差不会在交割日收敛于零，而是某个正值，这个值就是这些债券在交割日比 CTD 昂贵的幅度。对这些债券进行套保会有一定的基差风险，但是这些债券久期相近，总体来看，套保效果良好。

（2）再看不可交割债券。不可交割债券包括剩余期限过短或过长的国债、浮动附息债券、金融债、央票、信用债等债券。期限不匹配、利差变化等的影响会使不可交割债券的套保比可交割债券套保产生更大的基差风险。例如，央票期限一般都较短，因此久期较低，利率风险主要集中于期限结构的短端，期限结构不匹配以及较短期限的利率波动和中长期的利率

---

① CTD，即"Cheapest to Deliver"，中文意思是最便宜可交割债券。

波动并不总是一致的,导致对冲效果降低;金融债利率风险上的期限结构和国债期货相似,因此利率风险得到较好对冲,但是基差的风险仍然很大。但对含有赎回权的债券的套保来说,看上去效果不是很好,因为国债期货无法对冲该债券中的提前赎回权;利用国债期货通过 β 来整体套保信用债券的效果相对比较差,主要原因是信用债的价值由利率和信用利差构成,而信用利差和国债收益率的相关性较低。

投资者还可根据对利率曲线变动的预期,运用国债期货来替代债券投资,可以更加迅速地调整久期、凸性,减少资金的占用,还可以设计策略来增加收益。收益率曲线的变动可以分为三类:水平移动、斜率变动和曲度变化。

7.3.2.2 套利策略

国债期货的套利功能主要体现在基差交易和跨品种交易上。

(1) 国债期货的基差交易是将基差作为投资标的,在基差上涨过程中,买入价差交易将获得收益;在基差下跌过程中,卖出基差交易获得收益。而国债期货的基差指的是用经过转换因子调整之后的期货价格与其现货价格之间的差额。对任一可交割债券,其基差为:

$$B = P - (F \times C)$$

其中,B 代表国债价格与期货价格的基差,P 代表面值为 100 元的国债的即期净价,F 代表面值为 100 元的国债期货的价格,C 代表对应可交割国债的转换因子。

国债期货的基差交易与股指期货的期现套利策略较为相似。基差变化的原因多数是市场对于未来利率变化的不确定性导致基差不断波动,因而产生基差交易的机会。国债期货具有实物交割的特征,基差在交割时必然呈现收敛。

国债期货基差交易有做多与做空两种模式。做多基差是指持有可交割债券,并持有相应比例的国债期货空头;做空基差是指卖空可交割债券,并持有相应比例的国债期货多头。基差交易的利润来源主要为两个方面:基差变化和持有收益。基差交易的多头会从净基差扩大中获得利润,通常还会获得持有收益，主要为持有现货的收益减去融资成本。基差交易的空头从基差缩小中获得利润，由于做空现券，持有收益可能为负。

（2）国债期货的跨品种交易是指投资者通过在两个或多个不同品种的国债期货上建立相反的头寸，利用不同品种合约价差变化获得收益。跨品种交易的实质是交易期限利差，即长端利率与短端利率之差。5 年期国债期货和 10 年期国债期货价格走势应当与 5 年期国债和 10 年期国债价格走势一致，决定 5 年期国债和 10 年期国债相对价格走势的是期限利差。期限利差扩大，5 年期国债相对于 10 年期国债上涨，期限利差缩小，5 年期国债相对于 10 年期国债下跌。从而，对应的期货价格也会发生变动。

7.4　中国金融期货交易所

7.4.1　中国金融期货交易所概述

中金所以服务实体经济需要，服务多层次资本市场体系建设为宗旨，通过向市场提供安全、高效、完善的金融衍生产品及服务，促进金融风险合理转移与配置，提升金融市场效率，促进社会经济繁荣。其主要职能是：组织安排金融期货等金融衍生品上市交易、结算和交割，制定业务管理规则，实施自律管理，发布市场交易信息，提供技术、场所、设施服务，以及中国证监会许可的其他职能。

成立中金所，发展金融期货，对于深化金融市场改革，完善金融市场体系，发挥金融市场功能，适应经济新常态，具有重要的战略意义。

7.4.2　组织结构

与当时境内的三家会员制商品交易所不同，中金所是中国境内首家公司制交易所，由中国金融期货交易所股份有限公司负责运营。中国金融期货交易所股份有限公司于 2006 年 9 月 5 日完成工商注册登记，注册资本为 5 亿元人民币，由上海期货交易所、上海证券交易所、深圳证券交易所、大连商品交易所、郑州商品交易所 5 家股东分别出资 1 亿元，各占 20% 股份。国家工商总局于 2013 年 8 月 2 日核准了中金所的增资扩股，中金所的注册资本增加至 30 亿元。2021 年 4 月 21 日，中金所的注册资本变更为 150 亿元，由 5 家股东分别认缴 30 亿元，仍各占 20% 股份。股东大会是公司的权力机构。公司设董事会，对股东大会负责，并行使股东大会授予的权力。董事会设执行委员会，作为董事会日常决策、管理、执行机构；并设风险、交易专门委员会，在董事会授权下开展工作，对董事会负责。

中金所内设部门 20 个，分别为办公室（党委办公室）、人力资源部（党委组织部）、党务工作部（党委宣传部）、纪检办公室、财务部、审计部、法律事务部、期货衍生品一部、期货衍生品二部、期货衍生品三部、场外业务部、交易部、结算部、期货市场巡回审理协作部、会员管理部、市场监查部、机构管理部、投资者服务部、信息科技部、研究部。

中金所下属公司 3 家，分别为上海金融期货信息技术有限公司、中金所数据有限公司、上海唐银投资发展有限公司。

7.4.3 发展历程

2006 年 1 月 11 日，全国证券期货监管工作会议透露，国务院批准成立中国金融期货交易所。2006 年 3 月 20 日，中金所筹备工作启动。2006 年 9 月 8 日，中金所挂牌成立并宣布将推出沪深 300 指数期货合约。随后，沪深 300 指数期货合约（征求意见稿）于 2006 年 10 月 22 日发布，沪深 300 股指期货仿真交易活动于 2006 年 10 月 30 日开始。

2010 年 1 月，国务院原则同意股指期货上市、中国证监会批复同意中金所开展股指期货交易。此后，股指期货主要制度陆续发布实施，技术系统顺利切换上线，业务培训、投资者教育和客户开户工作全面推开。2010

年3月26日，中国证监会同意中金所上市股指期货合约，中金所宣布股指期货将于2010年4月16日挂牌交易。经过漫长而艰苦的筹备，2010年4月8日下午，股指期货启动仪式在上海举行，中国股指期货正式启动。我国内地首个股指期货——沪深300股指期货合约也于2010年4月16日正式上市交易。这是深化资本市场创新的必然结果，标志着我国金融期货市场建设迈出了关键的一步。2011年2月11日，沪深300股指期货荣获上海首届金融创新奖一等奖、股指期货投资者适当性制度获二等奖。

2013年9月6日，5年期国债期货正式上市。这是继股指期货之后，我国期货衍生品市场创新的又一重要突破。2015年3月20日，10年期国债期货正式上市，进一步提升了反映市场供求关系的国债收益率曲线的准确性和有效性。在充分借鉴沪深300股指期货和5年期国债期货筹备经验的基础上，中金所于2014年3月21日开始面向全市场开展上证50和中证500股指期货的仿真交易。2015年4月16日，上证50和中证500股指期货正式上市，进一步完善了产品线，为投资者提供了更多的风险工具，进一步打通了期货、现货市场。2018年8月17日，2年期国债期货上市，标志着覆盖短中长期的国债期货产品体系基本形成。自2010年4月第一个金融期货产品——沪深300股指期货上市以来，我国境内金融期货市场发展取得了长足进步，初步形成以权益类、利率类为核心的金融期货产品体系，为助力多层次资本市场健康发展发挥了积极作用。2019年1月17日，国债期货期转现交易启动；2019年5月16日，国债期货做市正式启动。

2019年12月23日，我国首个股指期权——沪深300股指期权在中金所上市。从此，中国资本市场有了股票现货、股指期货、股指期权，形成了中国资本市场的立体的产品结构，使资本市场更具有稳定性，有利于吸引更大资本进入股票市场。作为国际上发展成熟的风险管理工具，股指期权功能充分发挥后，能够反映标的指数波动率，帮助投资者灵活调整投资组合的风险收益结构，丰富交易策略，有助于引入不同风险偏好的投资者进入股票市场。随着沪深300股指期权等更多风险管理工具的推出及平稳运行，现货市场的联系将更加紧密，资本市场风险管理的功能将进一步发挥。

2022年7月22日,中证1000股指期货、股指期权产品正式上市。值得注意的是,这是继沪深300、中证500、上证50股指期货、沪深300股指期权之后,中金所推出的权益类新产品,距中金所上次"上新"(2019年的沪深300股指期权)已有3年,距中金所上次推出股指期货产品(2015年的中证500、上证50)则已过去了7年。中证1000股指期货和期权合约的标的中证1000指数是小市值上市公司的代表性市场指数,也是实体经济中名副其实的中流砥柱,指数样本集中分布于机械制造、通信设备等中游行业,以及消费、服务等下游行业,中下游合计比例超过83%。同时,中证1000指数样本中,专精特新企业和战略性新兴产业企业占比也较高,目前专精特新企业占比为18%,科创板、创业板上市公司占比高达29%,研发支出高于10%的上市公司占比达16%。中证1000指数型产品的发展将有助于支持中小企业、专精特新、科技创新企业大踏步进入资本市场,加快推进国家创新驱动发展战略实施,助力中国经济高质量发展。

2023年4月21日,30年期国债期货在中金所挂牌上市。它有助于促进超长期国债发行,加力提效积极财政政策;有助于改善长期债券市场流动性,进一步健全反映市场供求关系的国债收益率曲线,提升国债收益率曲线的基准定价作用;有助于改善长期债券市场投资环境,增强机构投资者风险管理能力,提升财富管理水平。

7.5 我国场内金融衍生品及其交易规则

目前,中金所拥有沪深300股指期货、中证500股指期货、中证1000股指期货、上证50股指期货共4种权益类期货产品,沪深300股指期权、中证1000股指期权、上证50股指期权共3种权益类期权产品,以及2年期国债期货、5年期国债期货、10年期国债期货、30年期国债期货共4种利率类期货产品。上述合约如表7-1～表7-3所示。

表 7-1　　　　　　　　　中金所权益类期货产品合约

类别	产品			
合约名称	沪深 300 股指期货	中证 500 股指期货	中证 1000 股指期货	上证 50 股指期货
合约标的	沪深 300 指数	中证 500 指数	中证 1000 指数	上证 50 指数
合约乘数	每点 300 元	每点 200 元		每点 300 元
报价单位	指数点			
最小变动价位	0.2 点			
合约月份	当月、下月及随后 2 个季月			
交易时间	9：30—11：30，13：00—15：00			
每日价格最大波动限制	上一个交易日结算价的 ±10%			
最低交易保证金	合约价值的 8%			
最后交易日	合约到期月份的第三个星期五，遇国家法定假日顺延			
交割日期	同最后交易日			
交割方式	现金交割			
交易代码	IF	IC	IM	IH

表 7-2　　　　　　　　　中金所权益类期权产品合约

类别	产品		
合约名称	沪深 300 股指期权	中证 1000 股指期权	上证 50 股指期权
合约标的	沪深 300 指数	中证 1000 指数	上证 50 指数
合约乘数	每点 100 元		
合约类型	看涨期权、看跌期权		
报价单位	指数点		
最小变动价位	0.2 点		
每日价格最大波动限制	上一交易日对应指数收盘价的 ±10%		
合约月份	当月、下 2 个月及随后 3 个季月		

续表

类别	产品		
行权价格	①行权价格覆盖对应指数上一交易日收盘价上下浮动10%对应的价格范围 ②对当月与下2个月合约：行权价格≤2500点时，行权价格间距为25点；2500点＜行权价格≤5000点时，行权价格间距为50点；5000点＜行权价格≤10000点时，行权价格间距为100点；行权价格＞10000点时，行权价格间距为200点 ③对随后3个季月合约：行权价格≤2500点时，行权价格间距为50点；2500点＜行权价格≤5000点时，行权价格间距为100点；5000点＜行权价格≤10000点时，行权价格间距为200点；行权价格＞10000点时，行权价格间距为400点		
行权方式	欧式		
交易时间	9：30—11：30，13：00—15：00		
最后交易日	合约到期月份的第三个星期五，遇国家法定假日顺延		
到期日	同最后交易日		
交割方式	现金交割		
交易代码	看涨期权： IO合约月份-C-行权价格 看跌期权： IO合约月份-P-行权价格	看涨期权： MO合约月份-C-行权价格 看跌期权： MO合约月份-P-行权价格	看涨期权： HO合约月份-C-行权价格 看跌期权： HO合约月份-P-行权价格

表7-3　　　　中金所利率类期货产品合约

类别	产品			
合约名称	2年期国债期货	5年期国债期货	10年期国债期货	30年期国债期货
合约标的	面值为200万元人民币、票面利率为3%的名义中短期国债	面值为100万元人民币、票面利率为3%的名义中期国债	面值为100万元人民币、票面利率为3%的名义长期国债	面值为100万元人民币、票面利率为3%的名义超长期国债
可交割国债	发行期限不高于5年，合约到期月份首日剩余期限为1.5~2.25年的记账式附息国债	发行期限不高于7年、合约到期月份首日剩余期限为4~5.25年的记账式附息国债	发行期限不高于10年、合约到期月份首日剩余期限不低于6.5年的记账式附息国债	发行期限不高于30年，合约到期月份首日剩余期限不低于25年的记账式附息国债
报价方式	百元净价报价			

续表

类别	产品			
最小变动价位	0.005 元		0.01 元	
合约月份	最近的 3 个季月			
交易时间	9：30—11：30，13：00—15：15			
最后交易日交易时间	9：30—11：30			
每日价格最大波动限制	上一交易日结算价的 ±0.5%	上一交易日结算价的 ±1.2%	上一交易日结算价的 ±2%	上一交易日结算价的 ±3.5%
最低交易保证金	合约价值的 0.5%	合约价值的 1%	合约价值的 2%	合约价值的 3.5%
最后交易日	合约到期月份的第二个星期五			
最后交割日	最后交易日后的第三个交易日			
交割方式	实物交割			
交易代码	TS	TF	T	TL

接下来对上述合约表以及交易规则进行简要解释。

合约规模是指交易所对每个期货产品规定的统一的数量和计量单位。例如，从表 7-3 中"合约标的"一栏可以看出，5 年期、10 年期和 30 年期国债期货合约的合约规模均为面值 100 万元的国债，而 2 年期国债期货合约的合约规模为面值 200 万元的国债。股指期货合约与普通的期货合约略有不同，其合约规模不是固定的金额，而由股指期货价格和合约乘数（每个指数点所代表的价值）的乘积决定。例如，沪深 300 股指期货的合约乘数为每点 300 元，中证 1000 股指期货的合约乘数为每点 200 元；而在 2023 年 7 月 10 日，2023 年 7 月到期的沪深 300 股指期货（IF2307）的结算价为 3824.8 点，2023 年 7 月到期的中证 1000 股指期货（IM2307）的结算价为 6511.0 点，此时 IF2307 的合约规模为 $3824.8 \times 300 = 1147440$ 元、IM2307 的合约规模为 $6511.0 \times 200 = 1302200$ 元。

中金所的股指期货合约均有 4 个不同的到期时间，分别为当月、下月和随后 2 个季月。一个到期时间就代表着一个特定的期货产品。一般来说，期货交易实行一定的到期循环，且大多是 3 月循环，即每年的 3 月、6 月、9 月、12 月为到期月。如 2023 年 7 月 10 日市场上交易的有 2023 年 7 月、

2023年8月、2023年9月和2023年12月到期的股指期货合约。

为缓解突发事件或过度投机对市场造成的冲击，交易所通常也规定合约的每日价格最大波动限制，即交易日期货合约的成交价格不能高于或低于该合约上一交易日结算价的一定幅度。中金所的股指期货和股指期权都设置10%的涨跌停板制度，国债期货按照品种分别设置了0.5%、1.2%、2%、3.5%的涨跌停板。

期货合约的到期交割主要有两种方式：实物交割与现金交割。实物交割是指期货交割时实行标的资产与现金的真实交换。如果期货实行实物交割，期货合约中就会规定具体的交割月与交割日。如果期货合约无法或不方便进行实物交割，如股指期货，就可以采用计算和划转净盈亏的方式进行结算，称为现金交割或现金结算。这时，期货合约中就会规定现金结算日。中金所的股指期货均在合约到期月份的第三个周五结算，遇国家法定假日顺延。最后交易日是指期货合约可以进行交易的最后日期，一般与现金结算日或最后交割日相联系。例如，中金所国债期货的最后交易日为合约到期月份的第二个星期五，最后交割日为最后交易日后的第三个交易日。在最后交易日没有平仓的期货头寸就将进入现金结算或实物交割程序。

如果采用现金交割，在现金结算日，买卖双方只需根据结算价计算出各自的盈亏并相应划转资金即可。如果采用实物交割，期货合约则要规定更具体的交割条款，包括交割标的质量与等级条款、交割地点条款等。一般来说，现代金融期货合约即使进行实物交割，由于标的资产和现金都可以电子化，其交割也主要通过电子交易系统划转完成，因而无须规定交割地点。在交割标的条款上，由于许多金融期货合约允许使用超过一种的可交割证券，合约条款中通常会详细列示可接受的标的资产以及多方相应支付的价格。特别是国债期货，为防止标的体量太小导致期货交易被操纵，全球的国债期货一般都约定只要是满足特定特征的类似债券都可用于交割。例如，30年期国债期货可用于交割的国债为发行期限不高于30年，合约到期月份首日剩余期限不低于25年的记账式附息国债。但是，由于每个时刻市场上只能报出一个期货价格，标准券、转换因子等概念也随之产生了。例如，30年期国债转换因子计算公式如下：

$$CF = \frac{1}{\left(1+\frac{r}{f}\right)^{\frac{xf}{12}}} \times \left[\frac{c}{f} + \frac{c}{r} + \left(1-\frac{c}{r}\right) \times \frac{1}{\left(1+\frac{r}{f}\right)^{n-1}}\right] - \frac{c}{f} \times \left(1 - \frac{xf}{12}\right)$$

其中，r 为 30 年期国债合约票面利率（即 3%），x 为交割月到下一付息月的月份数，n 为剩余付息次数，c 为可交割国债的票面利率，f 为可交割国债每年的付息次数。计算结果四舍五入至小数点后 4 位。交易所这样设计的目的，是扩大可交割债券的范围，使可用于交割的标的资产更加充裕，以确保套利机制顺利运行，防止投机者通过控制现货来操纵期货市场。

本章小结

金融衍生品是建立在基础金融产品之上的派生工具，其价值随基础变量如利率、汇率、股价等变动而变动。这些产品具有跨期性、杠杆性、联动性和高风险性。按产品形态，金融衍生品可分为独立衍生工具和嵌入式衍生工具。独立衍生工具是指本身即为独立存在的金融合约。嵌入式衍生工具是指嵌入非衍生合约（以下简称主合约）中的衍生工具，该衍生工具使主合约的部分或全部现金流量按照特定利率、金融工具价格、汇率、价格或利率指数、信用等级或信用指数，或类似变量的变动而发生调整。

股指期货和国债期货是两种重要的金融衍生品。对于股指期货，投资者需要密切关注指数变动、基差变化以及市场情绪等因素。通过技术分析、基本面分析等方法，制定合适的交易策略，如套期保值、套利交易和投机交易等。对于国债期货，投资者则需关注利率走势、利差变化以及宏观经济政策等因素。通过构建合理的投资组合，实现风险与收益的平衡。

中国金融期货交易所是我国主要的金融衍生品交易平台，其发展历程见证了我国金融市场的逐步开放与成熟。自成立以来，中国金融期货交易所不断完善交易制度，优化交易系统，为我国金融衍生品市场的健康发展提供了有力保障。

在进行场内金融衍生品交易时，投资者需要熟悉并掌握相关的交易规则，包括交易时间、交易方式、报价方式、交易单位、最小变动价位、涨跌幅限制、交割方式等。同时，投资者还需了解风险控制措施，如保证金制度、持仓限额制度、大户报告制度等，以确保交易安全。

第 8 章 服务实体经济

✦ 学习目标

1. 理解期货市场的价格发现作用和风险管理功能。
2. 了解期货市场如何服务于实体经济尤其是对大宗商品贸易商发展的促进作用。
3. 根据实际案例分析掌握运用期货合约进行套期保值管理的原理。

引 言

期货合约按照标的资产的不同可分为商品期货和金融期货,其中金融期货可细分为股指期货、外汇期货、利率期货等。商品期货除区分商品品种的期货外,还有商品指数期货。1990 年 10 月,郑州粮食批发市场获批成立,成为全国首家期货市场试点单位,标志着新中国期货业的开启。目前,我国已经有上海期货交易所、郑州商品交易所、大连商品交易所、中国金融期货交易所、广州期货交易所这五家期货交易所。近年来,我国期货行业深入贯彻落实习近平总书记"要脚踏实地,大胆探索,努力走出一条成功之路"重要指示精神,锐意进取,守正创新,期货市场建设取得长足发展,市场结构、市场功能、行业生态发生积极变化,市场基础制度不断完善,市场活力和韧性持续增强,服务实体经济的空间不断扩大,形成期货与现货、场内与场外、线上与线下的互联互通,进一步促进了衍生品市场的发展,有效拓展了服务实体经济的空间。

本章共分为 6 个小节,其中 8.1、8.2、8.3 小节介绍了期货市场的价格发现和通过套期保值管理风险的两大功能。8.4 小节则主要分析了期货市场的发展与大宗商品贸易商的关系，并提出促进大宗商品贸易商发展的具体建议。8.5 小节通过马来西亚衍生产品交易所与大连商品交易所的合作案例展现了我国期货市场的国际化进程。8.6 小节通过具体的案例分析着重说明了期货市场在促进企业持续经营、保障实体经济稳定发展方面的重要作用。

8.1 价格发现

期货市场不仅有微观经济功能，也有宏观经济功能。只要搞市场经济，就必然会有经济波动，摆脱不了经济周期，政府就可以利用期货市场进行宏观调控来削峰填谷，以保持经济平稳运行。而货币政策、财政政策、产业政策等都有时滞，决策时会依据一些领先指标。这些领先指标，现货市场无法提供，期货市场却恰好可以提供。

随着期货市场的发展，期现价格走势拟合度逐步提高，如大连商品交易所的铁矿石、PP、PVC、豆粕等品种的期现货价格相关系数均高于 0.95。2017 年，约 500 万吨的铁矿石贸易是以基差定价的方式进行的；2018 年，河北钢铁与嘉吉签订了 60 万吨的铁矿石基差贸易合同，这表明期货的价格发现功能已经成为现货贸易的定价依据。价格发现是期货市场的重要功能，它能够指导实体经济开展生产及经营活动，推动贸易发展革新。因此，通过连续、公开、竞价交易形成的期货价格，可集中反映影响未来供求关系的各种信息，成为国际国内贸易定价的重要基准。

期货衍生品价格是以现货价格为基础的真实交易价格，能够反映市场未来预期。而大宗商品贸易以"期货＋升贴水"方式定价，与传统的定价模式不同。期货衍生品价格能够及时灵敏地传导宏观形势、政策调控以及行业发展信息，宏观决策部门可以利用期货信息预研预判经济走势，如图 8-1 所示。

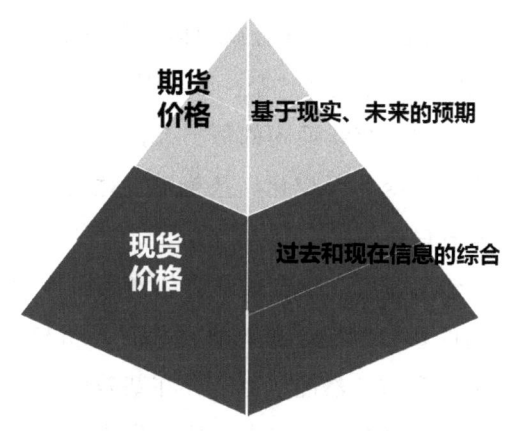

图 8-1 价格体系示意图

8.2 套期保值

8.2.1 套期保值的基本概念

套期保值（Hedging）是指在买进（卖出）实际货物同时在期货交易所卖出（买进）同等数量的期货交易合同，是一种通过交易与标的资产价格波动高度相关的衍生品来冲销标的资产潜在损失的风险管理活动。通过套期保值，投资者可将其所承担的风险由现货价格的不确定变化转变为基差的不确定变化。相对于剧烈波动的期货和现货价格，基差的变化较为平稳，总是远远小于绝对价格的变动幅度，因此，套期保值的目的就在于对冲原料及产品价格波动风险。

套期保值一般是利用期现价格同向波动、到期收敛的特性，构建"期货+现货"资产组合，实现损失对冲。例如，企业有远期采购需求，但其预计原料价格将上涨，那么企业就可以在期货市场做多（先买后卖）以对冲原料成本上升风险，这就是"多头套期保值"；如果企业有远期销售计划,但其预计产品价格下跌,那么企业就可以在期货市场做空(先卖后买)以对冲产品价格下跌风险,这就是"空头套期保值"。任何一个现货与期货组成的套期保值组合,在其存续期内的每一天,基差都会随着期货价格和被套期保值的现货价格的变化而变化。基差增大对空头套期保值有利,基差减小对多头套期保值有利。

传统观点认为,套期保值是指现货市场的商品生产者规避价格风险的一种行为,保值交易的直接动机就是转移现货市场价格剧烈波动的风险,从而保证现货经营中的利润。然而,由于存在基差风险,现在一般认为套期保值的关键在于能否通过寻找基差方面的变化或预期基差的变化来获取利润,或者说,通过发现期货市场与现货市场之间的基差变动规律来寻找套期保值的机会。随着对期货市场理解的不断深入,市场参与者认为,套期保值的本质是对现货市场和期货市场的资产进行组合投资,套期保值交易者根据组合投资的预期收益和预期收益的方差,进一步确定现货市场和期货市场的交易头寸,以最小化风险或最大化收益。宽泛地讲,只要企业通过参与期货套期保值,有效地规避了由于现货市场价格剧烈波动产生的利润损失,企业的套期保值操作就是成功的。在这种思想下,企业参与期货市场的套期保值比例是可以调整的,而不是像传统意义那样必须追求完全消除所有风险的完美套期保值。

8.2.2 套期保值与点价

点价又称基差交易,是用"期货+升贴水"的模式确定现货结算价格的交易方式,即买卖双方约定以某期货交易所对应品种某个时间点或时间段的期货价格为基价,加上双方协商同意的升贴水来确定最终现货结算价格。基价可以是期货的结算价、期货的月均价或其他公允的市场现货价格。升贴水是指现货实物交易价格与期货价格的差,实物交易价格高于期货价格称为升水;反之称为贴水。升贴水主要由商品的现货供求基本面状况决定。

点价的核心是利用期货价格为现货定价。期货流动性好,定价公平、透明、高效、连续、权威，现货买卖双方按照公允的期货价格确定现货交易，提高了议价效率，减少了议价矛盾，增强了买卖双方的客户黏性，有助于规避价格风险和违约风险。在现货交易双方确定交易到交货期间，货物的价格始终是波动的，一旦市场上的现货价格下跌一定幅度，现货买入方就有可能违约，以比约定价格低得多的价格重新采购货物；而采用点价方式后，现货买入方就可以在市场价格下跌时选择合适的时机进行点价，从而确定结算价格。但是，一方面，现货买入方面临市场价格上涨的风险，需要进行套期保值以锁定采购成本；另一方面，现货卖出方面临市场价格下跌的风险，也需要套期保值锁定预期利润。所以，点价在实际操作过程中一般还需在期货市场上进行套期保值以进一步减小价格波动导致的风险。随着越来越多的现货企业参与期货市场进行风险管理，点价交易在现代贸易中越来越重要，并已成为菜油、棉花、PTA等产业的主流模式。

PTA期货已运行多年，且已成为PTA相关企业对PTA定价的重要参考指标。点价机制可以促进PTA产销。通过期货点价，PTA生产企业可以对成本进行预估，评估未来盈利情况，及时调整产销计划；聚酯工厂可以实现每日点价，规避结算价高带来的经营风险。点价交易可降低PTA交易双方风险，提高交易效率，稳定买卖双方的合作关系。同时，点价模式可以绕开期货的标准化交割，实现PTA企业与贸易商或聚酯工厂"一对一"交易，对传统贸易形式是一个很好的补充。基准价的市场化、点价的灵活性和升贴水的议价性，使点价模式在PTA贸易中发挥了重要作用。

目前，点价也演变出了多种操作模式，从交货、点价的顺序来看，有先点价、后点价之分；从点价权利归属来看，有买方要求卖方响应点价，也有卖方要求买方响应点价；从交易模式看，既有买卖双方确定基差，然后一段时间内点价的传统模式，也有不设点价期由买方自由竞争点价，价高者得的竞价模式。丰富的点价模式配合合理的套期保值策略，买方、卖方可实现各自的风险管理目标，如"买方点价、卖方套保"的情形下，卖方锁定销售利润，买方保留低价入手的机会；或者买卖双方都进行套保，共同规避价格风险、基差风险。2021年，郑商所推出了联动点价功能，即点价一方的指令通过场外平台的相关功能直接联动被点价一方的期货账户下平仓单。联动点价通过自动化流程将业务人员从传递点价指令、下平仓单这种需要随时待命的机械工作中解放出来,打通了场内和场外市场,达到交易流程去中间化,实现了响应点价无延迟。由于下的平仓单是限价单,点价结果降低了滑点风险,避免了双方不必要的争议,让点价结果真实、有效、准确,不仅提升了效率,节约了被点价方的时间成本,还能够大幅降低由于人为失误导致的风险。

8.3 企业全周期风险管理

基差(Basis)是指特定时刻被套期保值的现货价格和用以套期保值的期货价格之差,是分析套期保值收益和风险的主要工具。若以 b 表示特定时刻的基差,H 为需要套期保值的现货价格,G 为用以套期保值的期货价格,则基差可以表示为:

$$b = H - G$$

若以下标 0 和 1 分别表示套期保值开始的时刻和将来结束的时刻,则在 1 单位现货空头用 1 单位期货多头进行套期保值的情形下,套期保值收益可以表示为:

$$(H_0 - H_1) + (G_1 - G_0) = (H_0 - G_0) - (H_1 - G_1) = b_0 - b_1$$

在 1 单位现货多头用 1 单位期货空头进行套期保值的情形下,套期保值收益可以表示为:

$$(H_1 - H_0) + (G_0 - G_1) = (H_1 - G_1) - (H_0 - G_0) = b_1 - b_0$$

显然,当前时刻的基差 b_0 是已知的,将来的基差 b_1 是未知的。b_1 是否确定决定了套期保值收益是否确定。这种源自 b_1 的不确定性就是基差风险。

为了寻找基差风险产生的原因,若 S 为标的资产现货价格,则可以进一步将 b_1 分解为:

$$b_1 = H_1 - G_1 = (S_1 - G_1) + (H_1 - S_1)$$

可见,基差风险产生的第一个原因是资产不匹配。当期货标的资产与需要套期保值的资产不是同一种资产时,如套期保值者无法在市场上获得其所需要的标的资产的期货产品而不得不选用一个近似标的资产的期货产品进行套期保值,就无法保证 $H_1 = S_1$,导致 b_1 是不确定的。第二个原因是日期不匹配。当期货合约到期日与需要套期保值的日期不一致时,如套期保值者可能无法事先确定套期保值的确切时间,也可能无法找到在需要的日期到期的期货产品,就无法保证 $S_1 = G_1$,从而 b_1 也不确定。

基差风险可以分为三类。一是收敛基差,由期货市场价格与现货市场价格变化不一致产生。二是风险暴露基差,它是由所谓的交叉套期保值带来的敞口风险。三是期限基差,即现货市场金融工具面临风险的期限与保值工具期限不一致所产生的风险。

8.4 期货市场与贸易商

8.4.1 期货市场促进大宗商品贸易商转型升级

面对全球经济一体化的挑战与机遇,大宗商品贸易商正经历着前所未有的转型升级。传统的大宗商品,如有色金属、钢铁和农产品等,由于其供需量大、贸易规模广、对供需关系敏感、价格波动大且商品质量相对稳定,成为期货市场的主要品种。这一转变为大宗商品贸易商提供了新的契机,使他们在市场中的角色不仅仅局限于传统的买卖双方中介,更拓展到了利用衍生品市场进行风险管理和资本运作的复合型参与者。

随着网络交易的普及,传统的贸易模式受到挑战。直接销售成为可能,中间环节越来越少,导致贸易商的生存空间被压缩。此外,近年来全球性的疫情进一步加剧了贸易的不确定性,贸易商为了在市场中生存,必须降低成本,提高效率。在这种背景下,期货市场和其他衍生品工具的出现,为贸易商们提供了转型升级的新路径。通过期货等金融工具,贸易商可以有效地进行风险对冲，锁定成本和价格，保护自身免受市场波动的影响。同时，期货市场的信息透明度高，为贸易商提供了更多基于信息的套利机会，这种基于预期的交易模式，让贸易商可以在不实际拥有商品的情况下，通过预测价格走势来进行买卖，实现利润最大化。

尽管期货市场为贸易商提供了新的机遇，但同时也带来了新的挑战。贸易商需要具备对期货市场运作规则的深入了解，需要有能力对市场趋势进行准确判断。这不仅要求贸易商具有强大的市场分析和风险管理能力，还需要对全球经济形势有深入的理解。此外，期货市场的高波动性也要求贸易商必须具备高度的警觉性和灵活性，能够快速应对市场变化。

在全球市场竞争日益激烈的今天，大宗商品贸易商的发展方向不仅是提高自身的交易效率和降低成本，更重要的是如何有效地管理风险和把握市场机会。通过积极参与期货市场和其他衍生品市场，贸易商不仅可以为自己提供一个风险管理的工具，还可以通过市场套利等手段寻找新的盈利点。然而，这也要求贸易商必须不断提升自己的专业知识和技能，加强对市场趋势的研究和分析，建立更加科学的风险管理体系，以适应市场的快速变化和发展。

此外，随着全球经济的发展和市场环境的变化，贸易商需要加强对外部经济形势的监测和分析，以便更好地预测和应对可能的市场波动。这要求贸易商不仅要关注宏观经济指标和政策变化，还要对行业发展趋势和市场需求变化有深刻的理解。通过建立更加完善的信息收集和分析体系，贸易商可以在复杂多变的市场环境中把握先机，制定更加科学合理的交易策略。

同时，贸易商在追求自身发展的同时，也应关注全球经济的可持续发展趋势，积极履行社会责任。这包括但不限于促进资源的合理利用、支持环保和可持续发展项目，以及参与公平贸易实践等。通过这些举措，贸易商不仅可以为社会和环境作出贡献，还可以树立良好的企业形象，提高自身的品牌价值和市场竞争力。

总之，在全球经济一体化的大趋势下，大宗商品贸易商既要面临挑战，也有新的机遇。通过有效利用期货等金融工具进行风险管理和资本运作，贸易商可以在保障自身利益的同时,更好地适应市场的变化,实现可持续发展。为了在竞争激烈的市场环境中保持竞争力,贸易商必须不断探索新的业务模式,提高自身的市场敏锐度和应变能力。这不仅涉及对现有业务流程的优化和提升,更重要的是要在风险管理和资本运作方面进行深入探索和实践。期货和其他衍生品市场的有效运作,既是对贸易商风险管理能力的考验,也是提升贸易商综合竞争力的重要途径。

8.4.2　国际市场上大宗商品贸易商的稳健发展

从全球市场看,世界500强排名里有24家大宗商品交易商,这些交易商集中在具有航运优势、经济实力强、市场吸引力大的国家。其中,中国市场里就有6家,全球占比25%。这些大宗商品交易商主要聚集在沿海省份,外向型经济优势非常明显。细看这6家大宗商品交易商,一方面,国内交易商营收增速非常有优势,年均增速快,规模翻番,并且赶超了发达国家;另一方面,这6家大宗商品交易商里有4家是综合经营,不同于欧美地区的几个国家的交易商,其行业界限比较明显。虽然现阶段我们国家大宗商品交易商取得了一些进步,但是从某些方面来看,大宗商品交易商还存在很大的发展空间。2022年进入世界500强榜单的中国银行有10家,它们的利润占上榜中国境内企业利润总额的41.7%,2021年中国境内上榜的非银行企业有135家,利润平均是27亿美元,具体情况见表8-1。

表8-1　　　　　　　2022年世界500强中国上市银行营业利润

银行名称	工商银行	建设银行	农业银行	中国银行	交通银行	招商银行	光大银行	兴业银行	浦发银行	民生银行
营业利润（亿元）	4207.6	3892.2	3087.9	2940.7	994.31	1766.6	498.03	841.40	407.36	375.87

资料来源：Choice。

尽管我们国家的交易商数量比较多,但是跟国际上发达国家或者头部企业比起来,差距仍然是明显的。首先,行业集中度比较低,盈利率偏低,好多业务大而不强。其次，资产及全球布局不完善，国内企业想要"走出去"比较困难，企业介入的深度、广度还有盈利能力，相较于发达国家还是比较明显。相关企业还是以物流网点建设为主，资源性，投资性项目比较少，这也是现货方面存在的一些差距，所以大宗商品交易商还是有很大的提升空间。

8.4.3 多方努力保驾大宗商品贸易商行稳致远

8.4.3.1 政府政策推动

在中国，政府对大宗商品交易市场的稳定性和发展的影响非常大。政府政策不仅需要保障市场的公平交易和有效监管，还需要促进市场的创新和国际化。

同时，政府还应该加强与国际市场的合作，通过双边或多边协议，推动本国衍生品市场与全球市场的对接和互通。

8.4.3.2 银行金融支持

中国的银行系统在支持大宗商品交易商方面发挥着至关重要的作用。银行不仅提供必要的流动性支持，还通过各种金融工具帮助这些企业进行风险管理。例如，银行可以为大宗商品交易商提供定制的金融产品，如基于商品价格的贷款、信用额度等。

银行的金融支持还包括对企业财务状况的评估和咨询服务，帮助企业优化资本结构，提高资本使用效率。此外，银行还可以利用其在信息服务方面的优势，为客户提供市场分析报告、价格趋势预测以及供需动态等重要信息，帮助企业作出更加科学的决策。

银行还应该与政府合作，参与大宗商品市场的监管，促进大宗商品市场的稳定。例如，通过与监管机构共享信息，帮助监管机构更好地理解市场情况，以及时发现和处理潜在的市场风险。此外，银行也可以通过组织研讨会和培训课程，提高企业对金融工具的认识和使用能力，促进整个市

第 8 章　服务实体经济

场的专业化和规范化发展。

8.4.3.3　提升风险管理水平

在全球大宗商品市场中，风险管理是企业生存和发展的关键。中国大宗商品交易商面临的主要风险包括价格波动、供应链中断、政策变化等。为了有效应对这些风险，提升风险管理水平成为企业必须优先考虑的策略。

首先，大宗商品交易商应当利用先进的风险评估和管理工具，如市场分析软件、风险模拟模型等，以科学的方法预测和量化风险。这些工具能帮助企业通过数据分析，识别潜在的市场趋势和价格变动，从而在风险出现之前采取预防措施。其次，交易商需要建立一个全面的风险管理框架，涵盖从风险识别到风险评估、风险控制和风险监控的各个环节。在此基础上，企业应该定期进行风险审计，评估现有风险管理措施的有效性，确保所有操作符合行业规范和法律要求。此外，大宗商品交易商还可以通过多种金融工具进行风险对冲，如期货、期权和掉期等。这些工具可以帮助企业锁定成本和价格，减少市场波动对企业的影响。例如，通过在期货市场上购买相对应的期货合约，企业可以在价格上涨时保证原材料成本的稳定。最后，企业还应加强与供应链上下游企业的合作，通过长期合同等方式固定价格和供货量，减少市场波动带来的不确定性。这种策略不仅有助于稳定企业的运营成本，也有助于构建一个更为稳健的供应链体系。

8.4.3.4　市场联动监管

国际市场的经验表明，市场操纵和不透明交易常常导致价格波动和市场失效。为了确保市场的健康发展，需要建立一个有效的市场联动监管系统。中国监管机构应与国际监管机构进行更紧密的合作，建立共享信息、联合监管的机制。这种跨国监管合作可以增强监管有效性，共同打击跨境市场操纵和欺诈行为。国内层面上，监管机构需要完善市场监控系统，利用技术手段如大数据和人工智能对市场进行实时监控。这些技术可以帮助监管机构迅速识别异常交易行为，及时采取措施进行干预，防止市场操纵行为的发生。此外，监管机构还应制定明确的市场规则，界定允许和禁止的市场行为。这些规则应公开透明,让所有市场参与者都能清楚地了解自己的权利和义务。同时,监管机构应对违规行为采取严格的惩罚措施,提高违规成本,以威慑潜在的违规者。最后,监管机构还应加强对新兴市场如数字货币和其他金融科技产品的监管。随着这些新兴市场的快速发展,传统的监管框架可能无法完全适应新的市场形态,因此需要不断更新监管策略,确保市场的稳定和公平。

8.5 中国期货市场国际化

金融市场双向开放是形成全面开放和国内国际双循环相互促进的新发展格局的重要组成部分。期货市场作为我国金融市场的重要组成部分,在服务实体经济中发挥了重要作用。目前,我国仍在推进期货市场形成双向开放的新格局,因此,期货市场的发展必须顺应时代潮流,紧抓发展机遇,结合中国特色,建设具有国际竞争力的期货市场。近年来,我国期货市场稳定发展,创新加速,期货品种逐渐丰富,国际化步伐不断加快。而期货市场国际化主要通过"引进来"和"走出去"实现与国际期货市场的相互融通。

期货市场国际化的目标是服务实体经济并争夺国际定价权。2018年,我国原油期货在上海国际能源交易中心挂牌交易,以人民币计价,向国际投资者开放,是我国期货市场交易端"引进来"的首创,引领了我国期货市场的国际化。随后,原油期货"人民币计价"的模式被复制到了更多国际化品种的设计上,并得到普遍认可。2021年,上海国际能源交易中心低硫燃料油期货首次跨境交收成功实施,这批以"上海价格"为基准定价的低硫燃料油在跨境交收后,迅速实现了国际分售、船舶加注,标志着我国期货市场首创的"境内交割+境外提货"的制度设计落地。我国期货市场从交易端"引进来"到交割端"走出去",期货市场的双向开放再迈进一步。

2024年3月18日,我国期货市场国际化又向前迈进一大步。马来西亚衍生品交易所(以下简称"BMD")挂牌上市了"马来西亚衍生品交易所大连商品交易所豆油期货"（以下简称"FSOY"），这标志着 BMD 与大商所在第 17 届国际油脂油料大会上签署的结算价授权协议正式落地，这也是东盟国家交易所首次挂牌上市以我国商品期货价格为基准进行结算的期货合约，中国期货合约标准"走出去"再添新成果。此次合作是中国期货市场首次授权亚洲交易所直接使用中国商品期货交割结算价用于新产品开发，该成果对我国期货市场国际化意义重大。

结算价授权是一种互利共赢、风险可控的合作方式，在国际上已得到广泛应用。FSOY 的标的与大商所豆油期货相同，在合约到期时基于大商所豆油期货的交割结算价现金交割。交易单位为每手 25 吨，与 BMD 的旗舰产品原棕榈油期货一致。市场参与者可以在马来西亚时间周一至周五 9：00 至 18：00 及周一至周四 21：00 至 23：30 交易 FSOY。

BMD 和大商所此次合作的主要标的豆油，是全球重要的食用油品种之一，而豆油期货是大商所首个油脂期货品种，自上市以来，豆油期货市场功能发挥充分，得到了产业企业的广泛应用。中国作为全球最大的大豆进口国、消费国，同时作为最大的豆油生产国、消费国，为大豆期货品种序列的发展壮大赋予了坚实的产业基础。2023 年大商所豆油期货成交量达 2.04 亿手，其良好的价格代表性得到了众多境内外市场参与者的认可。此外，大商所是全球最主要的精炼棕榈油期货市场，BMD 是全球最主要的原棕榈油期货市场。FSOY 作为马来西亚衍生品交易所推出的首个非棕榈油类的食用油期货合约，既能丰富国际市场对冲油脂价格产品，也有利于增进国际交易者对中马两国期货市场的了解。

FSOY 的推出，是两国期货市场响应"一带一路"倡议、助力中国一东盟经贸发展的一项务实举措。此次合作也为"一带一路"建设，特别是东盟等地区的实体企业增加了对冲豆油价格波动的工具，进一步丰富了全球油脂产业链参与者应对价格风险的工具，并为投资者开展与大商所、BMD 油脂油料相关期货品种的套利交易提供了便利。

期货市场的国际化便于我国与境外交易所增进交流、深化合作，从而稳步提升对外开放，服务全球大宗商品贸易稳健发展。

8.6 实体企业利用期货工具的案例分析

8.6.1 通过商品期货指数精确预测物价形势

8.6.1.1 起因与背景

背景1：2010—2011年，国内出现了一波明显的通货膨胀，当时CPI曾最高攀升至6.5%。经济形势严峻复杂，国家宏观管理部门亟须能预判市场运行状况和物价走势的先行指标，以便为宏观调控和价格政策调整提供前瞻性的决策依据。

背景2：2008—2011年，国家核心宏观经济数据出现多次泄密现象，所以，国家统计局从2011年7月起，尽最大可能缩小知悉范围、缩短数据生产到发布的时间，月度数据生成后24小时内公开发布。目前，国家统计局通常每月8日生成CPI、PPI数据，并于第二天（9日）公布（2011年7月前是11日公布）。

8.6.1.2 建立独立测算体系，用商品期货指数预测CPI、PPI数据

2011年6月，证监会的中国期货市场监控中心与国家发展和改革委员会价格司、国务院发展研究中心市场经济研究所展开合作，开始利用商品期货指数进行物价监测预警的探索。

2012年7月，CPI预测指数（CPI Estimating Index，CEI）编制成功，并随即用CEI预测了CPI数据。2013年3月，中国期货市场监控中心发布中国商品综合指数（China Commodity Composite Index，CCCI），并于2015年5月开始利用CCCI进行PPI数据预测。

8.6.1.3 中国期货市场监控中心实践成果分析

(1) 预测精度高。从表 8-2 中可以看出，中国期货市场监控中心 2018 年 11 月至 2019 年 10 月，12 个月的平均预测误差为 0.158%。

表 8-2　　　　2018 年 11 月至 2019 年 10 月 PPI 平均预测结果

时间	国家统计局公布值（%）	中国期货市场监控中心预测值（%）	预测误差（%）
2019-10	-1.6	-1.5±0.1	0.1
2019-09	-1.2	-1.4±0.1	-0.2
2019-08	-0.8	-0.8±0.1	0
2019-07	-0.3	-0.2±0.1	0.1
2019-06	0	0±0.1	0
2019-05	0.6	0.5±0.1	-0.1
2019-04	0.9	0.7±0.1	-0.2
2019-03	0.4	0.5±0.1	0.1
2019-02	0.1	0.3±0.1	0.2
2019-01	0.1	0.1±0.1	0
2018-12	0.9	1.4±0.1	0.5
2018-11	2.7	3.1±0.1	0.4

(2) 预测时效强。国家统计局通常每月 8 日生成 CPI、PPI 数据，并于第二天（9 日）公布。中国期货市场监控中心每月 5 日生成 CPI、PPI 预测数据。

(3) 领先效果好。CPI 预测：CEI 领先 CPI 走势 1~2 个月，是 CPI 短期监测预警的有效先行指标，为精准预测 CPI 发挥了重要作用。PPI 预测：CCCI 与 PPI 走势高度一致，且较 PPI 领先 1~2 个月。当 PPI 发生转折时，CCCI 往往能够提前发出明确信号，如图 8-2 所示。

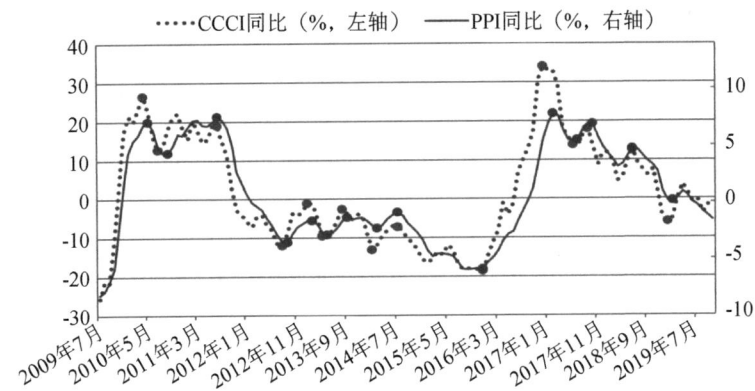

图 8-2 中国商品综合指数（CCCI）与 PPI 走势对比

CCCI 与 PPI 走势一致性源于商品指数的高度代表性：PPI 涵盖了 20000 多种工业产品价格，而 CCCI 仅包含 37 个大宗商品品种价格，充分体现了 CCCI 成分品种对工业经济的高度代表性。

首先，PPI 被 8 个行业的价格走势所主导（见图 8-3）。

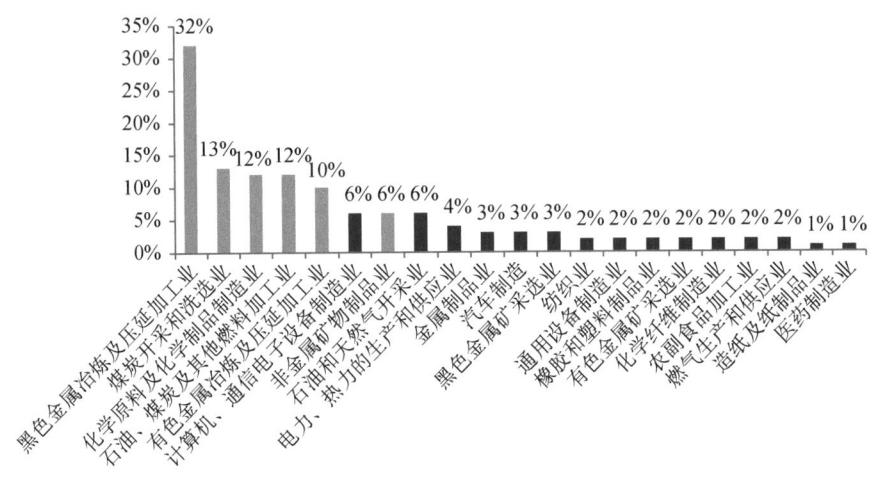

图 8-3 PPI 中各行业同比对 PPI 全工业同比的影响度

其次，CCCI 成分品种具有较高代表性，其价格走势基本能够代表上述 PPI 主导性行业的价格走势（见表 8-3）。

表 8-3　CCCI 代表性品种与 PPI 分行业的对应和价格领先关系

PPI 分行业	CCCI 代表性品种			是否存在价格领先
	对应品种	品种代表性	价格来源	
黑色金属冶炼及压延加工业	螺纹钢、热轧卷板	高	期货价	是
煤炭开采和洗选业	动力煤、焦煤	高	期货价	是
化学原料及化学制品制造业	甲醇、PTA、PE、PVC、PP	中	期货价	是
石油、煤炭及其他燃料加工业	汽油、柴油、液化天然气、燃料油	高	现货价	否
有色金属冶炼及压延加工业	铜、铝、锌、黄金	高	期货价	是
石油和天然气开采业	原油	高	期货价	是
非金属矿物制品业	水泥	中	现货价	否

注：汽油和柴油已于 2019 年年中 CCCI 指数品种和权重例行调整时被上海原油期货替代。

CCCI 对 PPI 的领先性源于期货市场的价格发现功能。理论上，CCCI 中代表性品种所使用的期货价格领先于 PPI 中对应行业的现货价格。从历史数据看，CCCI 中螺纹钢等代表性大宗商品的期货价格领先于 PPI 中对应行业的现货价格，是历次 CCCI 同比领先 PPI 的主要原因。

若在 CCCI 中加入上海原油期货，CCCI 对 PPI 的领先预测效果将更加明显（见图 8-4）。这一方面源于原油期货的价格发现功能，另一方面源于原油价格在石化产业链乃至整个工业经济中的价格传导作用，充分体现了原油作为"大宗商品之王"的影响力。因此，中国期货市场监控中心于 2019 年 7 月 1 日对 CCCI 例行调整时加入了上海原油期货。经模拟测试，加入上海原油后，CCCI 能够在保持原有趋势稳定的前提下，提升对 PPI 的领先预测效果。

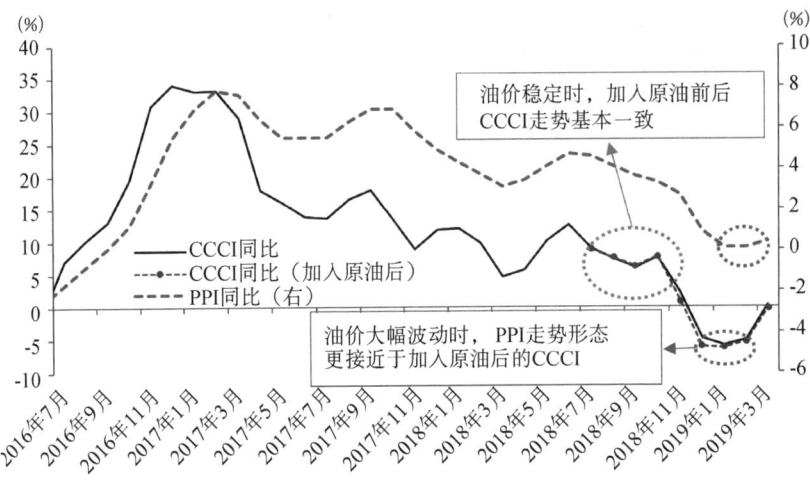

图 8-4　CCCI 加入上海原油期货前后的对比

8.6.2　某铜业公司"点价套保"降低利润波动

8.6.2.1　起因与背景

某铜业公司（以下简称"J 公司"）是集采、选、冶、加、贸易为一体的铜生产和加工基地，主营业务包括铜矿开采、阴极铜冶炼、铜材加工。从上游的铜矿开采到下游的终端销售，各个环节价格模式并不相同，因此，该公司存在经营价格上的风险。从原材料到产成品，尽管铜精矿、阴极铜、铜材的作价模式不同，但是其共同点就是以期货价格为基准，因此期货市场是该公司套期保值、对冲风险的较好选择。

J 公司套期保值的目标在于，在各个业务板块上充分利用套期保值工具的优势，处理好原材料的采购和销售工作，规避风险的同时赢取市场份额。该公司对于主要业务的每一个风险敞口都作出了相应的套期保值的策略。

8.6.2.2　"点价套保"方式

在铜精矿和粗杂铜等原材料的进口环节，J 公司依据公司年度生产经营计划，确定原材料计划耗用总量，用该总量除以期货交易天数，可计算出每日平均虚拟销售规划量。此规划量扣除每日原材料到货作价量后的差额，就是每日在 LME 或 SHFE 进行期铜买（卖）建仓的数量。

在供应环节，当供应商供货后，在点价期内点价时，该公司会根据供应商点价指令和点价数量，将原套保头寸进行平仓。通过这种每日建仓的保值方式，经过期现对冲后，使该公司的实际原料采购成本基本接近于市场年度的平均价，这样可以有效规避铜价剧烈波动带来的风险。

在阴极铜的销售环节，市场风险较小，套期保值工具运用较少。但是现货市场如果出现贴水现象，该公司就会把当天的计划销售量在期货市场上卖出，在期货到期后进行交割。这样一来，期货市场为江铜集团提供了较高的销售价格，进而增加了企业利润。

在铜杆线等铜材的销售环节，为了有效规避客户远期点价所带来的风险，在客户远期点价的时候，J 公司在期货市场上同时买入相应的合约保值，在未来现货交货日，将用保值的期货头寸进行平仓。这种套期保值模式下，可以避免在远期销售价格锁定后，铜价上涨使铜杆线原料成本上升吞噬铜杆线加工费的风险。

8.6.2.3 "点价套保"实践成果分析

2008 年，金融危机使多数有色金属的价格呈下降趋势。从 2008 年 6 月开始，铜价累计下跌幅度达到 60%，且下降趋势仍在继续，市场观望看空的情绪浓重。2008 年 J 公司营业收入达 536.9 亿元，较 2007 年增长 24.4%，公司的综合毛利率为 11.7%，同比下降了 4.4%。2008 年的第四季度铜价下跌幅度接近 50%，由此导致该公司 2008 年存货跌价计提了 5.8 亿元，期货套期保值损失达 13.6 亿元。

但是 J 公司的营业收入依然同比增长 24%，至 539.72 亿元，因为期货市场的损失通过现货市场的履约抵消了。虽然公司在 2008 年铜价暴跌的时候在期货市场上损失惨重，但是这一举动却降低了公司因为铜价上升而可能导致的成本的上升。这正是套期保值的目的，即回避、降低价格风险，而非盈利。

经过期现对冲，虽然 J 公司 2008 年并没有像其他矿业公司那样获得大量盈利，但依然稳固了自己的利润。从此角度看，J 公司在 2008 年期货市场上的亏损也只是他们所不愿意承担的风险所带来的额外收益。套期保值的最大功能在于降低风险，因此 J 公司成功利用套期保值降低了风险。

8.6.3 钢企运用期货稳价订单对冲锁价销售订单的风险

8.6.3.1 起因与背景

为了将企业需求与衍生工具的作用联通，2021 年 9 月，上期所推出期货稳价订单业务，即通过现货贸易平台为实体企业提供现货供应保障。上期所及期货公司为实体企业提供降低价格波动的期货、期权等工具，实现了保供稳价的效果。

8.6.3.2 期货稳价对冲方式

第一家参加试点项目的是某大型国有钢铁企业，该企业具备 2000 万吨钢配套生产规模，产品种类涵盖板材、长材和轮轴三大类。

2021 年，其生产基地生产生铁 1823 万吨、粗钢 2097 万吨、钢材 2045 万吨。在钢材产量持续增长、业绩实现突破的同时，该国有大型钢企也面临频繁、大幅度价格波动和库存贬值的风险，给企业稳定经营、实现盈利带来巨大挑战。

近年来，企业一直在线上销售其远月热轧产品的产能资源，价格制定遵循市场化原则，根据市场、需求和产能情况动态定价。在热轧产品销售业务过程中，热轧产品现货库存在市场价格大幅下跌时存在库存减值风险，而锁价销售的远月订单，由于销售价格已经锁定，在市场价格大幅上涨时也存在价格敞口风险。

从 2022 年 1 月开始，该企业通过含权贸易模式为约 2000 吨的钢材进行套保，具体而言，其通过参与期货稳价订单项目对冲下游锁价销售的远月订单，间接以购买看涨期权的方式，预防了后期期现价格上涨带来的价格损失。

8.6.3.3 期货稳价成果分析

以参与项目的第一单为例，该企业在3月29日与下游生产企业约定销售4月底交付的热轧卷板钢材后，首先向期货公司风险管理子公司签订销售合同，最终由期货公司风险管理子公司再向下游生产企业签订销售合同。企业另向其支付保费，跟踪标的为上期所热卷HC2210合约。在合同规定的期限内，期货合约下跌超过300元，保险未发生赔付。而在同时段的现货市场上，热卷均价下跌约140元/吨。

通过参与稳价订单项目，该国有大型钢企在3月底锁定了最高销售价，相较于在4月底卖出钢材现货而言，在不改变传统销售模式的前提下，以较高价格销售了远期资源，减轻了销售压力，达到了预期的套保效果。

8.6.4 "商储无忧"项目

8.6.4.1 起因与背景

化肥是"粮食的粮食"，事关国计民生。我国是世界上最大的化肥消费国，化肥等农资供应保障关系农业生产稳定和国家粮食安全。化肥对我国粮食增产贡献率在40%以上，是国家粮食安全的重要基石。但化肥具有全年连续生产、季节集中使用的特点，使上游生产和下游消费之间天然存在结构性矛盾，因此做好化肥储备对于稳定化肥市场价格、保障春耕化肥供应意义重大。自2004年起，我国开始推行化肥储备制度，并于2020年发布《国家化肥商业储备管理办法》。根据该办法，承储企业可在当年9月1日至次年4月30日间选择任意连续6个月进行春耕肥储备，保障化肥至少3个月的在库时间，即使承储期间化肥价格下跌，承储企业也要维持相应规模的在库量。经过多年探索，我国建立了较为完善的商业储备制度，在保障化肥等重要农资稳定供应方面取得了积极成效。但化肥承储企业在承担国家化肥商业储备期间，无法通过降低库存、提前销售等传统手段，规避在库尿素价格下跌和库存贬值风险，不利于稳定化肥市场价格，也不利于提升企业积极性。同时，近年来受俄乌冲突、能源涨价、物流成本抬升等多种因素影响，化肥等重要农资价格明显上涨，增加了农业生产成本，危及粮食安全。因此，探索利用市场化手段平抑化肥等农资价格波动，加强市场预期管理，对更好保障供应和稳定价格意义重大。

商业储备制度遵循"企业承储、政府补助、市场运作、自负盈亏"的基本原则。化肥承储企业既要自行承担在库尿素的贬值风险，还要面临及时补充商储货源的压力，且无法通过降低库存、提前销售等传统手段避险。据了解，近些年在承储期满出库时，化肥的出库价格有时会低于入库价格，叠加仓储费、资金成本等，承储企业亏损较多，财政补贴难以覆盖，企业参与商储的动机主要来自履行社会责任，市场化动力不足。尤其是在经历大幅价格波动后，化肥承储企业的积极性明显下降，不利于国家化肥商业储备工作的开展。

8.6.4.2 风险管理方式

风险管理是期货市场的基本功能之一，是规避化肥承储风险的有效途径。尿素期货上市后，郑商所于2021年启动"商储无忧"试点项目，通过减免交易交割相关费用的方式支持承储企业参与期货套保，具体方式如下：

一是已经建立储备的承储企业开展卖出期货套保并注册仓单，可以提前锁定销售价格和利润空间，规避远期价格下跌风险。

二是尚未建立储备的承储企业通过买入期货并交割，可以提前锁定采购资源和成本，确保储备供应稳定。

三是承储企业申请成为"商储无忧"试点企业后，参与期货套保的相关费用包括交易手续费、交割手续费、仓单注册费用等均可获得一定程度减免，有效减轻了开展期货业务的成本压力。

四是利用项目支持，承储企业开展期货套保时，可获得期货公司等专业机构提供的定制化套保方案、技术指导及市场培训等，助力搭建规范且高效的内部风控制度和人才队伍，提高市场分析能力，提升企业管理水平。

8.6.4.3 "商储无忧"实践成果分析

2021 年,"商储无忧"试点项目覆盖河南、安徽、山东 3 个粮食主产区共 5 家龙头企业,有效对冲 10 万吨、价值 2 亿元的尿素货物贬值风险,为 500 万亩良田的春耕尿素供应提供了有力保障。如某农资企业 2021 年 2 月在尿素期货 5 月合约上卖出套保 1 万吨,随后尿素期现货价格下跌,该企业于 5 月实行部分平仓、部分交割期货头寸,最终实现期货端盈利 120 余万元。"商储无忧"试点是期货市场在新形势下服务国家储备的有益探索,得到了部委机构、行业协会和试点企业的高度认可。

2022 年,郑商所加大试点支持力度。一是将"商储无忧"试点项目时间延长至 2022 年 4 月,与我国春耕肥项目时间要求基本贴合,为企业的全周期避险提供了便利。二是试点规模扩大至 10 家,共 50 万吨,是首批试点规模的 5 倍,对每家试点企业的补贴上限也由 50 万元上调至 100 万元。三是试点企业类型覆盖了生产、贸易、消费各类龙头企业。

如今"商储无忧"试点项目数量从 5 个增至 12 个,单个试点项目最高支持金额从 50 万元增加到 100 万元,试点项目的区域也随着尿素期货交割区域的扩展而延伸至湖北和江苏。项目的影响力越来越大,项目的规划实施也越来越贴近承储企业的实际情况。

"商储无忧"试点项目将产业企业的承储工作和尿素期货的风险管理功能结合,通过期货市场套期保值并注册仓单,承储企业可以锁定仓储尿素出库价格,有效对冲了尿素的货物贬值风险,为春耕尿素供应提供了有力保障,实现了以较少资金为大额货物的价值安全保驾护航。

"商储无忧"试点项目将国家化肥商业储备与期货市场的交割体系相结合,通过鼓励将储备尿素注册为实物仓单,实现交割体系对尿素入库、仓储、出库等流程的监管,让承储企业安全且高标准地完成国家化肥商业储备的相关要求。一是在期货交割库更为严格的仓储标准下,将码垛及防板结工作进一步规范,尿素承储的安全性、真实性和合规性得到更好的保障。二是将尿素期货交割体系数字化、现代化的管理引入国家化肥商业储备项目,为未来更加精准、灵活地开展库存数据监测工作提供新思路。三是期货仓单有助于增强货物的在库担保，可助力减轻相关政府部门的检验成本。

"商储无忧"试点项目，以市场化手段引导承储企业利用期货工具规避风险、稳定价格。从长远来看，可以降低农民的用肥成本、提高农民的种粮积极性、维护国家粮食安全。同时，"商储无忧"项目通过标准仓单的管理制度，利于降低监管成本。从试点企业的反映来看，"商储无忧"试点项目取得了良好效果。有关人员表示，期货市场在促进产业企业积极参与国家化肥商业储备项目方面发挥了积极作用。"商储无忧"首批试点企业都是在行业内拥有较大影响力的企业，通过龙头企业的示范带动效应，引导行业内企业运用期货工具规避承储风险，积极参与国家化肥商业储备项目，这有助于保障化肥的稳定供应，进而保障粮食生产安全。

8.6.5　中间产品期货[①]

8.6.5.1　起因与背景

精对苯二甲酸（PTA）作为重要的大宗商品有机原料，在化学纤维、轻工、电子、建筑等国民经济领域广泛应用，PTA 是联系石油化工、化纤纺织两大国民经济支柱产业的重要枢纽。PTA 产品标准化程度高，行业质量标准较为统一，国内各大厂产品质量标准一致，且与国外在质量上没有差别。PTA 市场规模大，2005 年中国境内 PTA 产量、消费量和进口规模均位居世界第一[②]。影响 PTA 价格的因素多，市场波动频繁，PTA 产业链较长（见图 8-5），受世界经济变化、汇率波动、贸易争端、产业政策、原油价格波动等多重因素影响，2005 年的日价格波动幅度高达 3%，周价格波动幅度达 5%。PTA 易于储存运输，便于交割管理。PTA 生产、消费和进口区域都较为集中，且形成了一套成熟的仓储、物流体系。PTA 在产业链中起着承上启下的作用，与上游产品对二甲苯（PX）关系密切，与下游产品聚对

---

① 资料来源："中间产品期货系列报道"，《期货日报》2023 年 3 月 27 日至 4 月 4 日。
② 产量、消费量和进口规模依次为 589 万吨、1238 万吨和 649 万吨。

苯二甲酸乙二醇酯（PET）价格相关性高（见图8-5）。

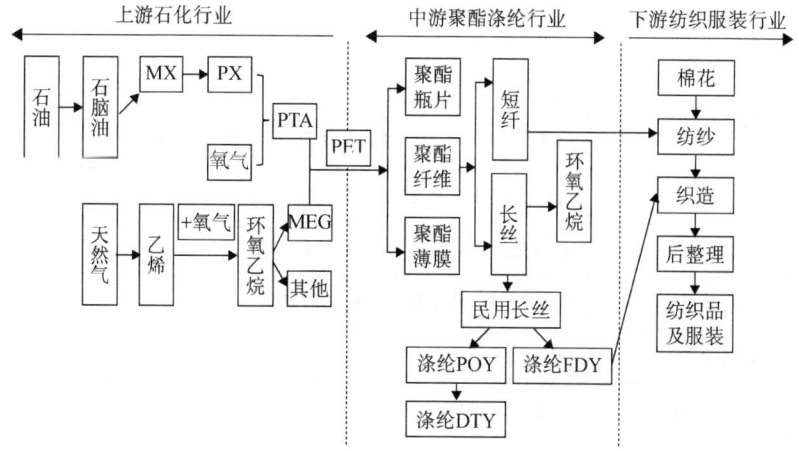

图8-5　PTA产业链流程

PTA的这些潜质为我国提供了创新期货产品的机会。

8.6.5.2　PTA期货简介

郑商所PTA期货是全球独有期货品种，当前经过十几年的培育和五六年的对外开放，PTA期货已成为我国功能发挥最好的商品期货品种之一，服务实体经济的功能作用凸显。有市场人士认为，作为全球独有的期货品种，在国际定价影响力上，郑商所PTA期货已成为实际意义上的国际定价基准。

PTA期货合约2006年12月18日在郑商所上市交易，其合约规则如表8-4所示。

表8-4　　　　　　　　　　PTA期货合约规则

类别	内容
交易品种	精对苯二甲酸（PTA）
交易单位	5吨/手
报价单位	元（人民币）/吨
最小变动单位	2元/吨
每日价格最大波动限制	上一交易日结算价±4%及《郑州商品交易所期货交易风险控制管理办法》相关规定

续表

类别	内容
合约交割月份	1月至12月
交易时间	每周一至周五（北京时间，法定节假日除外）上午9：00—11：30，下午1：30—3：00及交易所规定的其他交易时间
最后交易日	合约交割月份的第10个交易日
最后交割日	合约交割月份的第13个交易日
交割品级	见《郑州商品交易所期货交割细则》
交割地点	交易所指定仓库
最低交易保证金	合约价值的5%
交割方式	实物交割
交易代码	TA
上市交易所	郑州商品交易所

8.6.5.3 PTA期货主要制度介绍

（1）保证金制度（见表8-5）。

表8-5　　　　　　　　　　保证金制度

分类	保证金收取比例（%）
自挂牌至交割月前一个月第15个日历日期间的交易日	5
交割月前一个月第16个日历日至交割月前一个月最后一个日历日期间的交易日	10
交割月份	20

注：其余特殊情况的保证金水平参照《郑州商品交易所期货交易风险控制管理办法》实施。

（2）限仓制度。限仓是指交易所规定会员或客户按单边计算的、可以持有的PTA合约持仓的最大数量。自合约挂牌至交割月前一个月第15个日历日期间的交易日限仓标准如表8-6所示。

表 8-6　　　　　　　　　　　　　限仓制度

品种	期货合约单边持仓量	非期货公司会员及客户最大单边持仓
PTA	单边持仓量＜50 万手	50000 手
	单边持仓量≥50 万手	单边持仓量×10%

（3）涨停板制度。涨跌停板是指期货合约允许的每日交易价格最大的波动幅度，超过该涨跌幅度的报价将视为无效，不能成交。PTA 期货合约每日价格最大波动幅度为前一交易日结算价 ±4%。

（4）质量检验制度。PTA 期货交割品的质量检验由交易所指定的质检机构负责，检验后出具的检验证书作为该批 PTA 注册仓单的依据（注意：生产日期超过 90 天的境内生产的 PTA 和自境外发运之日起超过 60 天的进口 PTA，仓库不得接收入库）。

（5）实物交割制度。期货实物交割在交割月的连续三个交易日完成，分别称为第一交割日、第二交割日、第三交割日，可以适用的流程包括滚动交割和集中交割。滚动交割是指交割月第一个交易日至最后交易日的前一交易日，由卖方提出交割申请，并由交易所组织配对，双方在规定时间内完成的交割。集中交割是指在合约最后交易日闭市后，交易所组织所有未平仓合约持有者进行的交割。

期货转现货（以下简称"期转现"）是指持有同一交割月份合约的多空双方之间达成现货买卖协议后，变期货部位为现货部位的交易。期转现分为标准仓单期转现和非标准仓单期转现。标准仓单期转现根据标准仓单类型分为完税标准仓单期转现和保税标准仓单期转现。《郑州商品交易所保税交割实施细则》对保税期转现具体流程有规定的，按照其规定执行。

8.6.5.4　PTA 期货上市成果分析

（1）在 PTA 期货的示范带动下，根据国情和产业发展需要，我国陆续创新推出了许多中间产品期货，大多为首发和独创。目前，全球已上市的 48 个中间产品期货中，我国境内已上市 25 个，其中，PTA、玻璃、纯碱、短纤、棉纱、纤维板、胶合板、纸浆、硅铁、锰硅、不锈钢、线材、焦炭、液化石油气、聚乙烯、聚氯乙烯、苯乙烯、乙二醇、石油沥青这19个中间产品期货均为全球独有品种。在境内外均上市的中间产品期货中，甲醇期货是境内首发中间产品期货。

（2）以PTA为代表的中间产品期货为相关生产企业精准对冲风险、锁定加工利润提供了可靠工具。以对二甲苯（PX）、PTA、涤纶化纤所在的聚酯产业链为例，该产业链上下游产品加工利润依次递减，成倒三角模式。从2018年至2022年5月数据来看（见图8-6），PX、PTA和涤纶化纤的加工利润平均占比分别为66%、23%和11%[①]。当面对原油价格上涨时，上游产品PX的加工利润占比则会进一步提升，挤压下游产品PTA和化纤的加工利润。如2022年5月，PX的加工利润占比达到97%。

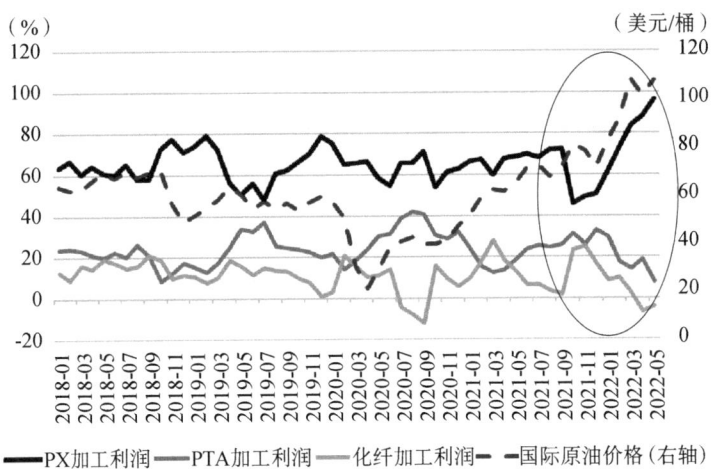

图8-6 2018—2022年聚酯化纤产业链各环节加工利润分配情况

资料来源：Wind、郑商所研究所。

在此背景下，PTA生产企业为缓解原料价格冲击，实现平稳有序生产的重要途径，便是通过PTA期货锁定加工利润。当加工利润处于合理区间时（500元/吨至650元/吨），买入上游原料PX现货，在期货市场卖出与原料数量相对应的PTA期货。当PTA加工利润跌出合理区间时（原料价格涨

---

① 某产品加工利润占比 = 某产品加工利润/各产品加工利润总和。

幅大幅超过 PTA 价格涨幅），通过在期货市场平仓获得盈利，对冲加工利润下跌的风险。从世界 500 强企业某石化企业（以下简称"K 石化企业"）数据来看，2011—2021 年，通过参与 PTA 期货，该企业 PTA 业务毛利率平均提升了 1.9 个百分点①（见图 8 – 7）。

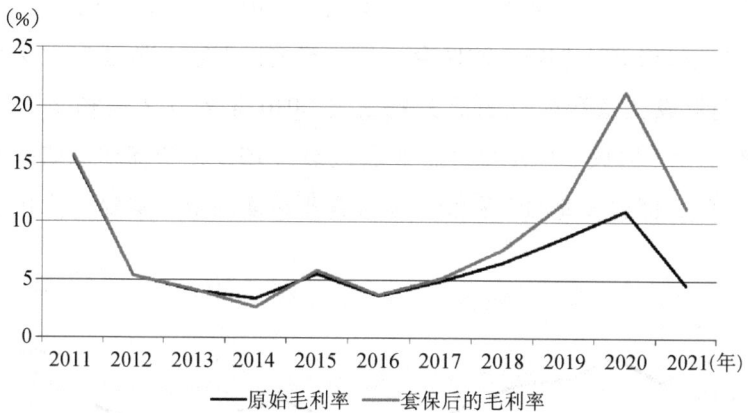

图 8 – 7　2011—2021 年 K 石化企业参与套保前后 PTA 业务毛利率变化

资料来源：K 石化企业年报、郑商所研究所。

（3）多年来，龙头企业通过借助期货市场平缓利润波动，实现自身稳健发展，PTA、PX 等重要中间产品的产能大幅提升，中间产品制造业实现产业化规模化发展。

2001 年我国加入世界贸易组织后，国内纺织业迎来巨大机遇，开始急速扩张，带动了化纤产业及其上游 PTA 产业的快速发展。2002—2006 年，受产能基数小、供应增速有限、需求量大且增长较快等因素影响，PTA 市场缺口不断扩大，进口量快速攀升，2006 年国内产能 945 万吨，产量 670 万吨，净进口量约 700 万吨，对外依存度高达 51%。

2006 年 12 月，PTA 期货在郑商所上市，发现价格、规避风险的功能不断发挥并逐渐深化，服务相关产业发展的能力持续增强。在 2008 年国际金融危机冲击下，中国纺织品等出口呈现负增长态势，各企业积极利用 PTA

---

① K 石化企业经营数据以及参与期货市场情况取自公司历年年报。将 PTA 业务毛利增加套期保值损益后，需要观察其毛利率的变化。

期货规避价格波动风险，提前锁定成本和利润，稳定了经营发展。2011—2014年，国内PTA产业进入扩张阶段，PTA产能从2006万吨/年增至4335万吨/年，PX产能从826万吨/年增至1221万吨/年。在PTA产能趋于过剩和行业竞争日益激烈背景下，PTA价格大幅下跌，从2011年的9873元/吨（均值）跌至2014年的6450元/吨（均值）。2011年起，一些大型PTA生产企业陆续参与PTA期货。2014年，国内产能前五家PTA生产龙头企业参与PTA期货成交量和成交占比分别达到2010年的5.2倍和2.7倍（见图8-8）。这一阶段，PTA生产企业通过参与PTA期货套期保值，规避库存跌价风险，锁定合理加工利润，为各企业后期向上游实现一体化发展夯实了基础。

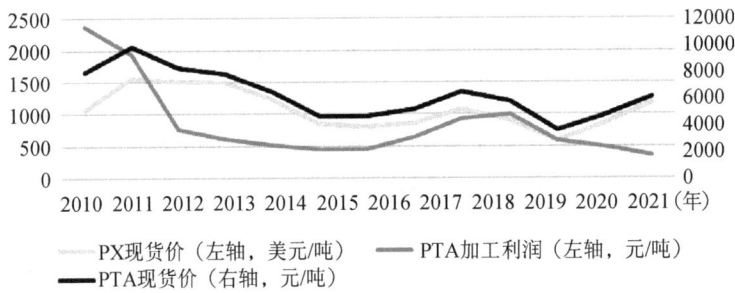

图8-8　2010年至2022年5月PX、PTA价格及PTA加工利润

资料来源：郑商所研究所，且图中数据为年均值。

作为连接炼油与化工的重要中间产品，PTA的生产原料PX既是芳烃品种中最为重要的产品之一，也是聚酯产业的龙头原料。境内外实践证明，炼油和化学品生产相结合的炼化一体化，是石化企业最优的发展路线。通过将原油"吃干榨净"，提高资源利用效率，降低各环节成本，能够明显提升企业竞争力。多年来，我国PTA生产企业一直在追求向上游一体化发展。石化产业是资金技术密集型产业，大型一体化生产线投资巨大。同时，从建设到实际投产，市场行情通常会出现变化，因此，稳定的生产加工利润，是企业实现一体化发展的基础。全球最大的PTA生产企业L企业认为，因为有了PTA期货这个"稳定器"，企业不再过度担心原料和产成品价格波动风险，能够更加专注于经营优化，敢于扩大再生产了。

经过前期的蓄力发展,2019年起,多家石化企业炼化一体化项目开始集中投产。到2021年末,我国PTA和PX产能分别增至6775万吨/年和2881.5万吨/年。PTA进口依存度从2006年的50%降至1%,PX进口依存度也从2018年的历史峰值61%降至40%左右。目前,我国PTA产能占据全球的一半以上,PTA和PX产量均居全球第一(见图8-9)。

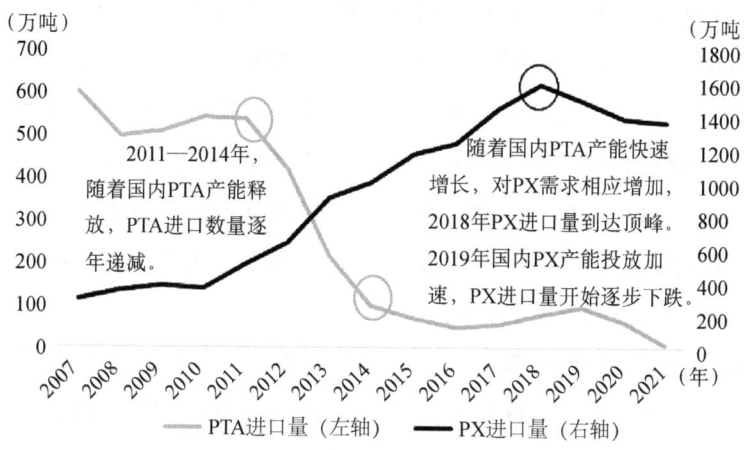

图8-9 2007—2021年我国PX、PTA进口数量

资料来源:Wind、郑商所研究所。

8.6.6 甲醇期货产品

为贯彻落实国务院《关于推进资本市场改革开放和稳定发展的若干意见》(国发〔2004〕3号)中"稳步发展期货市场,在严格控制风险的前提下,逐步推出为大宗商品生产者和消费者提供发现价格和套期保值功能的商品期货品种"的精神,中国证监会于2011年10月13日批准郑州商品交易所开展甲醇期货交易。10月28日,甲醇期货正式上市,首日挂牌基准价为3050元/吨。根据郑商所相关公告,首批上市交易合约包括ME203、ME204、ME205、ME206、ME207、ME208、ME209、ME210,8个合约的挂牌基准价均为3050元/吨。首日涨跌停板为±8%,初期最低交易保证金为8%,高于合约规定的6%水平。

甲醇，又名木精、木醇，英文名为 Methanol 或 Methyl Alcohol，化学分子式为 CH_3OH，是无色、略带醇香气味的挥发性液体，能溶于水，在汽油中有较大的溶解度，有毒、易燃，其蒸汽与空气能形成爆炸混合物，属于危险化学品。甲醇是由合成气生产的重要化学品之一，既是重要的化工原料，也是一种燃料。作为一种重要的有机化工原料，甲醇应用广泛，可以用来生产烯烃、甲醛、二甲醚、醋酸、甲基叔丁基醚（MTBE）、二甲基甲酰胺（DMF）、甲胺、氯甲烷、对苯二甲酸二甲酯、甲基丙烯酸甲酯、合成橡胶等一系列有机化工产品。甲醇不但是重要的化工原料，而且是优良的能源和车用燃料，可以加入汽油掺烧或代替汽油作为动力燃料。近年来，甲醇制烯烃技术发展势头强劲，已成为甲醇最重要的下游需求。此外，C1化学[①]得到发展，由甲醇出发合成乙二醇、乙醛、乙醇等工艺路线（现多由乙烯出发制得）正日益受到关注。

甲醇的上游原料包括煤炭、焦炉气和天然气，下游产品包括传统下游甲醛、醋酸、二甲醚、MTBE 等，也包括新兴下游煤/甲醇制烯烃（CTO/MTO）、醇醚燃料等。甲醇行业发展成熟度高，下游结构丰富，市场化程度较高，加之具有期货产品，所以市场参与群体广泛。近年来，因为供应增速大于需求增速，所以无论是全球还是中国，甲醇一直存在过剩的压力。其产业链见图 8-10。

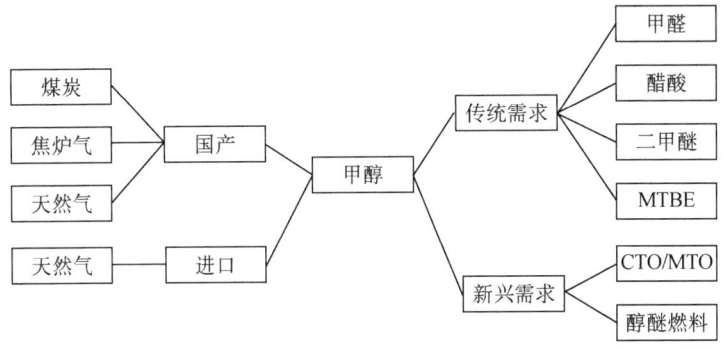

图 8-10 甲醇产业链

---

① C1 化学，是指以碳单质或分子中含 1 个碳原子的物质如一氧化碳、二氧化碳、甲烷、甲醇等为原料合成工业产品的化学工艺。

近年来，全球甲醇产能稳步增长（见图8-11）。全球甲醇产能集中在亚洲、美洲和欧洲地区（见图8-12）。亚洲产能占比继续上涨，欧洲和美洲的全球占比率继续下降。亚洲方面，2023年中国甲醇产能继续保持相对稳定增长，稳居全球以及亚洲产能第一位，随着近几年中东新增甲醇装置集中上马，中东已经成为全球除中国以外的一个新的产能增长区域。

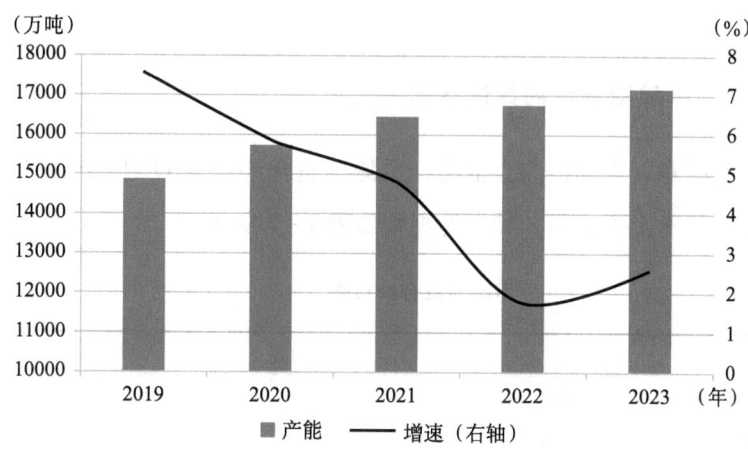

图8-11 2019—2023年全球甲醇产能

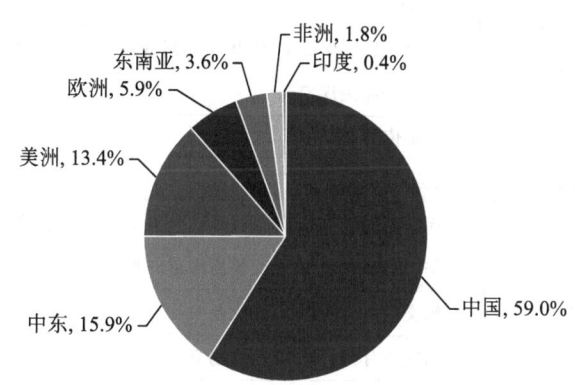

图8-12 2020年全球甲醇产能分布

全球范围看，中东、美洲和大洋洲为主要的甲醇流出区域，而亚洲、欧洲为主要的甲醇流入区域。其中，中东、大洋洲、南美洲和东南亚的甲醇产能主要流入中国、欧美和东南亚区域，欧洲除了南美洲有流入以外，也有少量产能流入俄罗斯和非洲等地。美国除了南美洲甲醇来此套利以外，仍有加拿大和赤道几内亚等地货物介入。不得不提的是，2020年美国甲醇出口量继续增加，多出口至欧洲和韩国等地。目前，全球范围来看，国外甲醇装置仍多为天然气制甲醇，但中国"富煤、贫油、少气"的能源结构决定了中国甲醇仍以煤制为主。据隆众资讯统计数据统计，截至2023年底，我国甲醇生产原料中，煤制甲醇产能占比超3/4，剩余产能为焦炉气、天然气制甲醇。

8.6.6.1 甲醇期货合约具体标准

经国务院同意，中国证监会批准，甲醇期货合约于2011年10月28日在郑州商品交易所上市交易，其合约规则如表8-7所示。

表8-7　　　　　　　　　　甲醇期货合约规则

类别	内容
交易品种	甲醇
交易单位	10吨/手
报价单位	元（人民币）/吨
最小变动单位	1元/吨
每日价格最大波动限制	上一交易日结算价±4%及《郑州商品交易所期货交易风险控制管理办法》相关规定
最低交易保证金	合约价值的5%
合约交割月份	1月至12月
交易时间	每周一至周五（法定节假日除外）北京时间上午9：00—11：30，下午1：30—3：00及交易所规定的其他交易时间
最后交易日	合约交割月份的第10个交易日
最后交割日	合约交割月份的第13个交易日
交割品级	见《郑州商品交易所期货交割细则》
交割地点	交易所指定交割地点
交割方式	实物交割
交易代码	MA
上市交易所	郑州商品交易所

注：甲醇期货价格基准地：华东港口。

8.6.6.2 甲醇期货主要制度

(1) 保证金制度（见表 8-8）。

表 8-8　　　　　　　　　甲醇期货保证金制度

分类	保证金收取比例（%）
自挂牌至交割月前一个月第 15 个日历日期间的交易日	5
交割月前一个月第 16 个日历日至交割月前一个月最后一个日历日期间的交易日	10
交割月份	20

注：其余特殊情况保证金水平参照《郑州商品交易所期货交易风险控制管理办法》实施。

(2) 限仓制度。甲醇期货合约自合约挂牌至交割月前一个月第 15 个日历日期间的交易日，当合约的单边持仓量大于或等于一定规模时，非期货公司会员和客户按单边持仓量的 10% 确定限仓数额；当合约的单边持仓量小于一定规模时，非期货公司会员和客户按绝对量方式确定限仓数额。具体限仓标准见表 8-9。

表 8-9　　　　　　　　　甲醇期货限仓标准

品种	期货合约单边持仓量	非期货公司会员及客户最大单边持仓
甲醇	单边持仓量 < 30 万手	30000 手
	单边持仓量 ≥ 30 万手	单边持仓量 × 10%

(3) 涨跌停板制度。甲醇期货合约每日涨跌停板幅度为前一交易日结算价的 ±4%。甲醇期货合约在某一交易日（该交易日称为 D1，以下几个交易日分别称为 D2、D3、D4）出现单边市，D2 涨跌停板和交易保证金将出现调整（见表 8-10）。D2 未出现同方向单边市的，当日结算时交易保证金标准恢复到正常水平，D3 涨跌停板幅度恢复到正常水平；D2 出现同方向单边市，D3 涨跌停板和交易保证金继续调整。D3 未出现同方向单边市的，当日结算时交易保证金标准恢复到正常水平，D4 交易日涨跌停板幅度恢复到正常水平；D3 仍出现同方向单边市的（即连续三个交易日出现同方向单边市），交易所可根据情况采取暂停交易等措施并公告。

表 8 – 10　　　　　　　　　甲醇期货涨跌停板制度

交易日	涨跌停板	交易保证金
D1	±4%	根据交易时间段
D2	±7%	9% 或从高
D3	±10%	12% 或从高
D4	交易所可采取暂停交易、强制减仓等措施控制风险，具体见交易所公告	

8.6.6.3　甲醇期货服务实体经济案例

（1）生产企业。甲醇的生产企业担心甲醇价格下跌，导致库存或者产出的甲醇产品贬值，可以选择在期货上进行卖出套期保值，提前锁定销售利润。以下是 M 能源有限公司（以下简称"M 公司"）的操作案例。

M 公司成立于 2016 年 3 月，以集团 680 万吨煤炭基地、150 万吨的甲醇生产能力及甲醇期货交割厂库为依托，专注能源化工产品的交易服务业务，负责集团生产甲醇的销售业务。受原油大幅震荡、产业自身弱周期及不确定事件频发等多重因素影响，近年来甲醇价格的波动幅度和波动频率都在加大，M 公司的甲醇销售业绩出现较大波动，频频出现库存压力。因此，集团大力发展期货业务并交由 M 公司统一开展，逐步形成了行业领先的价格管理、库存管理等交易模式，为企业实现长期稳定经营保驾护航。2020 年 2 月，物流停滞导致西北甲醇价格大幅下滑，M 公司销售不畅、累库严重，存在被动停车的风险，一旦停车损失较大，因此亟须排库。而市场预期甲醇将继续下跌，下游客户虽有需求但不愿以现价采购。为防止胀库引起停车，M 公司组织 4000 吨甲醇运送至下游仓库，允许下游提前使用。同时，M 公司在 MA2005 合约进行卖出套保，建仓基差 – 150 元/吨。后期，甲醇现货价格下跌 150 元/吨，双方以此价格结算该批现货。此时甲醇期货跌幅更大，基差走强至 – 90 元/吨，M 公司买入平仓。

通过此操作，M 公司有效缓解了库存压力，避免了被动停车的损失，且在高价区锁价成功，并获取基差走强的增值收益，共计 24 万元，下游则获取了低价货源，保证疫情期间生产不停工。

（2）中间贸易商。N 能源化工有限公司（以下简称"N 公司"）隶属于某大型集团,主营能源化工品贸易。N公司在甲醇板块构建了以下游分销为基础,进口、国产采购相结合的现货业务框架,并辅以期货市场进行风险对冲,现已发展成为甲醇行业龙头贸易商。

2021年3月起,国内主产区开展"能耗双控"排查,国产甲醇供应缩量,港口库存下降。N公司为多家下游企业提供了长约货源,需采购甲醇保障供应。为锁定采购成本,N公司以2445元/吨的价格买入2000手MA2109合约。"五一"假期过后,甲醇价格大幅上涨。N公司分批采购现货2万吨,平均买价为2702元/吨,同时分批将MA2109合约卖出平仓,平仓均价为2688元/吨。N公司通过买入套保规避了价格上行的风险,同时为下游企业保障了供应。

(3)下游企业。甲醇的下游企业是甲醇的使用方,需要面对甲醇价格上涨带来的成本提升的风险,因而可以运用期货工具进行买期套保。以下是O能源有限公司(以下简称"O公司")的真实案例。

O公司是一家集液化石油气深加工和石化产品生产、储存及相关物流和销售为一体的实体企业。O公司拥有年产10万吨二甲醚装置,甲醇是其生产所需原料,甲醇月需求量在1万吨左右,库存周期20天,是典型的甲醇下游企业。2012年2月中上旬,O公司判断近期甲醇价格出现上涨的概率较大,为了规避甲醇价格上涨带来的成本抬升的风险,O公司考虑在期货上进行部分买入套保并交割。O公司期货部在2012年2月24日分批建仓ME1203合约100手,建仓均价2924.5元/吨。随着交割日期的临近,ME1203的流动性越来越差,考虑到实际交割费用较多,交割运距远,且存在增值税等风险,于是O公司决定3月1日前将100手ME1203合约逐步平仓,并在现货上按照计划采购5000吨甲醇。

本章小结

期货市场通过集中竞价的方式,形成具有权威性和预期性的期货价格,这一价格不仅反映了当前市场的供求关系,还预示着未来市场的价格走势。

期货市场的价格发现功能，对于微观经济主体和宏观经济调控都具有重要意义。在微观层面，期货价格为企业提供了决策参考，企业可以根据期货价格信号，合理安排生产经营活动，优化资源配置，提高经济效益。同时，期货价格也为投资者提供了投资依据，有助于引导资金流向高效益的领域，促进市场资源的优化配置。在宏观层面，期货市场为政府宏观调控提供了重要参考。政府可以通过观察期货市场的价格变动，了解经济运行的动态和趋势，从而制定更加精准的宏观调控政策。此外，期货市场还可以为货币政策、财政政策等提供领先指标，提高政策的有效性和针对性。

期货市场通过套期保值等机制，可为企业提供有效的风险管理工具。企业可以通过在期货市场上买卖期货合约，锁定未来的采购成本或销售价格，从而规避价格波动风险，保障生产经营的稳定性和持续性。套期保值策略的应用，使企业在面临市场价格波动时能够保持相对稳定的经营状态。通过合理利用期货市场，企业可以有效管理风险，提高抵御市场风险的能力，增强市场竞争力。

期货市场在服务实体经济方面也发挥着重要作用。一方面，期货市场为大宗商品贸易商提供了有效的价格发现和风险管理工具，有助于促进大宗商品贸易的健康发展。另一方面，期货市场通过提供多元化的投资渠道和风险管理工具，促进了金融市场的繁荣和发展，进一步推动了实体经济的稳定增长。具体来说，期货市场为大宗商品贸易商提供了价格参考和风险管理手段，使贸易商能够更好地把握市场机遇，降低经营风险。同时，期货市场的发展也带动了相关产业链的发展，形成了期货与现货、场内与场外、线上与线下的互联互通，进一步拓展了服务实体经济的空间。

本章也通过实际案例分析，深入剖析了期货合约在套期保值管理风险中的应用原理。案例中，企业通过在期货市场上买卖相应的期货合约，成功锁定了未来的采购成本或销售价格，有效规避了市场价格波动带来的风险。这一实践不仅验证了期货市场风险管理功能的有效性，也为其他企业提供了有益的借鉴和参考。

09 第9章 "三农"与乡村振兴

✦ 学习目标

1. 了解我国农业经济地缘特点、历史政策引导和发展历程。
2. 掌握"保险+期货"的政策背景和运作模式。
3. 掌握金融衍生品在辅助乡村振兴中的具体应用。

引　言

农业作为国民经济的基础，在我国高质量发展过程中有着重要地位。我国政府高度重视农业发展，多次将其纳入国家发展战略，并通过政策引导，要求金融行业对农业发展给予更多的支持和帮助。近年来，金融业对支持农业现代化转型发展作出巨大贡献。为了更好地服务农业，金融机构积极设计个性化金融产品服务地方特色发展，为当地产业风险管理提供工具和措施。新产品应当因地制宜，充分考虑各地农业发展的实际情况，以满足不同地区、不同农作物的需求。同时，金融机构在农业领域的服务不应止步于提供资金支持，更应在实践中不断进行创新和发展，尝试通过与政府、企业、农民合作社、各类金融机构等合作，形成多方参与的农业金融产品和服务模式，共同推动农业现代化进程。

本章共分为4个小节，通过大量实际案例介绍金融衍生品服务乡村振兴。9.1和9.2小节聚焦我国农业经济的地缘特点和发展过程，总结了我国农业发展的主要政策方向和历史成就。9.3小节重点关注"保险+期货"模式，认为该模式是我国近年来应着重创新和发展的衍生品方向。本节从政策背景入手，以具体案例的方式由浅到深地介绍了该模式的机制和运作。9.4 小节为案例分析，以两个详细案例为抓手，帮助读者更好地理解和掌握衍生品在乡村振兴中的具体运用。

9.1 中国农业经济的地缘特点与历史进程

农业经济是国民经济的基础，是国家"双循环"战略的重要参与部分。尽管近年来农业经济发展和农业现代化进程卓有成效，但是从整体来看，中国农业经济仍然面临自然资源不足、增产潜力有限、供求结构错位等现实问题。从具体案例分析，我国耕地面积约为 19.18 亿亩，草地面积约为 39.68 亿亩（截至 2019 年，第三次全国国土调查），主要牲畜如生猪存栏量为 32.2 万头（截至 2020 年末，中宏产业数据库）。从宏观数据来看，数量规模较为可观，但是从微观方面来看，我国幅员辽阔，气候条件复杂，宏观统计的耕地囊括了从热带气候下一年多熟的水田到温带干旱气候下受降雨限制的旱地等，耕地情况复杂，产量不一，统筹工作困难，并且我国地形复杂，耕地先天资源不足，仅占世界耕地面积的 7%，粮食主产区集中在北方平原，集聚效应明显。同时，大约 75% 的草地被认为可以用于持续的畜牧业生产，但其中大部分载畜量很低，可提供的产品仅占全国肉类供给量的一小部分。为了保证草地的可持续使用，防止过度放牧导致的沙漠化，我国草地增产潜力有限。猪肉是我国最主要的肉类消费品，虽然我国的养猪业在世界占据领先地位，但是猪饲料的主要原料大豆的总进口量超过万吨（见图 9-1），自给率仅 15%。同时，截至 2021 年，我国粮食产量较 2020 年增加 2%，增产幅度超过千万吨，达历史新高，但是第一产业在国内生产总值的贡献率降低至 6.7%。2022 年全国粮食总产量

13730.6亿斤，比上年增加73.6亿斤，增长0.5%，粮食产量连续8年稳定在1.3万亿斤以上。

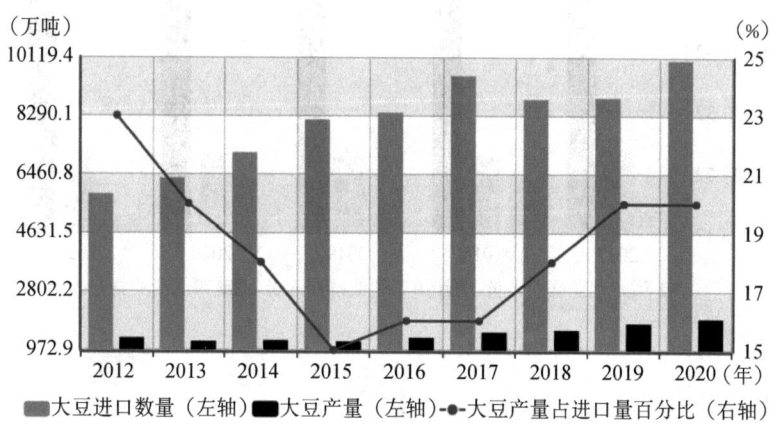

图9-1 我国大豆进口量产量变化关系

资料来源：国家统计局。

这主要是因为我国距离实现农业现代化还有很大的距离，我国的经济结构尚处于二元经济状态。现阶段我国城市经济以现代化的大工业生产为主，但是受到地理因素限制，大部分地区的农村经济仍然以典型的小农经济为主；城市的道路、通信、卫生和教育等基础设施发达，而农村的基础设施落后；城市的人均消费水平高于农村；农村发展落后，劳动力逐渐减少，劳动力占全社会劳动力比重也逐年降低（见图9-2）。

2020年底，习近平总书记在中央农村工作会议上指出，脱贫攻坚胜利之后，要全面推进乡村振兴，这是"三农"（农业、农村、农民）问题的历史性转移。同时，为了巩固脱贫攻坚成果，逐步实现由集中资源支持脱贫攻坚向全面推进乡村振兴平稳过渡，党中央决定自脱贫攻坚胜利时刻开始，设定5年过渡期对现有帮扶政策逐项分类优化调整，合理把握调整帮扶政策的节奏、力度和时限。

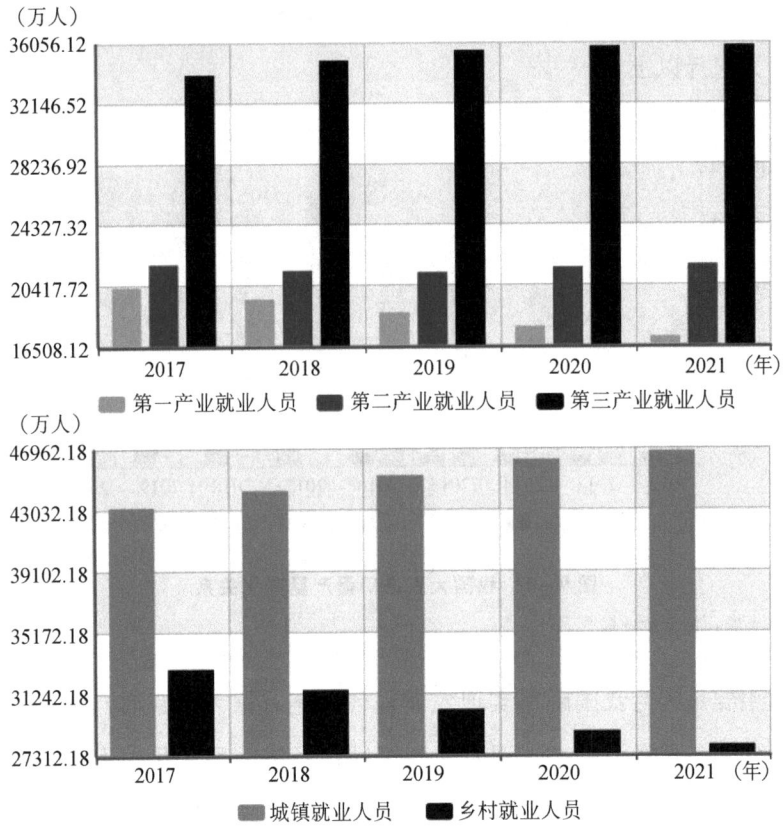

图 9-2 按产业和城乡就业人口统计

资料来源：中宏产业数据库。

9.2 精准扶贫与乡村振兴

乡村振兴战略和精准扶贫方略是党和国家着眼于解决发展不充分、不平衡问题，为弥补农业农村发展短板，实现农业农村现代化而作出的重大决策，体现了党和国家更加公平、更有效率的治国理念。

党的十八大以来，党中央坚持把解决好"三农"问题作为全党工作的重中之重，把脱贫攻坚作为全面建成小康社会的标志性工程，组织推进人类历史上规模空前、力度最大、惠及人口最多的脱贫攻坚战,精准扶贫是打赢脱贫攻坚战的制胜法宝。

2021年,我国宣布如期打赢脱贫攻坚战,正式宣布全面建成小康社会,我国建设社会主义农业现代化工作已经初具成效。截至2021年统计,我国农村居民人均可支配收入达到18931元(见图9-3),比前一年增长9.7%。其中,(人均)工资性收入7958元,经营净收入6566元,财产净收入469元,转移净收入3937元,工资性收入仍然是农民收入的主要来源,农民收入较2010年(6272元)翻了一番多,农村民生显著改善,乡村面貌焕然一新。

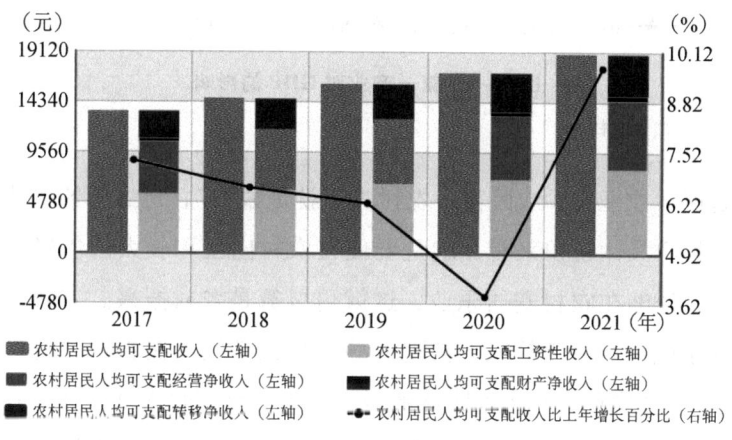

图9-3 农村居民收入结构

资料来源:国家统计局。

2020年以后,我国农村现代化进程进入新阶段,启动实施乡村振兴战略,推动农业农村取得历史性成就,发生历史性变革。如9.1小节中指出,2021年我国第一产业对国民经济的贡献率比2020年有所降低,但是从图9-4中可以看出,贡献率的增长仍然处在一个较高的水平,并且第一产业对国民经济的拉动在正式进入乡村振兴战略的第一年就在之前的水平上呈现出一个历史性的增长。

乡村振兴战略是集中资源支持脱贫攻坚向更高效、更科学、更高水平的新时期发展战略,其深度、广度、难度一点都不亚于脱贫攻坚工作。乡村振兴的标准定义是产业、人才、文化、生态和组织五个方面全面实现振

图 9-4 第一产业对 GDP 的影响

资料来源：国家统计局。

兴或者是说"农业强、农民富、农村美了就是振兴"，但这样的描述较为复杂抽象。换个具体视角来看，就是要使在农村出生和长大的年轻人愿意在农村生活，能够在农村安居乐业，这就可以算是乡村振兴。有效乡村振兴的关键在于能否留住年轻人，实现的核心是让年轻人在农村"有活干、有钱赚"，而且要实现其收入不比城镇居民人均可支配收入低，劳动强度也不能太大。未来的农民肯定有别于传统的农民。他们一定是有情怀、有文化、有知识，能掌握现代农业知识和技能，在社会服务的支持下，从事规模种植或规模养殖的农场主。

全面实施乡村振兴战略要求加快乡村产业发展，加强社会主义精神文明建设，加强农村生态文明建设，深化农村改革，实施乡村建设，推动城乡融合。《农村绿皮书：中国农村经济形势分析与预测（2021—2022）》一书指出，为了持续全面推动乡村振兴，在农业经济以及相关政策方面，我国未来需要聚焦涉农市场，面向涉农市场出台政策，激发涉农市场主体活力，要从保障谷物、口粮安全向保障"大食物安全观"转变，从保障数量安全向保障数量、质量与营养"三位一体"安全转变，从保障生产、供给、安全向保障生产、加工、贸易、流通与消费全产业链整体安全和系统安全转变，统筹利用产品、资金、技术三个层面的内外循环，提升农业科技自

第9章 "三农"与乡村振兴

主创新能力,尽快突破"卡脖子"的关键技术,彻底改变核心技术依赖进口的现状,实现农业技术上的以内循环为主。

期货市场在精准扶贫与乡村振兴方面进行了大量探索。以郑商所为例,郑商所的交易从农产品开始,且始终秉持服务"三农"初心,持续发力,助力精准扶贫,融入乡村振兴战略。

一是进行"保险+期货"试点,帮助农户及涉农企业进行农产品价格风险管理。农户"不愁价、不愁卖",使丰产也丰收成为可能,从而专心农业生产,有助于脱贫攻坚、乡村振兴国家战略的实施。

(1)苹果:甘肃静宁连续开展"保险+期货"试点,连接"小苹果"与"大金融"市场,为当地果农提供价格风险保障,使果农在面对不利市场环境的情况下减少损失,苹果"保险+期货"试点入选国务院扶贫办2020年"企业精准扶贫综合案例50佳"和"企业精准扶贫专项案例50佳"。

(2)白糖:广西罗城开展白糖"保险+期货"试点项目。广西罗城是国家扶贫开发工作重点县、广西深度贫困县,也是全国唯一的仫佬族自治县。该试点是首例由交易所支持的县域全覆盖试点。糖蔗产业是罗城支柱扶贫产业之一,"公司+基地+合作社+农户"的模式促进了蔗农增收,助推扶贫产业发展。2018年以来,郑商所连续几年在罗城开展白糖"保险+期货"县域全覆盖试点工作,采用新型价格风险管理模式,为当地产业稳定发展保驾护航,为仫佬族整族脱贫贡献了"期货力量"。2020年11月20日,广西壮族自治区人民政府正式同意罗城仫佬族自治县退出贫困县序列。

二是农产品期货价格发现功能有效发挥,为政府宏观调控提供了参考。农业生产多是根据上年价格进行决策,存在典型的蛛网效应。政府政策在发挥作用方面一般存在滞后效应,不利于农产品稳定供给。期货市场通过集中竞价的方式形成连续、公开、透明、权威的期货价格,能够反映标的商品的远期供求预期,对未来价格具有较好的预测作用。相关研究表明,以我国期货市场当前期货价格预测未来3~6个月的现货价格,预测偏差不超过10%。根据期货价格进行决策,有助于减少政府农业政策滞后效应。

三是乡村特色产业借助期货实现快速发展。优势特色农产品是乡村振兴的重要抓手,也是郑商所深化期货功能服务乡村振兴的重要载体。

（1）红枣：2021/2022产季，高温导致新疆红枣减产，麦盖提县指导枣农参考期货价格售枣，收购价由5元/公斤增长至8元/公斤，全县枣农较上个产季增加收入约5亿元，人均收入增加近3000元。当地加工符合期货交割标准的红枣，比以往流通的红枣价格每公斤高出0.5元，盘活了10家濒临倒闭的红枣加工厂，带动1000余人就业。红枣期货助力将红枣产业链留在县域，将产业链增值收益留给枣农，巩固了区域特色农产品的优势地位。

（2）苹果：苹果期货为陕西省果农和企业提供了可靠的价格参考和种植标准参考，助力当地苹果产业发展的效用明显。陕西省印发《关于加快推进苹果产业高质量发展的意见》，明确要利用苹果期货，助力构建产业链、市场链、价值链完整匹配的现代苹果经济体系，进一步推动区域优势特色苹果产业高质量发展。

四是"期货+"等经营模式有助于优化农业经营体系。如国家级农业产业化龙头企业新疆利华棉业公司，借力棉花期货，探索出"期货+订单+土地流转"的创新经营模式。新疆利华棉业公司成立了棉花农业合作社，按照棉花期货标准指导农民开展标准化、规模化生产，通过订单锁定棉花采购货源，利用棉花期货套期保值锁定经营风险，最终形成棉农、棉企、市场等各方良性循环发展的格局。目前，以"期货+"为纽带的创新业务模式已在棉花、大豆、玉米、红枣等多个重要农产品中推行，为完善农业企业利益联结、优化农业经营体系，从而实现乡村振兴提供了有益探索。

9.3 "保险+期货"模式

9.3.1 "保险+期货"政策背景

自2016年至今，"保险+期货"连续写入中央一号文件，体现出党中央对"保险+期货"模式服务"三农"的高度认可和优化创新要求。为持续贯彻落实中央一号文件的精神，农业农村部、中国证监会、国家金融监督管理总局、商品交易所等机构，以及期货公司、保险公司等金融机构增强了合作，进一步扩展"保险+期货"的产品规模和覆盖范围。近几年，相关各方推动该模式逐渐形成遍地开花之势。2022年2月22日，中央一号文件再次提出，优化完善"保险+期货"模式。长期以来，农产品市场"看天吃饭"，价格风险一直缺乏有效对冲手段。"保险+期货"模式，就是融合发挥保险业与期货业各自优势，将期货市场功能发挥和农业风险管理相融合，让涉农企业、农民专业合作社及农民通过金融工具来规避价格风险、保障收益，提升生产积极性，助力产业稳定发展。"保险+期货"模式的成熟非一时一日之功，目前已进入全面推广期，该模式要在总结经验中不断优化完善，以形成适合中国国情的农业风险管理模式。

9.3.2 "保险+期货"运作模式

"保险+期货"模式主要涉及三个主体，即投保主体、保险公司、期货公司。其运作模式的流程为，投保户支付保费购买保险产品，保险公司向期货公司购买场外期权对冲部分赔付风险，期货公司在期货市场进行复制期权操作，进一步分散风险。期权到期后，期货公司对保险公司进行支付结算，保险公司再对投保户进行赔付（见图9-5）。

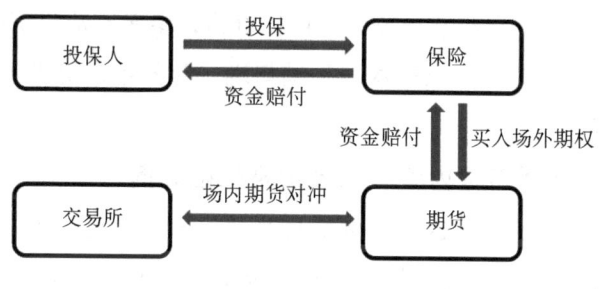

图9-5　"保险+期货"运作模式

可以看到，"保险+期货"模式结合了期货市场的风险规避功能与保险行业的承保理赔作用，解决了农产品价格大幅波动、市场风险难规避的问题，成为我国农业风险管理体系的有益补充。

9.3.3 "保险+期货"案例

案例一：天然橡胶"保险+期货"项目

该项目由海南白沙县政府和新湖期货、人保财险合作，在上海期货交易所支持下，利用金融衍生品工具来保障胶农收入。2017年6月，该项目创立了国内首单天然橡胶"保险+期货"精准扶贫项目保单。至2022年6月，总承保现货数量近3万吨，共产生赔付2076万元，助力白沙县脱贫摘帽。该项目还帮助了当地橡胶产业升级。白沙县政府投入资金开发了"天然橡胶生产销售管理平台"，采用二维码扫描及云端存储技术，进行收胶数据的采集和汇总，创新探索乡村产业数字化。

案例二：生猪养殖业"保险+期货"项目

生猪养殖业中，养殖户要同时面临成本端饲料价格上涨和销售端生猪价格下跌的风险，传统单一型的风险保障无法满足行业的风险管理需求。按生猪出栏体重、料肉比以及养殖饲料配比情况，可将生猪、玉米、豆粕按一定比例拟合成生猪收益指数，用于综合保障企业在成本端和销售端的价格风险。大地期货有限公司及其风险管理子公司，为河南省漯河市郾城区胡贵龙等38户中小养殖户提供价格保险：由养殖户向保险公司购买生猪收益指数保险；保险公司向大地期货风险管理子公司购买场外期权实现再保险；到期后，若生猪收益指数低于目标价格，参保养殖户获得差额赔付。这个模式设计兼顾养殖企业成本端和销售端，为养殖户提供了更加全面的价格风险保障。

案例三：九州期货内蒙古玉米价格保险案例

九州期货玉米价格险这一案例就是对"保险+期货"这一模式的良好示范。该项目于2017年在内蒙古自治区赤峰市巴林左旗地区开展。巴林左旗地区是国家级深度贫困县，因此项目开展的目的不仅是减小玉米价格波动对农民收入与种粮积极性的影响，更是实行精准扶贫，保障贫困农户自身利益，提升抗风险能力，及让创新的模式切实惠及农民群体。

在这一案例中，投保人是该地区建档立卡贫困户，保险公司为大地财险,期货公司为九州期货。首先,保险公司向投保人出售农产品价格保险,在此过程中,九州期货垫付了全部保费,即贫困户参与时无须缴纳任何保费。保险合同约定若起始日到保险期限内任意一天,合同所涉及的价格数据低于保单目标价格,农户可提出申请赔付,申请成功后保险公司将按照价差对农户进行赔付。此外,该保险产品还附加了最低赔付条款。之后,在场外期权的设计上,九州期货还设计了农户过了锁定期可以随时提出理赔的亚美式产品,锁定期为保险期间的第一个自然月。期货公司在此基础上还进行了一定程度的创新。该亚美式产品实际上是设定了最低赔付的扶贫亚美式结构,当期货行情不好时有可能会触发最低赔付。对于项目实施过程中可能遇到的市场风险,九州期货还制定好了合理的定价及对冲策略,以确保市场风险在可控范围内。

最后,项目的开展取得了良好成效,并实现了多方共赢。农户保障了自身利益,保险公司也开拓了新的业务领域,期货公司和保险公司的合作促使"保险+期货"模式进一步推广,为国家实现精准扶贫提供了又一个新的思路,体现了期货市场在解决"三农"问题上所发挥的强大效力。

9.4 衍生品在乡村振兴中的具体运用

9.4.1 龙头合作社配套出资,有力保障猪饲料成本

9.4.1.1 案例背景

作为农业农村经济的支柱产业,生猪产业是众多贫困地区巩固脱贫攻坚成果,推动乡村长久振兴的重要助力。随着国内外经济和产业形势的不断变化,生猪产业面临成本上升和供给紧缩的情况,同时,我国生猪市场价格波动也面临疫病、市场以及猪饲料价格周期性波动等诸多风险。猪饲

料成本作为生猪养殖的主要资金投入要素，饲料成本（主要是豆粕、玉米）控制能力将直接影响生猪养殖户的盈利空间。由于近年来粮食生产成本逐步攀升，饲料成本价格也逐年上涨，在一定程度上导致国内生猪养殖户的生产积极性不高，产业发展受阻。因此，积极拓展生猪养殖保险、育肥猪价格保险、饲料价格保险等保险业务，最大限度地减少农户、新型农业经营主体的损失，是生猪产业发展亟待解决的重要问题。

河南省宁陵县某养殖专业合作社（以下简称"合作社"）是宁陵县生猪产业龙头合作社。根据宁陵县农业农村局和合作社提供的数据，该合作社2019年年生猪出栏量达66000头，存栏母猪3900头，育肥猪30000头，月采购生猪饲料3000吨，月平均消耗豆粕1500吨，月平均消耗玉米1500吨。为落实中央一号文件精神，积极发挥该合作社的带头作用，大力推动农牧业扶贫工作，保险公司给养殖合作社提供了猪饲料价格保险，可以保障价格上涨风险。在人保郑州和县农业农村局前期沟通协调下，该合作社决定提供30%的保费配套资金。以此为契机，东航期货自2019年6月起在大商所的支持下，联合人保财险和宁陵县农业农村局进行积极备案工作，极大地促进了合作社的生产积极性，为合作社扩大生猪养殖规模提供了有力保障。

9.4.1.2 运作流程

本案例由合作社、东航期货、东航物网、人保财险和县农业农村局联合运作。具体模式如图9-6所示。

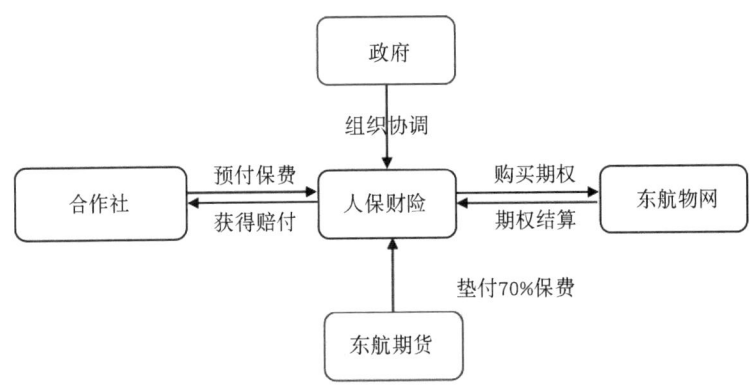

图9-6 龙头合作社项目运作流程

（1）东航物网与人保财险以大商所公布的玉米、豆粕期货价格为基础，共同设计保险产品。

（2）合作社购入人保财险玉米、豆粕价格保险，人保财险则通过东航物网买入挂钩玉米与豆粕的场外看涨期权进行"再保险"，东航物网在场内复制期权操作，最终将风险转移到期货市场。

（3）保险到期后，如结算价格触发保险赔付条款，则东航物网将理赔金额结算给人保财险，人保财险将结算款赔付给合作社，达到转移风险、收益闭环的效果。

9.4.1.3 产品设计

首先，因为玉米价格受国内因素主导，豆粕价格受国际因素主导，所以，在国内、国际局势复杂，可能出现对内、对外政策互相对冲的情况下，玉米和豆粕的价格走势可能出现分歧。因此，分别投保玉米和豆粕期货，可以规避猪饲料成本价格上涨的风险。各期保险产品的主要情况如图9-7所示。

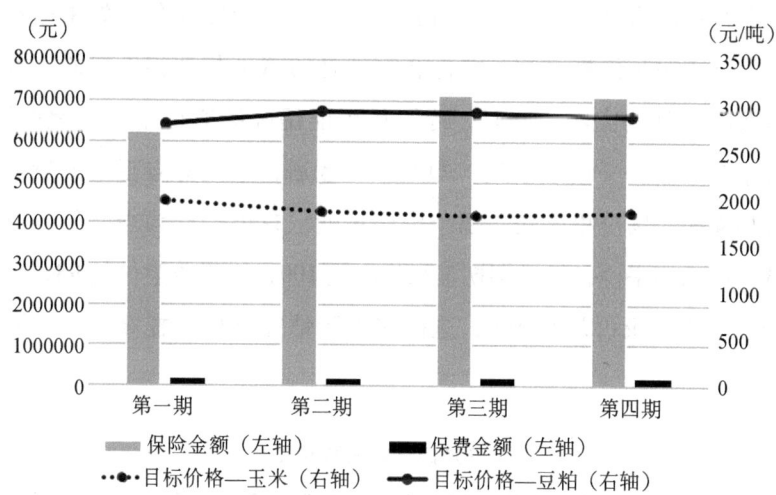

图9-7 各期保险产品的主要情况

其次，根据合作社需求和行情研判，保险产品设计了对应增强型亚式看涨价差期权的理赔规则，赔付上限和最低赔付也根据不同品种的价格波动程度制定，兼顾降低成本、保障足够的赔付空间期权产品要素如表9-1所示。

表9-1　　　　　　　　　　　　期货产品要素

要素	内容			
期权类型	增强亚式看涨期权（玉米、豆粕单独两组期权）			
期权标的	玉米 C2001 期货、豆粕 M2001 期货			
期权期限	入场后第二天开始观察，每期1个月观察期，共4期，总计4个月			
执行价	期初价格，同玉米、豆粕各期目标价			
场外期权风险分散比例（权利金/总保费）	90%			
权利金（元）	138230	152076.4	161511	160503
期权结算金额（元）	124463.3	54607	119152.5	57322.5
理赔条件	结算价格高于目标价格即可获得赔付			

案例分别对玉米和豆粕设置了不同的结算价格和理赔方式（见表9-2）。如针对玉米价格风险，案例项目中设置了保底赔付价格，即若结算价格低于保底价格，则按照保底金额赔付，另外也设置了一个很高的赔付上限，即结算价格高于赔付上限价格时，就按照上限赔付，如果结算价格在上限价格和保底价格之间，赔付金额就是结算价与期初价格的差额乘以玉米吨数所得到的金额。同时，为了尽可能提高结算价格从而提高赔付，该项目还精心设置了增强条款，即保单生效后，每天对应玉米期货合约的收盘价与期初入场价格比较，哪个价格高就记录该价格为当天的结算记录价。就具体示例来说，假设期初玉米价格是100，当天收盘价是98，根据上述规则，结算记录价就是100，这样有利于结算价格的提高，进而提高赔付率。

表9-2　　　　　　　　　　　期货产品结算理赔方式

品种	结算价格与理赔方式
玉米	①观察期内每日标的收盘价 > 期初价格，当日结算记录收盘价；当日收盘价 ≤ 期初价格，当日不记录 ②期权结算价按观察期内所有结算记录价的算术平均值 ③若观察期内无结算记录价，期权结算价 = 期初价格 × 100.5%

续表

品种	结算价格与理赔方式
豆粕	①观察期内每日标的收盘价＞期初价格，当日结算记录收盘价；当日标的收盘价≤期初价格，当日结算记录期初价格 ②期权结算价按观察期内所有结算记录价的算术平均值
玉米	①结算价格＜期初价格×100.5%，结算支付金额＝期初价格×0.5%×标的数量 ②结算价格＞期初价格×105%，结算支付金额＝期初价格×5%×标的数量 ③其他情况，结算支付金额＝（结算价格－行权价）×标的数量
豆粕	①结算价格＜期初价格×101%，结算支付金额＝期初价格×1%×标的数量 ②结算价格＞期初价格×110%，结算支付金额＝期初价格×10%×标的数量 ③其他情况，结算支付金额＝（结算价格－行权价）×标的数量

豆粕理赔规则和玉米基本一样，区别仅在于提高了保底价格和赔付上限。

在实际项目运行中，第一期豆粕价格上涨，玉米价格下跌，豆粕期权获得较高赔付，第三期豆粕价格冲高回落，玉米价格上涨，玉米期权获得较高赔付，同时，豆粕期权也有一定程度的赔付比例。增强条款也在第一期豆粕、第二期玉米的赔付结算中起到了提高赔付金额的效果。除此之外，第一期玉米、第二期豆粕、第四期玉米、第四期豆粕的赔付结算中，保底条款都起到了提高赔付金额的效果。总体来看，由于玉米和豆粕单独设计了期权赔付条款，结算价格的增强条款以及保底赔付条款都起到了提高项目赔付水平的作用。

在对冲过程中，东航物网采用 Delta 中性动态对冲形式为主，同时还运用场内期权控制 Gamma 风险。亚式期权在观察日期间每天有部分结算需求，对冲操作上会在每天收盘时刻执行 Delta 中性对冲控制隔夜风险敞口。此外，遇到激烈的日内行情，交易者也会在日内增加对冲操作，具体的日内执行标准以标的期货波动率为基准，参考价格变化幅度来操作。增强亚式在实际行权价附近的 Gamma 峰值会高于常规期权，有 Gamma 风险管理的需求。豆粕和玉米场内期权提供了 Gamma、Vega 的对冲工具，选择靠近场外头寸的 Gamma 峰值位置的行权价期权作为对冲工具，可通过买入场内期权平滑潜在的 Gamma 峰值实现 Gamma 风险控制，降低潜在的对冲成本。

9.4.1.4 风险管理

（1）信用和操作风险

风险成因：保险公司和参与农户群体出于自身各种因素导致的不信任以及参与者对保险赔付条款的理解所导致的信用风险，且保险公司在具体的操作过程中可能会出现失误，因此可能会出现操作风险。

解决办法：在理赔过程中，保险公司应当明确该项目涉及的农户群体及相应赔付条款，确保赔付金额能落实到被保险对象。同时，为了降低操作风险，案例中所选择的保险公司人保财险之前已经参与了多个"保险+期货"项目，在保险产品方案设计与赔付操作等方面都有较为丰富的经验，能切实保障养殖合作社利益，助力宁陵县生猪产业持续健康发展。

（2）玉米、豆粕市场价格风险

风险成因：近年饲料价格的剧烈变动让农户的养猪成本难以控制，导致农户的实际养猪收入看天吃饭，面临很大风险，农户的生产积极性下降。

解决办法：价格上涨时保险公司给予合作社一定的利益补偿，如果行情持续下降，合作社也能在饲料采购成本降低的基础上获得一定的保底赔付。

（3）对冲风险

风险成因：东航物网主要通过场内玉米、豆粕期货或期权对冲交易转移农户价格的市场风险，同时，对冲交易的成本中难以用期货、期权对冲交易直接转移的高阶风险敞口，将以合理的权利金形式事先定价。

解决办法：在场内对冲交易时，东航物网在盘中实时监控，保障在行情出现超预期的大幅波动、涨跌停限制无法及时对冲等情况时，及时控制对冲成本与总体风险。

9.4.1.5 成果分析

在大商所支持下，东航期货与合作社共同出资 680356 元保费实施"保险+期货"模式（其中，东航期货垫付保费的70%，合作社出资30%），人保财险郑州市分公司承保，为合作社3万头存栏活猪购买玉米、豆粕价格险。由于操作运行期间玉米和豆粕期货合约价格和现货价格总体呈下行走势，合作社养殖饲料成本随之下降。在此背景下，"保险+期货"模式通过合理的期权设计仍使农户获得了较为理想的赔付效果，赔付总金额为355545.30元，综合赔付率52.26%，其中，第一期到第四期赔付率分别为81.04%、32.32%、66.40%、32.14%，极大促进了合作社的生产积极性，为合作社扩大生猪养殖规模提供了有力保障。

上述案例在试点中紧紧围绕乡村振兴战略，为新型农业经营主体提供了符合农业生产实际的风险管理服务，切实服务实体经济、解决"三农"问题，有效地证明了"保险+期货"模式可以整合期货、保险等金融资源，结合保险产品、场内期货与场外期权，利用市场机制来管理猪饲料价格波动的风险，还可以构建可持续的农业保险体制机制，实现良好的赔付效果，进一步保障养殖户的切身利益，缓解猪饲料价格波动的不利影响，为养殖合作社的持续健康发展提供了重要保障。

从经济效益方面来说，"保险+期货"模式更多地利用市场化手段对价格风险进行了分散，无须保险公司考虑通过时间和空间的组合来实现平衡，有利于降低保险费率，降低农户的保险成本。同时，在"保险+期货"模式下，赔付发放效率高，采价①及赔付等环节均由保险公司及期货公司进行商业化运作，赔付款发放速度和时效性高，从而实现了稳定养殖户养殖预期、减轻政府人力物力负担的目的，体现了成本优势。

从社会效益方面来说，"保险+期货"模式提高了巩固脱贫扶贫和乡村振兴工作的指向性和精准性。引进高效、有力的扶贫助农新理念、新模式，打通了期货市场支农惠农的"最后一公里"，不仅为养殖合作社的收益提供了有力保护，也使东航期货履行了扶贫社会责任，实现了支农惠农目的。

---

① 采价，即采集价格数据。

9.4.2 收入保险打造现代农业风险管理新模式

9.4.2.1 案例背景

实施乡村振兴战略，是中共十九大作出的重大决策部署，是决胜全面建成小康社会、全面建设社会主义现代化国家的重大历史任务，是新时代"三农"工作的总抓手。当前，在各地政府的重视下，农业农村发展获得了历史性成就。农业生产能力不断加强，农民收入不断提升，农村民生得到了全方位的改善，脱贫攻坚取得了明显的成果，"三农"的问题得到了有效的解决。实施"十四五"规划的承上启下之年，也是乡村振兴全面展开的关键之年，做好农业农村工作特殊而重要。如今，农业市场化正在稳步推进，农业资源配置方式逐渐由以政府配置向以市场配置转变。在此背景之下，期货行业着力于农业高质量发展，积极探索和创新农业风险管理方式，"保险＋期货"模式应运而生，为农业生产交易提供了保障。该模式是将农户在生产过程中不可避免的价格风险从个人承担转移到由市场来承担。这一模式有效发挥了市场对价格的调节作用，保障了农民的收入，提高了农民的种粮积极性。

为贯彻落实 2019 年中央一号文件提出扩大"保险＋期货"试点精神，遵照执行"三部委"推动开展三大粮食作物收入保险的通知要求，银河期货联合人保财险内蒙古分公司、浙商期货、上海中期期货、建信期货在内蒙古自治区扎鲁特旗开展"保险＋期货"玉米收入险试点项目，探索县域覆盖收入险试点，不断完善农牧业保险制度，充分保障农户的收益，促进农民增收，推进农村现代化，助力乡村振兴。

近年来，我国玉米市场发生了翻天覆地的变化，主产区种植结构不断调整，农业机械化程度持续提高，新型经营主体成为主要种植者。随着2016 年玉米临储政策结束，市场竞争愈发激烈，玉米价格波动也愈加频繁，这些存在的市场因素导致农民玉米种植收入得不到有效保障。"保险＋期货"模式为农户和新型农业经营主体提供了管理市场风险、稳定生产的新途径。自 2015 年以来，"保险 + 期货"的试点规模不断扩大、推陈出新，形成了更加全面化、多元化的"农民收入保障计划"。内蒙古扎鲁特旗位于黄金玉米带，具有得天独厚的玉米生长环境，属于我国十大玉米主产区之一，当地农户很大一部分收入来源于玉米种植。在扎鲁特旗开展玉米收入保险试点，必将有效保障当地农民收入，助推扎鲁特旗玉米产业发展。同时，希望未来能在此次试点基础上引入更多参与主体，丰富参与形式，形成适合中国国情的农业风险多级分散模式和有利于我国农业经济长远发展的系统性政策。

9.4.2.2 运作流程

本案例属于价格保护型模式的"保险 + 期货"，共涉及四方主体，即投保农户、保险公司、期货公司（包括期货公司母公司证券公司）以及交易所、地方政府。其中，投保农户为内蒙古自治区通辽市扎鲁特旗农户，总计 37883 户。保险公司为中国人民财产保险股份有限公司内蒙古分公司（以下简称"人保财险蒙分"），是内蒙古自治区农险市场份额最大的财产保险公司。期货公司包括四家，分别为银河期货、浙商期货、上海中期期货和建信期货，其中，银河期货为申报主体。其他参与主体包括政府和大连商品交易所等。

本项目以"主险 + 附加险"的形式运行。主险是三部委发起的《关于开展三大粮食作物完全成本保险和收入保险试点工作的通知》中的玉米收入保险试点项目，总保费 6847.52 万元，保费补贴由中央财政提供 40%，自治区财政提供 30%。附加险利用大商所补贴资金 875 万元设计玉米价格保险，对主险进行优化。为降低保费，提高赔付水平，在附加险部分设置根据到期结算价实行阶梯赔付的方案，以最大概率保障项目的赔付效果。具体业务模式如图 9 - 8 所示。

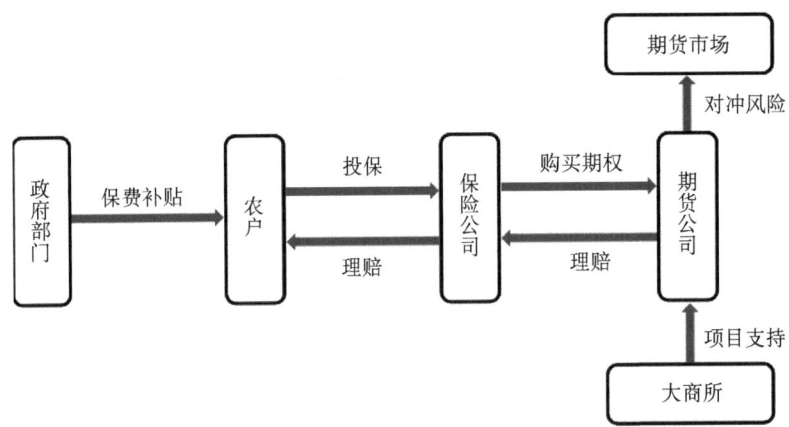

图 9-8 内蒙古扎鲁特旗项目运作流程

9.4.2.3 产品设计

(1) 保险产品设计

①保费构成及投保情况。项目以"主险(收入险)+附加险(价格险)"的形式来运作。主险保险费率在计算风险保费的基础上加上一定的附加保费,参照保险公司往年玉米保险费率进行调整,并根据水地和旱地设定不同的费率。主险水地玉米保费费率8%,旱地玉米保费费率10%。附加险保费费率0.9%,是根据总体需要保障的玉米产量和可以承担的保费总额倒推得出的。

投保情况方面,主险共出保单414份,涉及玉米现货量55.26万吨,面积123.97万亩,农户38145户,总保额80602.38万元,总保费6847.52万元。保费补贴由中央财政提供40%,自治区财政提供30%。附加险共出保单47份,涉及玉米现货量55.26万吨,面积123.97万亩,农户37883户(和主险参保农户一致,主险以村为单位投保,附加险以乡镇为单位投保,部分农户同时在多个村有土地,导致主险和附加险统计的农户数字不一致),总保额97266.42万元,总保费875万元。扎鲁特旗农牧业局提供的全旗2019年玉米种植面积为163.1万亩,实际投保123.97万亩,投保比例为76%,没有实现100%投保的最主要原因是扎鲁特旗南部为半农半牧区,农户喂养自家牲畜的玉米没有参加玉米收入保险。

②保险责任水平和产品周期。主险保险责任水平规定为不高于玉米种植收入的 85%，保险责任期间为 2019 年 6 月 10 日至 2019 年 11 月 30 日，确定依据为保障农户从生产到销售的全过程。采价期为 2019 年 10 月 1 日至 2019 年 11 月 30 日，确定依据为覆盖了玉米从成熟到销售的全过程。

价格附加险为银河期货牵头浙商期货、上海中期期货、建信期货，且联合人保财险团队设计的对主险进行补充和优化的方案。为有效降低保险成本，设计了根据到期结算价实行阶梯赔付的方案。在 1730~1932 元/吨的区间，保险责任水平为 15%；在 1700~1730 元/吨的区间，保险责任水平为 85%。价格如果低于 1700 元/吨，则可能在主险中得到相应赔付，所以附加险只赔付 1700 元/吨以上的部分。对过去 10 年的玉米期货主力合约的收盘价平均价进行统计，发现 10 月的均价大概率低于 11 月的均价，因此将附加险的采价期相对主险而言缩短到 10 月，缩短 1 个月。

③保障效率。最终，主险赔付 4243.95 万元，赔付率 61.98%；附加险赔付 718.56 万元，赔付率 82.12%。

④产量测定。每亩目标产量的确定依据为 5 年的平均产量（2014—2018 年），地块不同，目标产量也不同。为规避农户的道德风险，保险责任水平规定为不高于玉米种植收入的 85%，最终确定各地块保险金额，如表 9-3 所示。

表 9-3　　　　　　　　　各地块保险金额情况

地块等级		每亩保险金额（元）	对应前 5 年平均产量参考（公斤/亩）	对应前 3 年历史时期期货合约平均价格参考（元/公斤）
南部	水地玉米	870	600	1.7
	旱地玉米	510	350	
中部	水地玉米	800	550	
	旱地玉米	440	300	
北部	水地玉米	730	500	
	旱地玉米	370	250	

（2）期权产品设计。本试点项目采取的场外期权策略为增强亚式，使用更加实用的蒙特卡罗方法来测算项目权利金。在风险中性与标的资产价

格服从几何布朗运动的假设下,通过模拟 N 条标的资产价格在期限内每个交易日的随机路径分布,并由此计算各路径下的收益,再对其以无风险利率贴现,其均值即为权利金的估算值。

历史波动率的计算选取了两个时间间隔标准:分别是日级别和 15 分钟级别。历史波动率的计算逻辑是计算历史行情时间序列的利润回报率的标准差。本项目选取了与保期相似的时间,从不同的起始日进行回测,计算出几组日级别波动率和 15 分钟级别波动率,再根据交易员对市场的判断将玉米的波动率定为 12%。项目最终的场外期权权利金约为 14.25 元/吨,权利金总额为 787.5 万元。

因主险目标价格 1700 元/吨预期很难跌破,该项目仅设计了与附加险对应的期货市场风险分散产品,如表 9 – 4 所示。

表 9 – 4　　　　　　　　　　场外期权要素

场外期权类型	增强亚式熊市价差
合约标的	C2001
入场价	1857 元/吨
现货规模	55.26 万吨
亚式期权期限	2019 年 9 月 24 日—2019 年 10 月 31 日
亚式期权采价期	2019 年 10 月 1 日—2019 年 10 月 31 日
结算价格	10 月 1 日—10 月 31 日 C2001 合约每日收盘价与 1932 元/吨孰低的算术平均价
理赔金额	价格附加险每吨理赔计算公式: 结算价格≥1932 元/吨,赔付金额 = 0 元 1730 元/吨≤结算价格 < 1932 元/吨,赔付金额 = [1932 – 结算价格] ×15% 1700 元/吨≤结算价格 < 1730 元/吨,赔付金额 = [1932 – 1730] × 15% + [1730 – 结算价格] ×85% 结算价格 < 1700 元/吨,赔付金额 = [1932 – 1730] ×15% + [1730 – 1700] ×85% = 55.8 元/吨

续表

场外期权类型	增强亚式熊市价差
权利金（元/吨）	14.2519504，其中保障价格在［1932，1730］区间权利金13.2219504，其中保障价格在［1730，1700］区间权利金1.03
权利金（元/亩）	南部、中部、北部水地分别为8.55、7.84、7.13 南部、中部、北部旱地分别为4.99、4.28、3.56
权利金率	0.77%
权利金总额（元）	7875000

9.4.2.4 风险转移

此过程实现了两次风险转移，具体路径如图9-9所示。

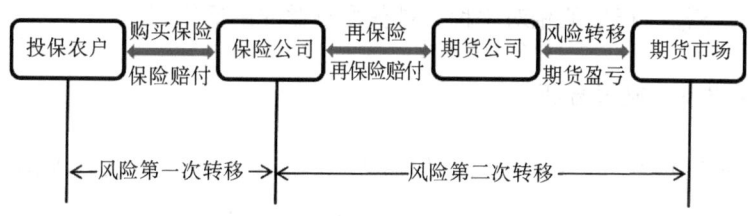

图9-9 风险转移路径

农户所承担的玉米价格下跌、产品滞销的风险转移给了保险公司。保险公司通过购买场外期权的方式将风险部分转移给了期货公司。之后期货公司在大连商品交易所购买期权进行风险对冲，将风险转移到市场，最后风险由保险公司和期货公司共同承担。

关于场内对冲操作的情况，运行方式假设场外期权头寸为Option1，线性风险表示为Delta（Option1），那么通过建立数量为-Delta（Option1）的标的期货头寸，即可对冲掉Delta，从而控制线性风险。在一般行情下，主要以调整Delta来对冲风险。随着资产价格的变化，根据Delta值动态调整期货场内头寸，最终使期权头寸所对应的盈亏可以由期货头寸上的盈亏来抵消。权利金收入、场内对冲盈亏、赔付总额、交易手续费、总盈亏等财务指标在场内的风险对冲情况如表9-5所示。

表 9-5　　　　　　　　　　　对冲操作情况

项目	金额（元）
权利金收入（+）	7875000.00
场内（包括期货、期权）对冲盈亏（+/-）	521306.58
赔付总额（-）	-7187813.56
交易手续费（-）	-23368.20
其他	0
项目总盈亏（税前）	1185124.82

注：资金成本、差旅费用、税费等费用未计入项目总盈亏。

本次盈亏主要包含了两个部分：一个是在期权存续期间玉米波动率的持续下跌，使对冲折耗较低，获取了一定的时间价值；另一个是由于收盘价的滑点，期货平仓价格低于收盘价，使期货盈利高于期权。其中，波动率的持续下滑、行情的相对平稳，是获得收益的主要原因。

9.4.2.5　成果分析

本项目以"主险+附加险"的形式运行，主险是玉米收入保险试点项目，总保费 6847.52 万元，其中，中央财政补贴 40%，内蒙古自治区财政补贴 30%，农户自缴 30%。附加险利用大商所补贴资金 875 万元设计玉米价格保险，对主险进行优化。

项目保障效果显著，示范带头效应明显。扎鲁特旗位于黄金玉米带，当地玉米产业的竞争优势明显，同时意味着当地农户的风险较为集中。通过收入险可以有效保障农民的种植收益，提升新型经营主体抵抗风险的能力，打造主产区县域典范形象，由点及线再到面，将"保险+期货"的范围扩大至内蒙古自治区甚至全国，助力形成现代农业风险管理新模式。扎鲁特旗某村农户代表表示，通过玉米收入保险和大商所、银河期货提供的价格区间保险，该村 374 户参保农户共获得赔款 285.9 万元。农户们有了这笔钱，可以过一个祥和的春节，也解决了来年春耕的生产费用，该保险使农民收入有了保障。该项目中，中央财政和地方政府的参与体现了政府的支持力度，有效地加大了当地农户对"保险+期货"业务的关注度，且能够带动农户积极主动地学习了解保险和期货知识，也为"保险+期货"市场化运作提供了支撑，为日后产业链市场化、商业化做了铺垫。

项目实施阶段，银河期货牵头的4家期货公司每日监控玉米期货价格走势，定期对项目进行风险评估与反馈，最终保证了本项目良好的对冲效果。

2019年10月1日至11月30日C2001合约日收盘价平均值为1847.67元/吨，10月1日至10月31日C2001合约最终理赔结算价为1845.28元/吨，较主险部分均价下降了2.39元/吨，提高了项目整体的赔付水平，最终，附加险部分实现对农户赔款约为718.56万元，赔付率82.12%，有效保障了主险方案中未覆盖到的价格部分，对玉米收入保险试点起到了有益的补充，这也是对我国农业保险高质量发展的积极探索。

2019年，扎鲁特旗玉米平均产量约为400公斤/亩，收购平均价格为1.90元/公斤，种植成本在无土地流转的情况下约为250元/亩，存在土地流转成本约为650元/亩，项目效果见表9-6。

表9-6　　　　　　　　　　项目效果对比

农户	土地	无保险		参加保险（主险+附加险）	
农户A	流转土地40亩	总收益（元）	4400	总收益（元）	6286
农户B	自有耕地40亩		20400		22286

综上所述，收入险在流转土地种植40亩玉米或自有土地种植40亩玉米的情况下，投保均较未投保增加收益1886元。投保收入保险及其附加险优化了整体赔付效果，有助于稳定农户收入。

扎鲁特旗作为财政部、农业农村部、原银保监会三部委玉米收入保险试点项目和大商所"农民收入保障计划"县域覆盖试点项目的共建体，体现了中央财政资金对"保险+期货"模式的充分肯定，是大商所多年来推动"保险+期货"试点建设的积极成果，也代表众多期货公司和保险公司近几年辛勤努力的方向。

此次扎鲁特旗县域覆盖试点项目共计承保玉米123.97万亩，55.26万吨，覆盖当地农户37883户。项目的顺利开展有效保障了当地农民的收入，助推扎鲁特旗玉米产业的发展，也为整个内蒙古自治区甚至全国提供了可借鉴、可复制的工作经验,为金融市场服务农业现代化、助力乡村振兴贡献了力量。

本章小结

在当代中国,"三农"问题和乡村振兴是国家长期战略的重要部分。金融衍生品的不断创新,如"保险+期货"模式的创新发展,对"三农"领域的支持起到了显著的积极作用。通过金融工具的创新应用,为农业、农村和农民提供了全方位的风险管理和市场波动对冲手段,从而推动了农业产业的健康稳定发展,优化了农村经济的结构,提高了农民的收入保障。

金融衍生工具在"三农"领域的广泛应用,不仅减少了因价格波动导致的市场不确定性给农民带来的经济损失,而且通过风险的金融化,鼓励更多的投资者和资本进入农业产业链中,促进了农业现代化的进程。此外,"保险+期货"模式还能够帮助农业中小微企业进行债务优化,降低资金成本,为企业提供更为灵活的融资渠道和风险管理方案。这对于缓解农业领域的融资难题,推动农业产业的升级改造具有重要意义。

总而言之,"三农"问题和乡村振兴是我国实现全面建设社会主义现代化国家的关键环节。金融衍生品针对农业领域的不断创新和实践,正是金融业服务实体经济、推动乡村振兴的重要手段之一。它不仅有助于提升农业产业链的现代化水平,还有助于构建更为完善的农业风险管理体系,为农业强国建设和乡村振兴贡献了重要力量。未来,我们应继续深化金融衍生产品创新和实践,扩大金融服务覆盖面,提高农村地区金融服务的质量和效率,以金融活水润泽"三农"沃土。

10 第10章
产品创新

✦ 学习目标

1. 了解中国碳排放权交易的发展现状。
2. 了解天气指数期货的性质与交易方式。
3. 了解期货资管产品。

引 言

本章深入探讨了中国金融市场中的碳金融、碳排放权交易、碳市场交易标的、参与主体、交易结算、碳金融及境内外衍生品交易所对于实现"双碳"目标的助力、广州期货交易所的发展历程与交易品种,天气指数产品以及期货资管产品的发展与实践。

本章共分为4个小节,详细解析了碳金融的概念、实践与未来,期货资管产品的定义、优势及其对服务实体经济的重要性,以及天气指数产品的发展情况和实际应用案例。10.1小节讲解了中国碳排放权交易的起源、目标以及碳排放权交易在国家政策中的定位,介绍了碳市场的交易标的、交易主体和交易结算过程,以及碳金融及其衍生品交易所在推动"双碳"目标实现中的作用。本小节强调了建立和完善碳排放权市场和碳定价机制的重要性,展示了中国在促进碳达峰碳中和工作中的政策布局和实际行动。本小节着重介绍了碳金融概述和境内外衍生品交易所如何通过上市新品种、成立或收购绿色交易所和平台、参与标准制定等措施,积极助力"双碳"目标的实现。本小节通过案例展示了碳金融产品和交易所在全球范围内的发展趋势和创新实践，以及如何通过金融工具和机制助力实现碳减排和绿色发展。本小节还聚焦于广州期货交易所的成立背景、发展历程和交易品种介绍了广州期货交易所旨在服务绿色发展、粤港澳大湾区建设及"一带一路"倡议的定位，阐述了期货市场如何通过提供风险管理工具增强金融服务实体经济的能力，以及期货交易所在促进资本市场国际化和提高全球金融影响力方面的作用。10.2 小节探讨了天气指数产品的国内外发展概述、主要天气指数期货、天气风险及天气指数期货对市场的影响 10.3 小节介绍了期货资管市场的定义、优势和如何通过期货资管产品服务实体经济。10.4 小节通过具体案例，如"保险＋期货"项目、期货公司护航实体经济的实例等，展示了金融衍生品在实际经济生活中的应用和对实体经济的支持作用。

10.1 碳金融

10.1.1 中国碳排放权交易

2020 年 9 月 22 日，习近平总书记在第七十五届联合国大会一般性辩论上向世界宣布了中国的碳达峰目标与碳中和愿景："中国将提高国家自主贡献力度，采取更加有力的政策和措施，二氧化碳排放力争于 2030 年前达到峰值，努力争取 2060 年前实现碳中和。"为推动实现碳达峰、碳中和目标，中国陆续发布重点领域和行业碳达峰实施方案和一系列支撑保障措施，构建起碳达峰、碳中和"1＋N"政策体系。其中，建立完善碳排放权市场和碳定价机制是促进碳达峰工作的有力抓手。党的十九大报告提出，"使市场在资源配置中起决定性作用，更好发挥政府作用"，碳交易市场的建设能够充分发挥市场在温室气体排放资源配置中的作用。这项减排降碳政策的成本效益、全面性、灵活性都优于传统的指令型减排政策以及财税型减排政策。

10.1.1.1 碳市场的交易标的

碳市场的交易标的分为两类：一类是政府划分配额。政府划分配额的交易，是政府为完成控排目标采用的一种政策手段，即在一定的空间和时间内，将控排目标转化为碳排放配额并分配给下级政府和企业，若企业实际碳排放量小于政府分配的配额，则企业可以通过交易多余碳配额，来实现碳配额在不同企业的合理分配，最终以相对较低的成本实现控排目标。

另一类是国家核证自愿减排量（Chinese Certified Emission Reduction，CCER），其交易指控排企业向实施"碳抵消"活动的企业购买可用于抵消自身碳排的核证减排量。"碳抵消"是指用于减少温室气体排放源或增加温室气体吸收汇，用来实现补偿或抵消其他排放源产生温室气体排放的活动，即控排企业的碳排放可用非控排企业使用清洁能源减少温室气体排放或增加碳汇来抵消。抵消信用由通过特定减排项目的实施得到减排量后进行签发，项目包括可再生能源项目、森林碳汇项目等。碳市场按 1∶1 的比例给予 CCER 替代碳排放配额，即 1 个 CCER 等同于 1 个配额，可以抵消 1 吨二氧化碳当量的排放。

通常情况下，政府确定一个碳排放总额，并根据一定规则将碳排放配额分配至企业。如果未来企业排放高于配额，需要到市场上购买配额。与此同时，部分企业通过采用节能减排技术，使最终碳排放低于其获得的配额，那么他可以通过碳交易市场出售多余配额。双方一般通过碳排放交易所进行交易。如果企业减排成本低于碳交易市场价格，企业会选择减排，减排产生的份额可以卖出获得盈利；当企业减排成本高于碳市场价格，企业会选择在碳市场上向拥有配额的政府、企业或其他市场主体购买配额，以完成政府下达的减排量目标。若未足量购买配额以覆盖其实际排放量，则企业将面临高价罚款。通过这一套设计，碳交易市场将碳排放内化为企业经营成本的一部分，而交易形成的碳排放价格则引导企业选择成本最优的减碳手段，包括节能减排改造、碳配额购买或碳捕捉等，市场化的方式使产业结构从高耗能向低耗能转型，进而使全社会减排成本保持最优化。

10.1.1.2 碳市场的参与主体

交易主体包括在碳交易所进行碳排放配额交易的各方参与人,主要包括:纳入碳排放配额交易体系的控排企业、单位和新建项目企业;符合规定的投资机构、其他组织和个人。

中国碳交易市场初步纳入的交易主体有:年度排放达到2.6万吨二氧化碳当量及以上的企业;综合能源消费量约1万吨标准煤及以上的企业;其他经济组织(独立法人或视同法人管理的独立核算单位),包括纯凝机组、热电联产机组;其他行业自备电厂视同发电行业重点排放单位管理。

10.1.1.3 碳市场的交易结算

中国碳排放权登记结算有限责任公司负责全国碳排放权的登记、交易、结算管理。中国碳排放权登记结算有限责任公司针对各类市场参与人设立了不同类型的账户,并对账户的开立、查询、变更、使用、注销等环节进行规定,以保证账户安全、管理高效规范。同时,根据权属变更的不同形式,登记业务可分为初始登记、登记和非交易过户登记,并分别进行规范,达到碳排放权权属清晰。中国碳排放权登记结算有限责任公司针对碳排放权的清算与交收业务,对结算账户的开立、清算交收流程等作出规定,能够让清结算无误、货银对付。

10.1.2 碳金融及境内外衍生品交易所助力"双碳"目标实现

10.1.2.1 碳金融概述

随着全球碳交易的不断发展,碳交易市场参与主体不断增加,除直接参与交易的控排企业及机构外,商业银行、资产管理公司等金融机构开始增加围绕碳交易的支持服务。碳交易参与主体的丰富及金融服务手段的繁荣,促进了碳金融的出现以及概念的扩容。

2021年7月16日，随着全国统一碳排放权交易市场的正式启动，全球最大规模的碳市场应运而生，金融系统正逐步开展碳金融业务，碳金融产品也呈现出多元化、多层次化的布局。在碳配额和资源减排量等碳资产现货的基础上，有序地开发并应用了更加丰富的碳金融衍生产品，如碳期货、碳期权、碳远期、碳指数、碳回购、碳资产证券化产品等。通过不同的产品设计，充分发挥其价格发现和风险管理的作用，提高碳市场交易活跃度、增强其流动性以平抑其价格波动，为控排企业提供多样化的碳资产管理工具，推动构建以政府为主导、成熟有序的碳金融市场，助力"双碳"目标的顺利实现。

我们也应该看到，实现"双碳"目标的过程中，传统高碳化石能源的退出对价格的影响绝对不会是一个平滑的、线性的过程，当市场供需现状与政府调控目标、未来发展预期发生冲突时，价格剧烈波动在所难免。中国期货市场正不断完善交易机制，稳步推进更多能源期货产品上市，服务相关油气行业，助力相关企业平稳度过能源转型的变革期。

10.1.2.2 境内外衍生品交易所积极助力"双碳"目标的实现

（1）上市新品种（见表10-1）。新品种有的是在现有产品中嵌入相关要求或补充低碳类别，如低硫汽油、低硫原油、超低硫柴油、低碳铝等；有的是将可持续标准纳入交割环节，如2015年芝加哥商业交易所（CME）推出实物交割黄金合约的负责任采购指南，2018年伦敦金属交易所（LME）就其上市品种提出负责任采购要求，马来西亚衍生品交易所（BMD）进行棕榈油期货可持续交割改革以确保交割的棕榈油是经认证（MSPO）的可持续棕榈油。

表10-1　　　　　　　　　　上市新品种

类别	概况
碳排放权	6个交易所上市超过50个相关品种
清洁能源	70余个品种，太阳能、风能等可再生能源电力及相应证书，甲醇、生物柴油等生物燃料

续表

类别	概况
新材料	锂、钴、铝
循环经济相关类别	废钢、废铝、二手食用油等
天气类	温度、降雨、降雪、飓风等
ESG 相关类别	国际上公认的 ESG 评估机构所发布的指数期货

（2）成立或收购绿色交易所和平台。2012 年，芝加哥商业交易所集团收购环境交易所 GREENX，推出了加州碳配额、区域碳污染减排计划（RG-GI）品种，与钴、柴油、乙醇、废钢等品种形成了绿色产品体系。2019 年，洲际交易所集团收购欧洲气候交易所（ECX）和芝加哥气候交易所（CCX），上市品种包括碳交易（碳配额、碳抵消等）、绿色能源（可再生燃料、可再生电力等）和可持续发展指数（全球碳指数、碳减排指数和绿债指数等）。2020 年，新加坡交易所推出可持续金融创新平台（SGX FIRST），香港交易所推出可持续及绿色交易所（STAGE）。

（3）参与标准制定。洲际交易所（ICE）与上市品种相关的行业协会或其他非政府组织进行对话，共同讨论大宗商品领域的绿色可持续标准制定问题。ICE 作为扩大自愿性碳市场工作组、全球咖啡平台等的成员，参与碳市场、咖啡市场的绿色可持续标准制定；紧贴现货需求，适时调整优化现有期货合约规则，调整交割库布局；追踪市场新需求，适时推出新产品和新服务；参与行业标准制定，加强多方合作；创新综合服务模式。

10.1.3　广州期货交易所的发展历程与交易品种

10.1.3.1　广州期货交易所的发展历程

1992 年，广州成立了全国第一家期货经纪公司——广东万通期货。此后短短两年时间里，广东期货公司的数量攀升至 130 多家，期货从业人员、成交量位居全国首位。之后，广州商品期货交易所和华南期货交易所相继成立，且合并为广东联合期货交易所。1998 年，在期货业大整顿中，广州期货业因投机过度而成为整顿对象，广东联合期货交易所最终被取缔。

2012年4月23日，广州市人民政府办公厅印发的《广州市服务业发展第十二个五年规划》要求，推动粤港联合积极争取国家支持，在南沙新区以创新方式共建广州期货交易所。2019年2月，中共中央、国务院印发《粤港澳大湾区发展规划纲要》，明确指出支持广州建设绿色金融改革创新试验区，研究设立以碳排放为首个品种的创新型期货交易所。2019年6月19日，广州市社会科学院与社会科学文献出版社联合发布《广州蓝皮书：广州城市国际化发展报告（2019）》。该报告透露，广州推进设立广州创新型期货交易所。同年7月16日，广州市人民政府办公厅《关于促进广州绿色金融改革创新发展的实施意见》指出，争取尽快获准设立以碳排放为首个品种的广州创新型期货交易所，研究上市碳排放期货产品。

2020年5月14日，中国人民银行、原银保监会、中国证监会、国家外汇管理局《关于金融支持粤港澳大湾区建设的意见》出炉。在推动粤港澳大湾区绿色金融合作方面，提出研究设立广州期货交易所，且探索在粤港澳大湾区构建统一的绿色金融相关标准。2020年9月16日，广州地方金融监督管理局在官网发布《关于贯彻落实金融支持粤港澳大湾区建设意见的行动方案》。该方案指出，推动广州期货交易所落地，积极推动广州期货交易所在穗落户政策兑现落实，配合国家有关部委做好交易所落地及交易品种研究储备。2020年9月25日，广州市地方金融监管局新闻发言人聂林坤表示，全力推动广州期货交易所、大湾区国际商业银行筹建工作。

2020年10月9日，中国证监会宣布，经国务院批准，中国证监会决定成立广州期货交易所筹备组，开始广州期货交易所的筹建工作。当日，中国证监会在广州正式宣布筹备组成立，标志着广州期货交易所的创建工作进入实质阶段。2021年4月19日，举行广州期货交易所揭牌仪式，广州期货交易所正式成立，是中国证监会批准设立的第五家期货交易所。广州期货交易所（以下简称"广期所"）由上海期货交易所、郑州商品交易所、大连商品交易所、中国金融期货交易所股份有限公司、中国平安保险（集团）股份有限公司、广州金融控股集团有限公司、广东珠江投资控股集团有限公司、香港交易及结算所有限公司共同发起设立，是国内首家混合所有制交易所。设立广期所,是健全多层次资本市场体系,服务绿色发展,服务粤港澳大湾区建设,服务"一带一路"倡议的重要举措。广期所定位于创新型期货交易所,其设立将为粤港澳大湾区内企业、"一带一路"建设相关企业提供更多风险管理工具,强化金融服务实体经济的能力,同时有助于粤港澳大湾区构建资本市场高地,加速推进国际金融枢纽建设,提高全球金融影响力。

10.1.3.2 广州期货交易所的交易品种

2021年5月,广期所两年期品种计划获中国证监会批准,明确将承担16个期货品种的研发上市工作,包括碳排放权、电力等事关国民经济基础领域和能源价格改革的重大战略品种,中证商品指数、能源化工、饲料养殖、钢厂利润等商品指数类创新型品种,工业硅、多晶硅、锂、稀土、铂、钯等与绿色低碳发展密切相关的产业特色品种,咖啡、高粱、籼米等具有粤港澳大湾区与"一带一路"特点的区域特色品种,以及国际市场产品互挂类品种。未来,广期所将不断丰富产品体系,强化市场服务能力,更好地满足实体经济风险管理需要。

具体的交易品种有碳排放权、电力、工业硅、多晶硅、锂、铂、钯、稀土、中证商品指数、能源化工指数、饲料养殖指数、钢厂利润指数、咖啡、高粱、籼米、国际互挂。

产品是期货交易所发挥服务国家战略、服务实体经济功能的核心。党的二十大报告提出,"加快发展方式绿色转型","积极稳妥推进碳达峰碳中和"。广期所作为以服务绿色发展、服务粤港澳大湾区建设、服务国家"一带一路"倡议为使命的创新型交易所,把首个品种选定为工业硅这一"硅能源"产业基础原材料,对于支持光伏等新能源产业更好利用期货市场管理风险,提升产业链韧性和安全水平具有重要意义。为使产品设计更好地贴近产业实际情况,满足实体企业的风险管理需要,品种研发团队持续与行业协会、主要产业企业和期货行业专家深入沟通,针对合约和业务细则关键点反复论证。2022年12月2日,中国证监会宣布同意广期所开展工业硅期货和期权交易。最终,广州期货交易所工业硅期货合约(见表10-2)

于 2022 年 12 月 22 日正式挂牌交易，工业硅期权合约（见表 10-3）于 2022 年 12 月 23 日正式挂牌交易。此项重大举措能够推动产业企业用好风险管理工具，促进广期所市场功能得到有效发挥。工业硅期货及期权上市，能够提供公开、透明、连续的价格信息，既能帮助工业硅生产企业合理安排产能建设周期和投产计划，稳定供给，还能为下游企业管理原材料价格波动风险提供有效工具，增强硅能源各产业链的韧性，助力构建新能源、绿色环保等新的增长引擎。同时，还有利于帮助西部地区企业通过套期保值维持稳定的现金流，推动西部企业有序向高新技术产业延伸。另外，在全球率先上市工业硅期货，能够将我国工业硅市场份额大、出口贸易占比高的优势转化为更强的国际贸易定价话语权，这有助于扩大中国期货价格的国际影响力。

表 10-2　　　　　　　　　工业硅期货合约要素

项目	内容
合约标的物	工业硅
交易单位	5 吨/手
报价单位	元（人民币）/吨
最小变动价位	5 元/吨
涨跌停板制度	上一交易日结算价 ±4%
合约月份	1 月至 12 月
交易时间	每周一至周五（北京时间，法定节假日除外）9：00—11：30、13：30—15：00，及交易所规定的其他时间
最后交易日	合约月份的第 10 个交易日
最后交割日	最后交易日后的第 3 个交易日
交割品级	见《广州期货交易所工业硅期货、期权业务细则》
交割地点	交易所指定交割库
最低交易保证金	合约价值的 5%
交割方式	实物交割
交易代码	SI
上市交易所	广州期货交易所

注：交易所可以根据市场情况调整各合约涨跌停板幅度和交易保证金标准。日盘交易分为 3 个交易小节，分别为第一节 9：00—10：15，第二节 10：30—11：30 和第三节 13：30—15：00。

表 10-3　　　　　　　　　　　工业硅期权合约要素

项目	内容
合约标的物	工业硅期货
合约类型	看涨期权、看跌期权
交易单位	1 手（5 吨）工业硅期货合约
报价单位	元（人民币）/吨
最小变动价位	1 元/吨
涨跌停板制度	上一交易日结算价 ±4%
合约月份	1 月至 12 月
交易时间	每周一至周五（北京时间，法定节假日除外）9：00—11：30、13：30—15：00，及交易所规定的其他时间
最后交易日	标的期货合约交割月份前 1 个月第 5 个交易日
到期日	同最后交易日
行权价格	行权价格覆盖工业硅期货合约上一交易日结算价上下浮动 1.5 倍当日涨跌停板幅度对应的价格范围。行权价格 ≤10000 元/吨，行权价格间距为 100 元/吨；10000 元/吨 < 行权价格 ≤30000 元/吨，行权价格间距为 200 元/吨；行权价格 >30000 元/吨，行权价格间距为 400 元/吨
行权方式	美式。买方可以在到期日之前任一交易日的交易时间，以及到期日 15：30 之前提出行权申请
交易代码	看涨期权：SI - 合约月份 - C - 行权价格 看跌期权：SI - 合约月份 - P - 行权价格
上市交易所	广州期货交易所

注：日盘交易分为 3 个交易小节，分别为第一节 9：00—10：15，第二节 10：30—11：30 和第三节 13：30—15：00。

未来，广期所的产品将聚焦四大板块：一是绿色发展，包括碳排放权、电力等战略储备品种，以及锂、铂、钯、多晶硅、稀土等新能源金属品种；二是商品指数类，包括中证商品指数、能源化工指数、饲料养殖指数、钢厂利润指数等；三是具有粤港澳大湾区和"一带一路"特色的品种；四是国际市场互挂类品种。可以看到，这些品种深刻反映了"双碳"目标下实体经济转型发展的需要，契合构建现代化金融体系的导向，集中体现了广期所服务国家战略、服务实体经济和建设创新型交易所的创设初衷。

在发挥期货市场功能服务绿色发展、助力"双碳"目标实现方面，广期所将积极稳妥推进碳排放权、电力等绿色发展关键资源要素的产品研发上市工作。一方面，碳市场是协调经济发展和减少碳排放的有效工具，其最核心的功能就是提供有效碳定价，通过碳价信号引导低碳投资，加快能源结构调整，推动经济社会以较低成本实现绿色转型。碳排放权期货市场是多层次碳市场的重要组成部分，通过风险转移，吸引更多市场主体参与碳交易，形成连续、公开、透明、高效、权威的远期价格，帮助企业提前锁定碳成本，便利安排节能技改或市场交易。同时，期货市场提供的有效碳价有利于研发更丰富的低碳融资产品，引导和激励社会资本进行减排项目投资，发挥碳市场的资源配置功能。另一方面，电力是关系国民经济命脉和社会安定的基础性产业，实现碳达峰碳中和必将给我国能源体系带来变革。在此过程中，能源是主战场，电力是主力军。随着电力市场的逐步放开，企业规避电价波动风险的需求强烈。新能源产业投资回收周期长，受政策、气候变化、电价波动等多种因素影响，投资运营均面临较大的不确定性，上市电力期货能为风电、光伏等新能源产业提供远期价格信号和有效避险工具，引导资金有序投资清洁能源领域。期现货协同构建多层次电力市场，将共同促进新能源的投资、生产、交易、消纳，发挥电力市场对能源清洁低碳转型的支撑作用。

10.2 天气指数产品

10.2.1 天气指数期货国内外发展概述与天气期货产品

10.2.1.1 国内外发展概述

（1）风险管理需求增加而兴起。1996年美国科赫能源和安然能源公司签订以美国威斯康星州东南部港密尔沃基市1997—1998年冬季气温为标的的天气互换合约，成为全球范围内首个交易的天气衍生品。在市场发展初期，天气衍生品主要以场外交易形式交易，为天气风险敏感企业提供套期保值的作用。随着交易量和交易额的迅速扩大，市场参与者为了降低交易成本、提高流动性，开始推动天气衍生品向标准化合约方向发展。1999年9月，芝加哥商业交易所（CME）率先推出4个美国城市的HDD（Heating Degree Day）取暖指数和CDD（Cooling Degree Day）制冷指数期货和期权合约，正式将天气衍生品引入场内交易。随后，伦敦国际金融期货期权交易所、芬兰赫尔辛基股票交易所、美国亚特兰大洲际交易所纷纷推出场内天气衍生品合约。但由于未赢得市场关注、清算中心不完善导致违约率过高等原因，四家交易所的尝试均以失败告终。直至2003年9月，CME在洞察到有天气风险管理需求的企业对天气衍生品场外交易商的信用有所怀疑，急需寻找新的交易途径，于是，CME重新推出基于温度指数的期货和期权合约。经过多年发展目前，CME已成为全球最大的天气衍生品交易所。

（2）国际天气衍生品蓬勃发展。近年来，CME天气衍生品的交易量呈现上升趋势，2020年天气期货合约名义持仓金额已达7.5亿美元，同比增长60%；天气期权合约名义持仓金额已达4.8亿美元，同比增长143%。截至2020年12月，未平仓合约（OI）超过29000份，同比增长175%。美国商品期货交易委员会（CFTC）气候相关市场风险咨询委员会（MRAC）指出，这主要是利用天气衍生品市场管理气候变化直接导致的气候相关风险的需求急剧上升所致。

（3）我国天气衍生品处于研发阶段，目前尚未开展标准化的天气衍生品交易。2002年我国开始组织人员到美国、日本考察天气衍生品市场，开启了对天气衍生品的研究。同年，大连商品交易所与国家气象中心专业气象台签署合作协议，综合分析国内70个城市近30年温度变化特征及降水、霜冻情况，并于2006年完成温度指数期货合约和相关规则的设计，但由于种种原因，我国未推出天气衍生品标准化合约。2021年天气衍生品在我国再次引起关注：5月21日，大商所与国家气象中心续签战略合作协议，聚焦积温、降水等主要农作物产量预测指数编制和其他温度指数及相关衍生品研发。6月10日，国家气象信息中心与郑州商品交易所签署战略合作框

第 10 章 产品创新

架协议，联合开展天气指数期货等天气衍生品的可行性论证、品种设计、市场意见征求及上市等研究工作。

为了更好获得天气数据，大连商品交易所与中国气象局签订了一项长期的合作协议，目前，大连商品交易所选取了国内 80 多个大中型或者有气候有代表性的城市作为研究对象，从诸多角度对天气进行研究，具体指标包括在不同的农业生产地区、不同的人口数量及密度下，电力及天然气消耗量的变化。

大连商品交易所结合由中国气象台发布的近 30 年的气象数据对这 80 多个城市的降水量的多少、温度变化的特征、特大自然灾害等进行深入的研究，为天气期货合约设计提供可靠依据，并初步设计了天气衍生品种合约。

10.2.1.2 目前主要的天气指数期货

天气衍生品的标的物是各类气象指数，也是一种特殊的金融工具，目前市场主要的天气指数期货有芝加哥商业交易所（CME）的天气指数期货。

（1）合约规格。CME 的 HDD 和 CDD 期货合约的名义价值为 100 倍 HDD 或 CDD 指数，合约以 HDD/CDD 指数点报价。比如，一个 HDD 指数为 750，则期货合约的名义价值为 75000 美元（750HDD × 100 美元）。最小价格波动为 1.00HDD 或 CDD 指数点，价值为 100 美元。假设一个交易者在 1999 年 9 月 10 日在 750 指数点卖出芝加哥 1999 年 11 月 HDD 期货合约，在 10 月 11 日以 625 指数点买入平仓，则该交易者获得的收益为 12500 美元（即 125HDD 指数点 × 100 美元）。

（2）合约月份。在任意交易时间，分别有 7 个连续的 HDD 和 CDD 期货合约和 5 个连续的 HDD 和 CDD 期权合约上市交易。比如，2001 年 9 月 15 日，7 个连续的 HDD 期货合约的到期月份从 2001 年 10 月一直延续到 2002 年 4 月，7 个连续的 CDD 期货合约的合约月份为 2002 年 4 月到 2002 年 10 月。在场外交易市场，通常，HDD 的合约月份从 10 月到来年 3 月，CDD 的合约月份从 5 月到 8 月，4 月和 9 月被看作双向月份。

（3）结算。每个月份合约的结算价格依据地球卫星有限公司计算的 HDD 和 CDD 指数得出。

（4）交易系统。HDD 和 CDD 期货采用 CME 的 GLOBEX 电子交易系统进行全天（24 小时）交易。

（5）数据来源。地球卫星有限公司是一家全球性的开发遥感设备和提供地理信息的专业服务公司，可以提供每日和每小时的气温信息，该公司在为农业和能源市场提供气候信息方面居于世界领先地位。CME 所选择城市的气温由一个自动数据收集设备即自动表面观测系统（ASOS）测定，这一系统测出的每日最高和最低气温直接传输给美国国家气候数据中心（NC-DC）。该中心是美国国家海洋大气管理局的一个下属部门。当 ASOS 出现故障或传输受阻时，地球卫星有限公司将及时进行质量控制并提供替代数据。

10.2.2　天气风险和天气指数期货上市意义及对市场的影响

10.2.2.1　天气风险

（1）灾害性天气风险。灾害性天气风险是人们对天气风险的传统认知，指的是洪涝、地震等天气事件的发生带来后果的不确定性。灾害性天气通常发生在某个特定的季节而不是所有的季节，它不仅会破坏固定资产、公共道路等设施，还会给个人生命安全带来难以计量的损失。由于灾害性天气风险所造成的后果比较严重，给人们留下的印象也最深刻，为了对冲这种天气风险带来的超额损失，各个国家纷纷鼓励保险公司开发灾害性天气风险保险产品。

（2）一般天气风险。一般天气主要包括高温、严寒、降雪等常见天气，也称为"非灾害性天气"，一般，天气风险是指此类天气事件的发生带来后果的不确定性。虽然这种天气现象不会在发生的一瞬间产生较大的冲击，但是它会在一定程度上对公司的经营收入情况产生影响，严重的情况下甚至还会引发企业财务风险、市场风险等。全球气候变化始终影响着生态系统的平衡，一般天气的规律也随之发生变化。中国气象局发布的 2019 年气候公报显示：2019 年第三季度我国多个地区出现了大范围的持续性高温，同期高温天数达到近 60 年以来最多，严重影响了电力供应。长此以往，不仅台风、洪涝等灾害性天气会给经济活动以及人身安全带来严重损失,一般天气的异常也会给很多行业带来危害,尤其是对天气指标比较敏感的能源行业、农业、交通运输业、旅游业。天气衍生品侧重于规避一般天气风险。一般天气风险往往不会对企业造成突如其来的影响,而会通过影响企业产品的需求量,使主体面临数量风险,进而影响销售额等经营成果。购买天气衍生品,可使"靠天吃饭"的企业和行业由天气风险的被动承受者转变为天气风险的主动管理者。

10.2.2.2 天气指数期货上市意义及对市场的影响

(1)天气指数期货提供了企业风险管理的新工具。目前,我国应对天气风险管理的工具较少,主要为天气灾害保险。虽然天气灾害保险在一定程度上能够分散、缓解或转移气候风险,但其主要针对如洪水、台风等高风险、低概率的灾难性气象事件所导致的损失进行补偿。目前,如暖冬、凉夏、干旱等低风险、高概率的非灾难性事件,不适于作为保险公司的承保范围或承保对象,原因是保险合同执行过程中存在损失证明和保险费两个基本要素,即企业投保天气类保险,必定存在投保对象有潜在损失,且须证明该损失为特定天气事件所致。因此,我国现行的保险制度在解决日常天气风险上难以充分发挥作用。另外,天气灾害保险属于消极被动型天气风险管理策略,天气衍生品作为积极主动型天气风险管理策略,可丰富我国金融衍生品市场的交易品种,增加投资渠道,推动金融市场的发展。

(2)市场参与主体的专业性进一步加强。随着天气指数期货的上市,期货公司、投资公司、相关现货企业需要既懂天气又懂期货相关知识的人才,而目前这方面的专业人才相对匮乏,需要一定的时间来发掘和培养。

(3)指数化的商品需要客观的数据来源。目前,随着郑商所与国家气象信息中心全面启动天气指数编制与应用、天气衍生品研发上市,可以预计,在未来,天气指数期货上市所参考的交易标的会是国家气象信息中心所提供的温度、降水等数据。因此,谁掌握了相关的数据信息,谁就能在未来的天气指数期货上更好地进行套期保值和投资交易。

10.3 期货资管产品

10.3.1 中国期货资管市场

10.3.1.1 定义

在我国，传统的资产管理行业主要是基金管理公司和信托公司。它们作为资产管理机构提供各类公募基金、私募基金、信托计划等资产管理产品。近年来，随着我国居民个人财富的不断积累，金融监管机构对资产管理的金融管制逐渐放松，投资者对理财的需求不断上升，银行、证券、保险等各类金融机构纷纷开展资产管理业务，除公募基金、私募基金、信托计划外，还提供券商资管、保险资管、期货资管、银行理财等各种资产管理产品。

期货资产管理业务（以下简称"期货资管"），指期货公司根据资产管理合同约定的方式、条件、要求及限制，对客户资产进行经营运作，为客户提供期货及其他金融衍生品投资管理服务的行为。由于期货期权及其衍生品具有杠杆性、风险较高的特征，更多的期货资管资金流向由股、债、期货及衍生品的混合型产品，而非纯粹投入期货期权及其衍生品市场。这也有利于合理构造资管产品的收益风险特征。具体的资金去向有债权类资产、股权类资产、商品及金融衍生品类资产、私募资产管理产品、公开募集证券投资基金。

10.3.1.2 期货资管的优势

（1）与股债市场相关性低。期货资管与传统证券资管的底层标的有所不同，期货资管的底层标的以各种大宗商品为主，因此使期货资管的收益与传统股债市场的相关性低,能够在股债市场表现不好时有别样的收益率。

(2) 双向均可获利,收益稳定。期货市场多空双向均可进行投资操作,其灵活特征在涨跌市场环境都可能获益,这与我国 A 股 T+1 单向做多的市场也有很大差异。因为资产自身的做空交易机制的存在,在资产价格上涨和下跌行情下,均可以跟随行情趋势进行交易获取收益。

(3) 危机阿尔法。在经济下行甚至经济危机时期,市场由于参与者的趋同性会产生较强的趋势性,同时波动率会急剧上升,股票类市场都会有较大回撤,传统资管便会遭到重大损失,而期货资管却能够在正确的趋势跟踪下呈正收益,或者相对较小的负收益。因此,期货资管在市场产生危机时往往能获取独特的收益。

10.3.2 期货资管与服务实体经济

10.3.2.1 为企业投资提供了新渠道,有效改善投资结构

企业传统的投资渠道与股债市场相关性高,进而导致风险集中,一旦发生"黑天鹅"事件,企业会出现极大的损失。企业通过期货资管能够借助期货市场分散投资风险,将鸡蛋放到多个篮子里面。同时,期货期权及其衍生品具有构造不同收益风险结构的特性,能够满足投资者差异化的投资需求。例如,为实体企业定制的套期保值期货资管产品;基于实体企业的产、销、库存信息,结合期货资管的专业优势、交易执行和风险控制能力,能够满足企业中长期风险管理的需要。

10.3.2.2 提升市场运行的稳定性和功能发挥的有效性

期货市场要发挥市场功能、服务实体经济风险管理,就必须要有实体企业和金融机构的充分参与。期货资管能够较好地充当二者的桥梁。有着大量期货资管产品的市场,可有效提升商品价格稳定性和连续性,同时提升市场运行的稳定性和功能发挥的有效性,为实体企业规避价格波动风险提供市场基础。

10.4 产品创新案例

10.4.1 碳排放权配额回购及碳排放权远期

10.4.1.1 碳排放权配额回购

碳回购,是指重点排放单位或其他配额持有者,向碳排放权交易市场其他机构交易参与人通过签订回购协议的方式出售配额,并约定在一定期限后按照约定价格回购所售配额,从而获得短期资金融通的交易活动。回购运行如图 10-1 所示。配额回购要素如表 10-4 所示。

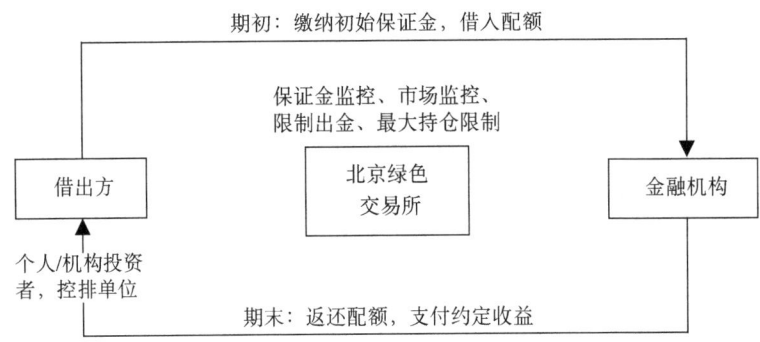

图 10-1 北京碳配额回购运行示意图

资料来源:平安证券研究所。

表 10-4　　　　　　　北京碳配额回购参考合约要素

合约要素	具体情况
借出方	借出方需具备参与碳排放配额回购融资交易的主体资格
借入方	借入方是依法设立的金融机构,已在北京绿色交易所开通了碳排放配额交易权限

续表

合约要素	具体情况
标的资产	北京碳市场为北京碳配额
初始/回购交易日	双方约定购买及回购时间
结算	逐笔金额非担保结算，由北京绿色交易所根据甲乙双方有效成交数据办理清算，T+5日完成交收

典型案例：2014年12月30日，中信证券股份有限公司与北京华远意通热力科技股份有限公司正式签署了国内首个碳排放配额回购融资协议，融资总规模为1330万元。

10.4.1.2 碳排放权远期

碳远期，是指交易双方以合约形式确定未来某一时期买入或卖出碳配额或核证减排量的交易方式，可用于锁定碳收益或碳成本。碳远期在国际市场的核证减排量交易中已十分成熟，且运用广泛。我国上海、广东、湖北试点碳市场都进行了碳远期交易的尝试，其中，广州碳排放权交易中心提供了定制化程度高、要素设计相对自由、合约不可转让的远期交易，湖北、上海碳市场则提供了具有合约标准化、可转让特点的碳远期交易产品。然而，国内的碳远期交易仍待完善：由于成交量低、价格波动等原因，广东、湖北的碳市场均已暂停相关业务。

典型案例：2017年1月上海碳配额远期产品上线，以上海碳配额为标的，由上海能源环境交易所完成交易组织，上海清算所作为专业清算机构完成清算服务。截至2020年12月31日，上海碳市场碳远期产品累计（双边）成交协议4.3万个，累计交易量433.08万吨，累计交易额1.56亿元。上海碳配额远期运行与合约要素如图10-2、表10-5所示。

10.4.2 马拉维天气衍生品

天气衍生品最早产生于1997年的美国能源行业，该年的厄尔尼诺现象唤醒了美国大型能源公司对天气风险的认知，促进推出了一些应对天气风

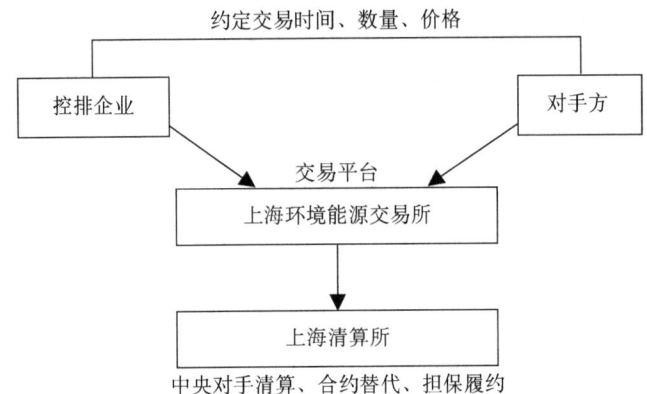

图 10-2　上海碳配额远期运行示意图

资料来源：上海环境能源交易所、平安证券研究所。

表 10-5　　　　　　　　上海碳配额远期合约要素

合约要素	具体情况
产品种类	上海碳配额远期
协议名称	上海碳配额远期协议
协议简称	SHEAF
协议规模	100 吨/个
报价单位	元（人民币）/吨
最低价格波幅	0.01 元/吨
协议数量	为交易单位的整数倍，交易单位为"个"
协议期限	当月起，未来 1 年的 2 月、5 月、8 月、11 月月度协议
成交数据接收时间	交易日 10：30—15：00（北京时间）
最后交易日	到期月倒数第五个工作日
最终结算日	最后交易日后第一个工作日
每日结算价	上海清算所发布的远期价格
最终结算价	最后 5 个交易日日终结算价格的算术平均值
交割方式	实物交割/现金交割
交割品种	可用于到期月协议所在碳配额清缴周期清缴的碳配额

险的创新举措。1997 年秋天，科氏工业（Koch Industries）与安然公司（Enron Corporation）首创了天气风险转移交易，标志着天气衍生品市场的诞生。

随后,天气衍生品交易蓬勃发展,甚至在一定程度上缓解了金融衍生品市场的下滑趋势。一个典型的例子是,加拿大雪地摩托车生产商 Bombardier 公司在销售雪地摩托过程中发现,一些客户由于担心天气不够寒冷,往往在等到下大雪之后才决定购买雪地摩托,从而影响了公司的扩张。于是 Bombardier 在冬季来临之前,在美国中西部的 16 个城市提前销售雪地摩托,并和消费者约定,如果冬季降雪量不到当地过去 3 年平均降雪量的一半,则消费者可以拿回 1000 美元,这个方式让消费者感到非常贴心。为了转移风险,Bombardier 和安然公司约定,每卖出一台雪地摩托就向安然公司支付一笔费用,安然公司承诺在降雪量不足过去 3 年平均水平的一半时,向 Bombardier 公司销售的每台摩托支付 1000 美元。这个方式让 Bombardier 公司当年销售额增长了 38%。它通过转移天气风险,增加了销量和盈利、扩大了市场,形成了示范效应,吸引了其他公司和机构也开始积极介入天气风险交易。

另一个典型案例是马拉维政府利用场外衍生品工具管理极端天气风险(见表 10-6)。

表 10-6 马拉维天气衍生品详情

项目	内容
标的	降雨量指数
日期	2009—2010 年
对手方	世界银行
合约类型	看跌期权
最大赔付	440 万美元
期限	6 个月
评价指标	玉米产量
触发条件	玉米产量低于玉米指数历史均值 10%,马拉维会收到赔付

资料来源:Weather derivative in Malawi: mitigating the impact of drought on food security, The World Bank。

10.4.3 天然橡胶"保险+期货"项目

该项目由海南白沙县政府和新湖期货、人保财险合作,在上海期货交易所支持下，利用金融衍生品工具来保障胶农收入。2017年6月该项目创立了国内首单天然橡胶"保险+期货"精准扶贫项目保单。项目开展五年，总承保现货数量近3万吨，共产生赔付2076万元，助力白沙县脱贫摘帽。该项目还帮助了当地橡胶产业升级。白沙县政府投入资金开发了"天然橡胶生产销售管理平台"，采用二维码扫描及云端存储技术进行收胶数据的采集和汇总，创新探索乡村产业数字化。

10.4.4 生猪养殖业"保险+期货"项目

在生猪养殖业，养殖户同时面临成本端饲料价格上涨和销售端生猪价格下跌的风险，传统单一型的风险保障无法满足行业的风险管理需求。按生猪出栏体重、料肉比以及养殖饲料配比情况，将生猪、玉米、豆粕按一定比例拟合成生猪收益指数应运而生，用于综合保障企业在成本端和销售端的价格风险。大地期货有限公司及其风险管理子公司，为河南省漯河市郾城区胡贵龙等38户中小养殖户提供了价格保险。由养殖户向保险公司购买生猪收益指数保险，保险公司向大地期货风险管理子公司购买场外期权实现再保险。到期后，若生猪收益指数低于目标价格，参保养殖户获得差额赔付。这个模式设计兼顾养殖企业成本端和销售端，为养殖户提供了更加全面的价格风险保障。

10.4.5 某期货公司内蒙古玉米价格保险案例

九州期货玉米价格险这一案例就是对"保险+期货"这一模式的良好示范。该项目于2017年在内蒙古自治区赤峰市巴林左旗地区开展。巴林左旗是国家级深度贫困县，因此项目开展的目的不仅仅是减缓玉米价格波动对农民收入与种粮积极性的影响，更是实行精准扶贫、保障贫困农户自身利益和提升抗风险能力，让创新的模式切实惠及农民群体。

在这一案例中，投保人是该地区建档立卡贫困户，保险公司为大地财险，期货公司为九州期货。首先，保险公司向投保人出售农产品价格保险，在此过程中，九州期货垫付了全部保费，即贫困户参与时无须缴纳任何保费。保险合同约定若起始日到保险期限内任意一天，合同所涉及的价格数据低于保单目标价格，农户可提出申请赔付，申请成功后保险公司将按照价差对农户进行赔付。此外，该保险产品还附加了最低赔付条款。其次，在场外期权的设计上，九州期货设计了农户过了锁定期可以随时提出理赔的亚美式产品，锁定期为保险期间的第一个自然月。期货公司在此基础上还进行了一定程度的创新，该亚美式产品实际上是设定了最低赔付的扶贫亚美式结构，当期货行情不好时有可能会触发最低赔付。最后，对于项目实施过程中可能遇到的市场风险，九州期货制定好了合理的定价及对冲策略，来确保市场风险在可控范围内。

最终，项目的开展取得了良好成效，实现了多方共赢。农户保障了自身利益，保险公司也开拓了新的业务领域，期货公司和保险公司的合作促使了"保险+期货"模式的进一步推广，为国家实现精准扶贫提供了又一个新思路，体现了期货市场在解决"三农"问题上所发挥的强大效力。

10.4.6　期货公司护航实体经济

10.4.6.1　纯碱期货事例

2021年11月，徽商期货有限责任公司联合杭州市某能源公司实施了郑商所"稳企安农　护航实体"纯碱产业服务专项支持计划。产业服务对象为沙河市两家纯碱实体企业，服务项目于2022年3月底圆满结束。项目实施期间，徽商期货服务团队针对企业多元化的运营需求和风险偏好特征等，从期货市场功能、套期保值参与方式、交割、仓单业务等多个方面提供系统性的培训和操作辅导，满足参与企业个性化和精细化需求，有效帮助企业在生产经营过程中进行风险管理。徽商集团徽商期货多次深度参与交易所服务实体企业项目，把服务阵地建在产业前线，紧跟市场步伐，不断创新服务模式，扎实提升服务质效，努力为实体企业经营保驾护航，全力为大宗商品"保供稳价"贡献更多期货力量。

10.4.6.2 成果

徽商期货将"构建大宗商品服务网络、提高服务实体经济能力"列入公司"十四五"规划发展思路,致力于打造集套期保值、套利、基差点价、场内场外期权、互换业务为一体的衍生品综合金融服务体系。近年来,徽商期货产业服务能力不断精进,服务内容全面、服务群体广泛、服务渠道丰富、服务意识创新,在服务实体经济、加快创新发展方面取得了系列成果。

徽商期货产业服务深耕工业,赋能企业控风险、稳经营、提效益;践行乡村振兴战略,助力农产品期货服务"三农"落实处、见成效、显真章。产业赋能方面,公司在黑色金属、有色金属、能源化工、饲料养殖领域具有丰富的实体企业服务经验,产业客户定向服务有序开展,涵盖国有大型能源集团、国家重点高新技术上市公司、民营贸易公司、省属农资连锁企业及大型养殖企业。通过提供行情研究、套保制度建立、套保流程培训、套保及基差点价方案等全方位跟进式服务,引导现货企业认识期货交易,运用期货价格发现功能辅助企业现货采购及经营,通过建立期货虚拟库存、基差点价等方式缓解企业因价格上涨带来的资金仓储压力及成本上涨风险。向产业客户推广恒生套期保值管理系统,提供套期保值系统和风险管理培训,帮助企业解决套保业务"不会做""做不好"等难题。服务"三农"方面,2021年以来,公司在安徽、江苏、河南、甘肃、江西等地成功开展30多个"保险+期货"项目,并通过开展交易所支持的培训活动,引期货知识下乡,提升乡村振兴地区企业参与期货市场的意愿。

徽商期货充分利用交易所产业支持政策,为现货企业参与期货市场勤宣传、谋福祉、获支持;积极开展风险管理创新业务,为服务实体经济创新章、添动能、增渠道。政策宣传方面,2021年以来,公司积极参与大商所"企风计划"、上期所"走进企业 服务实体"、郑商所"稳企安农 护航实体"产业服务项目,通过场内期权服务粮油、能源、新材料等领域多家实体企业,部分项目荣获大商所"服务上市公司/龙头企业优秀奖"和郑商所"产业服务示范项目"。创新发展方面,徽商期货风险管理子公司徽丰

第 10 章 产品创新

实业开展场外期权等创新业务，服务某国内大中型工程类供应商。基于对行情的准确把握及对场外期权工具的灵活运用，指导企业适时买入热卷看跌期权并及时了结头寸，成功规避由现货价格下跌引发的库存风险，支出权利金 105 余万元，获得赔付 333.68 万元及交易所期权补贴 45.9 万元。

10.4.7 "雪球"产品

10.4.7.1 概念

"雪球"产品通常是指"雪球"期权以及内嵌"雪球"期权的理财产品，本质是投资者向券商卖出带有触发条件的看跌期权，收益情况一般取决于挂钩标的（指数或个股）价格。投资"雪球"产品，表达了对股票市场"震荡中温和看涨"的预期，只要挂钩标的资产价格不发生大跌，持有期限越长，获利就越高。这个过程就像滚雪球一样，只要路面不出现大的坑洼，雪球会越滚越大，因此得名"雪球"。

10.4.7.2 机制

"雪球"产品的结构本质上是一种奇异期权，设置有敲入敲出条件，最后的收益取决于挂钩标的资产的表现和敲入敲出事件是否发生。若标的资产价格上涨到一定程度（敲出价），"雪球"产品提前终止，投资者获得存续期间的固定收益；若标的资产价格下跌到一定程度（敲入价），则要根据到期日标的资产价格决定损益情况，投资者可能会承担标的资产下跌的风险；若标的资产从未触碰到敲入敲出价格，投资者获得整个产品期间的固定收益。

"雪球"产品的本质是投资者卖出一个看跌期权并且支付 100% 的保证金给券商，购买"雪球"产品，获取固定权利金（即收益率）。存续期间一旦触发敲入条款（跌至敲入价），则投资者需承担相应义务，承受挂钩标的的价格下跌带来的损失。

另外，券商卖出"雪球"产品，获得了下跌保护，支付固定的收益率作为期权的权利金给投资者。券商利用投资者支付的资金买入挂钩标的，对冲掉全部或部分风险，然后在挂钩标的价格波动中高抛低吸，赚取收益。

10.4.7.3　优点

对于投资者：提供理财新形态。年化收益率极高，收益结构明确，风险透明，安全边际高。

对于信托机构：提供非标转标新思路。"雪球"类信托具备"雪球"产品的优势，收益率高、收益稳定、风险透明，能够极大吸引投资者，实现资金的募集，完成非标转标的目标。

对于金融市场：实现投资者与机构双赢，降低股票市场波动。"雪球"产品的出发点是实现投资者与机构双赢。"雪球"产品并不是券商与投资者之间的对赌，券商也并不靠期权跌穿敲入价格来获利。通过做空波动率，券商和投资者在市场波动中共同寻找赚钱机会，最终实现投资者和机构的双赢目标。

本章小结

随着中国经济的快速发展和绿色转型的深入推进，金融创新产品在服务实体经济、促进可持续发展方面发挥着越来越重要的作用。碳金融、天气指数产品、期货资管产品等金融衍生品的发展，不仅展示了中国金融市场的深化和创新能力，也为实体经济提供了有效的风险管理工具和资金支持，有助于推动经济结构的优化升级和绿色低碳转型。碳金融的发展，特别是碳排放权交易的实施，为实现中国的"双碳"目标提供了重要的市场机制和金融支持。通过碳排放权交易，企业被激励采取更加环保的生产方式，促进了清洁能源和低碳技术的发展。同时，天气指数产品的创新应用，如通过天气衍生品帮助企业规避气候变化带来的风险，进一步强化了金融市场在应对气候变化中的作用。

期货资管产品作为金融创新的另一亮点，通过为企业提供多样化的投资和风险管理策略，不仅帮助企业优化资源配置，降低运营风险，还为企业开拓了新的融资渠道和投资机会。例如，"保险＋期货"项目的成功案例，展示了如何通过结合保险和期货工具，为农业生产提供更加全面和有效的价格风险保障，既支持了农业的可持续发展，也促进了农村经济的稳定增长。

这些金融创新产品的应用和发展，体现了中国金融市场在服务实体经济、支持绿色发展方面的积极探索和实践。未来，随着金融市场的进一步深化和完善，更多的金融创新产品将应运而生，为中国经济的高质量发展提供更加坚实的金融支持和保障。

第 11 章
衍生品重大金融损失与借鉴

✦ 学习目标

1. 了解一些由于衍生品交易而给企业带来重大损失的案例。
2. 总结这些案例获得的关于衍生品交易的启示和教训。

引 言

衍生品市场作为现代金融体系的重要组成部分，为投资者提供了多样化的风险管理以及扩大收益的工具。然而，正如一枚硬币的两面，衍生品交易在给我们带来巨大机遇的同时，也伴随着不容忽视的风险。近年来，衍生品交易中的重大损失事件屡见不鲜，这些事件不仅给相关金融机构带来了巨大的财务压力，更对整个金融市场稳定造成了威胁。本章在深入探讨衍生品交易中的重大损失案例的同时分析了这些案例的成因、过程和后果，揭示了衍生品交易中的风险点，为投资者提供了有益的借鉴和启示。

本章共分为 3 个小节，11.1 小节向读者介绍了某些金融衍生品交易给金融机构或非金融机构带来损失的案例。11.2 小节和 11.3 小节分别介绍了由上述案例而给金融机构和非金融机构带来的教训和启示。

虽然本章列举了很多由衍生品交易造成重大损失的案例，但这并不意味着衍生品交易总是出现亏损。衍生品整体的市场规模达到数万亿元，无论从哪个角度看，这个行业都是一个十分成功的行业，这个市场确实满足了许多交易者的需求。投资者应当从这些案例中总结经验教训，避免投机和过度追求盈利的行为。

11.1　衍生品交易给企业带来重大损失的案例

11.1.1　衍生品给金融机构带来的重大损失

（1）巴林银行（Barings Bank）倒闭事件。1994年下半年，交易员尼克李森认为，日本经济在走下坡路，股市可能会有一大波牛市。于是他买了很多日经225指数期货合约以及看涨期权。然而，不幸的是，1995年1月16日，日本发生关西大地震，股市开始暴跌，尼克李森所持多头头寸遭受重创，损失高达2.1亿英镑。尼克李森为了反败为胜，再次大量补仓日225期货合约和利率期货合约，头寸总量已达十多万手。这是以杠杆效应放大了几十倍的期货合约。2月24日，当日经指数再次加速暴跌后，尼克李森所在的巴林期货公司的头寸损失已接近整个巴林银行集团资本和储备之和，这时融资已无渠道，亏损已无法挽回。

（2）美国长期资本管理公司（LTCM）巨亏。1998年，亚洲金融危机刚刚过去，新兴国家的债券收益率很高，导致其与美国等成熟国家的利差很大。美国长期资本管理公司认为这个利差会变小，于是进行了多笔利率互换的套利，但是因为俄罗斯政府对自身所发行债券的违约以及随后的市场投资人的反应，利差不降反升，进而导致这家对冲基金损失了大约40亿美元。

（3）美国国际集团（AIG）亏损超过1500亿美元。在2008年金融危机之前，美国国际集团卖出大量信用违约互换协议，公司没有预料到会出现亏损，所以没有为实际存在的违约风险预留足够的准备金。金融危机爆发后，违约大量出现，美国国际集团公司出现大量亏损。由于损失超过1500亿美元，美国政府被迫发起史上最大的救助行动，以避免引发系统性金融风险。

（4）法国兴业银行（Société Générale）亏损49亿欧元。由于法国兴业银行交易员的薪水直接由交易盈利来决定，在个人利益的驱使下，交易员科维尔利用自己对法兴内控系统的了解，绕过系统的五道安全防线，开始了违规的欧洲股指期货交易。2005年，科维尔开始赌股市下跌，不久伦敦地铁发生爆炸，股市应势下跌，科维尔因此盈利50万欧元。2007年，科维尔再赌股市下跌，逐渐建立起280亿欧元的期货空头及6亿欧元的股票头寸。到2007年11月20日，他的账面盈余达到了15亿欧元，而当年该银行的总盈利不过是55亿欧元。自2008年1月2日以来，科维尔开始建立起了股指期货多头持仓，但未加任何对冲。1月18日之前的几天，法国兴业银行发现科维尔的交易记录上存在超常的高风险交易，并对此进行了额外控制。20日，法国兴业银行震惊地发现，科维尔违规建立的实际多头头寸已经达到500亿欧元（远超公司对整个Delta One交易团队授权的1.25亿欧元的日终风险敞口限额）。法国兴业银行在随后短短的三天之内紧急抛售该投资组合所有衍生品头寸，进行大规模平仓。21日（周一）市场重新开盘时，全球股市遭遇"黑色星期一"。当天，法国、德国和英国的股市全线下跌5%以上。1月22日，美联储紧急降息75个基点，创下23年以来最大的单次降息幅度。由于市场下跌以及法国兴业银行火速的甩卖行为，1月24日，将相关头寸全部平仓之后，法国兴业银行宣布该投资组合的亏损为49亿欧元。

（5）爱尔兰联合银行（Allied Irish Bank）面临投机亏损。爱尔兰联合银行因为其外汇交易员约翰·拉斯纳克在若干年内的投机交易而损失了7亿美元。拉斯纳克在外汇交易市场上所做的美元兑日元即期和远期业务均造成数额庞大的交易损失，通常，用以抵消此类损失的期权合约都是伪造的。更为严重的是，他还涉嫌"内外勾结"，虚报市场交易量，为己牟利。

（6）不凋花（Amaranth）对冲基金折戟天然气期货市场，在最初获得数十亿美元的投资利润之后，不凋花对冲基金因未能追加保证金而倒闭，投资者共亏损50亿美元。

（7）安然（Enron）通过与"特定目的公司"进行关联交易来虚增营业额和利润，而这些"特定目的公司"都是由安然实际控制的。这些关联交易导致公司的许多经营亏损未在财务报表中披露。

（8）基德公司（Kidder Peabody）亏损 3.5 亿美元。公司交易员约瑟夫·杰特的个人行为给基德公司带来了 3.5 亿美元的损失。约瑟夫所交易的产品主要是美国国债，其损失是由于公司计算机系统用于计算盈利的公式错误而造成的。

（9）大和银行损失 10 亿美元。这家日本银行外派到纽约的一个交易员在 20 世纪 90 年代给这家银行造成了 10 亿美元的损失。

（10）次级住房抵押贷款损失。2007 年，投资者对由美国次级住房抵押贷款产生的结构产品丧失了信心，从而导致了信用紧缩现象，并导致许多像瑞银集团、美林、花旗集团这样的金融机构数百亿美元的损失。

11.1.2　衍生品给非金融机构带来的重大损失

（1）中航油（新加坡）事件。2003 年底至 2004 年间，由于种种原因，中航油新加坡分公司判断石油价格走势失误，公司持有的期权投机合约面临亏损。为了避免损失，公司总裁陈久霖在 2004 年 1 月采用风险极高的"挪盘"行为（与另一家期权交易商互换手中的期权合约），想要翻本。结果，国际油价持续上涨，中航油面临更大亏损。此时，陈久霖失去了应有的冷静与理性，更听信了国外"专业机构"的怂恿，继续在 2004 年 6 月与 9 月进行了两次"挪盘"活动，并且为提供节节攀升的期权交易保证金四处举债、贷款，最终使一次正常的投资失败事件迅速恶性膨胀，成为一场自杀式的疯狂"豪赌"。最终，公司不再有能力支付银行不断高涨的保证金要求，集团资金链濒于崩溃。

祸不单行，中航油的各大债权人像是事先约好了一般，同时上门逼债。在多方势力"内外夹攻"之下，中航油集团被迫在期货市场上高位斩仓，使巨大的虚拟账面浮亏变为实实在在的资金亏损。最终，中航油新加坡分公司实际亏损 5.5 亿美元，而公司实际净资产仅有 1.45 亿美元，已然资不抵债，在这次"豪赌"中完败出局。

（2）中盛粮油事件。中盛粮油工业控股有限公司是一家在香港上市的国内企业，主要业务是在国内从事食用油产品的分提、精炼、销售和贸易。2005年9月16日，公司中期业绩报告公布2005年1月至6月总计亏损2.27亿港元，其中，期货套期保值已实现亏损7490.3万港元。中盛粮油中期业绩巨额亏损主要是由于套期保值失败。

2005年初，国内豆油价格相对国际豆油价格偏高，使豆油的进口贸易存在较高的利润，中盛粮油抓住这一商机从国际市场上大量集中采购豆油，采购数量约21万吨，为避免采购后豆油价格下跌的风险，中盛粮油利用美国芝加哥商品期货交易所（CBOT）豆油期货进行套期保值风险管理，具体操作模式为在国际上采购豆油后，同时在CBOT卖出相应数量的豆油期货合约进行套期保值。

但自2005年2月中旬以来，由于国际商品指数基金大规模买入包括豆油在内的一篮子商品期货，导致CBOT豆油期货价格与国内成品大豆油价格变化高度相关性的特点被打破，出现国内成品大豆油价格持续下跌行情，而CBOT大豆油期货价格却持续上涨，两个市场豆油价格出现背离走势。这种国内和国外两个市场豆油价格变化趋势完全相反的价格背离走势，使中盛粮油遭受双重亏损，在CBOT大量抛空的豆油期货合约因价格上涨而出现亏损，在国内现货市场上也因豆油价格下跌而导致销售亏损和存货跌价亏损，套期保值失败。

根据中盛粮油2005年中期报告，由于国内豆油价格持续下跌，导致现货经营亏损6092.1万港元，豆油库存及已承诺采购的跌价亏损7791.4万港元，CBOT豆油期货价格上涨导致期货套期保值实现亏损7490.3万港元，合计亏损21373.8万港元。

（3）株洲冶炼厂巨亏。株洲冶炼厂于1956年成立，曾在中国大型国有企业500强中排第132名，年利润过亿元。该厂为中国三家在伦敦金属期货交易所挂牌上市的企业之一、全球五大铅锌冶炼生产厂家之一。1995年，株洲冶炼厂利用进出口权便利，开始在境外从事锌期货投资业务，最初以套期保值名义操作，获得一定收益，株洲冶炼厂进口公司经理、锌期货操盘手权利逐渐膨胀，株洲冶炼厂对他以及从事的外盘期货交易采取了放任态度。

1997年3月，世界金属期货市场价格上扬，锌市走俏，株洲冶炼厂进口公司见有利可图，开始在每吨1250美元的价位上向外抛售合同，此时，株洲冶炼厂每吨锌的成本仅1100美元，如果做套期保值，每吨在以后按期交割现货可获利150美元，也可避免市场价格下跌造成的损失。但是后来锌价上扬到1300美元，株洲冶炼厂进口公司开始做空，即抛出了远远大于株洲冶炼厂年产量的供货合同，目的是通过抛出大量供货合同打下市场价格，等锌价跌至价格较低的抛出价格以下时再大量买入合同平仓，保留高价位的卖出合同如期交割获利。但由于对锌价走势判断的错误以及交易对家逼仓，锌价并没有如预期下跌，而是一路攀升到1674点。

按伦敦金属期货交易所规定，买卖双方须缴纳合同金额一定比例的保证金，株洲冶炼厂进口公司支付保证金的资金大部分来源于银行贷款，1997年3月至7月，株洲冶炼厂进口公司因无法支付保证金，多次被逼平仓。面对巨大的空头头寸和过亿美元的损失，株洲冶炼厂进口公司不得不向株洲冶炼厂报告，当时已在伦敦卖出了45万吨锌，相当于株洲冶炼厂全年总产量的1.5倍。虽然国家出面从其他锌厂调集了部分锌进行交割试图减少损失，但是终因抛售量过大，株洲冶炼厂为了履约只好高价买入合约平仓，形成1.758亿美元（14.6亿元人民币）的巨额亏损。

11.2　给金融机构带来的教训和启示

11.2.1　严格管理交易员

在交易大厅里往往有这样的倾向：那些交易表现出色的交易员往往是"碰不得"的，对于这些交易员的监管要松得多。因为表现出色的交易员能带来好的收入，所以很多时候他们违反了风控原则，往往也不会被提醒。

至关重要的一点是所有的交易员（尤其是那些盈利能力高的交易员）

都应该对其行为负责。金融机构对一笔交易的高额盈利是否由于高风险所致应该有一个清醒的认识。另外，银行必须检验自身交易系统以及定价模型的准确性，并要确保这些交易工具没有被滥用。

11.2.2　确保前台、中台以及后台职责的分离

金融机构前台主要由交易员组成，其职责是进行交易，即对产品进行买卖；中台主要由风险管理人员组成，其职责是监测所承受的风险；后台的职责主要是记账以及财会结算。有些金融衍生产品出现巨额损失的原因是没有对以上几个职能部门的职责加以严格区分。尼克李森掌管了巴林银行在新加坡分行的前台与后台，因此他有机会在长时间内掩饰其大笔交易损失，远在伦敦的上级高管对他的行为竟毫无察觉。而科维尔曾在法国兴业银行的后台工作过。在成为交易员后，他利用自己对银行系统的知识隐瞒了所做的交易。

11.2.3　不可盲目地相信模型

有些金融机构的大笔损失是由于所使用的模型与计算机系统错误造成的。如果某家金融机构使用相对简单的交易策略而获得了大笔盈利，那么很大可能是这家机构计算盈利的模型存在问题。类似的还有，如果某家金融机构对于某个特定产品的报价一直比其他同业竞争者的报价要低，那么这家公司所使用的模型很可能与其他市场参与者的模型不同，这时这家机构应对自己的模型进行仔细分析。对于交易平台的总管来讲，在某种单项生意上获得的收益过多或过少都要注意。

11.2.4　以保守的方式记录起始盈利

当金融机构向非金融机构出售非常复杂的结构性产品时，产品的价格会与模型有直接的关系。例如，产品中如果包含期限较长的利率期权，产

品价格会同所使用的利率模型有相当大的关系。在这种情况下，市场上经常以按模型计价的方式计算产品每天的价格变动，因为这时无法在市场上找到类似的产品作为对这些结构性产品定价的标准。

假设一家金融机构出售给客户某产品的价格比实际价格或者模型价格高出 1000 万美元，这里的 1000 万美元称为"起始盈利"。这一起始盈利应该在什么时刻被计入账户呢？对于这笔盈利的处理方法有多种：有些银行会马上将这笔收入计入为盈利，而某些银行会比较保守地在合约期限内逐渐地将这笔收入计入盈利账户。

将起始盈利马上计入盈利账户是一种非常危险的做法。这样做会鼓励交易员使用激进的模型，交易员会在挣得分红后，选择在模型以及交易价格受到严格审核之前离开银行。将起始盈利慢慢计入盈利账户的做法比较合理，这样做会使交易员在交易之前有动机去检测不同模型以及不同假设对交易产品价格的影响。

11.2.5　不要向客户出售不适宜的产品

卖给客户不适宜产品对于金融机构来讲吸引力很大，特别是客户倾向于承担大的风险，但这么做非常没有远见。最典型的例子是中国银行原油宝事件。中国银行营销失当、激进营销，将并不合格的投资者纳入进来，所以很多普通投资者与银行签署协议时，仅以销售经理宣传的"理财产品""资产配置"等简单的层次去理解，并不了解也认识不到"保证金交易"和交易标的是"境外期货衍生品"的真正涵义。因此，原油价格变为负时，多头投资者遭受了巨大的损失。

11.2.6　小心那些轻而易举获得的盈利

从安然公司的例子我们可以看到，一些激进交易人员如何能轻易地使他们所效力的银行遭受数十亿美元的损失。当时，与安然做交易似乎很容易赚钱，所以许多银行都挤破头要与其交易，但事实上，许多银行争先恐后地与其所做的交易并不见得最终会使银行得到盈利。由于与安然所做的一些交易，某些银行被安然的股东们诉至法庭，最终，这些银行损失了很大一笔钱。一般来讲，对很容易获利的某些交易，人们应当认真考虑其中潜在的风险。

一些由次级债生成的 ABS、CDO 份额得到了 AAA 评级。但这些产品所付的利息远远高于普通 AAA 级别的产品，因此，投资这些份额似乎是个很好的机会。大部分投资人都没有想到去问一问这些额外的回报来源是不是由于信用评级公司没有将某些风险考虑在内导致的。

11.2.7　不要忽略流动性风险

在对市场上交易不太活跃的奇异性产品定价时，金融工程师往往要以市场上交易活跃的产品价格为依据，例如：（1）金融工程师往往使用市场上交易活跃的政府债券，即被称为"指标债券"来建立零息收益曲线，然后利用这些曲线来对交易不活跃的产品非指标债券进行定价。（2）金融工程师经常由交易活跃的期权价格来计算隐含资产波动率，然后将这些波动率用于对市场上交易不活跃的产品定价之中。（3）金融工程师经常从交易活跃的利率交易产品（例如利率上限及利率期权）求得利率变动的隐含信息，然后将这些信息用于计算复杂的结构性产品的价格。

以上的做法并不是不合理，但是有时假设市场交易不频繁的产品交易价格与其理论价格等同的做法可能非常危险。当金融市场经历某种形式的风波之后，可能会产生"择优而栖"现象。这时流动性对于投资者来讲非常重要，而非流动性产品往往只能以同其理论价格相比有很大折扣的价格卖出。例如，2007 年 9 月，当时由于投资者缺少对次级房屋抵押贷款债券的信心，从而引发了信用市场的剧烈震荡。因此在交易决策中，如果假设流动性相对不好的产品在短期内售出的价格同其理论价值相同，那么很可能会造成危险的后果。

又如长期资本管理公司 LTCM 的案例。LTCM 使用的套利策略是收敛性套利，在这种套利策略中需要识别理论价格应该一致的两种债券（或债券组合)。如果在市场上某种债券的价格较低,这时可以买入低价格债券而卖空高价格债券,这种套利的基本假设就是如果两个债券的理论价值一致,那么其市场价格在最终也会一致。

在 1998 年夏天,LTCM 遭受了巨大损失。其损失的根本原因是俄罗斯政府对自己债券的违约导致了市场上"择优而栖"现象的发生。LTCM 在交易中持有流动性差的产品的多头而同时持有流动性较好的产品的空头(例如,LTCM 同时持有非指标债券多头与指标债券的空头)。在俄罗斯债券违约后,流动性好的产品与流动性差的产品差价急剧增大,LTCM 的杠杆效应又极强,因此在蒙受损失的同时又伴随着追加抵押金的要求,这时 LTCM 无法满足追加抵押金的要求。

LTCM 的例子再一次突出了情形分析以及压力测试的重要性,通过这些分析我们可以看到最坏情形所对应的损失,LTCM 在决策过程中应该检验以前历史上所发生过的"择优而栖"现象,并以此来对自己面临的流动性风险进行定量化检测。

11.2.8　在所有人都做同样交易时应加倍小心

有时市场上许多参与者都在同时进行基本相同的交易,这种现象会造成危险的市场环境,使市场产生大幅度振荡,并使市场参与者蒙受巨大损失。

以 1998 年发生在 LTCM 上的损失为例。LTCM 在遇到麻烦以后,其他使用同样收敛套利策略的对冲基金的行为使 LTCM 的困境雪上加霜。在俄罗斯债券违约造成"择优而栖"现象以后,LTCM 曾试图变卖自己的部分资产以满足抵押金的要求,不幸的是其他对冲基金也同时面临类似于 LTCM 所面临的问题,这些对冲基金也想做类似的交易,从而使市场情况进一步恶化,导致流通差价变得比原来更大,这使"择优而栖"现象更加严重。比如 LTCM 的头寸为美国国债,LTCM 持有流动性差的非指标债券多头以及持有流动性好的指标债券空头,当"择优而栖"现象产生后,两种债券的收益率的差价增大,LTCM 只能变卖部分非指标债券并且同时买入指标债券,然而，其他对冲基金也在进行同样的交易，所有这些交易促成了指标债券价格相对非指标债券价格来讲继续上涨，从而两种债券收益率的差价比以前更大。

还有一个例子是 20 世纪 90 年代后期的一些英国保险公司所受的损失。当时许多英国保险公司都卖出了大量的保险合约，在这些保险合约中保险公司承诺投保者在退休时收到的年保金收益率要远高于市场上及其他锁定利息的产品。如果长期利率低于保险公司所承诺的收益率，那么保险公司将会赔钱。由于多方面原因，所有这些保险公司都利用衍生产品来对冲自己面临的部分风险，而同保险公司进行交易的金融机构决定买入长期国债来对冲自己面临的风险，这就造成了债券市场价格上扬，因此利率下降。这时，在市场上需要购买更多的国债来维持动态对冲，从而造成长期国债利率进一步下降。金融机构因长期利率的下降而蒙受了损失，而保险公司发现由于自己没有选择对冲的一些风险，从而处境变得更糟糕。

从这些例子中我们得到的主要教训是对金融市场的整体认识至关重要。当市场许多参与者都使用相似的交易策略时，我们应该对市场隐含的内在危机保持清醒的认识。

11.2.9 不能过多地用短期资金来满足长期需要

所有的金融机构都在一定程度上用短期资金来满足长期资金的需要。但是，如果金融机构过多地依赖短期资金，将会使其暴露于难以承受的流动性风险。

假设一家金融机构使用在每个月都延伸商业票据的方式为长期需要提供资金，即在 4 月 1 日发行的商业票据将以在 5 月 1 日发行的商业票据来兑现，而这个新的商业票据将以在 6 月 1 日发行的商业票据来兑现，依此类推。只要市场认为这家金融机构是健康的，那么这样做是没有问题的，但是如果投资人一旦对其失去了信心（不管是对还是错），向前延伸商业票据的做法将会行不通，那么金融机构将会遭遇严重的流动性问题。

在金融危机时，许多金融机构的失败都是由于过多依赖短期资金造成的（例如雷曼兄弟公司和北岩银行）。为国际性银行提供监管的巴塞尔委员会还在研究银行应当满足的流动性指标。

11.2.10　市场透明度至关重要

2007年的信用紧缩给我们的教训之一是市场透明度的重要性。在2007年之前，交易高度结构性产品的投资者对标的资产缺乏认识，他们的唯一依据是评级公司对资产的评级。事后来看，我们认为投资者当时应该对标的资产有所了解，并且认真检验自身所承担的风险。

由于2007年次级债券危机，投资者对所有的结构性产品都丧失了信心，纷纷撤离这一市场，因而造成结构性产品市场的崩溃，结构性产品份额所能卖出的价格远远低于其理论价格。伴随"择优而栖"现象的出现，信用溢差进一步增大。如果市场具有透明度，投资者了解自己买入的资产担保债券产品，那么虽然次债仍会产生一定损失，但"择优而栖"现象以及市场震荡的效应就不会那么强。

11.2.11　管理奖励制度

2007年和2008年的信用危机给我们的一个关键教训是奖励制度的重要性。银行的奖励制度常常强调雇员的短期表现，但现在有的金融机构已经改变了奖励制度：奖金是基于在长于1年内的表现（比如5年）。这样做的优势是很明显的，它将会阻止交易员去做那些在近期看起来很好但在将来可能会造成巨大损失的生意。

当贷款被债券化时，使放贷人的利益与最终承担风险的投资人利益相一致是很重要的，这样的话，放贷人将不会有谎报贷款质量的动机。一种达到这个目的的方式是监管部门要求贷款组合的放贷人保留一部分由组合产生的所有份额以及其他产品。

11.2.12　永远不能忽略风险管理

当一切都好（或看起来挺好）时，人们常常会有假设情况永远不会变糟的倾向，并且常会忽略风险管理部门所进行的压力测验以及其他分析的结果。在 2007 年信用危机之前，存在很多风险管理被忽视的情况，这最终给很多机构带来了很大的损失，所以金融机构应有居安思危的意识。

11.3　给非金融机构带来的教训和启示

11.3.1　理解你的交易

企业一定不要去做自己不完全理解的交易，并且不要去使用自己不完全理解的交易策略。这听起来是件十分明显的事，但在许多巨大损失之后，我们往往会惊讶地发现非金融机构的交易员承认自己对所做交易的无知，并且常常声称自己的错误是由于投资银行的误导而造成的。

如果一个企业的高管对于下级所提出的交易不理解，那么这个交易是不应该被通过的。一个简单的约定俗成的规则是：如果进行一个交易的动机是如此复杂，以至于管理人员都不能理解，这时我们基本上可以肯定的是这一交易对企业来讲是不合适的。

一种保证彻底理解金融产品的方式，是对这一产品进行定价，如果一个企业没有自己的雇员能去对产品进行定价，那么企业就不应该交易这种产品。在实际中，企业常常依赖自己的投资银行给出关于价格的建议，而企业却没有能力对价格做任何的检验。

11.3.2 确保对冲者不变成投机者

现实中一个不幸的事实是对冲交易相对枯燥无味，而投机行为却充满刺激。当一家公司雇用了一名交易员来管理其外汇、商品以及利率风险时，以下的危险现象可能会发生：在最初时交易员工作勤奋，并且赢得了公司高管的信任。他/她会对公司的风险暴露进行评估并采取对冲措施，但随着时间的推移，交易员逐渐开始认为自己可以看准市场走势，并渐渐地变成投机者。在刚刚开始投机时，可能会一切顺利，但不久产生了交易损失。为了掩盖损失，他/她就会将交易量加倍来进行赌博，进而又可能触发更大的损失，久而久之，交易员的行为可能会造成灾难性巨大损失。

就像我们以前讨论的那样，风险额度一定要由高管来事先确定，对于额度的实施要设立一定的控制环节，企业在进行交易之前首先要对自身面临的外汇、利率、商品等风险进行一个分析，交易决策是为了保证将风险控制在一定的可接受范围内，企业的交易与企业的风险暴露脱节，是出现问题的明显前兆。

11.3.3 要警惕将资金部变成盈利中心

在过去的 20 年内，有一种将公司的资金部变为盈利中心的趋势，这么做看起来似乎有一定好处，资金部有动机去减少融资费用，并且尽可能提高自身的风险盈利，问题是资金部所能取得的盈利是有限的，在进行融资或者将额外资金进行投资时，资金部主管面临的市场是一个有效市场，资金部只有在承担更大风险的前提下才能改善自身的管理底线（即降低融资成本），公司的对冲项目会给资金部主管采取英明决策来提高盈利的机会，但我们应该牢记，对冲的主要目的是减小风险而不是增加预期盈利。一般来说，使用对冲决策后的结果比不使用任何对冲决策的结果更糟的可能性是 50%。因此，如果将资金部变为盈利中心，这样做的危险是会使资金部（主管）成为投机者。

本章小结

由于使用衍生产品而带来的巨大损失使许多资金部管理人员忧心忡忡，针对这些损失，一些非金融机构宣称他们要缩减以至于杜绝使用衍生产品，这一决定是不对的，因为衍生产品确实可以给资金管理人员提供一些管理风险的有效工具。

这些损失突出了一个观点：衍生产品既可用于对冲，也可用于投机。也就是说，衍生产品既可降低风险，也可以增加风险。损失产生的大多数情形是因为对衍生产品使用不当，在这些情形中，那些有明确或不明确责任的对公司风险进行对冲的雇员却对风险进行了投机。

由这些损失所得出的一个重要教训是内部控制的重要性。公司高管一定要对衍生产品的使用政策以及允许雇员对市场变动所采取的头寸有一个明确的说明。管理人员要确保内控和政策的实施。如果仅给予某个人交易衍生产品的授权，却没有对这个人实行风险监控，这种情形往往会带来金融灾难。

主要参考文献

[1] Beatty A, Petacchi R, Zhang H. Hedge commitments and agency costs of debt: evidence from interest rate protection covenants and accounting conservatism [J]. Review of Accounting Studies, 2012, 17: 700 - 738.

[2] Bray M. Futures trading, rational expectations, and the efficient markets hypothesis [J]. Econometrica: Journal of the Econometric Society, 1981: 575 - 596.

[3] Chen J, King T H D. Corporate hedging and the cost of debt [J]. Journal of Corporate Finance, 2014, 29: 221 - 245.

[4] Chinn M D, Frankel J A. Will the euro eventually surpass the dollar as leading international reserve currency? [J]. National Bureau of Economic Research, 2007: 283 - 336.

[5] Cox C C. Futures trading and market information [J]. Journal of political economy, 1976, 84 (6): 1215 - 1237.

[6] Danthine J P. Information, Futures Prices, and Stabilizing Speculation [J]. Journal of Economic Theory, 1978, 17 (1): 79 - 98.

[7] Ederington L H. The hedging performance of the new futures markets [J]. The journal of finance, 1979, 34 (1): 157 - 170.

[8] Emmons W R, Yeager T J. An imperfect crystal ball [J]. The Regional Economist, 2002 (1): 10 - 11.

[9] Froot K A, Scharfstein D S. A framework for risk management [J]. Harvard Business Review, 1994, 72 (6): 91 - 101.

[10] Gay G D, Lin C M, Smith S D. Corporate derivatives use and the cost

of equity [J]. Journal of Banking & Finance, 2011, 35 (6): 1491-1506.

[11] Gorton G, Rouwenhorst K G. Facts and Fantasies about Commodity Futures [J]. Financial Analysts Journal, 2006, 62 (2): 47-68.

[12] Halpern P, Warsager R. The performance of energy and non-energy based commodity investment vehicles in periods of inflation [J]. The Journal of Alternative Investments, 1998, 1 (1): 75-81.

[13] Hartzmark M L. Returns to individual traders of futures: Aggregate results [J]. Journal of Political Economy, 1987, 95 (6): 1292-1306.

[14] Lapan H, Moschini G, Hanson S D. Production, hedging, and speculative decisions with options and futures markets [J]. American Journal of Agricultural Economics, 1991, 73 (1): 66-74.

[15] Smith C W, Stulz R M. The determinants of firms' hedging policies [J]. Journal of financial and quantitative analysis, 1985, 20 (4): 391-405.

[16] Working H. The theory of price of storage [J]. The American Economic Review, 1949, 39 (6): 1254-1262.

[17] Yang C, Lv F, Fang L, et al. The pricing efficiency of crude oil futures in the Shanghai International Exchange [J]. Finance Research Letters, 2020, 36: 101-329.

[18] 蔡胜勋,张博. 期货市场助力农业高质量发展的机制与实现路径 [J]. 河南工业大学学报（社会科学版）, 2021 (4): 35-42.

[19] 常飞. 论我国期货和衍生品市场监管的改革路径 [J]. 东南学术, 2022, No. 291 (5): 197-205.

[20] 陈瑞华,肖利娜. 期货价格、通胀预期与经济政策调控——基于中国商品期货市场的实证分析 [J]. 中国证券期货, 2018 (4): 21-29.

[21] 陈同辉,鞠荣华. 中国商品期货市场价格发现能力及影响因素研究 [J]. 价格理论与实践, 2021 (8): 118-112.

[22] 楚国乐,吴文生. 人民币作为国际计价货币的模式借鉴：美元模式与欧元模式的比较分析 [J]. 财经研究, 2015 (8): 79-89.

[23] 方蕊,安毅,刘文超. "保险+期货"试点可以提高农户种粮积

极性吗——基于农户参与意愿中介效应与政府补贴满意度调节效应的分析 [J]. 中国农村经济, 2019 (6): 113-126.

[24] 高扬, 安思博. 我国鸡蛋价格预测效果比较研究——基于 bp 神经网络模型与鸡蛋期货预测模型比较分析 [J]. 价格理论与实践, 2021 (3): 75-78.

[25] 龚玉婷, 陈强, 郑旭. 基于混频模型的 CPI 短期预测研究 [J]. 统计研究, 2014, 31 (12): 25-31.

[26] 郭晨光, 熊学萍. 充分发挥期货市场对农业农村现代化的服务功能 [J]. 农业经济问题, 2021 (3): 75-87.

[27] 吕云龙. 国际大宗商品定价权研究 [J]. 宏观经济研究, 2022 (1): 5-14, 145.

[28] 马雪娇. 资本市场精准扶贫的制度安排、问题及对策 [J]. 中国发展观察, 2018 (10): 38-39, 34.

[29] 唐金成, 曹斯蔚. 精准扶贫视角的"保险+期货"模式风险管理研究 [J]. 金融与经济, 2017 (7): 75-81.

[30] 王辉, 谢幽篁. 中国商品期货动态套期保值研究: 基于修正 ADCC 和 DADCC—GARCH 模型的分析 [J]. 世界经济, 2011 (12): 120-139.

[31] 王宁. 持续探索期货服务高质量发展新方式和新路径 [N]. 证券日报, 2020-10-21 (B01).

[32] 汪涛, 郭宁. 金融衍生品监管模式国际比较与经验借鉴 [J]. 商场现代化, 2008 (25): 373-374.

[33] 王志强, 王雪标. 中国商品期货价格指数与经济景气 [J]. 世界经济, 2001 (4): 69-73.

[34] 危慧惠, 李昕贺. 商品期货价格指数能有效预测通货膨胀吗——基于 NHCI 的实证研究 [J]. 宏观经济研究, 2013 (10): 32-39.

[35] 赵庆明, 鲍思晨. 论商品期货市场在推进人民币成为大宗商品定价货币进程中的作用 [J]. 国际金融, 2017 (3): 45-52.

[36] 张田, 齐佩金. 农村金融支持体系的构建及其潜在风险研究——

基于对"保险+期货"模式的扩展 [J]. 金融与经济, 2019 (11): 92 - 96.

[37] 郑颖. 发展期货市场优化产业结构的理论思考 [J]. 浙江师范大学学报 (社会科学版), 2013, 38 (4): 64 - 69.

[38] 郑碛瑜, 王锟, 谢亚. 美国期货品种创新与产业转型镜鉴——兼论期货交易所交易品种的多元化 [J]. 证券市场导报, 2014 (4): 53 - 58.

[39] 周焯华, 宋旺江. 我国金属期货价格指数与 PPI 关系的实证研究 [J]. 统计与决策, 2011 (1): 80 - 82.

[40] 杨玉凤. 福建省龙岩市推进供销合作社"三位一体"综合改革的调研报告 [J]. 中国合作经济, 2021 (Z1): 71 - 72.

[41] 中国社会科学院农村发展研究所课题组, 张晓山. "三位一体"综合合作与中国特色农业农村现代化——供销合作社综合改革的龙岩探索 [J]. 农村经济, 2021 (7): 11 - 24.

[42] 徐志谋. 乡村振兴背景下"保险+期货"模式优化探究 [J]. 福建金融, 2022 (7): 36 - 39.

[43] 唐启军. "保险+期货", 更精准发力 [J]. 金融博览 (财富), 2022 (5): 26 - 29.